이야기
인도사

이야기 인도사

보급판 1쇄 인쇄 · 2020. 8. 15.
보급판 1쇄 발행 · 2020. 9. 1.

지은이 · 김형준
발행인 · 이상용 이성훈
발행처 · 청아출판사
출판등록 · 1979. 11. 13. 제9-84호
주소 · 경기도 파주시 회동길 363-15
대표전화 · 031-955-6031 팩시밀리 · 031-955-6036
E - mail · chungabook@naver.com

Copyright ⓒ 청아출판사, 2020
저자의 동의 없이 내용의 일부를 인용하거나 발췌하는 것을 금합니다.

ISBN 978-89-368-1168-6 04900
      978-89-368-1158-7 04900 (세트)

* 값은 뒤표지에 있습니다.
* 잘못된 책은 구입한 서점에서 바꾸어 드립니다.
* 이 책에 대한 문의사항은 이메일을 통해 주십시오.

The History of India

이야기 인도사

|인더스 문명부터 식민통치 시대까지|

김형준 지음

청아출판사

머리말

역사는 그 나라의 과거를 담고 있는 그릇이다. 그 그릇의 크기는 무한하다. 현재는 끊임없이 과거로 흘러가고 그렇게 흘러버린 모든 흔적들을 역사라는 그릇은 남김없이 받아들이기 때문이다. 만일 우리가 역사라는 그릇의 속을 한 번이라도 들여다본다면 그 엄청난 양과 복잡한 내용에 놀라 지레 겁을 먹고 뒷걸음칠지도 모른다. 그럼에도 역사에 대한 호기심을 결코 끊어버릴 수는 없다. 역사란 과거의 흔적인 동시에 미래를 비추는 거울이기 때문이다. 결국 역사는 우리로 하여금 과거·현재·미래라는 시간의 형식과 세계라는 공간의 틀을 뛰어넘어 무한으로의 상상과 모험을 가능하게 만드는 일종의 타임머신과 같다.

이 책은 우리에게 친근하면서도 실제로는 그에 대한 정보가 빈약하기 그지없는 인도의 역사를 다루고 있다. 우리가 알고 있는 인도는 세계 4대 문명 가운데 하나인 인더스 문명이 발생한 나라, 불교가 처음 생겨난 나라, 카스트라는 계급 제도와 힌두이즘이라는 종교를 믿는 나라, 마하트마 간디가 비폭력 무저항 운동으로 영국의 지배에 저항한 나라 등 극히 단편적인 사실에 지나지 않는다.

하지만 인도의 역사는 세계사에서 결코 빠뜨릴 수 없는 중요한 부분을 차지한다. 인도의 역사는 인도인의 민족사인 동시에 동서양의 다양한 이민족들의 문화가 통일과 조화를 이룬 독특한 세계사이기 때문이다.

인도는 지리적인 위치상 중앙아시아를 중심으로 한 동서양의 육상 무역, 그리고 남인도를 통해서는 아라비아 해를 무대로 한 해상 무역의 요충지였다. 이곳을 통해 동양과 서양은 상품뿐 아니라 사상과 종교까지도 함께 교류하면서 서로에게 적지않은 영향을 미쳤다. 이런 지리적 특성으로 인해 인도는 일찍부터 서쪽으로는 알렉산더의 마케도니아, 페르시아, 터키계의 이슬람 국가, 포르투갈에서 영국으로 이어지는 침입을 받았고, 동쪽으로는 훈족과 몽골인 등의 침입을 받았다. 그런가 하면 중국과의 교류를 통해 때로는 대립하고 때로는 융화하면서 톡특한 인도만의 문화와 사상을 꽃피웠다.

인도는 중국과 더불어 동양의 역사와 사상 및 문화에서 핵심적인 위치를 차지한다. 그렇기 때문에 동양, 특히 서남아시아의 역사와 문화는 인도에 대한 이해가 반드시 선행되어야 한다. 이 책은 이러한 인식을 바탕으로 보다 많은 사람들이 인도를 이해할 수 있었으면 하는 소박한 희망을 가지고 쓰였다. 하지만 제한된 지면 안에 인도의 다양한 역사를 모두 담는다는 것은 불가능하다. 그렇기 때문에 몇 가지 틀을 정했다.

첫째, 독자들이 인도의 역사를 보다 친근하게 대할 수 있도록 인도에 대한 전반적인 소개와 신화를 첫머리에 배치했다. 신화는 객관적인 사실은 아니지만 한 민족의 의식과 삶의 태도를 파악할 수 있는 중요한 요소이기 때문이다.

둘째, 지리적으로는 크게 북부와 남부로, 시기적으로는 마우리아·쿠샨·델리 술탄 시대·무굴 제국 등 왕조 중심으로 구별하고, 영국 식민지 시대부터 현대사까지의 부분은 간략하게 처리했다. 또한 인도

의 역사를 보다 자세하게 다루려면 북부와 데칸 고원을 중심으로 한 중부, 타밀 중심의 남부라는 세 부분으로 나누는 것이 바람직할 것이다. 하지만 이 책에서는 인도 역사에 대한 개략적인 이해라는 목적을 가지고 중부 지역의 역사는 북부와 남부와의 관계 속에서 주로 다루었다.

셋째, 전체적으로 인도 역사에서 일어난 중요한 사건들을 중심으로 다루면서 가능하면 인도인의 독특한 사유 방식을 함께 이해할 수 있도록 《라마야나》와 《마하바라타》를 비롯한 인도의 사상들을 발췌하여 요약했다.

요즈음 우리 주변에는 꽤 많은 사람들이 인도에 대해 호기심을 나타낸다. 대부분이 텔레비전이나 인터넷 등을 통해 인도에 관한 지식을 얻지만 인도를 직접 다녀온 사람들도 심심치 않게 만난다. 뿐만 아니라 서점에 가봐도 인도의 사상, 문화, 역사에 대한 책과 여행기 등이 적잖게 눈에 띈다.

이런 현상은 필자가 1985년 처음 인도 땅에 발을 딛었을 때와 비교하면 실로 엄청난 변화이다. 당시 내 머리 속에는 인도에 관한 정보가 거의 없었다고 해도 과언이 아니다. 그렇게 낯선 인도 땅에서 생활하고 공부하면서 겪어야 했던 시행착오는 이루 말할 수 없다. 때문에 나는 이 책이 인도에 관심을 가진 사람들에게 조금이라도 도움이 되기를 바랄 뿐이다.

마지막으로 이 책은 부모님을 비롯해 그 이름을 모두 열거할 수 없을 정도로 수많은 분들의 도움이 있었기에 나올 수 있었다. 그 가운데 함께 밤을 새우며 자료 정리를 도와주고 고달픈 삶의 여정에 언제나 동행하는 아내와 명랑한 재치와 웃음으로 희망을 떠올리게 하는 아들에게 진심어린 애정과 고마움을 표하고 싶다. 그리고 선뜻 이 책의 집필을 맡겨주신 청아출판사의 사장님, 교정과 편집에 갖은 정성을 다 기울여 주신 편집부의 모든 분들께도 마음 깊이 감사드린다.

지은이 김형준

차례

004 머리말

1 인도라는 나라

018 히말라야 산맥을 지붕 삼은 나라
020 인더스 강에서 유래한 인도
022 모든 인종들이 모여 사는 나라
023 인도의 기후와 지형적 특성
026 인도를 알기 위하여

2 선사 시대 - 인더스 문명

- 032　인도의 시조
- 043　구석기 시대
- 045　신석기 시대
- 046　동기 시대
- 047　철기 문명
- 047　인더스 계곡의 문명
- 049　하라파와 모헨조다로
- 051　농경과 상업의 발달
- 053　카스트 제도 이전의 사회
- 055　자연 숭배와 힌두교의 원형
- 058　인더스 문명의 소멸

3 베다 시대

- 061　전기 베다 문명
- 062　아리아인의 기원
- 064　전기 베다 문화
- 065　―지역적 범위
- 066　―종족 간의 투쟁
- 068　리그베다 시대의 사회 구조
- 071　가부장제의 확립
- 078　카스트 제도의 발생
- 079　반농반목과 화폐의 사용
- 081　베다의 종교
- 085　후기 베다 문명
- 087　영토의 확장
- 088　왕국의 형성과 왕권의 강화
- 091　카스트 제도의 확립과 사회 생활
- 097　농업의 확대와 문자의 발생
- 099　종교와 철학

4 비베다 시대

- 107 비베다 시대
- 117 자이나교의 사상
- 122 불교의 사상
- 126 불교의 가르침
- 130 불교 쇠퇴의 원인
- 132 불교가 인도 사회에 미친 영향

5 마우리아 왕조 시대

- 140 마가다 왕국
- 143 마우리아 왕조의 출현
- 145 찬드라굽타 마우리아
- 149 아소카
- 150 칼링가 전투
- 153 불교에 귀의
- 154 이상 정치
- 156 마우리아 제국의 붕괴
- 156 슝가 왕조의 탄생
- 158 중앙아시아와의 접촉
- 161 쿠샨 왕조

6 굽타 왕조 시대

- 170 굽타 왕조의 성립
- 171 찬드라굽타 1세
- 172 사무드라굽타
- 174 찬드라굽타 2세
- 177 쿠마라굽타
- 178 스칸다굽타
- 179 스칸다굽타 이후
- 181 훈족의 침입과 굽타 왕조의 멸망
- 183 굽타 시대의 의의
- 184 지방자치제의 정립
- 187 브라흐마니즘의 부활과 카스트 제도의 변화
- 194 상업과 무역의 발달
- 196 힌두이즘의 정착
- 205 불교의 쇠퇴
- 207 문학과 예술의 흥기
- 214 과학과 천문학
- 216 힌두교의 개혁과 인도 철학의 발전
- 224 —상키야 철학
- 226 —요가 철학
- 227 —느야야 철학
- 227 —바이쉐쉬카 철학
- 228 —미맘사 철학
- 229 —베단타 철학

7 남인도 시대

- 234 남인도 지역의 상황
- 238 사타바하나 왕조
- 244 타밀 지역의 세 왕조
- 246 —판드야 왕조
- 247 —촐라 왕조
- 248 —체라 왕조
- 249 타밀 지역 세 왕조의 생활상
- 253 하르샤 왕조
- 256 내정의 정비와 관대한 종교 정책
- 261 현장의 기록
- 264 팔라바 왕조
- 269 팔라바 왕조의 사회상
- 272 찰루키아 왕조
- 274 촐라 왕조
- 278 촐라 왕조의 사회상

8 이슬람 정권 시대

- 288 이슬람의 인도 진출
- 299 이슬람 정권의 태동
- 300 델리 왕조
- 308 할지 왕조
- 311 투글라크 왕조
- 315 델리 술탄 시대의 정치·경제 및 사회상
- 322 델리 술탄 시대의 남인도
- 328 바흐마니 왕조
- 332 포르투갈인의 인도 도래
- 334 사이드 왕조와 로디 왕조
- 338 동북 인도의 상황
- 342 서북 인도의 상황
- 350 힌두와 이슬람 문화의 융합
- 351 —건축술
- 353 인도의 종교 운동
- 365 문학과 예술

9 무굴 제국 시대

- 372 무굴 제국의 등장
- 382 후마윤
- 387 쉐르 샤와 수르 왕조
- 390 악바르
- 399 악바르의 업적
- 403 악바르의 종교 및 사회 정책
- 406 악바르 이후의 무굴 제국
- 411 샤 자한
- 419 아우랑제브
- 427 무굴 제국 시대의 사회상
- 430 무굴 제국 시대의 문화적 특징

10 영국의 진출과 식민통치 시대

504 찾아보기

- 437 영국의 인도 진출
- 447 남인도의 반영 항쟁
- 450 마라타의 항쟁
- 452 신드 지방의 합병
- 454 펀자브와 시크 전쟁
- 456 세포이 저항 운동
- 468 영국의 식민지 정책
- 468 —행정 개편
- 471 —군조직의 변화
- 473 —인도 왕족 및 번왕들과의 관계
- 474 —상호 대립에 의한 균형 정책
- 478 영국 통치하의 개혁 운동
- 478 —브라흐모 사마지
- 479 —마하라슈트라의 종교개혁
- 480 —라마크리슈나와 비베카난다
- 481 —아리아 사마지
- 483 —신지 협회
- 484 —이슬람의 종교개혁
- 485 —시크교의 종교개혁
- 486 —사회개혁
- 487 —여성 문제
- 488 —카스트 제도
- 490 민족주의 운동의 대두
- 493 인도 국민회의 결성
- 494 간디의 독립 운동

1
인도라는 나라

The History of India

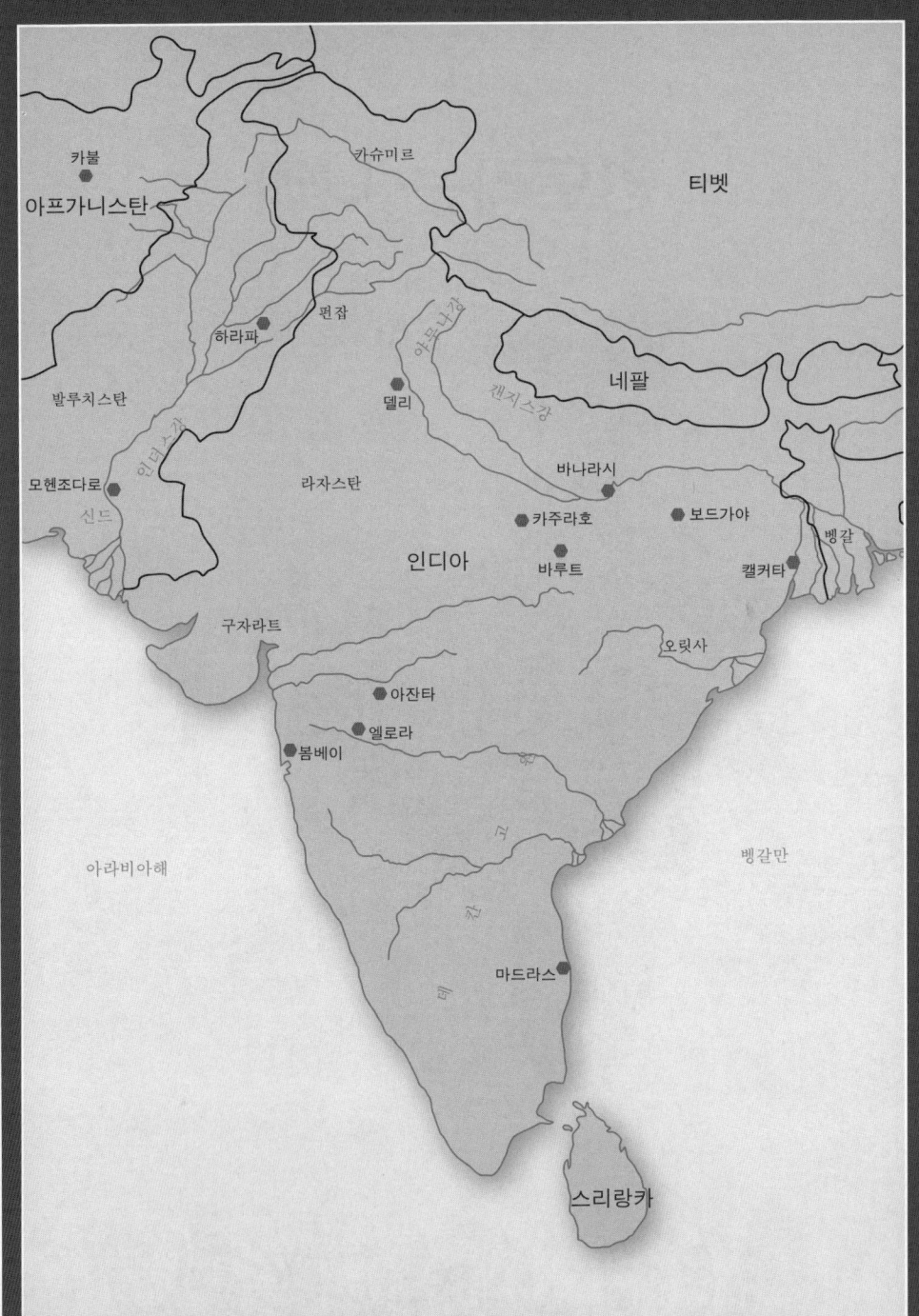

인도라는 나라

인도는 아시아 대륙 남쪽, 거대한 반도에 위치한 나라이다. 과거의 인도는 인디아 반도는 물론, 지금의 파키스탄과 아프가니스탄에 이르는 광활한 영토를 자랑했었다. 그러나 지금의 인도 국경은 근대 이후 영국의 지배 아래에서 독립한 후 결정된 것이다.

인도라는 명칭은 티벳 고원에서 발원하여 히말라야 산맥을 거쳐 인도 북부를 흐르는 인더스 강에서 유래한다. 인더스 강 외에도 갠지스 강, 펀자브 지방을 흐르는 다섯 개의 강이 인도 대륙을 비옥한 농토로 만들었으며 이 풍요로운 자연에 기대 인도인들은 일찍부터 문명을 이룩할 수 있었다.

인도에 가장 먼저 정착한 것은 콜족, 빌족, 문다족 등의 소수민족과 드라비다족으로 알려져 있다. 그 후 기원전 3~2세기경 인도 아리아족이 침입하여 거주하기 시작했다. 반도를 둘러싼 바다, 북쪽의 히말라야 산맥, 열대 기후 특유의 깊은 숲을 가진 인도의 지형적 특징은 '다양성 속의 통일성'이라고 요약할 수 있는 인도 문화를 낳았다.

히말라야 산맥을 지붕 삼은 나라

아시아 대륙의 남쪽에 위치한 거대한 반도의 땅, 인류의 4대 문명 가운데 하나가 탄생한 나라, 신비한 수행자의 나라, 인간의 희망과 꿈이 숨쉬는 나라, 삶의 궁극 목적을 위해 가난까지도 수용할 수 있는 나라, 사람들은 그곳을 인도라고 부른다. 인도는 오늘날 티벳의 남쪽 국경을 이루는 히말라야 산맥 아래 유일하게 펼쳐져 있는 지역을 차지하고 있는 거대한 나라이다. 하지만 오늘날 우리가 지도를 통해 알고 있는 인도는 1947년 8월 15일 영국의 오랜 지배에서 벗어나 독립을 이룬 후의 모습이다. 이전의 인도는 파키스탄뿐 아니라 북쪽으로 아프가니스탄의 일부까지 포함된 광활한 지역으로, 그 크기는 러시아를 제외한 유럽 대륙 또는 서아시아 전체와 맞먹을 정도로 넓었다. 고대의 지리학자들은 이 광활한 지역을 "동쪽과 서쪽 그리고 남쪽은 거대한 바다와 맞닿아 있고 북쪽에는 히말라야 산맥이 활줄처럼 뻗어 있는 곳"이라고 불렀다.

　　동경 61도에서 97도, 북위 8도에서 37도 사이에 걸쳐 있는 인도는 북쪽의 카슈미르에서 남쪽의 칸야쿠마리까지의 거리가 대략 3천 킬로미터에 이르고 동서 간의 거리도 그와 비슷하며 총면적 420만 2천5백 평방킬로미터에 달하는 거대한 지역을 차지하고 있다. 사람들은 이 광활한 대륙을 인도아 대륙이라고 부르기도 한다. 오늘날 이 대륙은 인도, 방글라데시, 네팔, 부탄, 파키스탄의 다섯 나라로 나뉘어져 있다.

　　인도의 북쪽 경계선을 이루는 히말라야는 원래 '눈 덮인 곳'을 의미하며 세계의 최고봉인 에베레스트 산이 있는 곳이다. 인도의 북서쪽에는 힌두쿠시 산맥이 있으며 그 남쪽에는 술레이만, 카라코람 및 키르타르 산맥 등이 있어 이란과 국경을 이룬다. 고대 인도는 오늘날 대부분 아프가니스탄에 속하는 이 지역을 통하여 중앙아시아나 이란 등과 왕래했다. 미얀마(버마)와 국경을 이루는 북동부 지역은 몇 개의 높은 고원과 아름답고 비옥한 계곡으로 이루어져 있다.

우리가 역사 시간에 오하 지방이라고 배우는 펀자브 지방은 말 그대로 다섯 개의 강이 흐르는 땅으로 오늘날에는 인도에서 가장 잘 사는 주인 동시에 시크교를 믿는 사람들의 중심지이다. 이 펀자브 지방을 관통하는 다섯 개의 강들은 모두 인더스 강의 지류로서 히말라야를 발원으로 하고 있다.

티벳 고원에서 발원하여 히말라야 산맥, 카라코람 그리고 펀자브와 신드 지방을 거쳐 아라비아 해로 나가는 신두(인더스) 강 유역은 후에 인도라는 나라 이름을 갖게 한 근원이다. 히말라야를 발원으로 하는 강은 인더스 외에도 유명한 갠지스와 브라흐마푸트라가 있다. 이 가운데 야무나 강을 거쳐 동쪽의 벵갈 만으로 흘러들어가는 갠지스 강은, 이후 아리아인들이 동쪽 지방으로 이동하면서 인더스 강 대신 인도 신화와 종교의 중심을 이룬다.

이 밖에도 펀자브 지방 남쪽에 있는 타르 사막은 인더스 계곡과 갠지스 강 사이에 위치해 있다. 또한 데칸 고원을 중심으로 인도는 남부와 북부로 구별된다. 가장 남쪽에 위치한 코모린 곶에 이르면 마나르 만을 사이에 두고 스리랑카와 접해 있다.

인더스 강에서 유래한 인도

오늘날 우리가 사용하고 있는 인디아India라는 말은 그리스인들이 처음 사용했던 용어로 페르시아인들이 사용했던 힌두Hindu라는 말과 일치한다. 힌두 또는 인디아라는 용어는 인도인들에게 원래 신두라고 불리는 인더스 강을 가리킨다. 이처럼 신두라는 단어가 페르시아를 거쳐 그리스로 흘러들어가는 과정에서 각기 힌두 그리고 인도로 바뀌었다. 그러므로 오늘날 우리가 인도의 종교를 가리키는 말로 쓰고 있는 힌두이즘Hinduism이라는 말은 원래 인더스 강 유역에 살고 있던 사람들의 생활 풍습을 가리킨다.

고대뿐만 아니라 심지어 오늘날의 인도인들 중에서도 자신들의 나라를 인디아 대신 바라타족Bharatas의 나라라고 부르는 사람들도 있다. 《비슈누 푸라나》에서는 인도를 다음과 같이 표현한다.

"바다의 북쪽에 그리고 눈 덮인 산맥의 남쪽에 위치한 나라는 바라타라고 불린다. 그곳에 바라타의 자손들이 살고 있다."

인도 전설에 의하면 고대 인도는 북부 지역을 지배했던 두 왕조가 있었다. 바라타는 달의 종족이 세운 왕국이고, 다른 왕국은 태양의 종족이 세운 것이다. 인도의 2대 서사시 가운데 하나인 《라마야나》는 태양족에 관련된 이야기이며, 《마하바라타》는 달의 종족들에 관한 이야기라고 할 수 있다. 달의 종족 가운데 하스티나푸라(오늘날의 델리) 지역에 정착했던 가장 위대한 왕이 바라타이다. 바라타 왕은 후에 인도 전역으로 영토를 확장해 나갔으며

인더스 강 인도 문명을 탄생시켰다.

이때부터 인도는 오늘날까지 바라타의 후손들이 살고 있는 곳이라는 의미로 바라타의 나라라고 불리게 되었다.

모든 인종들이 모여 사는 나라

현재 인도 대륙에는 다양한 인종들이 살고 있다. 이처럼 다양한 인종들이 모여 사는 이유는, 인도의 북부 지역이 아시아와 유럽을 오가는 육상 교역의 요충지였던 까닭에 수많은 인종들이 자연스럽게 인도를 침입했기 때문이다. 다양한 형태의 인종은 일단 크게 네 가지 종족으로 구분할 수 있다.

첫째, 인도인들의 가장 높은 계열을 이루는 사람들은 대부분 키가 크고 흰 피부에 코가 길고 높다. 그들은 산스크리트어나 그로부터 파생된 언어를 사용하며 인도 아리아족이라고 불린다.
둘째, 남인도 지방에 살고 있는 사람들은 타밀어, 텔구르어, 카나레스어 또는 말라야람어를 사용한다. 그들은 드라비다족이라고 불리며 아리안의 인도 침입 이전에 인도 반도에 살던 민족이라고 전해진다.
셋째, 위의 두 인종 외에 키가 작고 검은 피부에 코가 낮은 콜족과 빌족 그리고 문다족이 있다. 이들은 주로 산 언덕이나 숲속에 살면서 위의 두 종족과는 전혀 다른 언어를 사용하고 있다.
넷째, 마지막으로 인도에 살고 있는 또 다른 종족은 황색 피부에 낮은 코 그리고 둥근 얼굴에 광대뼈가 튀어나온 몽골족이다. 주로 히말라야와 아삼 주의 산악 지방에 살고 있는 구르카족과 부티야족 그리고 카시족이 여기에 속하는 대표적인 인종이다.

이 가운데 셋째와 넷째 인종은 신석기 시대부터 인도에 살았던 것으로 본다. 학자들에 따라서는 드라비다인 역시 원래부터 인도에 살았던 인종이라고 주장하지만 기원전 5000년경에 중앙아시아 지방에서 티벳 고원을 넘어 인도에 들어온 이민족이라고 주장하기도 한다. 드라비다인이 수메르인과 유사하다는 사실 때문이다. 그러나 아리아인이 인도에 침입했을 당시에 고도로 발달된 모헨조다로와 하라파 문명을 이루고 있었던 민족이 드라비다인이었다는 사실은 분명하다고 말할 수 있다.

인도의 기후와 지형적 특성

인도는 대륙이 거대한 만큼 기후도 다양하다. 그러나 북부의 일부를 제외한 대부분의 지역은 열대에 속한다. 인도의 기후는 크게 겨울과 여름 그리고 몬순의 세 계절로 나뉜다. 그중에서도 몬순은 인도인의 삶에 매우 중요한 영향을 끼친다. 몬순은 북서 지역에서는 6월부터 10월까지, 북동 지역은 12월에서 5월 사이에 발생하면서 인도 지역의 농업에 많은 영향을 미쳤다.
　북쪽의 대부분 지역을 가로막고 있는 히말라야 산맥이 시베리아에서 중앙아시아를 거쳐 불어오는 한랭한 바람을 차단하는 역할을 하면서 북부 인도 지역을 일년 내내 따스한 기후가 유지되도록 만든다.

히말라야 산맥 인도의 북부에는 세계의 지붕인 히말라야 산맥이 위치하고 있다.

　한 나라의 지형적 조건은 그 나라의 역사와 문화의 특성을 결정하는 데 지대한 영향을 미친다. 인도 문화의 한 가지 독특한 특성은 '다양성 속의 통일성'이다. 이 특성은 주로 인도의 지형적 원인에서 비롯된다. 인도는 높은 산과 깊은 숲 그리고 바다에 의해 다른 나라들과 분리되어 있다. 그렇기 때문에 인도 땅에 처음 발을 들여놓은 이민족들도 얼마간의 시간이 흐르면 자연스럽게 인도의 생활 풍습에 동화되었다. 이러한 지형적 조건은 인도만의 독특한 정치, 문화적 통일체를 구성하는 데 결정적인 역할을 했다.

　인도 문화의 다양성은 인도 땅에 들어와 동화된 여러 민족들의 문화적 다양성에서 비롯된 것이다. 베다 종교와 그 밖의 다른 종교적 스승들, 산스크리트라는 독특한 언어 그리고 인도 전역에 퍼져 있는 성스러운 강과 수많은 순례지들은 인도 문화를 하나로 통일시키는 데 도움을 주었다.

그럼에도 불구하고 역사적으로 인도는 정치적, 지리적으로 완전한 통일국가를 이룬 적이 거의 없다. 물론 아소카, 사무드라굽타, 악바르, 아우랑제브와 같은 왕들이 정치적 통일국가를 이루려고 노력은 했지만 부분적으로 성공을 거두었을 뿐이다. 실제로 인도의 정치적, 지리적 통일국가의 모습은 근대에 들어 영국의 지배하에서 겨우 달성되었다고 할 수 있다. 이러한 원인 역시 인도의 지형적 특성에서 비롯된 것이다.

이 같은 지형적 특성 중에서도 가장 중요한 부분은 바로 히말라야 산맥이다. 히말라야는 인도인의 정치적 삶의 근원일 뿐만 아니라 경제, 종교, 신화, 예술 그리고 문학의 토대였다. 히말라야는 인도를 이민족의 침입에서 보호하는 방패 역할뿐만 아니라 북쪽에서 불어오는 한랭한 바람을 막아주었다. 그래서 히말라야는 인도의 북부 지방을 비옥한 땅으로 만들었으며 그곳에서는 농산물이 풍부하게 산출되었다.

영국인들이 인도에 들어오기 이전에 이민족의 인도 침입이 주로 서북 지방을 통해서 이루어진 것도 바로 지형적인 특성 때문이다. 다른 지역에서 인도로 들어가는 길은 북쪽은 거대한 히말라야 산맥이, 북동쪽은 높은 언덕과 울창한 밀림 지역이, 그리고 남쪽은 바다가 가로막고 있었다. 그렇기 때문에 중세 시대에 이르기까지 인도 아리아, 페르시아, 그리스, 터키, 훈족 등 수많은 이민족이 주로 서북쪽 지방을 통해서 인도로 침입했다. 뿐만 아니라 아시아와 유럽 각국과의 무역도 주로 이곳을 통해서 이루어졌다.

인도를 알기 위하여

고대 인도의 역사는 매우 흥미 있다. 인도는 고대부터 수많은 인종들의 각축장이었으며, 아리아인 이전의 선주민, 인도 아리아인, 그리스인, 스키타이인, 훈족, 터키인 그리고 몽골인에 이르기까지 그들은 저마다 인도를 자신들의 영토로 만들기 위해 노력했다. 그들 각각의 인종은 자신들의 사회 제도, 예술과 건축술 그리고 문학 등을 인도 땅에 심어 놓았다. 이처럼 한 민족이 물러가고 그 자리를 다른 민족이 차지하는 순환이 반복되면서 인도는 자연히 다른 어느 나라에서도 볼 수 없는 독특한 문화를 창출하게 되었다. 사람들은 이러한 인도 문화의 특성을 '다양성 속의 통일성'이라고 부른다.

그럼에도 불구하고 우리가 인도의 역사, 그중에서도 고대의 역사를 정확하게 안다는 것은 거의 불가능하다. 인도에는 그리스의 헤로도투스나 로마의 리비 같은 고대의 역사가가 없기 때문에 정확한 연대기가 존재하지 않는다. 그래서 베다나 불교, 자이나교의 종교적인 문헌, 고고학적 발견을 통해 얻어진 유적들로 불완전하나마 인도의 고대사를 더듬어 갈 수밖에 없다.

이미 알고 있듯이 인도 문명은 세계에서 가장 오래된 문명 가운데 하나이다. 뿐만 아니라 인도 문명은 세계의 문화와 문명 속에서 매우 독특한 위치를 차지하고 있다. 오늘날의 여러 민족들은 자신들의 고대 문화가 실제 생활에서는 이미 사라진 지 오래다. 그러나 인도인에게 있어서 그들의 고대 문화는 오늘날에도 여전히 싱싱한 생명력을 얻고 있는, 살아 있는 그들의 삶이다. 우리가 오늘날의 인도에서 그들의 아득한 과거를 쉽게 엿볼 수 있는 이유도 바로 여기에 있다. 인도인에게 있어서 과거란 단순히 이야깃거리로 남는 것이 아니라 지금도 여전히 그들 곁에 살아 생생하게 숨쉬고 있는 삶이라고 할 수 있다.

　인도의 문화와 문명이 세계사에 끼친 영향은 결코 무시할 수 없다. 종교, 철학, 문학, 예술뿐만 아니라 수학과 천문학에 이르기까지 인도인들이 세계 문명에 끼친 영향은 실로 막대하다. 그중에서도 인도를 모태로 하여 발생한 불교가 아시아 각 나라의 문화와 문명에 끼친 영향은 어느 누구도 부정할 수 없다.

　그럼에도 우리가 인도에 대해 알고 있는 사실은 매우 부정확하고 단편적인 몇 가지 사실뿐이다. 불교와 고행자의 나라, 가난이 더 이상 불행으로 취급되지 않는 나라, 그들이 행하는 평범한 일마저 신비라는 이름으로 해석될 수 있는 나라, 세계 4대 문명의 발상지 가운데 하나라고 역사책에서 배운 나라. 과연 우리가 인도라는 나라를 떠올릴 때 이 이상을 넘어설 수 있을까? 근래 들어 부쩍 늘어난 인도에 대한 호기심에도 불구하고 우리가 알고 있는 범위가 아직도 이 같은 범주를 넘어서지 않는 이유는 무엇인가?

　우리가 이처럼 인도에 대해 단편적인 이유는 무엇보다도 먼저 그들의 역사를 모른다는 사실이다. 한 나라를 적절하게 이해하기 위한 첫 번째 조건은 바로 그들의 역사를 아는 것이다. 이런 관점에서 본다면 인도를 이해하기 위해서는 무엇보다도 먼저 그들의 역사에 대한 전반적인 지식을 알아야 한다.

2
선사 시대 – 인더스 문명

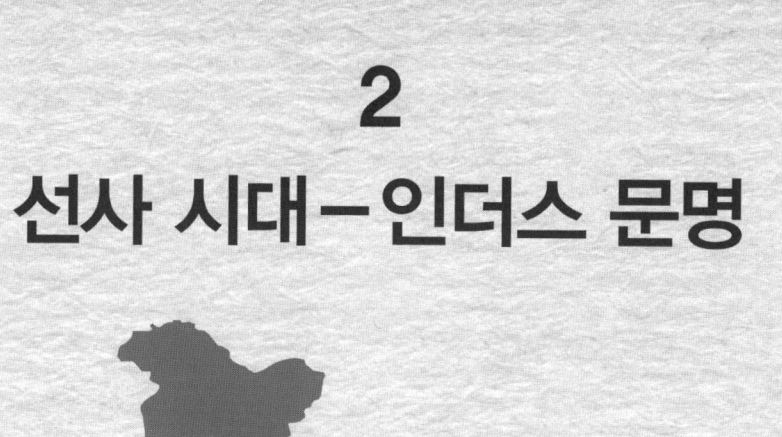

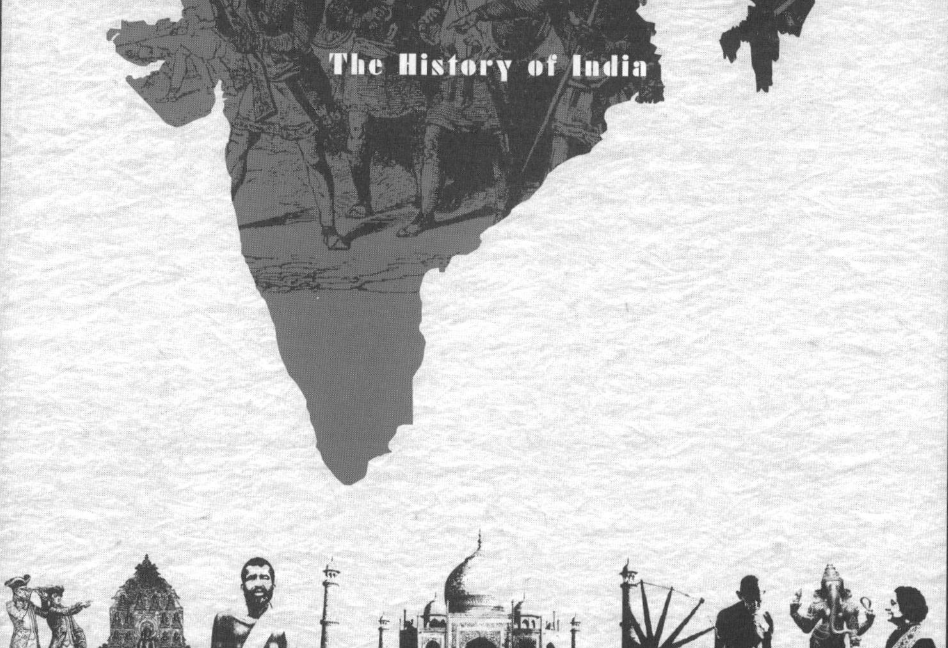

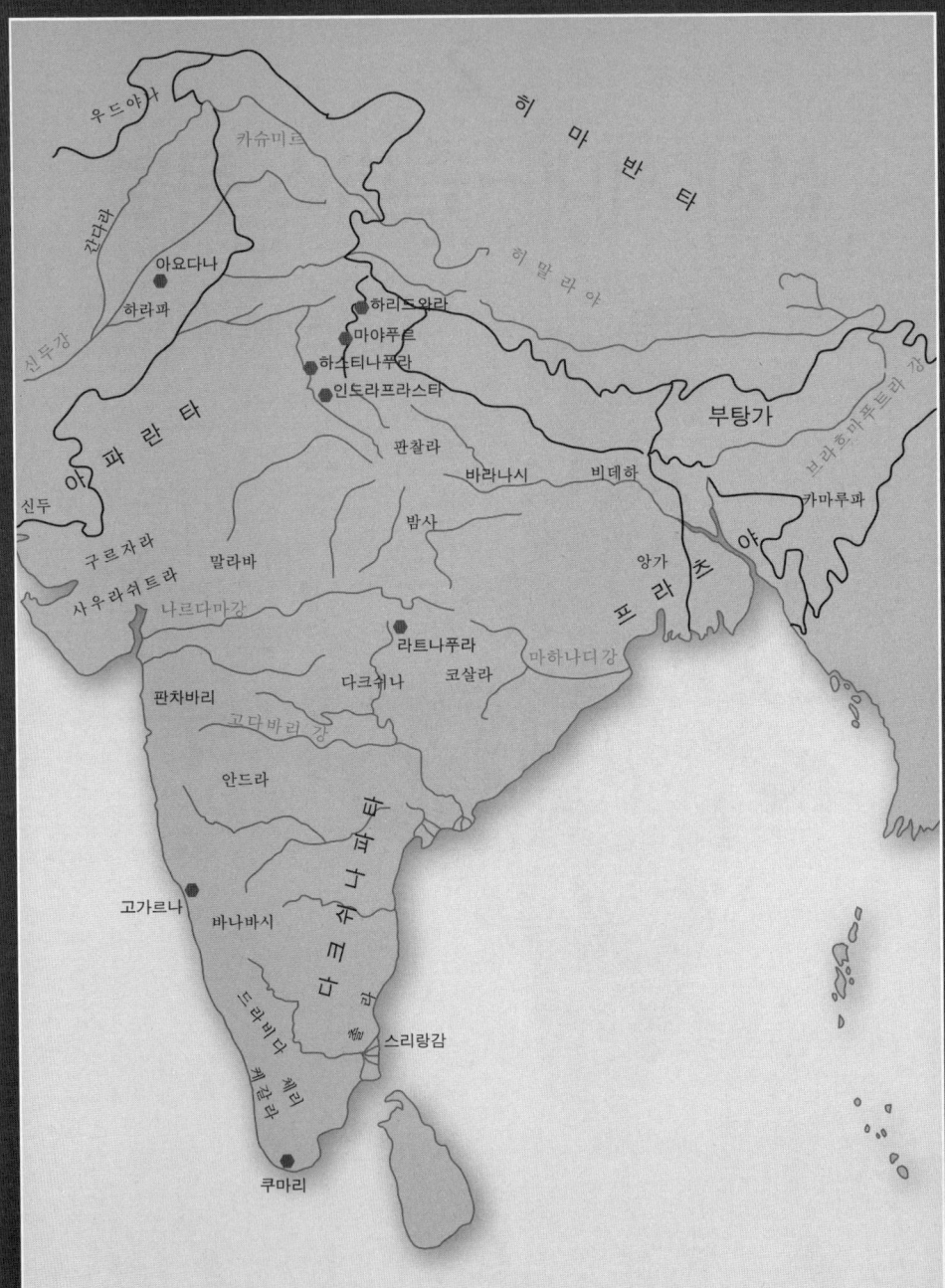

선사 시대-인더스 문명

인도의 역사는 멀리 구석기 시대까지 더듬어 올라간다. 물론 인도인들의 사고방식에 의하면 브라흐마 신이 이 세계를 창조할 때부터 인도에 사람이 살았다고 생각한다. 그럼에도 우리가 알 수 있는 인도의 역사는 세계 4대 문명의 발상지 가운데 하나로서의 인더스 문명부터이다.

1922년부터 시작된 모헨조다로와 하라파에 대한 고고학적 발굴로 알려지게 된 인더스 문명은 대략 기원전 3000년경에 시작된 농경 문화였다. 이 시기는 고대 이집트나 아시리아 그리고 바빌로니아의 문명과 거의 동시대이다. 인더스 문명은 동기 문화를 가지고 나름대로 잘 정비된 도시 체계를 갖춘 상당히 발전된 모습을 지니고 있다. 하지만 아직까지도 그들의 글자를 정확하게 해독할 수 없기 때문에 그 시대의 완전한 모습을 그려낼 수는 없다. 드라비다인에 의해 형성된 이 문화는 그 후 기원전 2000년 혹은 1500년경부터 인도로 이주를 시작한 아리아인들의 베다 문화에 의해 역사 속으로 사라졌다.

인도의 시조

인도에 제일 처음 살았던 인간은 전적으로 신비에 싸여 있다. 인도인들은 우주가 창조된 바로 그 순간부터 자신들의 조상이 인도에 살았다고 믿는다. 그 시기는 어떠한 고통이나 부족함, 심지어는 죽음조차 없는 순수한 행복의 이상향 시대이다. 인도인들의 우주관에 따르면 우주는 크게 네 시기를 통해 끝없이 순환한다. 생성, 유지, 쇠퇴, 소멸의 순환적인 단계로, 인간적인 관점에서 본다면 생로병사의 과정과 일치한다.

이상향의 시기는 바로 창조의 시기와 같으며 이때는 모든 것이 진리에 그대로 일치하기 때문에 어떠한 고통도 겪지 않는 일종의 유토피아라고 할 수 있다. 이 같은 이상향의 시대는 점차 시간이 지남에 따라 인간의 욕망이 진리를 억누르면서 쇠퇴의 과정을 거쳐 궁극에는 종말이라는 파멸로 끝을 맺는다. 하지만 여기서의 파멸은 끝 또는 마지막을 의미하는 것이 아니라 다음의 새로운 창조를 위한 일종의 휴식 또는 정리 기간을 말한다. 이리하여 우주는 일정 기간이 지난 뒤 다시 창조되어 유지·쇠퇴·소멸의 길을 무한히 반복한다는 것이 인도인들의 일반적인 믿

대지의 여신 대지의 여신 프리티비는 지구 위의 모든 생명체를 떠받치는 역할을 맡고 있다.

음이다.

　인도인들은 이러한 생각을 신화라는 형태를 빌려 다양하게 표현하고 있다. 인도 신화는 신화의 보고라고 할 수 있을 정도로 양적으로나 질적으로 매우 풍부하다. 그 가운데는 때때로 이질적인 내용들이 뒤섞여 있는 경우도 자주 나타난다. 그 이유는 주로 농경 문화를 이루었던 선주민의 인더스 문명과 그 후 유목 문화를 가진 아리아인이 인도에 들어오면서 발달한 베다 문화의 혼합부터 이후 서북 인도를 중심으로 들어온 다양한 이민족의 사상들이 뒤섞인 결과라고 할 수 있다. 그렇기 때문에 우주 창조에 대한 신화 역시 출산에 의한 생식창조설, 푸루샤의 자기해체적인 창조설, 희생제에 의한 창조설, 황금알의 분화에 의한 창조설 등 매우 다양한 종류가 존재한다. 이 가운데서도 가장 흥미를 끄는 부분은 남녀의 성적 결합과 그에 따른 출산을 전제로 하는 생식창조설이다.

　생식창조설은 인류가 인간을 포함한 우주 전체의 기원에 관한 물음에 최초로 주어진 대답이다. 남성과 여성의 구체적인 성적 결합을 전제로 하는 생식창조설에서 남성은 앞으로 태어날 존재를 결정하는 씨앗을 가진 존재로, 여성은 그 씨앗을 받아들여 보존하고 길러서 밖으로 내어 놓는 힘으로 간주된다.

　"태초에 이 세계에는 오직 아트만만이 인간의 형태로 존재했다. 어느 날 그가 주위를 둘러보다가 자신 이외에 아무것도 존재하지 않는다는 사실을 알았다… 그는 두려움을 느꼈다… 진실로 그에게는 어떠한 기쁨도 없었다… 그는 혼자 있는 두려움에서 벗어나고 또한 기쁨을 얻기 위하여 짝을 갈망했다. 그는 남녀가 꼭 껴앉고 있는 크기만큼 커졌다. 그리고 나서 자신을 둘로 나누었다. 이로부터 남편과 아내가 나타났다. 그 때문에 야즈냐발캬가 말했듯이 이 신체는 자신의 반쪽이며 나머지 빈 공간은 부인에 의해 채워진다… 그는 (아내인) 그녀와 결합했다. 이로 인해 인류가 탄생했다. 그러나 그녀는 다음과 같이 생각했다. '어떻게 자신으로부터 만든 나와 그가 결합할 수 있을까?', '(이를 피하기 위하여) 나 자신을 숨기도록 하자.' 그녀는 암소가 되었다. 그러자 그는 수소가 되어 그녀와 결합하였고 소가 탄생했다. 그녀가 다시 암말로 변하자 그는 수말이 되었고, 계속해서 그녀가… 이렇게 하여 그는 아래로 개미에 이르기까지 한 쌍으로 존재하는 모든 존재를 만들었다."

하지만 생식창조설을 자세히 살펴보면 이들 남성과 여성의 성적 결합에는 중대한 도덕적 문제가 발생한다. 왜냐하면 세계를 창조하는 과정으로서의 성적 결합이 바로 근친상간이라는 도덕적인 문제와 연관될 수 있기 때문이다. 비록 위의 예에서는 최초의 존재 아트만이 혼자라는 두려움을 벗어나고 기쁨을 얻기 위하여 자신을 남녀가 합쳐진 크기로 만든 후 단순히 남성과 여성으로 나누었다고 표현하고 있지만, 후에 여신이 회의하는 사실로 미루어 볼 때 최초의 남녀양성적 존재가 자신 속에서 여신을 밖으로 내놓았음을 의미한다. 그로 인해 자연히 남녀양성적인 최초의 존재는 남성이 되었고 둘은 자연스럽게 결합할 수 있게 되었다. 이 같은 사실은 이 예의 원형이라고 추정할 수 있는 《리그베다》나 다른 후기 신화에서 아주 분명하게 드러난다. 《리그베다》에서는 창조의 설명이 그의 아버지가 자신의 딸에게 씨앗을 뿌리고 신은 자신의 딸 속에서 욕망을 만족시켰다는 표현으로 나타난다. 이 사실로 미루어보아 생식창조설은 아직 인간의 도덕적 의식이 발달하지 않은 상황에서 만들어진 세계 창조에 관한 설명임을 알 수 있다. 다시 말해서 아직까지 성이 출산과 쾌락이라는 양면으로 분리되지 않았음을 의미한다. 그렇기 때문에 그들에게 있어서 성은 오직 출산의 의미와 직결되며, 그것은 그대로 창조적 행위가 된다. 이 같은 도덕적 딜레마는 또 다른 신화에서 이렇게 해결된다.

루드라 폭풍의 신 루드라는 파괴와 치유의 양면적인 신이다. 노하면 폭풍처럼 파괴와 살상을 일삼지만 신자에게는 질병을 낫게 하고 재앙을 막아준다.

프라자파티가 어느 날 자신의 딸에게 접근했다 … 이를 본 다른 신들이 말했다. "지금 프라자파티는 해서는 안 될 일을 하려 하고 있다" … 신들은 그를 벌할 수 있는 존재를 원했다 … 이리하여 그들은 루드라*라는 신을 만든 뒤 그에게 명령했다.

"프라자파티는 지금 해서는 안 될 일을 하려 한다. 너는 가서 그를 쏘아라" … 이리하여 활을 맞은 프라자파티는 자신의 씨앗을 흘렸고 그것이 땅에 흘러 호수가 되었다. 신들은 그것을 불로 보호하려 하였지만 결국은 흘러 생명체들이 창조되었다.

* 루드라 : 시바 신의 또 다른 이름

어쨌든 이 같은 창조에서 또다시 문제가 발생한다. 절대자인 신이 창조한 생명체가 죽지 않는 것이었다. 생명체는 완전하고 불멸의 절대자인 신이 창조한 것이기 때문에 당연히 죽음을 모르는 존재일 수밖에 없었다. 이렇게 죽음이 없이 계속 생명체가 창조되자 그들을 떠받치고 있던 대지의 여신 프리티비는 자신의 힘으로는 더 이상 생명체들의 무게를 이기기 힘든 지경이 되었다. 대지의 여신은 견딜 수가 없어 창조주에게 하소연했다.

"창조의 바다에서 떠올라 이 지구를 받치고 있는 나에게 이렇게 많은 생명체는 너무나 큰 부담입니다. 당신이 빨리 어떤 조치를 취해주지 않는다면 나는 생명체들의 무게 때문에 다시 창조의 바다 속으로 가라앉고 말 것입니다."

안 그래도 수많은 생명체들을 어떻게 처리해야 할지 몰라서 고민하던 창조주는 대지의 여신의 하소연을 듣자 별안간 분노가 치솟아 온몸에서 불을 뿜어내기 시작했다. 분노의 불길에 닿은 생명체들은 재가 되어 흔적도 없이 사라졌다. 그러자 생명체들이 아무런 보람도 없이 사라지는 것을 안타깝게 여긴 루드라 신이 창조주에게 달려갔다.

"신이시여 고정하소서. 당신의 분노의 불길로 애꿎은 생명체들이 사라지고 있습니다. 당신은 마치 어린아이가 장난감을 가지고 놀다가 그것이 싫증나면 내팽개치듯이 단지 자신의 분노 때문에 창조된 생명체들을 소멸하고 있습니다. 도대체 아무런 잘못도 없는 그들이 이처럼 허무하게 사라져야 할 이유가 무엇입니까?"

그의 말을 들은 창조주는 자신의 분노를 누그러뜨리며 대답했다.

"나 역시 모든 생명체들이 사라지는 것을 원하지 않는다. 하지만 계속해서 늘어나는 이들을 어떻게 처리해야 할지 도무지 생각이 나지 않는다. 그런데 대지의 여신의 고통어린 호소를 듣는 순간 나도 모르게 화가 치솟고 말았다. 일단 화는 멈추겠지만 그래도 마땅한 생각이 떠오르지 않으니 어떻게 하면 좋겠느냐?"

루드라 신이 부드럽게 창조주의 마음을 달래기 시작했다.

"적절한 방법이 떠오르지 않는다고 해서 그들을 무조건 파괴하는 것은 온당치 않은 일입니다. 한번 파괴된 생명체는 어떠한 경우에도 다시 돌아오지 못합니다. 이들 생명체가 이렇게 파괴되면 과연 누가 우리에게 재물을 바치고 기도하겠습니까? 또한 그들의 자손들 역시 대가 끊어지고 우주는 또다시 창조 이전의 상태로 돌아가고 말 것입니다. 그러니 그들을 파괴해서는 안 됩니다."

루드라의 말에 창조주가 반문했다.

"그렇지만 저들이 저렇게 있는 한 대지의 여신은 창조의 바다 속으로 가라앉고 말지 않겠느냐?"

루드라 신은 이런 제안을 했다.

"저에게 생명체를 죽이지 않고 대지의 여신도 구할 수 있는 좋은 방법이 있습니다. 당신이 창조한 저들 생명체는 결코 죽지 않는 영원한 존재입니다. 그러니 그들 가운데 반은 지상에 놓아두고 나머지 반은 하늘나라에 올려 놓도록 하십시오. 그리고 하늘에 있는 존재와 지상에 있는 존재를 계속해서 순환시키도록 하십시오. 그러면 대지의 여신은 나머지 반의 무게를 충분히 견딜 수 있을 것입니다."

루드라 신의 제안에 창조주는 기쁜 얼굴을 하며 찬성했다.

"그렇다. 너의 말대로 하면 되겠구나. 그래 지금 당장 지상에 있는 생명체의 반을 하늘나라에 올려 놓도록 하자. 그러면 영원히 죽지 않는 생명체들이 하늘과 땅을 순환하면서 언제나 존재할 수 있을 것이다. 그런데 그들을 하늘나라로 올려 보내는 기준을 무어라고 부를까? 그래 그 경계선을 죽음이라고 부르도록 하자. 그렇다면 그 임무는 누구에게 맡길까?"

창조주는 이리저리 생각하다가 자신이 내뿜었던 불길을 모아 아름다운 여신을 만들었다. 그리고 다소곳이 고개를 숙이고 있는 여신에게 엄숙한 목소리로 명령했다.

"너는 이제부터 죽음이라고 불릴 것이다. 죽음의 여신이여, 너의 임무는 지상에 있는 생명체들을 육신이라는 옷을 벗겨 하늘나라로 데려가는 것이다. 지금부터 당장 돌아다니며 어떠한 생명체에게도 예외를 두지 말고 육신이라는 옷을 벗겨 죽음을 맞게 하여라."

그러자 창조주의 명령을 들은 죽음의 여신은 놀란 눈으로 뒷걸음질 치며 소리쳤다.

"저에게 주어진 임무가 생명체들에게 죽음을 부여하는 것이라고요? 당신은 모든 생명체들을 공포에 떨게 하는 그러한 잔인한 임무를 하필이면 저같이 연약한 여인에 맡기시나요? 저는 애통해 하는 자들에게 죽음을 부여하는 일이 두렵기만 합니다. 그들의 눈에서 흐르는 눈물은 저를 향한 저주로 바뀔 것입니다. 저로서는 그들의 저주를 견딜 만한 힘이 없습니다. 제발 그같이 무서운 임무를 저에게 맡기지 말아 주십시오."

하지만 창조주의 명령은 단호했다. 죽음의 여신은 때로는 눈물을 흘리면서 애원하기도 하고 때로는 숲속에 숨어 고행을 하는 등 온갖 방법으로 창조주를 설득하였지만 아무런 소용이 없었다. 오히려 그녀의 애원은 창조주의 분노만 자아낼 뿐이었다.

"어리석은 여인이여, 죽음은 정의로운 것이다. 너는 결코 정해진 법을 거스를 수 없다. 너는 너의 의무를 다하기만 하여라. 그러면 나와 다른 신들이 언제나 너의 행복을 보장해 주도록 하마.

그리고 또한 죽음을 맞이하는 모든 생명체들도 절대로 너를 비난 하지 않으리라. 처음에는 너를 비난하면서 운명을 거스르려 할지 모르지만 오히려 시간이 지나면 무엇보다 죽음을 편안하게 받아 들이면서 그대에게 순종할 것이다. 그런데도 네가 끝까지 저항한 다면 네가 흘리는 눈물과 두 손 모아 애원하는 일이 도리어 죽음 을 앞둔 생명체들을 괴롭히는 무서운 병이 될 것이다."

죽음의 여신은 자신에게 주어진 임무를 결코 벗어날 수 없다 는 사실을 깨달았다. 그녀는 돌아다니며 숨쉬는 생명체들이 마지 막 순간에 부르짖는 생에 대한 욕망과 운명에 대한 저주에 당황하 면서 그들의 육체라는 옷을 벗겨내기 시작했다. 그녀는 자신을 향 해 내뱉는 생명체들의 분노에 찬 함성에 온몸을 떨면서 눈물을 흘 리지 않을 수 없었다. 그러자 창조주의 말대로 그녀가 흘린 눈물 은 오히려 생명체들의 고통과 병을 더욱 자극하는 저주가 되었다.

이러한 신화 때문인지 인도인들에게 죽음은 지상에서 또 다 른 세계로 거처를 옮기는 변화일 뿐 결코 생명의 끝이거나 마지막 이 아니다. 그들은 인간은 영원한 존재로서 우주가 생성·유지· 소멸을 반복하는 것과 마찬가지로 삶도 무한히 계속되는 것이라 고 간주했다. 이 같은 생각은 후에 윤회와 업이라는 인도의 독특 한 사상을 이루는 토대가 되었다.

또 다른 인도의 전설에 의하면 인도 최초의 왕은 스스로 태어 난 마누Manu Svayambhu였다. 그는 브라흐마 신으로부터 직접 태어났 으며 남녀양성의 몸을 가지고 있었다. 그는 자신의 여성적인 부분 을 분리하여 그녀와 결합하여 두 아들과 세 딸을 두었다. 마누의 자식 가운데 프리투Prithu는 지상의 첫 번째 왕이 되어 대지에게 프 리티비Prithivi라는 이름을 부여했다. 프리티비가 대지의 여신의 이름이 된 데는 다음과 같은 이야기가 전한다.

프리투가 나라를 다스릴 때 왕국에 커다란 기근이 들었다. 땅에서 더 이상 열매가 맺히지 않자 온 세상은 절망에 휩싸였다. 보다 못한 왕은 대지의 여신을 불러 다음과 같이 위협했다.

"이제 너를 죽여 네가 스스로 열매를 맺도록 만들겠다."

깜짝 놀란 대지의 여신은 프리투에게 외쳤다.

"당신은 여성을 죽이는 일이 무엇보다도 큰 죄악이라는 사실을 모르십니까?"

하지만 프리투는 대지의 여신의 반발에 대응했다.

"만일 하나의 악한 존재를 없애 수많은 존재들이 행복을 얻을 수 있다면 그것은 가치 있는 일임에 틀림없다."

그러자 여신은 다급하게 말했다.

"나를 죽이는 일이 바로 모든 생물의 터전을 빼앗는 일이라는 사실을 모르십니까? 제가 모든 식물을 파괴한 것은 그들이 너무 오래되었기 때문입니다. 당신이 원하신다면 모든 인류의 행복을 위해 저의 우유로 그들을 회복시키도록 하겠습니다. 당신은 저에게 저의 우유를 감추어 놓을 수 있는 가축을 주십시오. 그리고 나서 땅을 평평하게 만들도록 하십시오. 그러면 제가 모든 식물의 씨앗인 저의 우유를 온 땅에 뿌리도록 하겠습니다."

이 일로 인해 땅에는 이전에는 존재하지 않던 농업, 목축, 경작 등이 생겨나게 되었다. 뿐만 아니라 프리투가 대지의 여신의 생명을 다시 살려주었기 때문에 이후부터 그녀는 프리투의 딸이라는 의미로 프리티비라고 불리게 되었다. 이로부터 지상을 다스리는 대지의 여신 프리티비가 탄생했다. 프리투 왕은 계속해서 숲을 정리하여 문명화된 도시를 건설하고 가축을 기르는 법과 경제

활동 등 여러 가지 정착 생활의 방식을 사람들에게 가르쳤다.

그러나 마누로부터 10번째 후손의 단계에 이르자 지상에 거대한 홍수가 발생하여 (10번째의) 마누와 그의 가족을 제외한 모든 생명체가 사라지는 사건이 발생했다.

인류의 조상인 마누가 어느 날 강에서 손을 씻고 있는데 어린 물고기 한 마리가 다급하게 자신의 손 안으로 들어왔다.

"저의 목숨을 구해주세요. 그 은혜는 잊지 않고 보답하겠습니다."

어린 물고기의 애처로운 호소를 가엽게 여긴 마누는 그를 물병에 담아 정성스레 키웠다. 마누의 도움으로 생명을 건진 어린 물고기는 아무 탈 없이 무럭무럭 자라 더 이상 담을 그릇이 없을 정도로 커졌다. 마누는 이제 물 속으로 돌아가도 아무런 위험이 없으리라 생각하고 물고기를 바닷가에 풀어 주었다. 바다로 돌아간 물고기는 마누에게 감사의 절을 하면서 다음과 같이 말했다.

"이제까지 정성껏 저를 키워주신 은혜에 감사드립니다. 이제는 제가 당신의 생명을 구해 드리겠습니다. 지금부터 제가 하는 말을 귀담아 들으시고 반드시 그대로 실행하시기 바랍니다. 얼마 후면 거대한 홍수가 온 지상을 뒤덮을 것입니다. 그 홍수의 기간 동안 악에 물든 세상의 모든 생명체들은 물 속으로 사라지고 말 것입니다. 하늘의 심판으로부터 목숨을 구하고 싶다면 커다랗고 튼튼한 배를 한 척 만들도록 하십시오. 그리고 나서 비가 내리기 시작하면 얼른 배에 올라타도록 하십시오. 그러면 제가 와서 당신을 안전한 곳으로 데려다 드리겠습니다."

집으로 돌아온 마누는 마음 한구석에 의심이 없는 것은 아니었지만 일단 물고기의 말대로 배를 만들기로 했다. 배가 완성되자

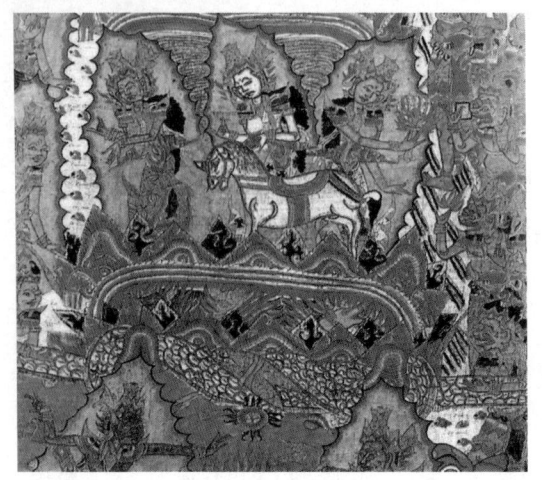

비슈누 힌두이즘에서 가장 위대한 신이다. 날개가 달린 천마를 몰며 가끔은 말의 머리를 가진 것으로 묘사된다.

별안간 시커먼 구름이 하늘을 뒤덮으며 굵은 빗줄기를 쏟아내기 시작했다. 마누가 가족과 함께 서둘러 배에 오르자 거대한 물고기가 나타나 소리쳤다.

"어서 배의 밧줄을 저의 머리에 난 뿔에 묶도록 하십시오."

마누가 그의 말대로 하자 물고기는 거대한 배를 이끌고 히말라야 산맥의 높은 산꼭대기에 도달했다. 얼마 후 비가 그치고 다시 땅이 나타나자 마누는 지상에 자신들 외에 어떤 생명체도 존재하지 않는다는 사실을 깨닫게 되었다. 뿐만 아니라 자신들을 구해준 물고기가 위대한 신 비슈누Visnu의 화신이라는 사실도 알게 되었다.

세상에 홀로 남겨진 마누는 비슈누 신의 명령에 따라 고행과 명상을 닦아 나갔다. 수행이 끝난 마누는 신에게 감사의 제식을 올리면서 정제된 버터와 우유 그리고 커드 등을 물 속으로 던졌다. 그러자 마누가 던진 공물이 물 속에서 한덩어리로 엉키더니 일년이 지나자 그곳에서 여자가 태어났다. 마누는 그녀에게 물었다.

"너는 대체 누구란 말이냐?"

그녀는 즉시 대답했다.

"저는 바로 당신의 딸 이다Ida 입니다."

마누는 깜짝 놀란 얼굴로 다시 물었다.

"어떻게 네가 나의 딸이란 말이냐?"

이다는 자신이 마누가 던진 공물에서 태어났음을 알려준 뒤 계속해서 자신과 함께 신에게 희생제를 드리면 그가 원하는 많은 자손과 가축을 얻을 수 있다고 설명했다. 이리하여 그들이 함께 희생제를 올리면서 오늘날의 인류를 탄생시켰다.

마누의 9명의 아들 가운데 맏이는 최초의 조상 마누 스바얌 브후와 마찬가지로 남녀양성체였다. 그렇기 때문에 맏아이의 이름은 남성일 때는 일라lla 그리고 여성일 때는 일라lla*로 불리었다. 그가 남성으로서의 일라일 때 낳은 아들들은 후에 《라마야나》에 나오는 태양의 종족이 되었고, 여성으로서 낳은 아들들은 후에 《마하바라타》에 나오는 달의 종족이 되어 인도의 조상이 되었다.

* 일라lla : 여성일 때는 'a'가 장음이 된다

구석기 시대

인도 대륙에 인간이 살기 시작했던 시기는 구석기 시대까지 거슬러 올라간다.

이 시기의 사람들은 주로 나무나 자연적인 동굴 속에서 거주했고, 맹수로부터 자신들을 보호하기 위하여 일정한 무리를 이루어 생활했다. 경작법을 몰랐던 그들은 사냥이나 고기잡이 또는 열매 채집 등으로 생활을 꾸려 나갔고, 자연상태의 돌을 이용하여 조잡한 형태의 도끼나 망치를 만들어 사용했다. 그들은 불과 금속을 사용할 줄 몰랐을 뿐만 아니라 죽은 사람을 묻거나 화장하는 방법도 모를 정도로 문명에 대한 개념조차 갖고 있지 않았다. 하지만 맹수로부터 자신들을 보호하기 위해 무리를 지어 생활했다.

안다만 섬의 여인들
안다만 제도는 인도와 인도차이나 반도 사이에 있는 뱅골 해에 위치하고 있다.

인도에서 구석기 시대에 사람들이 살았던 흔적은 북부 인도에서 남인도에 이르기까지 전역에 걸쳐 골고루 나타난다. 이 시대의 사람들은 주로 오세아니아와 동남아시아 지역에 살고 있는 준흑색인종인 니그리토인이었다. 그들은 오늘날 안다만 섬에 살고 있는 인종과 유사하며 작은 키에 검은 피부 그리고 곱슬머리에 낮은 코를 갖고 있었다.

신석기 시대

신석기 시대에도 사람들은 여전히 돌을 도구로 썼지만 구석기 시대처럼 자연 상태의 것이 아니라 좀 더 갈고 다듬어서 활용할 줄 알았다. 이것은 사람들의 의식이 그만큼 발전했다는 것을 의미한다. 특히나 이 시기의 사람들은 불을 사용할 줄 알았으며 소나 염소와 같은 가축도 기르기 시작했다. 또한 다양하게 토기를 만들어 음식을 조리하고 동물의 가죽으로 옷을 만들어 입으면서 초기 형태의 종교적인 의식도 거행했다.

신석기 시대 대부분의 사람들은 여전히 동굴에서 거주했다. 하지만 일부는 갈대를 이용해 움막을 지어 살기도 했고, 배를 만들어 바다로 나가기도 했다. 뿐만 아니라 예술 방면에 대한 의식도 나타나면서 자신들이 살고 있던 동굴의 벽이나 돌에 사냥을 하거나 춤을 추는 장면을 그려 넣었고, 토기의 겉면에도 다양한 무늬들을 그리기 시작했다.

이 시기에는 죽은 자를 땅에 묻기 시작하면서 다른 나라에서와 마찬가지로 신석기 시대의 보편적 특징인 돌로 만든 무덤을 세웠다. 뼈를 담은 옹기가 땅 속에서 발견되기도 하였는데 이것은 죽은 자를 화장했음을 알려준다.

학자들에 따라서는 구석기 시대와 신석기 시대 중간에 중석기 시대를 넣기도 한다. 그러나 중석기와 신석기 시대의 차이는, 첫째 중석기 시대에 사용한 돌로 만든 도구가 신석기 시대보다 크기나 길이에 있어서 훨씬 작았으며, 둘째 구석기 시대에 사용하던 돌과 종류가 달라졌다는 점이다. 그러므로 전체적으로 볼 때 중석기 시대부터 토기의 사용과 가축 길들이기를 시작했다고 할 수 있다.

동기 시대

학자들은 대략 기원전 3000~1000년 사이에 존재했던 이 시기가 남인도 지방에는 없었다고 주장한다. 그 대신 남인도 지역은 아리아인Argan의 침입으로 신석기 시대에서 곧바로 철기 시대로 바뀌었다고 주장한다. 이 같은 주장은 동으로 만든 도끼나 칼 그리고 창 등의 무기나 연장이 주로 북인도 지방에서만 출토되고 있다는 사실을 통해 입증된다. 동기 유물과 함께 소량의 청동기 유물도 발견되지만 전체적으로 청동기가 동기를 대체한 흔적은 나타나지 않는다. 그렇기 때문에 학자에 따라서는 인도에는 서양과 달리 동기 이후에 청동기 시대를 거치지 않고 막바로 철기 시대로 접어들었다고 주장한다. 여기에는 아리아인의 인도 침입이 밀접하게 연관되어 있다.

동기 문명은 인더스 계곡에서 나타나는 문명과 관련 있다. 이 시기의 사람들은 매우 발달된 의식을 가지고 곡식을 경작하면서 촌락과 도시를 건설하고 경제 수단을 발전시켰으며 면화와 양털로 옷감을

무희의 청동상 모헨조다로의 주거지에서 발견된 동기 시대 유물

짜 입었다. 또한 언어와 문자를 사용하고 남신과 여신을 믿는 종교를 발전시켰으며 보다 문명화된 형태의 삶을 영위했다.

철기 문명

인도에서 동기 문명과 철기 문명 사이를 구별짓는 가장 확실한 수단은 《리그베다》이다. 《리그베다》는 아리아인이 서북 지방을 통하여 인도에 침입한 이후 성립된 최초의 문헌이다. 철기를 사용할 줄 알았던 아리아인이 인도에 침입한 것은 대략 기원전 2000~1500년경이다. 이 때문에 아리아인의 인도 침입을 계기로 베다 시대에 인도는 막바로 철기 시대로 들어서게 된다. 이 시기의 사람들은 철을 가지고 연장과 무기를 만들기 시작하면서 이전보다 더욱 발전된 형태의 문화와 문명을 건설했다.

인더스 계곡의 문명

1922년까지 인도 문화의 역사는 베다 문화에서 시작했다는 생각이 정설로 통용되고 있었다. 하지만 1922~1923년에 걸쳐 진행된 고고학적 탐사는 뜻밖에도 인도의 문화와 역사를 이전보다 훨씬 뒤로 끌어올려준 위대한 문명을 발견할 수 있는 기회를 제공했다. 그것은 지금의 파키스탄 영토에 속하는 신드 주의 라르카나 지역

인더스 인장 제의를 묘사한 듯한 그림이 새겨져 있다. (위)
인더스 인장에 새겨진 글자는 아직 해독되지 않아 그 뜻을 알 수가 없다. (아래)

의 모헨조다로에서 발굴된 대량의 유적들이다. 뒤이어 역시 지금의 파키스탄 영토에 속하는 펀자브 주의 몬테고메리 지역의 하라파에서도 대량의 유적이 발굴되었다. 이 두 도시에서 발견된 유적과 유물은 인도 역사에 커다란 전환점을 마련했다. 이 일을 계기로 인도의 역사는 자연스럽게 기원전 3000년 이전으로까지 거슬러 올라가게 되었다.

죽음의 도시를 뜻하는 모헨조다로와 하라파의 유적 사이의 거리는 불과 480여 킬로미터 정도 떨어져 있을 뿐이며 인더스 강을 통해 서로 연결되어 있다. 그 때문에 사람들은 이 두 문명을 합쳐 인더스 문명이라고 불렀다.

그리고 나서 얼마 후 이들 두 도시보다 규모면에서는 작지만 동일한 시대의 유적들이 신드 주와 펀자브 주의 다른 지역과 구자라트나 라자스탄, 발루치스탄 등에서도 발굴되었다. 이러한 사실을 통해 인더스 문명은 인더스 계곡에만 한정된 것이 아니라 북인도의 전 지역에 걸쳐 광범위하게 형성되었다는 것을 알 수 있었다.

인더스 문명이 정확하게 언제부터 시작되었는지는 알 수 없다. 하지만 이곳에서 발굴된 유물이 철로 만든 것은 전혀 없고 오직 동기 제품만 나타났기 때문에 그 문명이 동기 시대에 속한다는 사실은 분명하다. 또한 인도의 철기 시대는 아리아인의 인도 침입으로부터 시작되었다는 사실에서 미루어 본다면 인더스 문명이 아리아인 이전에 형성된 문명임을 알 수 있다.

일반적으로 인더스 문명은 기원전 3000년경에 형성된 것으로 알려져 있다. 따라서 고대 이집트나 아시리아 그리고 바빌로니아의 문명과 거의 동시대에 발전된 문명으로 볼 수 있다. 또한 후자의 문명이 나일 강이나 티그리스 강, 유프라테스 강의 주변에서 발전했던 것과 마찬가지로 인더스 문명도 인더스 계곡에서 발전했다. 따라서 고대 문명 발생지의 공통점도 아울러 갖추었다.

하지만 불행하게도 인더스 문명의 정체는 아직까지 정확하게 밝혀진 것이 없다. 이곳에서 출토된 유물들 가운데 표면에 약간의 글자가 새겨져 있는 몇 개의 인장을 발견하였지만 아직까지 그 문자는 해독되지 않았기 때문이다. 결국 인더스 문명을 창건한 사람들이 정말로 드라비다인인지 또는 그들의 문화가 언제 시작되었는지에 대한 정확한 해석은 앞으로 우리가 풀어야 할 과제로 남게 되었다.

하라파와 모헨조다로

하라파와 모헨조다로는 인더스 강을 통해 서로 연결되어 있었지만 각기 독립된 성곽에 둘러싸인 도시를 구축하고 있었다. 도시에는 벽돌로 지은 각양각색의 집들이 잘 짜여진 도시계획에 따라 바둑판식으로 질서정연하게 배치되어 있었다. 사방으로 곧게 뻗은 도로 이외에도 두 도시의 가장 특징적인 구조는 배수 시설에 있

모헨조다로의 대욕장
중앙 욕탕의 크기는 11.7×6.9미터, 깊이는 2.5미터이다.

다. 각 개인집마다 연결된 배수 시설은 거리의 배수 시설과 연결되며 또한 도시 밖에 있는 강으로 연결되었다. 모든 배수관은 벽돌로 만들어져 있었고 거리마다 쓰레기통을 설치하여 항상 깨끗한 도시를 가꾸는 데 힘썼다.

또한 집집마다 정원과 목욕 시설이 구비되어 있었으며 특히 모헨조다로에는 공동으로 사용할 수 있는 거대한 목욕 시설이 수많은 방과 회랑으로 둘러싸인 사각형 건물 중앙에 설치되어 있었다. 그곳에는 대중이 사용할 수 있는 커다란 욕탕 외에도 사제들이 종교적인 의식을 거행하기 전에 몸을 정결하게 할 수 있는 독

립된 욕실도 따로 구비되어 있었다. 목욕 시설의 용도는 종교 의식과 연관 있는 것처럼 보인다. 이 밖에도 두 도시에는 곡식을 저장하는 창고가 따로 건립되어 추수가 끝난 뒤 식량을 저장하는 장소로 사용되었다.

이상의 사실로 보면 이 도시에서의 삶은 매우 평안하고 풍족했던 것처럼 보인다. 사람들은 동으로 만든 그릇을 사용했고 금, 은, 상아 혹은 보석으로 만든 장신구를 착용했으며 양털과 목화로 짠 옷을 입었다. 따라서 인더스 문명은 농업과 상업에 근거를 둔 고도로 발달된 형태의 도시 문명이었다.

농경과 상업의 발달

인더스 계곡의 사람들은 농업에 기반을 둔 문화를 발전시켰다. 그들은 가축을 길들여 농업과 운송수단으로 활용하면서 메소포타미아, 이집트, 크레타, 수메르 등 여러 나라와 무역을 했다.

북인도 지역은 풍부한 강수량과 비옥한 토지 그리고 적절한 기후 덕분에 농산물을 매우 풍족하게 생산할 수 있었다. 그들이 경작을 통해 산출한 곡물은 주로 밀, 보리, 다양한 과일, 대추야자와 쌀 등이었다. 그들이 어떠한 방법으로 경작하고 추수를 했는지는 정확하게 알 수 없지만 적어도 물레방아를 사용했다는 사실은 확실하다.

인더스 계곡에 살던 사람들은 세계에서 최초로 면화를 재배한 민족이기도 하다. 그들은 또한 암소, 양, 돼지, 개, 당나귀, 앵무새, 고양이, 공작, 닭 등 가축과 새들을 기르기도 했으며 농사를 짓는 일과 더불어 우유와 고기를 식량으로 사용했다. 동물로는 주로 코끼리와 낙타 그리고 말 등이 알려져 있었으나 그중에서도 말은 아리아인들에 의해 수입되어 후에 알려졌던 것 같다. 이 밖에도 그들에게 알려져 있던 동물들로는 물소, 원숭이, 곰, 호랑이, 사자, 거북이, 코뿔소, 야생토끼, 악어 등이 있었으며 그것들은 주로 사냥의 대상이 되었다. 그들은 또한 물고기에 대해서도 충분히 알고 있었다. 그중에서도 하라파 지역에서 경작된 곡식과 가축들은 메소포타미아와 밀접한 연관을 갖고 있었다.

인더스 문명은 동기 시대에 속한다. 사람들은 돌로 만든 연장도 많이 사용했지만 특히 동제품의 제조와 활용에 매우 능숙했다. 사람들의 직업으로는 목수, 옹기장이, 직물공, 대장장이, 의사, 어부, 건축가 등 여러 가지가 있었다. 그들은 수레바퀴나 도기를 만드는 바퀴 등을 제작하여 적절하게 활용할 줄 알았다. 또한 인더스 강 유역이 매년 홍수로 입는 피해를 막기 위하여 벽돌로 제방을 쌓았다.

그들은 육로와 바다를 통해 남인도 지역뿐만 아니라 멀리 중앙아시아, 메소포타미아, 아

테라코타 짐수레 모헨조다로에서 출토되었다. 당시의 농업 기술을 짐작하게 한다.

프가니스탄, 페르시아 등과도 교역했다. 이 지역에서 발굴된 다양한 인장들은 무역이 개인적으로뿐만 아니라 집단적으로도 이루어졌음을 알려준다. 그들은 교역을 원활하게 하기 위해 저울을 이용하였으며 십진법을 사용했다.

카스트 제도 이전의 사회

전통적으로 인도 사회는 카스트 제도가 지배하는 계급 사회이다. 인도의 사회는 제사 의식을 담당하는 브라흐만 사제 계급, 무사 혹은 왕족 계급의 크샤트리아, 상인 계급의 바이샤, 그리고 노예(일종의 노동자) 계급의 수드라에 이르기까지 네 가지 계급이 수직적인 구도를 이루고 있다.

신화에서는 브라흐마 신이 인간을 만들 때 자신의 머리에서는 지혜를 가진 브라흐만Brahman 사제 계급을, 가슴에서는 용기가 충만한 크샤트리아Kshatrya 계급을, 배에서는 적당한 욕망을 가진 바이샤Vaisya 계급을, 마지막으로 팔다리에서는 노동력을 가진 수드라Sudra 계급을 창조했다고 말한다. 이들 계급은 신이 결정한 것이기 때문에 인간의 의지로는 절대로 바꿀 수 없으며 모든 사람은 태어날 때 이미 각자의 계급이 정해진다. 그렇다면 왜 어떤 사람은 좋은 가문에 태어나고 다른 사람은 그렇지 못한가? 인도적인 설명에 의하면 그것은 전생에 자신이 지은 카르마 때문이다. 불교에서 업이라고 부르는 카르마는 인도인의 도덕 법칙으로, 모든 사람은 각자 저지른 선하고 악한 행위의 결과로 자신의 미래가 결정된다는 이론이다. 따라서 어떤 사람이 어떤 부모와 환경 밑에서 태어나는지는 이미 자신이 과거에 저질렀던 행위의 결과이기 때문에 누구도 바꿀 수 없는 것이다. 카르마 이론에 의하면 그가 현재 태어난 상황은 과거의 업보를 해결하기 가장 좋은 조건을 갖추고 있다. 그러므로 그가 현재의 주어진 조건에서 자신의 의무를 다한다면 다음 생에는 나은 조건으로 태어날 것이다.

인도의 계급 제도는 그리스의 철학자 플라톤이 말했던 계급 제도와도 비슷하다. 플라톤은 사회를 크게 정치지도자 계급, 무사 계급 그리고 상공인 계급의 세 단계로 구분하고 그들 각각을 인간의 머리, 가슴, 배에 비유했다. 이 경우 머리는 지혜를, 가슴은 용기를 그리고 배는 욕망의 절제를 의미한다. 비록 플라톤은 그러한 계급이 태생적으로 결정되는 것이 아니라 교육을 통해 후천적으로 나뉜다고 한 점에서는 다르지만 전체적인 설명 방법은 인도의 카스트 제도와 유사하다.

인도의 카스트 제도의 뿌리는 원래는 피부 빛깔의 차이를 일컫는 바르나 제도이다. 피부 빛깔에 따라 신분을 가르는 이유는 백인종인 아리아인들이 인도에 침입한 이후 자신들을 피정복민이며 유색인종인 선주민과 구별하기 위해서였다. 그러나 초기의 바르나 제도는 후에 아리아인들이 인도에 정착하면서 혼혈이 나타나고 또한 사회적, 경제적 조건의 발전으로 말미암아 오늘날의 모습같이 직업을 중심으로 한 신분 제도인 카스트 제도로 바뀌게 되었다.

이러한 관점에서 아리아인 이전의 선주민 문명인 인더스 문명 속에서 우리가 알고 있는 바르나 제도나 오늘날의 카스트 제도와 같은 신분 제도의 뿌리를 찾는다는 것은 명백하게 불가능한 일이다. 하지만 모헨조다로의 유적을 살펴보면 당시의 사회에도 나름대로의 신분 구별법이 있었던 것 같다. 그 사회에서 첫 번째 계급은 사제, 의사, 점성술사 등이, 두 번째 계급은 무사들이 그리고 상인과 장인, 예술가는 세 번째 계급을, 마지막으로 농부, 어부, 직물공, 하인 등과 같은 육체노동자들은 네 번째 계급을 이루고 있었던 것처럼 보인다. 그러나 당시의 신분상의 구별은 주로 경제적인 지위에 의한 것으로 그로 인한 신분 차별은 별로 없었던 것 같다.

자연 숭배와 힌두교의 원형

인더스 문명 당시 주민들의 종교 및 풍습은 인장, 동판, 테라코타 그리고 돌에 새겨진 그림을 통해 어느 정도 짐작할 수 있다. 그들의 종교적 관습 가운데 특이한 점은 이집트나 메소포타미아와는 달리 예배당이나 사원같이 신에게 기도와 제사를 드리는 특정한 종교적 성소가 존재하지 않는다는 사실이다. 구자라트의 로탈에서 발견된 유적 가운데는 불의 의식을 실행한 흔적이 드러나기도 하지만 그렇다고 해서 거기에 종교적인 목적의 사원이 존재한 것은 아니다. 반면에 사원이 존재하지 않는다는 사실이 그들이 종교를 갖지 않았음을 입증하는 것도 아니다.

하라파 유적에서는 당시의 지도자들이 힘을 가진 정복자라기보다는 상업적인 특성을 지닌 사람들이었던 것처럼 묘사한다. 뿐만 아니라 하라파에서는 유달리 여성의 형상을 한 테라코타가 많

두르가 여신 남인도 마하발리 푸람 석굴의 부조. 두르가 여신이 사자에 올라타 물소의 머리를 한 악마를 무찌르고 있다.

이 발견되었는데, 그들은 주로 대지의 여신을 섬겼던 것처럼 보인다. 이것은 또한 그들 사회가 모계 중심의 사회가 아닌가 하는 추측을 가능케 한다. 하지만 베다 시대에 들어오면 아리아인의 남성 중심 사회의 영향으로 여신들의 역할이 축소된다. 여신들은 기원후 6세기경의 힌두이즘 속에서 두르가, 암바, 칼리 그리고 찬디의 형상으로 다시 등장하고 그중에서 두르가, 칼리 여신은 오늘날의 인도 종교에서도 매우 중요한 역할을 차지한다.

인더스 문명 당시의 사람들은 물, 불, 나무, 동물 등과 같은 자연의 대상을 신격화하기도 하였으며 농경 중심의 사회였기 때문에 그중에서도 물과 불을 특히 중요한 신으로 숭배했다. 뿐만 아니라 남성신으로는 오늘날 시바 신의 원형이라고 간주되는 형상이 인장에 나타난다. 그 형상은 코끼리, 호랑이, 코뿔소, 물소 등에 둘러싸인 채 요가 수행자의 자세를 취하고 있다. 이러한 형상은 후에 묘사된 시바 신의 형상과 거의 일치한다. 이를 통해 당시의 종교에 오늘날의 요가와 정확하게 일치하는 것은 아니지만 금욕주의 또는 고행주의적인 성격의 요가 풍습이 있었다는 사실을 짐작할 수 있다. 이외에도 후에 힌두이즘에서 시바의 독특한 상징으로 간주되는 성기 숭배의 모습도 드러나며 뱀에 대한 숭배도 있었던 것으로 보인다. 또한 대지의 여신을 위한 인신희생제의 흔적도 나타난다.

그들은 죽은 자를 매장하는 풍습을 갖고 있었으며 죽은 자가 평소에 쓰던 물건들을 부장품으로 함께 묻었다. 이로 미루어 그들은 조상 숭배의 풍습을 믿었으며 아마 윤회 사상도 아리아인 이전 선주민의 사상에서 비롯된 것으로 보인다.

인더스 문명에서 발견되는 유물들은 연장이나 무기 또는 그릇들처럼 주로 실용적인 면에 치우쳐 있는 것이 특징이다. 또한 당시의 사람들은 실용적인 목적의 건축물은 발달시켰으나 그림이나 회화 같은 순수예술에는 별로 신경을 쓰지 않았던 듯하다.

또 한 가지 특기할 만한 점은 그들이 표음문자 형식의 문자를 가지고 있었다는 사실이다. 비문이나 인장 속에 나타난 약 400여 가지의 독특한 기호가 이 같은 사실을 입증하고 있는데, 그것들이 대부분 오른쪽에서 왼쪽으로 쓰여졌다는 사실 이외에 그 문자의 뜻이 정확하게 무엇을 의미하는지는 오늘날까지도 해독하지 못하고 있는 실정이다. 아마도 이 문자가 정확하게 해독되는 날 우리는 인도 문화의 또 다른 놀랄 만한 새로운 모습을 발견하게 될 것이다.

인더스 문명의 소멸

인더스 문명은 기원전 3000년경에 시작되었고, 아리아인의 인도 침입으로 소멸되었다. 하지만 모헨조다로의 유적은 아리아인이 침입하기 이전에 이미 사양길에 접어들었던 것으로 보인다. 그 원인은 기후의 변화나 지진 등으로 인더스 강의 물줄기가 바뀌면서 비옥했던 주변의 토지가 황폐해졌기 때문이라고 추측된다.

이처럼 홍수와 지진 등으로 자신들 삶의 터전이었던 농경지가 황폐해지면서 생활 조건이 악화되고 있던 무렵 엎친 데 덮친 격으로 아리아인들이 침입하기 시작했다. 결국 아리아인의 침입은 인더스 문명을 소멸시키는 결정적인 역할을 했다. 이후로 철기 문명을 지닌 강력한 아리아인이 인도 사회의 주인공으로 전면에 등장하면서 그들 나름의 독특한 베다 문명을 형성하기 시작했다.

3
베다 시대

The History of India

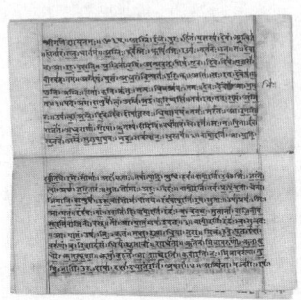

베다 시대

대략적으로 기원전 2000년부터 600년까지의 기간을 베다 시대라고 한다. 베다 문화는 아리아인이 고향을 떠나 서북 인도 지역에 들어와 선주민의 인더스 문명을 대신하면서 탄생했다. 베다 시기는 다시 아리아인이 인도에 이주를 시작한 전기 베다 시대와 그들이 인도에 정착하면서 선주민의 사상 및 풍습과 융화되는 후기 베다 시대로 구별된다. 철기 문화를 가지고 있던 아리아인은 원래 중앙아시아에서 러시아 남부에 이르는 광대한 지역에 살다가 대략 세 갈래로 민족의 이동을 시작했다. 그중 일부는 유럽으로 이동하여 유럽 아리아인이, 그리고 일부는 페르시아 지방으로 들어가 페르시아 아리아인이 되었으며 나머지는 인도로 들어와 인도 아리아인이 되었다. 이 가운데 페르시아 아리아인과의 관계는 질적인 조건 때문에 유럽 아리아인보다 훨씬 밀접하다.

유목 생활을 하였던 아리아인이 신드와 펀자브를 중심으로 서북 인도에 제일 먼저 정착한 뒤 철제 도구를 가지고 동북 인도 지역의 밀림 지역을 농경지로 개간하면서 진출을 시작했다. 이 과정에서 선주민들뿐만 아니라 아리아인 사이에서도 영토 확장을 위한 전쟁이 자주 벌어졌다. 농경지의 개간으로 산업이 발전하면서 상인 계급이 성장하였고 잦은 전쟁으로 무사 계급의 정치적 지위가 상승되면서 점차 복잡한 사회 구조가 만들어졌다. 다른 한편으로 원래 유목 문화를 가지고 있던 아리아인이 농경을 통해 정착하면서 농경 문화를 중심으로 한 선주민의 사상을 받아들이지 않을 수 없었다. 이리하여 후기 베다 시대에 이르면 사회적으로는 다양한 도시 국가들이 형성되고 사상적으로는 종래의 브라흐마니즘을 넘어 《우파니샤드》와 같은 정통 사상이 그리고 슈라마니즘이라고 하는 비정통 사상이 함께 나타났다.

전기 베다 문명

도시 문명의 형태를 띠고 있는 인더스 문명의 모습을 한층 더 다양한 모습으로 변화시킨 것은 아리아인의 베다 문명이다. 베다 문화는 인도 역사에서 가장 독특한 위치를 차지하고 있으며 오늘날까지 인도 사회 전반에 커다란 영향을 미치고 있다. 다시 말해 인도의 종교와 철학뿐만 아니라 사회 전반의 생활 관습에 이르기까지 말로 표현하기 힘들 만큼 막대한 영향을 미치고 있다. 한 걸음 더 나아가 베다 문화는 인도뿐만 아니라 세계의 종교와 철학에도 적지 않은 영향을 미쳤다.

인도에서의 전기 베다 문명(기원전 2000~기원전 1000년)은 인더스 문명을 정복한 토대 위에 세워졌다. 누구도 인더스 문명의 찬란함을 부인하기는 힘들다. 하지만 베다 문화가 인류의 발전에 미친 영향 역시 결코 그에 뒤지지 않는다. 물론 오늘날 인도 문화의 독특한 특성인 '다양성 속의 통일성'이 나타나는 결정적인 계기는 아리아인 중심의 베다 문화와 선주민 중심의 인더스 문명이 절묘하게 조화를 이룬 결과라는 사실도 부인하기 힘들다. 아리아인 침입 이후 인도에서 형성된 베다 문화는 인도의 문화가 세계 문명사에서 고유하면서도 독특한 문화로 평가받을 수 있는 또 다른 기회를 마련했다.

아리아인의 기원

아리아인의 기원에 대해서는 학자들에 따라서 견해가 서로 달랐다. 하지만 오늘날에는 대체적으로 그들이 원래 중앙아시아에서 러시아 남부에 이르는 광대한 지역에 걸쳐 살았던 민족이라고 인정한다. 아리아인은 오늘날 인도 유럽어라고 하는 언어를 사용하며 흰 피부에 체격이 크고 긴머리를 가지고 있었다. 그들은 목초지를 따라 이동하는 유목민족이었으므로 농경에 대해서는 거의 알지 못했다. 그러나 후에 인도 땅에 들어와 농경 생활을 하면서 점차 정착민족으로 변해 갔다.

    아리아인이 왜 원래의 땅을 떠나 민족의 이동을 시작하게 되었는지에 대해서는 아무도 알지 못한다. 아리아인은 원래 유목민족으로 어떠한 유적도 남겨 놓지 않았기 때문에 그들이 고향을 떠나 지금의 유럽과 페르시아 그리고 인도 지역 등 세 갈래로 이동했다는 사실 외에는 다른 정보를 얻기 힘들다.

    이 가운데 유럽쪽으로 이동한 민족은 그리스인, 라틴인, 켈트족 그리고 현재의 독일 민족을 구성하고 있는 튜튼족 혹은 게르만족의 조상이었다. 반면에 일군의 다른 집단은 오늘날의 터키 지역인 아나톨리아에 도착하여 그곳 원주민들과 혼합되면서 거대한 히타이트 왕국을 건설했다. 이 같은 사실은 오늘날 그리스 신화에 나오는 신들과 인도의 신들 이름 가운데 어원이 같은 종류가 드러난다는 점에서도 충분히 입증된다. 이들이 바로 우리가 알고 있는 유럽 아리아인이다.

    유럽민족을 구성한 아리아인 집단 외에 또 다른 집단은 남쪽으로 이동하여 코카서스와 이란을 거쳐 중동 지방으로 들어갔다. 바빌론을 정복했던 카시트족과 시리아를 정복했던 미타니족이 이 그룹에 속한다. 우리가 페르시아 아리아인이라고 부르는 그룹이 바로 이들이다.

인도로 이동한 아리아인은 맨 처음 이란 지방에 나타나 오랜 기간 동안 인도 이란인으로 그곳에 살았다. 그 후 기원전 2000년 경 아프가니스탄 지방을 거쳐 서북 인도 지방으로 들어오기 시작했다. 그들을 인도 아리아인이라고 한다. 《리그베다》 속에 나타나는 불의 신 아그니, 바람의 신 미트라, 전쟁의 신이며 신들의 왕인 인드라, 정의의 신 바루나를 비롯한 수많은 신들이 페르시아의 경전 《아베스타》에도 나타난다는 사실은 이 두 민족이 원래 하나임을 입증한다. 하지만 아리아인의 인도 침입은 단기간 동안 한 번에 이루어진 것이 아니라 수세기에 걸쳐 여러 번 이루어졌던 것으로 보인다. 이 같은 사실은 《마하바라타》에 나타난 민족 간의 피비린내 나는 전투에서도 잘 알 수 있다.

한편 아리아인의 인도 침입 당시 인도에 살고 있던 동기 문화의 민족, 즉 드라비다인들은 강력한 철기 문화를 앞세운 그들에게 도저히 저항할 수 없었다. 이 사건은 단순히 두 민족 간에 영토를 뺏고 빼앗기는 전쟁이 아니라 유목과 농경이라는 이질적인 두 문화의 충돌이라는 점에서 중요한 의미를 갖는다. 후에 다양성 속의 통일성이라고 특징짓는 인도 문화의 성격도 이 같은 두 문화의 투쟁과 상호 조화의 과정을 거쳐 탄생한 결과이다. 오늘날 인도 문화를 세계에서 가장 독특한 문화 가운데 하나라고 규정지을 때 그 독특함의 원인 역시 여기서 비롯되었다.

서북 인도 지방의 드라비다인을 물리치고 인도 땅에 첫발을 디딘 아리아인들은 점차 동쪽으로 자신들의 영역을 넓혀가면서 선주민인 드라비다인들을 북쪽과 남쪽 지방으로 몰아내기 시작했다. 오늘날의 남부 지방과 동북부의 산악 지방에 살고 있는 민족들이 바로 이들 선주민인 드라비다인의 후예라고 할 수 있다.

전기 베다 문화

베다 문화에 대해서 알 수 있는 유일한 근원은 베다 문헌이다. 베다 문화라는 용어 자체가 파생된 근원인 베다Veda는 일종의 신의 계시서이다. 크게 《리그Rg 베다》, 《사마Sama 베다》, 《야주르Yajur 베다》, 《아타르바Atharva 베다》의 네 종류가 있으며 각각의 베다는 《상히타Samhita》, 《브라흐마나스Brahmanas》, 《아라냐카Aranyaka》 그리고 《우파니샤드Upanisad》의 네 부분으로 구성되어 있다.

이 가운데 《리그베다》는 신들에 대한 찬가의 모음으로 신이 제사장에 등장하도록 청하는 승려Hotr들이 부르는 노래이다. 《사마베다》는 《리그베다》에서 뽑아낸 노래 가운데 일정한 선율로 노래를 부르는 승려Udgatr들의 노래모음이다. 《야주르베다》는 희생제 의식에 대한 내용을 담고 있어서 그 업무를 담당하는 승려Adhvaryu들에게 필요한 부분이며, 《아타르바베다》는 주문과 마법에 대한 내용을 주로 담고 있다. 이 밖에도 《브라흐마나스》는 다양한 희생제 및 제사 의식에 필요한 방법과 규칙 등을 담고 있으며, 《아라냐카》는 진리의 본질에 대한 철학적 사색을 주된 내용으로 하고 있다. 마지막으로 모든 인도 사상의 핵심이라고 할 수 있는 《우파니샤드》는

《아라냐카》의 철학적 사상을 더욱 발전시키는 한편 인간의 궁극적 목적인 해탈과 깨달음에 대한 내용을 담고 있다.

아리아인들이 인도에 정착한 이후 제일 먼저 만든 것은 《리그베다》의 《샹히타》 부분이다. 이것이 언제 편찬되었는지는 정확히 알 수 없지만 대체로 기원전 2000~1500년경을 그 출발점으로 삼는다. 모두 10권으로 구성된 《리그베다》에는 1,028가지의 찬가가 들어 있으며 그 내용을 통하여 전기 베다 시대 사람들의 정치적, 사회적, 경제적, 문화적 성격을 충분히 짐작할 수 있다.

《샹히타》 사본 《베다》를 이루는 네 부분 중, 의식 때 부르는 찬가를 집대성한 부분이다.

지역적 범위

《리그베다》에 나타난 초기 아리아인들의 영역은 주로 일곱 개의 강 유역이다. 그 강들은 인더스 강과 다섯 지류 그리고 지금은 라자스탄 사막 속으로 사라져버린 사라스와티 강을 가리킨다. 《리그베다》에 드러나는 강들의 이름을 통해 당시에 아리아인들이 거주하던 지역이 주로 동부 아프가니스탄, 카슈미르, 펀자브, 그리고 웃타르 프라데쉬의 서부 지역이었다는 사실을 알 수 있다. 《리그베다》에는 오늘날 인도인들에게 성스러운 강으로 자주 거론되는 야무나 강이나 갠지스 강에 대한 언급은 매우 드물다. 그 이유는 이들 강 유역으로의 진출이 이보다 훨씬 뒤에 이루어졌기 때문이다. 전체적으로 볼 때 초기의 아리아인들은 주로 인도의 북서부 지역에 거주했다.

종족 간의 투쟁

아리아인이 인도에 들어올 당시 선주민들은 이미 모헨조다로와 하라파에서 나타나 있듯이 상당히 발달된 문명을 갖추고 있었다. 그렇기 때문에 두 종족 간의 투쟁은 피할 수 없는 운명이었다. 하지만 말이 끄는 전차를 타고 재빨리 움직이며 철제무기를 휘두르는 아리아인의 강력한 힘 앞에 선주민의 저항은 무력하기만 했다. 선주민을 쉽게 제압한 아리아인은 인도 땅에 정착할 수 있는 기틀을 마련할 수 있었다. 하지만 선주민과의 싸움은 전초전에 불과했다. 아리아인은 자신들이 살아 남기 위해서 이번에는 같은 종족 간의 투쟁이라는 비싼 대가를 치러야 했다.

《리그베다》에는 아리아인들이 인도에 들어오면서 치른 다사스 또는 다시우스 등으로 불리는 주민들과의 투쟁 이야기가 자주 등장한다. 다사스라는 용어는 고대 이란의 문헌에도 등장하는데, 학자들에 따라서는 이 민족이 비아리아인의 선주민이라는 주장과 아리아인의 한 분파라는 의견으로 갈라진다. 어찌되었든 아리아인은 자신들이 인도 땅으로 들어와 정착하는 과정에서 몇 차례에 걸쳐 선주민뿐만 아니라 같은 종족 간에도 치열한 싸움을 벌여야 했다.

아리아인 종족 내부의 갈등은 예상보다 오랜 기간 지속되었다. 아리아인은 우선 다섯 종족으로 갈라져 서로 싸움을 벌이면서 때로는 승리를 위해서 저마다 선주민의 도움조차 마다하지 않았다. 그중에서도 바라타족과 트리추족은 아리아인 가운데 지도급의 종족이었으며 바시슈타Vasishtha라는 승려의 지지를 받고 있었다.

《리그베다》에 처음 나타나 후에 인도를 뜻하는 용어가 된 '바라타의 영토'라는 말도 결국 이 바라타족에서 파생한 것이다. 바라타족은 인도의 지배권을 놓고 그들을 반대하는 다섯 부족의 아리아인과 또 다른 다섯 부족의 비아리아계 선주민들로부터 공격을 받았다. 이리하여 바라타족과 10개의 다른 부족 간에 역사상 유명한 전쟁이 벌어졌다. 《리그베다》에서는 이 사건을 '10명의 왕

판두족과 쿠루족의 전투 엘로라에 있는 시바의 신전 벽에 새겨져 있다.

들과의 전쟁'이라고 부른다. 파루쉬니 강가에서 벌어진 이 격렬한 전쟁에서 바라타족의 왕인 수다스Sudas가 승리를 거둠으로써 바라타족의 위상이 인도 땅에 확고하게 뿌리내릴 수 있었다.

한편 패배한 종족들 가운데서도 푸루족은 비록 전쟁에는 패했을지라도 그들의 잠재적인 힘이 완전히 사라진 것은 아니었다. 그들의 영향력을 결코 무시할 수 없었던 바라타족은 자신들의 지배권을 확고히 하기 위해 푸루족과 연합하여 쿠루족이라는 새로운 지배 집단을 형성했다. 이후 이들 쿠루족은 다시 판차라족과 연합하여 갠지스 강 주변에 그들의 강력한 왕국을 세워 후기 베다 시대까지 중요한 역할을 담당했다. 한편 이 모든 사건의 중요한 내용은 후에 《마하바라타》라는 거대한 서사시로 만들어져 오늘날까지 인도인의 가슴속에 절대로 지워지지 않는 민족 의식을 고취시키고 있다.

리그베다 시대의 사회 구조

리그베다 시대에 아리아인이 살던 왕국은 라슈트라라고 불렸다. 이 말은 원래 종족의 왕국을 뜻하는 것으로서 당시의 사회가 주로 부족 혹은 종족 국가의 형태였다는 사실을 알려준다. 여기서 종족의 우두머리는 일반적으로 왕 혹은 지도자를 뜻하는 라잔Rajan이라고 불렸으며 보다 강력한 권력을 의미하는 황제, 즉 삼라트Samrat라는 말은 그보다 훨씬 뒤에 사용되었다. 라잔의 원래 의미는 '대적할 상대가 없는 자' 또는 '적들의 살해자'이고, 삼라트는 엄격한 의미에서 여러 명의 라잔들을 자신의 지배하에 두고 있는 왕을 가리킨다. 그렇기 때문에 왕에 대한 호칭이 라잔에서 삼라트로 변하는 것은 다양한 부족 혹은 종족들이 점차 하나의 국가로 통합되었음을 나타낸다.

라잔은 자신이 다스리는 라슈트라를 자나Jana라고 불리는 여러 개의 소집단으로 나눈 뒤 각각의 집단을 곱Gop이라고 불리는 행정관이 관리하도록 했다. 자나는 다시 비사Visa라고 불리는 몇 개의 소집단으로 나뉘며 이곳의 우두머리는 비스파티라고 불렸다. 비사는 다시 나뉘며 집단 가운데 가장 작은 단위는 마을이라는 의미의 그라마Grama였다. 그라마의 장은 그라마니라고 불렸으며 이 집단은 주로 가족들을 중심으로 구성되었다. 가족의 장은 다시 쿨라파, 쿨파티 또는 그라흐파티라고 불렸다. 결국 리그베다 시대의 정치·사회 조직은 그라마라 불리는 가부장적인 가족을 기초로 형성되었음을 알 수 있다.

리그베다 시대에 가장 성행했던 정치 형태는 일종의 군주제였다. 그러나 후대에 이르면 비군주적인 공동체에 적용될 수 있는 명칭이 가끔씩 드러나기도 하는데, 그 형태는 주로 초기 불교 시대에 잘 알려져 있던 일종의 공화제이다. 군주제하에서 왕은 주로 세습제였으며 이들 중 가장 강력했던 지배자 그룹은 푸루족과 트리추족이었다. 왕이 주민들에 의해 선출되는 경우가 《아타르바베다》나 서사시에는 나타나지만 《리그베다》에는 분명하게 드러나지 않는다. 이것으로 미루어 볼 때 초기 아리아인의 시대에는 아직까지 왕에 대한 선출제가 알려지지 않았던 것으로 보인다. 아마도 가부장적 가족을 중심으로 형성된 아리아인의 사회 조직에서는 마치 가족들의 장이 선출될 수 없는 것처럼 왕 또한 세습되지 않을 수 없었을 것이다.

종족 혹은 부족 내에서 가장 높은 위치를 차지했던 왕의 임무는 잦은 전쟁 속에서 종족과 영토를 보호하는 일이었으므로 훌륭한 전사였다. 또한 왕은 나라를 올바로 다스리기 위해서 일종의 국정 자문관이었던 승려나 사제의 도움을 필요로 했다. 때문에 중요한 일을 결정할 때는 반드시 사제의 도움을 빌려 거대한 희생제를 올렸다. 사제들 가운데서도 푸로히타Purohita라 불리는 사제는 왕에 대한 정책적 조언뿐만 아니라 왕의 군대가 전쟁에서 승리를 거둘 수 있도록 주술과 주문을 사용하는 역할을 담당했다. 이처럼 왕과 사제 간의 밀접한 관계는 초기 사회에 나타나는 공통적인 현상으로 후에 브라흐마나스Brahmanas라는 보다 강화된 종교 및 제사 의식의 형태를 낳게 하는 근원이 되는 동시에 브라흐만 사제들의 현실주의적 부패상을 야기하는 주된 원인이 되었다.

왕의 군대는 세나(Sena)*라고 불리는 보병과 라틴Rathin이라고 불리는 전차병이 주를 이루었으며 가끔 기병에 대한 언급이 나타나기도 한다. 이때까지는 후에 전쟁에서 자주 등장하는 코끼리가 사용되는 예는 극히 드물었다. 투구와 갑옷을 걸친 병사들의 주된 무기는 활과 창이었으며 화살은 뿔로 만든 화살촉에 독을 묻힌 것, 동이나 쇠로 만든 화살촉의 두 종류가 사용되었다. 왕은 전쟁을 위하여 스파이와 두타duta라고 불리는 전령 집단을 두었다. 왕이 백성들의 우두머리이기는 했지만 모든 정책을 혼자 결정하지는 않았다. 대부분 왕과 백성이 모두 참여하는 사미티Samiti라 불리는 집회를 통해 결정했다. 이 밖에도 왕의 정책 결정에는 사바Sabha라 불리는 일종의 장로 회의도 중요한 역할을 했다.

* 세나(Sena) : 후에 팟티Patti라고 불림

가부장제의 확립

전기 베다 시대의 사회는 주로 가부장적 가족이 중심이 되었다. 가정에서는 아버지가 언제나 중심이었으며 그가 죽으면 장남이 그 권한을 이어받았다. 어머니는 남편이 살아 있는 동안은 중요한 위치를 차지하지만 남편이 죽으면 그 지위가 약해졌다. 아리아인 사회는 부계 사회이기 때문에 자연히 아들의 출생은 가족에게 있어서 가장 경사스런 일에 속하며 딸은 상대적으로 천대받았다. 이 같은 남아선호 사상의 풍습은 《마하바라타》에서도 자주 나타난다.

"큰아들은 아버지와 같고 부인과 아들은 남편의 신체이며 하녀들은 그림자가 된다. 하지만 딸은 가장 커다란 슬픔이다."

"아들은 아버지의 자아이고 부인은 친구이지만 딸은 불행이다."

전기 베다 시대의 결혼은 남편과 아내 사이의 신성한 결합으로 간주되었다. 그들에게 있어서도 결혼의 가장 중요한 목적은 대를 이을 자손을 얻는 것이었다. 그렇기 때문에 여성이 살아가는 주된 목적은 남편으로부터 사랑을 얻고 자식을 낳는 기쁨을 누리는 것이었다. 자식을 못 낳는 여인은 여성으로 인정받지 못했다. 오늘날까지도 쉽게 버려지지 않은 아들에 대한 선호사상을 당시의 인도인들은 이렇게 표현했다.

"자식이 없는 사람에게는 하늘에 들어가는 문이 열리지 않는

《마하바라타》 판두 왕의 다섯 아들과 드라우파디. 1761~1763년에 제작된 페르시아어로 번역된 《마하바라타》의 삽화

다. 사람들은 이 세상에 네 가지 의무를 가지고 태어난다. 첫째는 조상, 둘째는 신, 셋째는 성자들, 넷째는 인류를 위한 의무이다. 인간은 희생제를 통해서는 신들을, 베다의 학습과 고행을 통해서는 성자들을, 아들을 통해서는 아버지를, 제물을 통해서는 조상을, 그리고 마지막으로 자비로운 청정심을 통해서는 인류를 위로한다."

결혼은 또한 일부일처제가 주류였지만 그렇다고 해서 일부다처제를 특별히 금하지도 않았다. 종족에 따라서는, 특히나 아직까지 모계 사회의 전통이 남아 있는 종족의 경우에는 일처다부제가 행해지기도 했다. 일처다부제의 한 형태는 《마하바라타》에서 판두 왕의 다섯 아들들이 모두 드라우파디Draupadi라는 한 여인과 결혼하는 과정에서 잘 나타난다.

《마하바라타》에 의하면 판두의 다섯 아들들은 브라흐만 차림으로 변장을 한 채 떠돌아다니다가 우연히 드라우파디의 남편을 선택하기 위한 무술 시합에 참여하게 된다. 뜻하지 않게 무술 시합에 참여하게 된 아르주나는 뛰어난 능력으로 상대를 제압하고 드라우파디를 아내로 맞이하게 된다. 아름다운 아내를 얻은 기쁨을 어서 어머니에게 전하기 위해 숲으로 달려간 아르주나는 어머니가 계신 집 안에 대고 크게 소리쳤다.

"어머니, 당신께서 좋아하실 선물을 가져왔어요."

그러나 아들의 기쁨에 들뜬 외침을 들은 어머니는 그 선물이 아르주나의 아내감이라는 사실을 꿈에도 눈치채지 못한 채 다음과 같이 대답했다.

"그래 그거 참 잘 되었구나. 그런 좋은 선물이라면 너희들 다섯 형제가 골고루 나누어 갖도록 하렴."

아들이 말한 선물이 탁발한 물건인 줄만 알았던 어머니로서도 정확한 진상을 파악했을 때는 이미 엎질러진 물이었다. 뜻밖의 대답에 아르주나를 비롯한 다섯 형제들은 그 자리에 멍하니 서서 어쩔 줄을 몰라했다. 왜냐하면 인도인의 풍습에서 볼 때 어머니의 말씀은 반드시 지켜야만 할 신성한 법이기 때문이었다. 더욱이 다섯 형제 모두가 은근히 드라우파디에게 연정을 느끼고 있던 상황에서 어머니의 말씀은 또 다른 고민거리를 안겨주었다. 궁리 끝에 그들은 형제들 간에 불화를 일으키느니 차라리 어머니의 말씀에 따라 드라우파디를 다섯 형제 모두가 아내로 맞이하는 편이 낫겠다는 결론을 내렸다.

하지만 문제는 여전히 남아 있었다. 자신의 사랑하는 딸이 당연히 아르주나의 부인이 되리라고 생각했던 드라우파디의 아버지는 판두의 다섯 아들들의 이야기를 듣고서 정신을 잃어버렸다. 드라우파디의 온 가족들은 판두의 다섯 아들들의 제안이 자신들의 도덕적 감정에 상처를 입히고 가문을 더럽히는 짓이라고 생각했다. 왜냐하면 그러한 일처다부제의 결혼 풍습은 베다뿐 아니라 아리아인의 일반적인 관습에도 맞지 않는 야만족의 관습이었기 때문이었다. 드라우파디의 가족들이 극렬하게 반대하자 다섯 형제 가운데 제일 큰형인 유디슈티라가 그들을 설득하기 시작했다.

"도대체 법이란 무엇입니까? 어느 누구도 이처럼 어려운 문제에 정확한 답을 내릴 수 없습니다. 우리 형제들은 선조들이 대대로 전해 주신 관습을 가지고 있습니다. 그중 한 가지로 왕족들은 대가를 지불하고 결혼을 하는 매매혼이라는 것이 있습니다. 하지만 오늘날 우리 시대에는 그러한 관행이 오히려 골치 아픈 문젯거리로 남아 있습니다. 결국 법이란 시대와 상황에 따라 적절하게 변할 수밖에 없는 것이 아니겠습니까?"

하지만 드라우파디 아버지의 입장은 완고했다.

"어찌되었든 나는 이 결혼이 법에 어긋나는 일이라고 생각한다. 그것은 우리의 법인 베다뿐 아니라 현실에도 어긋난다. 우리 종족 가운데 어느 누구도 여러 명의 남자가 한 여자를 부인으로 공유하지 않는다. 고귀한 영혼을 갖고 있던 우리의 조상들께서도 그러한 야만적인 짓은 저지르지 않으셨다. 그러니 우리 가운데 어느 누구도 절대로 이 같은 관습과 법에 어긋나는 일을 저질러서는 안 된다."

이번에는 드라우파디의 오빠가 아버지의 말을 거들어 유디슈티라에게 반문했다.

"생각해 보십시오. 어떻게 형이 동생의 아내와 잠자리를 같이할 수 있겠습니까? 당신 같으면 그러한 일을 덕 있는 행위라고 할 수 있겠습니까?"

하지만 유디슈티라 역시 자신의 주장을 굽히지 않았다.

"여러분도 알다시피 지상에서 가장 권위 있는 분은 어머니입니다. 그렇기 때문에 저희들은 그분의 말씀에 절대로 복종해야만 합니다. 이 같은 결혼은 우리에게만 있는 일이 아닙니다. 옛날 고타마족의 여인 자틸라는 일곱 명의 성자들을 남편으로 맞이했으며 또 다른 성자의 딸 바르크쉬 역시 고행을 통해 자신들을 정화시킨 열 명의 형제들과 정기적으로 성행위를 갖기도 하였습니다."

양측의 논쟁이 쉽사리 해결될 기미가 보이지 않자 보다 못한 성자 브야사가 앞으로 나서서 엄숙하게 선포했다.

"유디슈티라가 하는 말 역시 신성하고 영원한 법이다."

브야사는 계속해서 시바 신과 인드라 신 사이에 얽힌 전생의 인연 관계를 들어 판두의 다섯 아들들과 드라우파디의 결혼이 불가피함을 설명했다. 하지만 일처다부제의 결혼은 아리아인이 아닌 선주민의 풍습이었던 것으로 보인다. 한편 일부다처의 풍습은 주로 왕족의 경우에 많이 나타났다.

이 시기에는 오늘날 나타나는 조혼의 풍습이 아직 존재하지 않았으며 다우리dowry라고 불리는 여성의 결혼지참금 제도도 전혀 없었다. 아리아족은 비아리아족과의 결혼을 금했지만 후대로 갈수록 점차 혼혈이 심해졌다. 과부의 재혼이 허락되었으며 남편과 함께 부인이 따라 죽는 사티sati 제도는 아직까지 관습화되지 않았다. 다만 왕족의 경우 극히 일부에서 행해졌을 뿐이다. 과부의 재혼은 죽은 형의 동생과 주로 행해지는 형사취수제의 형태를 띠고 있었다. 또한 남편이 아이를 낳지 못하는 경우 남편의 묵인하에 브라흐만 사제나 성자 또는 뛰어난 전사 등을 통한 대리출산의 풍습이 유행했던 것처럼 보인다. 실제로 앞에서 예로 든 판두의 다섯 아들들의 경우도 바로 그러한 대리 출산의 흔적을 보여준다.

원래 판두 왕은 자신의 잘못 때문에 신으로부터 그가 성행위를 하면 바로 그 순간 죽음을 면치 못할 것이라는 저주를 받는다. 자신의 성적 능력을 사용하지 못하게 되었기 때문에 대를 이을 자식조차 가질 수 없게 된 판두 왕은 자신에게 주어진 가혹한 운명을 한탄한다. 고민 끝에 판두 왕은 아내 쿤티에게 자신에게 내려진 저주를 설명하고 나서 그녀에게 아이를 낳을 수 있는 다른 방법을 찾아보도록 충고한다.

"그대여, 이제부터 아이를 낳을 수 있는 능력을 상실한 나는 당신을 보내주겠다. 그대는 가서 나와 동등하거나 아니면 나보다 더 뛰어난 남자를 찾아 자식을 얻도록 하여라."

일찍이 샤라단다이니의 부인 역시 남편으로부터 아들을 낳아 달라는 부탁을 받았다. 그녀는 남편의 말대로 생리가 끝난 뒤 넷째 날*이 지나자 성스러운 마음으로 몸을 닦은 후 밤이 되자 네거리로 나가 막 수행을 마친 브라흐만을 골라 집으로 데려왔다. 그녀는 아들을 얻기 위해서 불의 신에게 정성껏 희생제를 드린 다음 그 브라흐만과 함께 생활하면서 세 아들을 낳았다. 그녀가 낳은 세 아들은 건강하게 자라서 모두 훌륭한 전사가 되었다.

"사랑스런 쿤티여, 당신도 이 이야기처럼 의무를 다하기 위해서 빨리 내 곁을 떠나라. 그대는 어서 일어나 밖으로 나가 뛰어난 고행을 닦은 브라흐만에게 가서 자식을 얻어 오도록 하여라."

쿤티는 불같이 화를 내며 남편의 요청을 단호하게 뿌리쳤다.

"대체 당신은 지금 저에게 무슨 말씀을 하고 계십니까? 저는 오로지 당신만의 정숙한 아내일 뿐입니다. 저는 현재의 당신만으로 충분히 만족합니다. 차라리 당신께서 법에 맞는 방법으로 저와 결합하신다면 반드시 영웅의 기질을 가진 아들을 낳을 것입니다. 그런 다음 당신이 죽는다면 저 역시 당신을 뒤따르겠습니다. 과연 이 세상에 당신보다 더 뛰어난 사람이 어디 있겠습니까?"

결국 둘 사이의 논쟁 끝에 판두 왕의 눈물어린 호소가 드디어 쿤티의 마음을 굴복시켰다. 그녀는 몸과 마음을 깨끗하게 한 뒤에 이전에 성자 두르바사스가 자신에게 가르쳐 준 신을 불러내는 주문을 사용하여 세 아들을 얻었다. 계속해서 판두 왕의 두 번째 부인 마드라 역시 쿤티의 도움을 받아 두 아들을 얻음으로써 판두의 다섯 아들이 탄생했다.

이 밖에도 《마하바라타》에서는 판두 왕과 그의 동생 드리타라슈트라의 출생이 형사취수제를 통해 이루어졌음을 알려준다.

* 생리가 끝난 뒤 넷째 날 : 임신 가능 기간을 상징한다.

판두 왕의 아버지 비치트라비르야가 대를 이을 아들도 남겨두지 않은 채 죽음을 맞이하자 그의 어머니 사트야바티는 왕의 의붓동생이자 자기의 아들인 비슈마에게 이렇게 권고했다.

"너는 죽은 형을 대신해서 그의 젊고 아리따운 두 부인들(즉 형수들)과 결혼하도록 하여라. 그리고 죽은 형을 위하여 자식들을 낳도록 하여라."

어쨌든 당시 여성의 사회적 권한은 전체적으로 미약했으며 유가의 삼종지의(三從之義)처럼 결혼 전에는 아버지, 결혼 후에는 남편 그리고 남편이 죽은 후에는 아들에게 의존했다.

가부장적 가족 중심의 사회였던 전기 베다 시대에는 아버지를 중심으로 온 가족이 나무나 갈대 또는 진흙으로 만든 집에서 함께 거주했다. 그들은 그때까지 거대한 도시를 건축하지 않았으며 주로 자그마한 촌락과 같은 집단 주거지를 만들어서 살았다. 그들이 섭취한 음식은 주로 밀, 콩, 우유, 버터, 채소, 과일 등이었고 소, 양, 염소 등과 같은 육류도 함께 섭취했다. 아마도 오늘날 인도인들이 소고기를 먹지 않는 풍습은 이보다 훨씬 후에 성립되었던 것 같다. 뿐만 아니라 말희생제가 거행된 날에는 말고기도 먹었다. 하지만 물고기에 대한 언급은 분명하게 나타나지 않는다. 또한 전기 베다 문헌에는 쌀에 대한 언급이 별로 나타나지 않는 것으로 볼 때 아리아인들은 쌀보다 밀과 콩을 주식으로 이용했던 것으로 보인다. 이들은 소마soma 또는 수라sura라고 불리는 음료를 즐겨 마셨는데 소마는 특별히 희생제에 쓰인 음료인 데 반해 수라는 주로 곡물로 만든 취기 있는 일상적인 음료였던 것으로 보인다.

남녀가 입는 옷은 특별하게 구별되지 않았고 주로 면화와 양모로 만들어졌으며 각양각색의 빛깔을 띠고 있었다. 가끔은 동물

가죽으로 된 옷도 입었다. 그들은 남녀 모두 금이나 보석으로 만든 귀걸이, 목걸이, 팔찌 등을 장신구로 애용했으며 북이나 루트 같은 악기를 연주하면서 춤과 노래를 매우 즐겼다. 특히 희생제나 축제가 열리는 날에는 남녀 모두가 참석하여 마음껏 먹고 마시며 춤과 노래를 즐겼다. 무엇보다도 주목할 만한 사실은 이 시대에 마차 경주, 사냥, 주사위 놀이와 같은 도박이 매우 성행했으며 실례로 《마하바라타》에서는 유디슈티라가 도박 때문에 왕좌에서 쫓겨나는 일도 발생했다.

카스트 제도의 발생

아리아인이 처음 인도에 들어올 때는 그들 사이에 사제와 전사 그리고 일반인이라는 세 가지 계급만이 존재했다. 당시에는 이들 계급 사이에 결혼이나 식사 등에 어떠한 제한도 없었다. 하지만 그들이 인도에 들어와 정착하고 선주민이었던 비아리아인을 뚜렷하게 구별하면서 각 계급 간에 금기사항이 나타나기 시작했다.
　　초기의 아리아인들은 자신들과 비아리아인 간의 구별을 단순하게 단지 두 번 태어난 신성한 존재(아리아인)와 그렇지 않은 존재(선주민)라는 두 가지 집단으로 나누었다. 이것은 일종의 정복민과 피정복민을 구별하는 기준으로 주로 피부색에 기초했기 때문에 원래는 카스트Caste라는 말 대신 바르나Varna라고 불렸다. 하지만 초기의 단순한 구별은 후기 베다 사회로 갈수록 오늘날에도 통용되는 네 가지 형태의 카스트 제도로 정착되었다.

인도인은 카스트라는 신분 제도를 원래 브라흐마 신이 창조했다고 믿는다. 인도 신화에 의하면 브라흐마 신이 자신의 머리에서 브라흐만 사제 계급을, 가슴에서 크샤트리아라는 무사 계급을, 배에서는 바이샤라는 상인 계급을 마지막으로 수드라는 자신의 다리에서 각기 만들었다. 이 같은 발상은 플라톤의 계급 제도와 유사하다. 하지만 플라톤이 교육을 통한 후천적인 특성으로 계급을 결정짓는 데 비하여 인도인의 관점에서는 그것이 선천적으로 혹은 운명적으로 이미 예정된 채 인간이 이 세상에 태어난다고 주장한다. 인도인들은 그 이유를 카르마(업)로 설명하고 있다.

반농반목과 화폐의 사용

《리그베다》에 의하면 당시의 사람들은 농사에 관해 매우 풍부한 지식을 갖고 있었다. 하지만 아리아인이 원래 유목민족이라는 사실을 생각해 볼 때 농사에 관한 전반적인 지식은 그들이 인도 땅에 들어와 정착생활을 하기 시작하면서 점차 선주민들의 영향을 받아 생긴 것으로 보인다. 그렇기 때문에 인도에 정착한 아리아인의 초기 생활은 유목과 농경이 혼합된 형태였다고 할 수 있다. 그들은 농사를 위하여 관개수로를 만들었으며 논과 밭을 경작하는 데 소와 쟁기를 활용했다. 초기의 주산물은 밀과 콩이었으며 쌀과 보리는 이보다 늦게 경작되었다.

아리아인의 또 다른 수입원은 가축의 사육이었다. 이것은 아리아인이 인도에 이주하기 전에는 가장 중요한 생활 수단이었지만 그들이 인도의 비옥한 땅에 정착하면서 점차 농경 생활이 목축보다 우세한 위치를 차지하게 되었다. 그들이 농경 생활을 시작하면서 유목 생활 때 중요시하던 말은 자연스럽게 소로 대치된다. 이것은 오늘날 인도에서 소를 신성시하는 하나의 계기가 되기도 한다.

인도 신화에 의하면 소(암소)는 우유의 바다를 휘젓는 창조의 과정 속에서 세계를 멸망시키는 무서운 독약 바로 다음으로 생성되는 것이다. 다시 말해서 소는 창조의 바다를 휘저었을 때 선한 것 가운데 제일 먼저 나온 선물이다. 이처럼 소가 생활에 필수적인 요소가 되면서 자연히 고파라고 불리는 목동의 존재가 자주 거론되었고 특히 야무나 계곡이 소의 방목장으로 유명해졌다. 후에 인도에서 가장 대중적인 신 가운데 한 명인 크리슈나Krsna 신이 바로 목동들과 연관되어 있다. 그에 관한 이야기는 상당히 로맨틱한 요소를 많이 포함하기 때문에 지금까지도 인도인의 입에 자주 오르내린다. 가축으로는 소 외에도 말, 양, 염소, 당나귀, 개 등을 길렀으며 특히 간다라

신성한 소 복잡한 인도 시내를 소가 한가롭게 거닐고 있다. 지금까지도 인도인들은 소를 신성시하여 자유롭게 방치하기 때문에 시내 곳곳에서 쉽게 소를 볼 수 있다.

지방의 양모는 오늘날에도 최상의 품질로 널리 알려져 있다.

전기 베다 시대의 사람들은 무역에도 관심이 많았다. 그중에서도 상업은 파니라고 불리는 사람들이 담당했으며 그들은 주로 비아리아인들이었던 것처럼 보인다. 당시의 무역은 주로 물물교환의 형태를 띠고 있었으며 주된 물품은 옷감, 덮개, 동물의 가죽 등이었다. 물물교환의 기본 단위는 암소와 금목걸이 등이었으며 그것들은 화폐 대신 교환의 수단으로 사용되었다. 이 시대까지 인도 고유의 금화는 존재하지 않았지만 다른 주조 화폐는 사용되었다.

물건의 운송 수단은 말이 끄는 마차나 소가 끄는 수레가 이용되었다. 물품의 운송은 주로 육로를 이용했으며 바다를 이용한 운송에는 여러 가지 이설이 존재한다. 《리그베다》에는 사무드라라는 용어가 등장하는데 이것이 과연 바다를 의미하는지 아니면 큰 강을 가리키는지에 대해서는 학자마다 약간의 의견 차이가 있다. 또한 《리그베다》에는 목수, 대장장이, 피혁업자, 직공, 옹기장이 등에 대한 언급도 나타난다. 따라서 이들이 만든 여러 가지 물품들이 직간접적으로 생활에 활용되었음이 틀림없다.

베다의 종교

《리그베다》에는 신들의 이름이 33가지나 열거되어 있다. 주로 자연현상을 신격화한 베다의 종교는 다신교에서 교체신교 그리고 일신교를 거쳐 범신론, 철학적인 일원론에 이르기까지 온갖 형태의 신앙이 모두 들어 있는, 말 그대로 종교의 보고이다.

불의 신 아그니 마두라이에 있는 어느 사원의 아그니 신상. 불꽃에 둘러싸인 아그니 신이 화려하게 묘사되어 있다.

그중에서도 초기 《리그베다》에 나타나는 종교 형태는 자연신적 다신교와 교체신교의 형태가 주를 이룬다. 다신교적 상황 속에서의 신들은 거주하는 장소에 따라 크게 세 가지 범주로 분류된다. 첫째는 지상에 거주하는 신들로 대지의 여신 프리티비Prithivi, 불의 신 아그니Agni, 브리하스파티Brihaspati, 소마Soma 등이 있으며, 둘째는 공중의 신으로 인드라Indra, 루드라Rudra, 마루트Marut, 바유Vayu, 프라자뉴Prajanyu 등이 있다. 그리고 셋째로는 천상에 거주하는 신들로 수르야Surya, 우샤스Ushas, 사비트리Savitri, 비슈누Vishnu, 바루나Varuna 등이 여기에 해당한다. 이 가운데 지상에 거주하는 신들은 주로 대지나 불과 같이 땅에서 발생하는 자연현상을 신격화한 것이며 공중의 신들은 주로 바람과 연관되고 천상의 신들은 태양과 깊은 관계를 맺고 있다.

이처럼 신들의 거주지를 각기 다르게 배정한 것은 당시의 사람들이 신들을 자연현상이 나타나는 장소에 맞추어 배치했기 때문이다. 이 밖에도 《리그베다》에는 우주의 설계자인 다트리Dhatri, 명령자인 비다트리Vidhatri, 창조주인 비슈와카르만Visvakarman, 창조의 아버지인 프라자파티Prajapati, 믿음을 신격화한 슈라다Sraddha, 노여움을 상징화한 만유Manyu 등과 같이 전적으로 추상적인 존재로서의 신들도 존재한다.

이들 가운데 가장 오래된 신으로는 하늘의 빛나는 존재, 즉 태양을 의미하는 드야우스Dyaus와 대지의 여신 프리티비를 들 수 있다. 드야우스는 그리스 신화에서 신들의 왕인 제우스Zeus와 같은 어원을 갖는다. 이것은 인도 아리아인과 유럽 아리아인이 동일한 근원이라는 사실을 짐작하게 만든다. 하지만 인도 아리아인들은 이들 가장 오래된 신들을 곧바로 하늘을 의미하는 바루나와 천둥과 번개의 신 인드라 등으로 대치한다. 그 가운데서도 특히 인드라는 베다에서 빈번하게 등장하는 신으로 '적들의 살해자'라는 명칭이 붙어 있다. 이러한 명칭은 아마도 아리아인들이 인도에 침입하면서 선주민과 치른 전쟁의 영향 때문이라고 할 수 있다.

고대 인도인들은 우주를 비롯한 자연에는 일정한 법칙이 존재하며 신들조차도 그것을 피할 수 없는 운명으로 간주했다. 신들은 그러한 법칙Rita의 창조자가 아니라 오히려 그 법칙 속에서만 존재해야 하는 일종의 법칙의 유지자였다. 이 법칙은 넓게는 우주 창조의 법칙이며 좁게는 인간의 삶에 필요한 도덕의 법칙이었다. 신들 가운데 바루나는 이 법칙을 유지하는 임무를 지닌 정의의 신으로 간주되었고 또한 이 같은 법칙은 후에 카르마karma와 다르마라는 도덕 법칙 혹은 존재 원리로 확립되었다.

태양신 수르야 13세기에 제작된 수르야 상이다. 태양신 수르야에 대한 신앙은 베다 시대에 생성되어 오랫동안 유지되었다.

아리아인의 신들은 대부분 남성적이다. 물론 프리티비, 아디티, 우샤스, 사라스와티 등과 같은 여신들이 등장하기도 하지만 그 위치는 매우 부수적이며 역할 또한 미미하다. 이 같은 사실은 인더스 문명의 선주민들이 갖고 있던 대지의 여신을 중심으로 한 여성적인 신앙과 매우 대비되는 현상이다. 이처럼 양극화된 현상은 우리가 인도의 역사와 사상을 다루는 데 중요한 참고자료가 된다.

그럼에도 리그베다 시대의 사람들이 단순하게 자연현상을 신격화한 다신교만을 숭배했던 것은 아니다. 다음과 같은 시구는 그들이 일신교 혹은 일원론에 대한 의식 역시 충분히 갖고 있었다는 사실을 짐작케 한다.

"그들은 그를 인드라, 미트라, 바루나, 아그니라고 부른다. 그는 천상의 새인 가루트마트이다.

이처럼 하나인 존재에게 시인들은 다양한 이름을 부여한다."

"우리의 아버지이고 창조주이며 조물주인 분, 모든 장소와 모든 피조물을 알고 계신 분, 신들에게만 그의 이름이 주어져 있는 분, 모든 피조물들은 그분에게 가서 요청한다."

뿐만 아니라 그들은 창조 이전의 태초에 관해서도 깊은 철학적 사색을 했다.

"태초에는 죽음도 죽음 없음도 존재하지 않았으며 낮과 밤의 구별도 아직 생기지 않았다. 거기에는 오직 일자만이 고요히 숨쉬고 있었으며 그밖에 다른 어떤 것도 존재하지 않았다."

이 같은 여러 가지 사실 중에서도

드야우스 태양신이자 신들의 왕이며 불의 신 아그니의 아버지이다.

가장 특기할 만한 내용은 아리아인의 종교가 주로 제식주의적이었다는 점이다. 그들은 제식을 통한 신들의 경배를 인간의 가장 첫 번째 의무로 간주했다. 제식에는 희생제가 가장 큰 비중을 차지했으며 우유, 곡식, 육류, 소마 등이 제사 의식에 사용되었다. 그들은 이 같은 제물을 드림으로써 신들을 기쁘게 만들어 자신들이 원하는 일을 이루고자 했다. 그들의 바람은 현실적인 부와 행복, 가축의 증가, 자손의 번창 등에 관한 내용이 주를 이루었다. 이후에 인도 종교의 특징이라고 할 수 있는 현실에 대한 고통스런 감정과 이로부터의 해탈 및 윤회 사상 등은 아직까지 뚜렷하게 드러나지 않는다. 아마도 그러한 내용은 후에 선주민의 금욕주의 사상이 새롭게 조명되면서 다시 부각된 것처럼 보인다.

후기 베다 문명

전기 베다 시대가 아리아인의 인도 침입을 통한 이주 및 초기 정착 시기라고 한다면 후기 베다 시대(기원전 1000~기원전 600년)는 인도에서의 영역 확장을 통한 아리아인의 본격적인 정착 시기이다. 가족과 종족 중심의 초기 사회는 이 시대에 들어오면 보다 넓은 범위의 통일된 국가 형태를 갖추기 시작한다.

    이 시기는 또한 인도의 2대 서사시인 《라마야나》와 《마하바라타》의 주된 내용이 나타난 때이기도 하다. 《마하바라타》에 나타난 거대한 전쟁이 발생한 시기는 대략 기원전 8세기경으로 추정되는 반면에 《라마야나》는 《마하바라타》보다는 약간 먼저 아리아

라마와 파라수라마의 만남 1649년에 그려진 《라마야나》. 화가는 라마와 파라수라마가 만나면서 일어난, 시간이 다른 일련의 사건들을 한 화면에 그렸다.

인이 인도 남부 지방을 향해 진출하던 시기를 반영하고 있는 것처럼 보인다. 《마하바라타》의 내용을 단순히 아리아인의 이야기로 간주해야 하는가에 대해서는 판두의 아들들의 일처다부제의 결혼 형태 등으로 미루어 볼 때 몇 가지 문제점이 드러난다.

한편 《라마야나》의 주된 내용은 라마가 사랑하는 부인 시타를 구출하기 위해 벌이는 일종의 모험담이다. 계모의 이간에 빠져 왕위 계승권을 박탈당한 라마는 사랑하는 부인과 동생 락쉬만과 함께 숲으로 은거한다. 이때 남쪽 지방의 랑카(스리랑카) 섬을 다스리던 악마 라바나가 시타의 아름다움에 빠져 그녀를 납치한다. 이에 라마와 그의 동생은 도중에 원숭이 하누만의 도움을 받아 랑카 섬에 도착해서 악마 라바나로부터 무사히 사랑하는 아내를 구출한다.

이러한 내용은 아리아인이 인도 남부로 진출하기 시작하는 과정을 다루고 있다. 이에 비해《마하바라타》는 '10명의 왕들과의 전쟁'에서 패배한 푸루족이 후에 바라타족과 연합하여 이루었던 쿠루족의 일대기를 엮은 대서사시이다.

　후기 베다 문명에 대한 고고학적 자료는 하스티나푸라(현재의 델리 지역)의 고대 도시에서 발굴되었다. 하스티나푸라는 푸루족 계열의 하스틴 왕이 건설한 왕국을 말하며 그 시기는 대략 기원전 1000~700년경이다. 이 지역에서는 약간의 동제 기구와 말의 형상이 새겨진 굽지 않은 진흙벽돌 그리고 회색 바탕의 채색토기 등이 출토되었다. 채색토기는 동쪽으로 사라스와티 강변의 계곡 지방에서도 발견되었지만 현재까지 발굴된 자료만으로는 아직도 이 시기의 생활 관습 등을 밝히는 데 부족하다. 그렇기 때문에 이 시기의 개략적인 특성은《브라흐마나스》나《아라냐카》그리고《우파니샤드》등과 같은 후기 베다 문헌을 통해 파악하는 수밖에 없다.

영토의 확장

후기 베다 시대에는 아리아인이 인도에서 처음 머물렀던 서북 지방을 벗어나 점차로 동쪽과 남쪽으로 이주하기 시작한다. 따라서 이전까지 문화의 중심지였던 펀자브를 비롯한 서북 인도 지역은 그 중요성을 점점 상실하는 대신 사라스와티 강과 갠지스 강 사이에 있는 지역이 새로운 문화의 중심지로 자리 잡기 시작했다. 이 같은 사실은 《샤타파타 브라흐마나》에서 펀자브 지역에 사는 아리아인들을 순수하지 못한 종족이라고 비난하는 데서도 알 수 있다. 이 시기에 아리아인의 이동은 동쪽으로는 멀리 벵갈만 지역까지 그리고 남쪽 지방으로도 이어지지만 아직까지 인도아 대륙 전체로는 퍼져나가지 못한 채 여전히 그들의 중심지는 오늘날의 북인도 지방에 한정되었다.

왕국의 형성과 왕권의 강화

후기 베다 시대가 되면 가족과 종족 중심의 아리아인 사회가 몇 개의 왕국을 형성하면서 사회·정치적으로도 많은 변화가 발생한다. 왕국을 건설하는 과정에서 전쟁이 빈번해졌으며 이 때문에 왕들의 권한이 강화되었다. 작은 집단의 부족들은 점점 커다란 하나의 왕국에 흡수되었으며 초기의 종족들은 명성을 잃어버리게 되었다. 그리하여 리그베다 시대에 유명했던 종족인 바라타족과 푸루족은 역사 속에서 사라지는 대신 그 자리를 쿠루족과 판차라족이 대신했다. 하지만 《마하바라타》에 나타난 전쟁이 있은 이후에는 쿠루족마저 그들의 힘을 상실하고 대신 그 자리에 코살라Kosala, 카쉬Kashi, 비데하Videha, 칼링가Kalinga 등과 같은 왕국이 등장하게 되었다. 이 과정을 거쳐 종족 또는 부족을 기초로 한 집단에서 영토를 근간으로 한 왕국이 나타나기 시작한 것이다.

후기 베다 시대의 왕국은 몇몇을 제외하고는 아직까지 군주제의 형태를 벗어나지 못했다. 왕들 역시 몇 나라에서의 선출제를 제외하고는 여전히 세습제를 유지했다. 《아이타레야 브라흐마나》에 의하면 왕이 선출되는 때는 군대를 지휘하여 전쟁을 승리로 이끌 수 있는 지도자가 필요한 경우라고 말한다. 하지만 빈번한 전쟁 속에서 점차 왕들의 권한이 강화되고 영토가 확장되는 과정을 거치면서 왕들은 감히 넘볼 수 없는 신성한 존재로 변해갔다. 이러한 권력의 이동 현상이 전개되면서 왕과 세속에 물든 사제 계급들 사이에 적지 않은 마찰이 일어나기 시작했다.

왕은 왕국의 최고 지배자로서 법 위에 군림하지만 그렇다고 해서 그가 독재적인 전제군주라는 말은 절대로 아니다. 비록 왕은 법 위에 군림하지만 백성들을 향한 정치에서는 엄격하게 왕의 도덕이라는 법률을 따라야만 했다. 만일 왕이 법률과 도덕에서 벗어난 정치를 행할 때는 재상과 같은 왕의 자문관들이나 부족 회의 또는 대중 회의를 통해 그의 횡포를 저지할 수 있었다. 이렇게 왕이 백성의 동의를 얻지 않은 채 독재 정치를 행할 수 있는 가능성을 원천적으로 봉쇄한 것이 당시의 정치적 특성이다. 하지만 왕들의 권한이 점차 강화되는 후기로 갈수록 사미티와 같은 부족회의의 권한이 상대적으로 약화되는 것은 어쩔 수 없는 현상이었다. 그럼에도 불구하고 부족회의의 중요성은 오늘날까지도 이어져 시골 지방에서는 지금도 거의 절대적인 권한을 갖고 있다.

전기 베다 시대의 왕 또는 귀족들은 주로 이민족 혹은 동족과의 전쟁에서 무사 계급 지도자로서의 역할에 치중했다. 하지만 영토가 확장되고 전쟁의 와중에서 권한이 점차 강화되자 그들은 단순한 무사 계급의 지도자에서 정치, 경제 및 사회 전반의 지배자로서 그 위치를 확립해 나갔다.

왕은 자신이 거처할 거대한 왕궁을 짓고 지배자만이 누릴 수 있는 특권을 갖기 시작했다. 그들은 왕만을 위한 성대하고도 화려한 의식을 거행했으며 영토를 더욱 확장하기 위한 방편으로 말희생제asvamedha를 올렸다. 강화된 왕들의 권한은 결국 신성한 위치까지 드높여졌다. 《아타르바베다》나 《타이티리야 상히타》 그리고 《샤타파타 브라흐마나》 등에서는 아그니나 바루나, 인드라 등과 같은 신들조차 왕권의 옹호자로 표현되었다.

이처럼 왕권이 강화됨에 따라 왕들의 의무도 더욱 복잡해졌다. 그들에게는 단순한 영토의 소유자로서가 아니라 자신의 영토 안에 거주하는 모든 백성들을 고루 돌보아야 할 의무가 도덕적, 법률적으로 확립되었다. 이리하여 왕조국가를 향한 정치적인 조직의 기틀이 이 시기에 대략 확립되었다.

후기 베다 시대의 법률과 도덕은 전반적으로 전기 베다 시대, 다시 말해서 리그베다 시대와 거의 유사하다. 형벌제도는 아직까지 통일된 국가를 이루지 못한 상황 때문에 매우 엄격했다. 또한 개인적인 복수도 정의의 목적에 어긋나지 않는 한 인정되었다. 절도, 강도, 강간, 살인, 유괴, 반역, 술주정 등을 저지르면 사형을 당하거나 그에 해당하는 극심한 육체적 고통을 당했다. 이 시기에는 사유재산의 축적도 인정되었으며 이것은 후에 상인 계급을 뜻하는 바이샤들이 융성하는 계기를 만들었다. 그럼에도 여성이나 노동 계급인 수드라는 사유재산에 대한 어떠한 권리도 소유하지 못했다. 이러한 사실은 재산 상속에 관한 법률에서 잘 드러나고 있다.

카스트 제도의 확립과 사회 생활

후기 베다 시대의 아리아인 사회에는 중요한 몇 가지 변화가 발생했다. 그 가운데 첫째는 카스트 제도의 확립이다. 이 시기가 되면 이전까지 피부색에 의한 구별을 뜻하던 바르나라는 용어가 오늘날 인도의 계급 제도와 같은 형태로 사용되기 시작한다. 따라서 카스트 제도는 리그베다 시대의 정복민과 피정복민이라는 단순한 신분 구별의 형태를 벗어나 점차 복잡한 형태로 발전했다.

사회지도층은 브라흐만 사제 계급과 크샤트리아인 무사 혹은 왕족 계급이 차지했다. 특히 브라흐만은 모든 계급 가운데 최상의 위치를 차지하는 반면 크샤트리아는 그의 지지자들이 되었다. 하지만 후기로 갈수록 왕권이 강화되면서 크샤트리아와 브라흐만 사이의 갈등이 증폭되었다. 종교적 힘으로 최상의 지배권을 유지하려는 브라흐만 계급과 새로운 힘과 권력을 통해 자신들의 정치적 위치를 보다 강화하려는 크샤트리아 간의 갈등은 결국 전자는 종교적 지배권을 그리고 후자는 영토의 소유권과 지배권을 차지하는 것으로 해소되었다.

카스트 제도 도표

한편 왕족들은 전쟁 속에서 경제적 필요에 의해 바이샤라는 신흥 상인 계급과 제휴했다. 이는 브라흐마니즘과 더불어 슈라마니즘이라고 하는 후기 인도 사회의 독특한 사상이 흥기하는 데 많은 영향을 미쳤다. 한편 전쟁에서 패배한 왕국의 백성들과 아리아인 이외의 민족들은 최하층의 노동 혹은

브라흐만
크샤트리아
바이샤
수드라

카스트 제도 카스트 제도에서 가장 아래에 위치하는 불가촉천민의 비참한 생활상. 오늘날까지 내려오는 카스트 제도는 현대 인도 사회에서 심각한 문제가 되고 있다.

노예 계급을 이루었고, 이러한 과정을 통해 인도의 카스트 제도는 보다 굳건하게 정립되었다.

카스트 제도는 이후 그 제도가 신의 창조에서 비롯되었다는 종교적 신념과 카르마라는 독특한 철학적 이론을 바탕으로 개인의 의지나 노력으로는 결코 바꿀 수 없다는 숙명론으로 변화하면서 인도 신분 제도의 토대를 이루었다. 이처럼 선천적으로 이미 결정된 신분이기 때문에 카스트 제도 속에서는 신분의 상승을 꾀할 수 있는 기회가 근본적으로 막혀 있다.

결혼 역시 오직 같은 카스트 안에서만 가능하며 남자보다도 여자의 경우 자신보다 낮은 계급과 결혼하면 모든 사회적 지위와 권리를 박탈당할 뿐만 아니라 그 집단에서 추방되었다. 반대로 남자의 경우에는 자신보다 낮은 계급의 여자와 결혼할 수 있었다. 따라서 일부다처제가 인정되었던 이 시기에 브라흐만 계급의 남성은 같은 브라흐만 이외에 크샤트리아, 바이샤, 수드라의 여자와 결혼할 수 있었고, 크샤트리아는 브라흐만 계급을 제외한 모든 여자와 그리고 바이샤는 바이샤나 수드라의 여자와 결혼이 가능했다. 하지만 수드라 남성은 오직 수드라의 여자하고만 결혼할 수밖에 없었다.

또 한 가지 특징은 부인들의 지위는 결혼의 순서와 관계 없이 가장 높은 계급의 여자가 제일 높은 위치를 차지했다. 상속 문제의 경우도 가장 상위 계급의 부인이 낳은 아들 혹은 장남이 가장 많은 재산을 상속받고 점차 비율이 낮아지면서 수드라 여자가 낳은 아들은 남편의 특별한 유언이 없는 한 어떠한 재산도 상속받을 수 없었다. 이처럼 엄격한 결혼의 제한은 맨 처음 아리아인과 비아리아인 간의 혼혈을 방지하려는 의도에서 비롯되었다. 하지만 후대로 갈수록 혼혈 현상이 심화되면서 카스트 제도는 더욱 복잡하고 다양한 직업에 의한 세습 및 신분 제도로 변질되었다.

후기 베다 시대의 두 번째 중요한 변화는 인생의 시기를 크게 네 가지로 나누어 각각의 시기에 인간들이 행해야 할 의무를 결정했다는 사실이다. 아슈라마Asrama라고 불리는 이러한 시기 구분은 인생의 시기를 대략 100년으로 간주하여 각각 25년씩의 네 단계로 나누었다.

첫 번째 25년의 시기는 스승 밑에서 베다 및 삶에 필요한 지식을 습득하는 학습기이다. 이 시기에는 스승과 함께 생활하면서 앞으로 살아가야 할 인생 전반에 대한 지식과 제식 그리고 사회인으로서의 의무 등을 배운다.

학습기를 무사히 마친 학생은 두 번째 단계로 이제 집으로 돌아가 결혼을 하고 자신의 가정을 꾸려 나가는 가정생활기로 들어간다. 이 단계에서는 결혼을 통한 자손의 출생과 같은 개인적인 임무뿐만 아니라 사회 전반에서 자신이 행해야 할 여러 가지 공공의 의무도 함께 수행한다.

그리하여 대략 50세 정도가 되어 자식들도 무사히 출가시키고 또한 사회적인 의무도 어느 정도 완수하고 나면 세 번째 단계인 은둔기에 들어간다. 은둔기는 부인과 함께 숲속으로 은퇴하여 사회적인 모든 의무를 벗어나 보다 높은 진리를 추구하는 일종의 종교적 수행의 시기라고 할 수 있다.

마지막으로 은둔기를 넘어서면 남은 인생을 정리하는 의미에서 혹은 자신이 깨달은 진리와 함께 홀로 방랑의 길을 떠돌아다니는 유랑기에 접어든다. 유랑기에는 말 그대로 철저하게 무소유의 자유를 누리면서 인간이 이 세상에 태어난 그 상태대로 영혼의 고향으로 되돌아가는 것을 상징한다. 그리고 생의 마지막 시기가 되면 성스러운 어머니의 강, 갠지스로 가서 이 생에서의 여정을 마무리한 뒤 그녀의 품에 안긴 채 다음 생을 위한 긴 휴식에 들어가거나 깨달음을 얻어 고통스런 세계로의 방랑을 멈춘 채 영원한 행복에 안주한다.

아슈라마는 이처럼 인간의 생을 네 단계로 나누어 각각의 시기에 알맞은 의무를 정해 놓은 인도인만의 독특한 삶의 지침이다. 네 단계에 주어진 의무는 처음 두 단계에서는 주로 세속적인 요소를, 나머지 두 단계는 탈세속적이고 정신적인 면을 갖는다. 여기서 인도 문화의 또 다른 특징인 생의 네 가지 덕목이 형성된다.

각각의 덕목은 물질적인 재물을 의미하는 아르타$_{Artha}$, 성적 욕망을 포함한 사랑을 뜻하는 카마$_{Kama}$, 도덕·윤리적 법칙과 규칙을 의미하는 다르마$_{Dharma}$, 마지막으로 최상의 진리에 대한 깨달음 또는 해탈을 의미하는 모크샤$_{Moksa}$로 이루어진다. 이 가운데 아르타, 카마, 다르마는 생의 네 단계 가운데 주로 전반부의 두 시기에 행해지는 부분이며 모크샤는 후반부의 시기에 지켜야 할 일종의 의무이다.

후기의 철학적인 문헌을 보면 아르타는 주로 인간의 식욕 또는 소유욕과 밀접한 연관을 맺고 있다. 이에 비해 카마는 인간의 성욕 또는 생존욕을 가리킨다. 인간은 태어나는 순간부터 식욕과 성욕이라는 두 가지 기본적 욕망을 발휘한다. 아니 어쩌면 인간은 태어나는 그 순간부터 일정 기간 교육을 통해 지식을 습득하기 전까지 오직 이 두 가지 기본적 욕망만을 가지고 살아간다고 해도 과언이 아니다. 그러나 순전히 이기적인 성질만을 가진 기본적인 욕망은 인간이 성장함에 따라 점차 억제되거나 절제되어 간다. 그렇게 될 수밖에 없는 주된 이유는 여러 가지 형태의 교육이나 경험을 통해 우리 스스로 그러한 욕망을 억제하도록 배우기 때문이다. 이처럼 인간의 기본적인 욕망에 대해 억제나 절제를 요구하는 것이 바로 도덕적이고 윤리적인 덕목, 규칙이라고 할 수 있다.

인간이 도덕적이고 윤리적인 교육을 받아야만 하는 이유는 인간이 단순한 개인으로서뿐만 아니라 동시에 사회인으로 이 세상의 삶을 살아가야만 하기 때문이다. 따라서 욕망에 대한 절제라는 배움은 인간이 보다 건전하고 성숙된 사회인으로 살아갈 수 있는 기본적인 요건을 갖추는 일이다. 따라서 아슈라마에서 학습기는 주로 사회인으로서의 훈련을 받는 과정이라고 할 수 있으며 가정생활기는 그러한 배움을 올바로 실행하는 실천의 장을 마련하는 것이라고 할 수 있다.

하지만 인도 문화에서 인간의 목적은 이 같은 훌륭한 사회인으로 끝나지 않고 한 걸음 더 나아간다. 그것이 바로 은둔기와 유랑기라고 일컬어지는 생의 후반기이다. 사회가 필요로 하는 모든 의무를 마친 후에도 인간은 보다 높은 이상과 궁극의 진리를 향한 노력을 계속해야 한다. 일종의 종교적, 탈세속적 의무와 같은 이 노력이 인도 문화에 포함되어 있다는 사실은 인간을 일상적으로 생각하는 것보다 훨씬 위대한 어떤 존재로 보고 있다는 의미이다.

아슈라마와 같은 인생의 단계적 구별은 한 번에 정해진 것이 아니다. 특히 전반부의 세속적 단계와 후반부의 탈세속적 단계, 또는 생의 네 가지 덕목 가운데 처음 세 가지와 마지막의 모크샤는 서로 다른 이질적 문화들이 결합하면서 생겨난 현상처럼 보인다. 이 같은 결합은 아리아인이 인도에 정착하면서 점차 선주민의 문화를 흡수, 동화되는 과정에서 형성된 특성일 가능성이 크다.

어쨌든 후기 베다 시대에 들어오면서 이렇게 형성된 특성들이 이후의 인도 사회의 기본적인 성격을 이룬다는 점에서 매우 중요한 요소라고 할 수 있다. 하지만 엄격하게 말해서 이러한 특성들이 이 시기에 싹트기는 하였지만 사회적으로 그 기능이 완전하게 발휘된 것은 굽타 왕조 시대의 힌두이즘을 통해서라고 하는 편이 보다 정확한 결론이라 할 수 있다.

또한 이 시기에 여성의 지위는 후기의 인도 풍습에서 나타나는 것처럼 그렇게 미약했던 것만은 아니다. 문헌상에 나타난 증거로 보면 이 시기의 여성은 아내의 위치에서는 가정의 안주인으로서의 권리를 충분히 누렸다. 또한 주로 왕족 간의 결혼에서 드러나는 현상이기는 해도 여성이 자신의 결혼 상대자를 스스로 결정할 수 있는 권한도 있었다. 결혼은 남녀 간의 신성한 결합이며 그 목적은 출산에 있었고, 결혼의 형태는 일부일처제와 아울러 지배계급에서는 일부다처의 결혼 형태도 자주 행해졌다.

이와 더불어 일부분이기는 하지만 일처다부제의 결혼도 여전히 존재했다. 어린아이의 조혼은 금지되어 있었으나 과부의 재혼은 허락되었다. 또한 남편이 죽으면 아내도 뒤따라 불속에 뛰어드는 사티의 풍습도 왕족과 같은 극히 일부분의 계급에서만 행해졌다. 여성들은 축제나 희생제 등에 참석하여 마음껏 노래하고 춤추

며 극히 예외이기는 하지만 때때로 정치적인 회의에 참석하여 조언을 할 수 있는 기회도 주어졌다. 하지만 이 같은 사실이 인도에서 그 당시 여성의 지위가 오늘날의 여성들처럼 그렇게 높았다는 것은 절대로 아니다. 다만 후기의 인도 사회에서 드러나는 현상에 비해서는 상당히 높았다는 의미일 뿐이다.

사티 1728년 네덜란드 암스테르담에서 세계의 풍속과 역사에 대해 발행한 책의 삽화. 사티는 오랫동안 이어져 왔다. 죽은 남편을 따라 아내가 불에 뛰어들거나 남편의 시신과 살아 있는 아내를 함께 묻는 인도의 풍습을 그리고 있다.

농업의 확대와 문자의 발생

후기 베다 시대가 되면 농업에 대한 비중은 이전보다 훨씬 높아진다. 아리아인들은 농경을 통해 완전히 정착민족으로 변해 갔다. 그들은 철로 만든 농기구를 사용하여 대규모 농사를 지으면서 이모작을 했다. 경작물들은 전기 베다 시대와 크게 다를 바 없지만 특기할 사실은 쌀생산에 대한 언급이 자주 나타난다는 점이다. 이 밖에도 우유와 유제품, 과일과 야채 등도 섭취했다.

또한 이 시기에는 농업을 중시했기 때문에 소를 신성시하는 경향이 강해지면서 한편으로 소고기를 먹지 않는 관습이 나타나기 시작했다. 하지만 전적으로 육식을 금한 것은 아니며 양이나 염소 또는 황소의 고기는, 특히 희생제가 거행된 이후에 아무런 제한 없이 섭취되었다. 또한 이 시기에는 코끼리를 길들여 전쟁이나 물건 운반 등과 같은 여러 가지 일에 본격적으로 활용하기 시작했고, 소마나 수라 같은 취기 있는 음료에 대한 애용도 여전했다.

목화와 양모뿐만 아니라 실크로 만든 옷이 등장했고 동물의 가죽으로 만든 옷도 여전히 이용되었으며 머리에 터번을 쓰는 풍습도 나타났다. 의복은 아래와 위가 분리되었으며 신발도 착용하기 시작했다. 이전과는 달리 남녀 간의 의복이 구별됨으로써 금이나 은으로 만든 장신구가 처음으로 나타났다. 이것은 이 시대에 금, 은, 동, 철과 같은 여러 가지 금속에 대한 제련법이 발달했다는 사실을 뜻한다. 아리아인은 또한 인드라프라스타, 하스티나푸라, 코샴비, 바라나시(베나레스) 등과 같은 도시를 건설하면서 건축술에 대한 발전도 이룩했다.

이 시기는 네 가지 베다가 거의 모두 형성된 시기이기도 하다. 따라서 교육은 베다에 대한 학습을 주로 하였으며 베다의 부속학으로 수학, 논리학, 천문학, 문법학, 의학 등과 같은 과목도 함께 가르쳤다. 이 같은 교육은 주로 브라흐만 사제 계급에 의해서 이루어졌으며 이론적 교육은 인생의 네 단계 중 학습기에 집중적으로 행해졌다. 가정생활기는 이론적 학습을 실천하는 시기였다. 이 시기의 교육은 아직까지 문자에 대한 뚜렷한 개념이 없었기 때문에 모든 것이 구전으로 이루어졌다.

산스크리트어 고대 힌두 사원에 새겨진 산스크리트어

아리아인의 문자는 대략 기원전 700년경에 형성되기 시작한 것으로 추정된다. 또한 그들의 언어인 산스크리트어는 주로 귀족들 간의 언어, 그중에서도 브라흐만 계급의 독점적인 언어였으며 일반 민중들은 거기서 파생된 속어인 프라크리트어를 사용했다. 드물게 여자 스승이 등장하기도 하지만 여성의 경우는 전반적으로 상위 계급에게만 교육의 기회가 주어졌다. 뿐만 아니라 베다 학습의 경우 계급이 낮을수록 그 수가 제한되며 수드라의 경우에는 그조차 불가능했다.

종교와 철학

후기 베다 시대에는 급변하는 사회적 변화만큼 종교나 철학과 같은 사상 분야에 있어서도 괄목할 만한 변화가 일어났다. 오늘날 우리가 알고 있는 인도 사상의 많은 부분이 바로 이 시기에 형성된 사상에 뿌리를 두고 있다.

　우선 종교적으로는 《리그베다》에서 중요한 위치에 있던 바루나, 아그니, 수르야 등과 같은 초기의 신들이 세력을 잃는 대신 그들의 자리를 루드라, 비슈누, 나라야나, 브라흐마, 프라자파티 등이 차지했다. 이 시기에는 비아리아적인 기원을 갖는 신들이 새로운 형태로 등장했다. 또한 신들 간에도 층차가 발생하면서 신보다 한 단계 낮은 계층인 압사라스Apasaras*와 야차, 건달바 등의 존재가 인정되었다. 뿐만 아니라 이전의 신들이 본래 가지고 있던 본성을 상실하는 대신 새로운 성질을 부여받았다.

* 압사라스(Apasaras) : 그리스 신화에 나오는 요정과 유사한 존재.

한편 제식은 더욱 세밀하게 정리되면서 상당히 복잡한 형태를 띠게 되었다. 제식의 영역은 국가적인 행사에서부터 일상의 가정생활에 관한 부분에 이르기까지 복잡다단하게 형성되면서 이후 인도인들의 종교적 의무를 더욱 확고하게 고정시키는 역할을 담당했다. 그 결과 인도인의 일상생활은 요람에서 무덤까지 이 제식의 실행과정이라고 해도 과언이 아닐 지경에 이르렀다.

인도적인 관점에 의하면 일생 동안 각각의 생애에 맞게 적어도 40가지의 의식을 거행해야만 한다. 이러한 제식주의의 발전은 종교의 원초적인 목적을 상실한 채 오직 올바른 제식의 수행과 정확한 주문의 암송만이 강조되는 경향을 낳았다. 그 결과 인도 정통철학파의 하나인 미맘사 학파에서는 올바른 제식의 수행 그 자체가 신의 은총보다도 더욱 중요한 위치를 갖는다고 주장하기도 한다. 이러한 제식 가운데 특히나 왕족들 사이에 성행했던 가장 유명한 제식으로는 말희생제를 들 수 있다.

제식의 복잡다단함은 결과적으로 브라흐만 사제 계급과 왕족, 그중에서도 사제 계급의 권한을 더욱 확고하게 만들었다. 왜냐하면 모든 제식은 오직 브라흐만 사제 계급에 의해서만 치러질 수 있었기 때문이다. 일반인들은 홀로 제식을 드리고 싶어도 그 과정을 완전하게 이해하지 못했으므로 자연히 그에 정통한 사제의 도움을 받지 않을 수 없었다. 따라서 사제 계급은 이를 통해 사회 속에서 자신들의 위치를 보다 확실하게 구축할 수 있었다.

한편 크샤트리아 계급 역시

베다 제단의 한 양식
매의 모양을 본 뜬 베다의 제단. 같은 숫자는 같은 면적을 나타낸다.

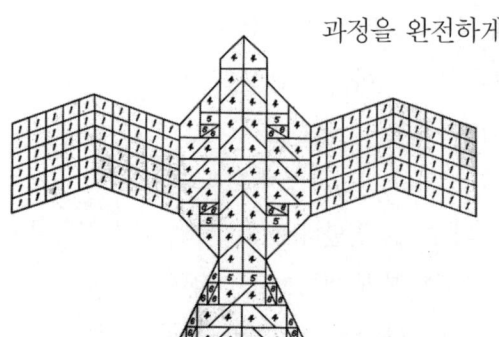

자신들의 힘과 권력을 유지하기 위하여 이 같은 제식의 실행을 지지하지 않을 수 없었다. 하지만 사제들의 권한이 더욱 확고해지면서 그들의 타락도 깊어만 갔다. 이에 대한 폐단은 후에 슈라만Sraman이라고 불리는 사문들에 의해 새로운 사상의 흥기를 가져오게 만들었다.

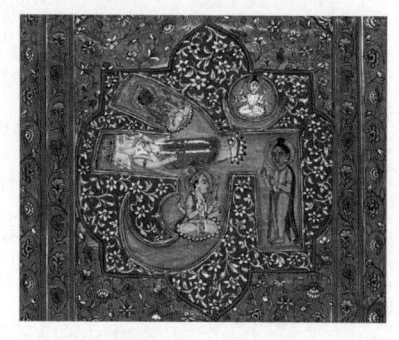

옴 《우파니샤드》는 '옴' 문자가 과거, 현재, 미래와 모든 존재를 상징하는 진언이라고 가르친다. 위는 옴 안에 브라흐마, 비슈누, 시바가 있는 그림이 삽입된 《마하바라타》 사본이다.

슈라만들은 브라흐만 사제 계급의 제식주의를 반대했다. 그들은 육체적인 금욕과 고행 및 신과 자아에 대한 내적 성찰을 강조했다. 제식주의에 대한 이 같은 반발은 인도의 사상을 신 중심의 종교에서 참된 자아와 지혜의 추구를 통한 해탈이라는 철학적 사색으로 바꾸었다. 《아라냐카》에서 비롯된 이러한 성향은 《우파니샤드》에 이르러 절정을 이루었다.

《우파니샤드》에는 '신을 아는 자*, 그는 신성을 얻는다. 아니, 그는 바로 신이다.'라고 밝힘으로써 종교와 철학 또는 지와 행의 완전한 조화를 강조했다. 그 사상은 '우주는 브라흐만(절대자)이며 브라흐만이 바로 아트만(자아)'이라는 선언을 통하여 신과 인간의 합일성을 강조하는 인도 특유의 사상으로 발전했다. 참된 지혜에 대한 강조는 계속해서 업과 윤회의 사상과 결합했다. 이를 통해 희생제와 같은 제식은 단지 윤회의 사슬 속에서 선한 결과, 즉 천상의 세계에 태어나는 결과를 얻을 뿐 완전한 해탈은 아니라는 이론을 형성했다.

* 신을 아는 자 : 신 혹은 절대자에 대한 참된 지혜를 얻은 자

이 시기의 스승들 간에는 다양한 논쟁이 자주 벌어졌다. 공공의 장소에서 공개적으로 행해진 이 논쟁에서 지는 쪽은 이긴 사람의 제자가 되며 또한 제자들 역시 자기 스승과 함께 행동했다. 그

들의 상호 논쟁은 자신의 명예와 목숨을 건 치열한 전쟁과 같았기 때문에 상대를 이기기 위해서 다양한 논쟁술이 발전했다. 《우파니샤드》에는 상대와 논쟁을 벌이기 전에 우선 자신의 머리가 떨어지지 않도록 조심하라는 경구가 가끔 등장한다. 이를 통해 당시의 논쟁이 얼마나 치열했는지를 충분히 짐작할 수 있다.

전체적으로 후기 베다 시대의 전반기에는 제식주의가 형성되었고 후반기에는 《우파니샤드》의 철학적인 사색이 태동함으로써 오늘날의 힌두이즘을 낳는 결정적인 역할을 한다. 이 같은 사상의 변천에는 사회적, 정치적 변화가 매우 중요한 원인으로 작용했다.

후기 베다 시대의 인도 사회는 부족국가의 틀을 벗어나 통일된 왕조를 형성하기 시작한 일종의 격동기이다. 선주민을 정복하고 새로 이주한 아리아인은 이미 인도 내에서 자신들의 위치를 확고히 했으며 소규모로 흩어진 부족들을 강력한 힘과 권력을 가진 하나의 왕조로 통일해 나갔다. 이 과정에서 새롭게 힘을 얻게 된 크샤트리아 계급은 단순히 전쟁에서 싸움을 담당하는 무사라는 역할에서 벗어나 강력한 힘과 권력을 가진 왕족으로 신분적 성장을 이루었으며 기존의 최상계급인 브라흐만 사제들과 갈등을 겪어야 했다. 물론 두 계급의 갈등에는 브라흐만 계급의 타락도 커다란 몫을 차지하고 있다.

이 밖에도 크샤트리아 계급은 전쟁을 원활하게 수행하기 위하여 물자나 장비와 같은 경제적인 도움을 다른 누군가로부터 지원받아야 했다. 이때 그들에게 경제적 지원을 한 계급이 바이샤들이다. 크샤트리아의 바이샤에 대한 의존도가 높아지자 자연히 상인 계급의 지위도 높아졌다.

한편으로 브라흐만 사제들과 갈등을 겪으면서 다른 한편으로는 바이샤 계급들과 협력해야 했던 크샤트리아들로서는 정치적 지배권에 걸맞는 새로운 사상을 찾게 되었다. 그래야만 브라흐만 사제들의 세력으로부터 벗어날 수 있었기 때문이었다. 또한 일반 민중들은 끝없는 전쟁 속에서 자신들이 겪을 수밖에 없는 혼란과 좌절감 등이 브라흐만의 종교를 통해서는 결코 해소될 수 없다고 느끼기 시작했다. 무엇보다도 일반인들이 브라흐만 사제들로부터 정신적인 안정을 얻기 위해서는 제식에 필요한 막대한 돈과 재물이 필요했기 때문이다. 이러한 경제적 문제는 일반인들에게 커다란 부담이 아닐 수 없었다.

바로 이러한 시기에 신의 도움을 통해서가 아니라 스스로의 고행과 명상을 통해 해탈을 얻을 수 있다는 슈라만의 사상은 왕족뿐만 아니라 바이샤를 포함한 일반인들에게도 상당히 매력적인 사상으로 비칠 수밖에 없었다. 비아리아적 근원를 갖고 있는 이 사상은 이후 불교와 자이나교뿐만 아니라 《우파니샤드》의 형성에도 지대한 영향을 미쳤고 인도는 후기 베다 시대를 마감했다.

4
비베다 시대

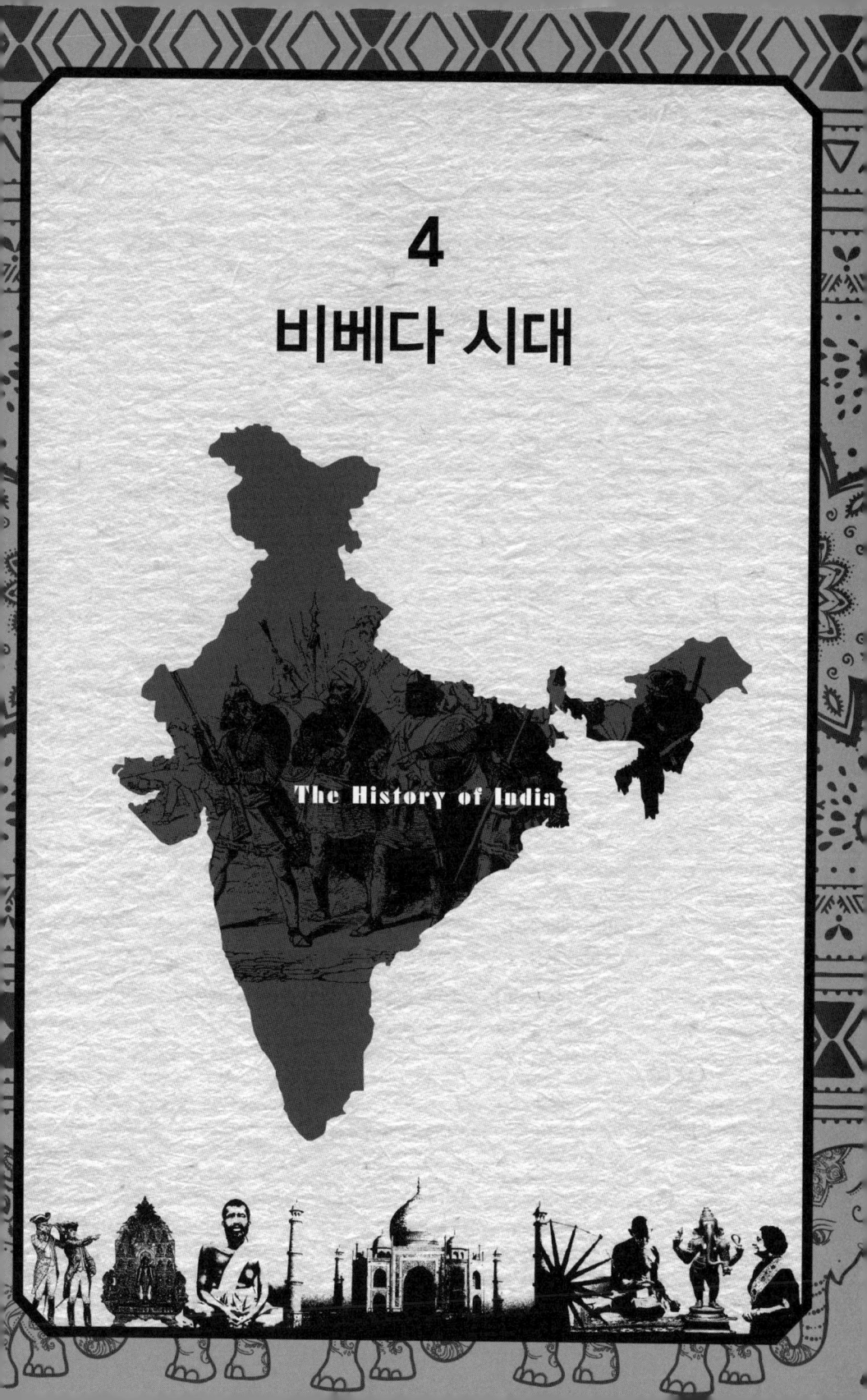

비베다 시대

비베다 시대란 기원전 6세기를 전후로 한 시기이며 크게는 후기 베다 시대에 속한다. 그럼에도 굳이 비베다 시대라고 말하는 것은 이 시기에 정통의 브라흐마니즘적 사상에 대한 반작용으로 슈라마니즘이 흥기했기 때문이다. 당시 인도는 통일국가를 향한 크고 작은 전쟁들이 빈발하는 혼란스런 사회적 상황 속에서 크샤트리아 계급과 바이샤 계급이 각기 정치적·경제적 권한을 강화하면서 브라흐만 사제 계급과 대립하던 시기였다. 한편 기원전 6세기 초 페르시아의 다리우스 1세가 서북 인도에 침입하여 펀자브와 신드 지방을 차지했다. 이처럼 내외적으로 어지러운 사회 상황 속에서 생존의 절박함을 느껴야만 했던 일반 민중들은 어서 빨리 전쟁이 끝나 안정된 세상이 오거나 아니면 종교를 통한 내적 평화 가운데 어느 하나를 기원하는 편이었다. 이 시기에 이 세상의 괴로움을 사색의 출발점으로 삼은 슈라마니즘은 여러 가지 이유 때문에 북동 인도 지역에서 당시의 브라흐만 사제들을 제외한 나머지 계급의 사람들에게 적극적인 호응을 얻으면서 흥기하기 시작했다. 기원전 6세기경 북동 인도 지역은 강력한 코살라와 마가다 왕국을 중심으로 십여 개의 국가들로 나뉘어 인도의 패권을 놓고 세력 다툼을 벌이면서 점차 마가다 왕국으로의 통일국가를 향해 나아가고 있었다.

한편 슈라마니즘은 이 같은 사회 상황 속에서 베다를 중심으로 한 브라흐마니즘의 희생제에 의한 제식주의와 계급 사상을 반대하면서 카르마와 윤회를 토대로 철저한 자기 노력이 해탈의 핵심이라고 주장했다. 이 시기에 나타난 불교와 자이나교가 바로 슈라마니즘의 대표적인 종교 형태이다. 이 가운데 불교는 특히나 아소카 왕의 불교 귀의를 통해 인도 전역으로 전파되었고 세계 종교로까지 발전했다. 이 밖에도 유물론 사고에 입각한 도덕부정론이나 숙명론, 회의론 등이 나타나 당시의 어지러운 사회 상황 속에서 염세적인 경향을 강조했다. 이렇게 나타난 슈라마니즘은 후에 인도 철학을 구별할 때 비정통 철학으로 분류되었다.

비베다 시대

기원전 6세기 전후에 세계 여러 나라는 사상·가치적으로 커다란 전환기를 맞이한다. 우리가 알고 있는 많은 부분의 중요한 철학·종교적 운동이 나타난 것이 바로 이 시기이다. 그리스에서는 헤라클레이토스, 파르메니데스를 거쳐 소크라테스로 이어지는 철학적 사색이, 페르시아에서는 조로아스터교가 그리고 중국에서는 유가의 시조인 공자와 도가 사상의 노자가 등장했다. 이 같은 사건은 인도에서도 예외가 아니었다.

당시 인도에서는 전통적인 브라흐마니즘에 반대하는 수많은 사상이 속속 나타나기 시작했다. 비정통주의 사상으로 분류되는 이 같은 사상들은 주로 베다를 근거로 하는 정통주의 사상에 대한 거부에서 비롯되었다. 그들은 브라흐마니즘이 주장하는 제식주의와 희생제 의식 그리고 엄격한 신분 제도인 카스트 제도의 부정을 주된 목표로 삼았다. 이러한 전통에 대한 비판과 거부에 결정적인 역할을 한 종교가 바로 불교와 자이나교이다. 실제로 인도의 사상이 보다 철학적이고 이성적인 사색의 틀을 갖추게 된 것도 불교와 자이나교의 영향이다. 따라서 이러한 비정통적인 사상을 통해 이 시대의 사상 및 사회적 특성을 어느 정도 짐작할 수 있다.

물론 이 시기에 반브라흐마니즘적 사상만이 성행한 것은 아니었다. 인도의 철학과 사상의 근간인 《우파니샤드》 역시 이 시기에 나타나기 시작한 것으로 브라흐만 자체의 자기 반성적 요소를 강하게 내포하고 있다. 그럼에도 이 시기를 반브라흐마니즘 시대로 정의하는 이유는 이 모든 사상의 전환이 근본적으로 브라흐마니즘에 대한 반발에서 비롯되었다고 보기 때문이다.

브라흐마니즘에 대한 반발이 이 시기에 두드러지게 나타난 이유는 몇 가지가 있다. 우선 브라흐만 사제들의 현실적인 욕망 추구와 권위주의적인 태도이다. 후기 베다 시대에 나타난 복잡한 제식주의는 일반 대중으로 하여금 브라흐만 사제의 도움 없이는 어떠한 의식도 불가능하게 만듦으로써 최상의 위치에 있는 브라흐만의 권위를 더욱 확고하게 만드는 수단이 되었다. 또한 제식 때마다 주어지는 막대한 대가는 브라흐만 사제의 현실적 안주를 심화시킨 반면 일반 대중의 관점에서는 의식의 복잡한 절차와 막대한 비용이 큰 부담이 되었다.

한편으로 계급적 차별에 의한 천민계층(수드라)의 부당한 대우와 동물의 생명을 빼앗는 잔인한 희생제에 대한 일반인의 반발도 만만치 않았다.

"너희들이 천상의 행복이나 해탈을 얻기 원한다면 무엇보다도 먼저 동물들의 무고한 생명을 빼앗는 잔인한 희생제를 포기해야만 한다. 브라흐만 사제들은 희생제 의식에서 목숨을 잃은 동물은 무엇보다 빨리 천상세계로 올라간다고 말한다. 만일 그렇다면 너희들의 부모를 희생제의 제물로 바치는 것이 가장 큰 효도가 될 것이다. 왜냐하면 희생제의 제물로 바쳐진 너희들의 부모는 곧바로 천상세계로 올라갈 것이기 때문이다. 너희들의 부모가 천상세계의 행복을 얻는데 이보다 확실하고 빠른 방법이 달리 있겠느냐?"

이 같은 요소에 당시의 사회·경제적 상황이 더해지면서 브라흐마니즘에 대한 반감은 더욱 커져만 갔다. 다시 말해서 도시의 발달과 상공업자 계급(바이샤)의 성장, 무역과 상업의 급격한 발전으로 사회·경제·사상 등 모든 면에서 새로운 변화가 요구되

희생제를 치르던 제단
나가르주나콘다 유적지에 있는 희생제 의식을 치르던 곳. 복잡한 제식과 잔인한 희생제는 불교와 같은 새로운 종교의 발흥을 불러일으켰다.

었으며 이것은 곧 기존의 제도에 대한 반감으로 확산되었다.

이 밖에도 이 시기는 인도의 군소 국가들이 끊임없는 전쟁을 통해 거대한 통일왕조를 이루어가는 과도기였다. 때문에 이전에는 단순히 전쟁에서 용감히 싸우는 임무만을 강조하던 크샤트리아 계급이 점차로 통치자인 왕족 계급으로 성장하면서 이전의 상위 계급이던 브라흐만 사제들과 갈등을 일으키게 되었다.

이 모든 조건들이 하나로 결집되면서 인도에 거대한 사회적, 사상적 변화를 초래했다. 결과적으로 중국의 춘추 전국 시대와 비교할 수 있는 이 시기에, 외적으로는 기존의 모든 사회적 제도와 내적으로는 카스트라는 신분 제도에 대한 총체적인 반발이 일어났다. 사람들은 자신을 사회 혹은 국가라는 전체에 속한 부분으로서가 아니라 순수하고 독립적인 개별적, 주체적 존재 혹은 정신적 존재로 자각하기 시작했다. 인간의 주체성에 대한 자각은 각 개인은 신과 같은 외적인 절대자의 도움에 의해서가 아니라 스스로의 노력으로 완전한 자유를 얻을 권리가 있다고 주장하는 반브라흐마니즘의 사상으로 더욱 고양되었다.

아지비카 학파는 불교나 자이나교와 다른 형태로 반브라흐마니즘을 주장했다. 이 학파는 인간을 포함한 모든 존재의 행위는 인간 스스로 혹은 절대자에 의해서 주어지는 것이 아니라 본성적으로 이미 결정되어 있다고 보았다. 따라서 이미 결정된 모든 존재의 본성은 어떠한 노력으로도 결코 변화될 수 없으며 그렇기 때문에 인간을 포함한 모든 존재는 자신에게 주어진 숙명에 철저하게 복종해야만 한다고 주장했다.

또 다른 사상인 차르바카 학파는 인간의 정신 혹은 자아와 같은 부분은 존재하지 않는다고 함으로써 철저하게 유물론을 강조했다. 이 학파는 모든 존재가 오직 물질로 구성되어 있을 뿐이며 그 이외에 정신과 같은 어떠한 다른 요소도 존재하지 않는다고 주장했다. 가치론적인 면에서는 모든 존재가 물질로 구성되어 있는 한 어떠한 경우에도 미래란 불가능하며 오직 현재, 지금 이 순간만 사실로 존재할 뿐이기 때문에 도덕이란 존재하지 않는다고 주장했다. 이처럼 도덕이 존재하지 않는 상황에서는 당연히 현실의 감각적 쾌락만이 인간 삶의 최고 목적이 될 수밖에 없었다.

두 학파의 특징은 사회적인 관점에서 볼 때 상당히 현실부정적, 염세적 모습을 드러냈다는 점이다. 비록 차르바카 학파가 감각적 쾌락주의를 주장했지만 그 근거가 철저하게 현재 중심이며 미래에 어떠한 가치도 부여하지 않았다는 점을 보면 이 역시 염세적 형태의 또 다른 변형이라고 할 수 있다.

이러한 성향은 당시의 시대가 일반인들에게 현실적 안정과 만족을 주지 못하는 불안정한 상황이었다는 사실을 반증한다. 그

주된 원인은 무엇보다도 하나의 통일국가로 나아가기 위한 과정에서 발생한 무수한 전쟁 때문이다. 당시 힘없는 군소 왕국의 백성들에게 있어서 일상생활이란 한치 앞을 내다볼 수 없을 만큼 하루하루의 생존이 급박한 시기였다. 붓다Buddha 역시 살아 생전에 자기가 태어난 왕국이 멸망하는 과정을 자신의 두 눈으로 직접 목격하면서 깊은 상심에 빠진 적이 있었다.

　이처럼 한 시대가 안정과 조화를 이루지 못한 상황에서는 한편으로는 염세적인 사상과 극단적 형태의 현실적 쾌락주의가, 다른 한편으로는 현실을 부정한 채 내세의 메시아를 추구하는 종교가 나타나는 것이 일반적인 현상이다. 서양의 역사 속에서도 고대 그리스 멸망기에 나타난 에피쿠로스와 스토아 학파는 바로 그같은 시대적 상황을 대변한다고 볼 수 있다.

　기원전 700년경을 전후로 웃타르 프라데쉬와 비하르 지역에 살던 사람들의 경제생활은 널리 보급된 철제기구의 사용으로 커다란 변화를 겪었다. 이미 북서부 지방에 정착한 아리아인이 점차 동쪽으로 생활 터전을 넓혀가는 과정에서 철기에 관한 지식도 함께 전파했기 때문이다.

　북동부 지역으로 전파된 철기 문화는 지금까지 울창한 삼림으로 뒤덮여 있던 밀림 지역을 비옥한 농경지로 개간할 수 있는 기틀을 마련해 주었다. 이모작 또는 삼모작이 가능한 비옥한 농지의 개발로 인해 농작물이 풍성해지고 생활이 윤택해짐에 따라 상공업의 발전이 급속하게 이루어지면서 점차 도시 문화의 형태를 갖추어 나갔다.

　상공업을 중심으로 한 도시 문화의 발전은 상인과 노동자 계급의 증가를 가져왔고 사회 구조에도 근본적인 변화를 야기했다.

다시 말해서 상업과 무역에 종사하는 바이샤 계급이 부를 축적해 나가는 과정에서 사회적인 지위도 상승하였던 것이다. 바이샤 계급은 경제적 부의 축적과 지위 확보가 지속되기를 원했다. 하지만 브라흐마니즘은 그들의 그러한 바람에 아무런 도움도 되지 못했다. 따라서 바이샤 계급은 자신들의 위치를 대변해 줄 수 있는 다른 사상 체계를 필요로 하게 되었다. 그들이 그럴 수밖에 없었던 주된 이유는 무엇보다도 출생에 의해서 신분이 결정되며 살아 있는 동안은 결코 바꿀 수 없는 카스트 제도 때문이었다.

카스트 제도는 원래 아리아인이 자신들을 피정복민과 구별하기 위해 만든 제도였다. 그러나 시간이 흘러 아리아인이 점차 동쪽으로 진출하는 과정에서 자연스럽게 선주민과 혼혈이 이루어지고, 경제적 성장으로 다양한 사회계층이 형성되자 새로운 모습을 요구하게 되었다. 결국 후기 베다 시대에 이르면 이 같은 사회적 요건을 충족시키는 네 가지의 분명한 신분 계급으로 구별되기 시작한다.

브라흐만은 사제 혹은 베다를 가르치는 스승의 계급으로 사회에서 가장 높은 위치를 점하고 있었다. 그들에게는 선물을 받을 수 있는 권리가 있었다. 사제들은 '받을 수 있는 권리', 왕족들에게는 '줄 수 있는 권리'가 있다고 말하는 베다의 표현은 그들의 사회적 위치를 잘 대변해준다. 뿐만 아니라 브라흐만에게는 세금이 면제되었고 형벌에서도 면책권이 부여되었다. 후기 베다 문헌에는 브라흐만 계급들이 누린 특권에 대한 이야기가 자주 등장한다.

사회에서 두 번째 위치를 차지하는 크샤트리아 계급은 전쟁을 담당하고 나라를 다스리는 대가로 일반 백성들로부터 세금을 거두어 생활할 수 있는 특권이 부여되었다. 브라흐만과 크샤트리아 계급은 두 번 태어난 고귀한 존재라고 불리면서 신성한 실로 짜여진 옷을 입고 베다를 배울 수 있는 것 외에도 사회적, 정치적인 특권을 누렸다.

이에 반해 바이샤 계급은 주로 농업과 목축업 그리고 상업에 종사하는 사람들로서 국가에 내는 각종 세금을 담당했으며 국가의 경제적인 부를 이루는 원천이었다. 그럼에도 이들이 사회에서 누릴 수 있는 지위는 브라흐만과 크샤트리아 다음이었으며 베다를 배울 수 있는 권한도 금지되지는 않았지만 많은 제약이 따랐다.

마지막으로 수드라 계급은 상위의 세 계급에게 주로 육체적으로 철저하게 봉사하면서 어떠한 경우에도 베다에 대한 학습이 불가능한, 말 그대로 최하층의 존재였다. 후기 베다 시대에는 주로 가정의 잡부, 농사 짓는 노예, 수공업자, 하인 등이 수드라 계급에 속했으며 성격이 거칠고 탐욕스러우며 남의 물건을 탐내는 존재로 묘사되었다. 또한 그들 중에 어떤 계층은 불가촉천민으로 간주되었다. 베다에 의하면 상위 계급으로 올라갈수록 보다 순수한 사람으로 더 많은 특권을 누릴 수 있는 반면 낮은 계급으로 내려갈수록 불순하고 무례하기 때문에 더 많은 봉사가 요구되고 그에 따른 벌도 가중되었다.

이처럼 네 단계로 나누어진 계급 제도는 자연히 사회적 발전과 더불어 스스로 변화하지 않을 수 없는 상황에 이르렀다. 특히 잦은 전쟁을 통한 강력한 왕권의 출현은 크샤트리아 계급의 세력을 신장시켰고, 경제적 발전으로 인한 바이샤 계급의 급성장은 사회 전반에 커다란 긴장을 야기하는 결정적인 요인을 제공했다.

후기 베다 문헌에 따르면 특히 크샤트리아 계급의 브라흐만에 대한 반발이 두드러졌다. 이에 대한 브라흐만의 대응 역시 만만치 않은 가운데 크샤트리아는 지배자로서 자신들의 독립된 지위를 보다 공고히 하기 위하여 브라흐마니즘의 제식주의 전통으로부터 벗어날 수 있는 새로운 이론적 토대를 추구하기에 이르렀다.

한편 바이샤 계급은 자신들의 경제적인 부에 걸맞는 사회적 지위를 엄격한 계급이 정립된 브라흐마니즘 속에서는 결코 확보할 수 없다는 사실을 깨달았다. 하지만 그들이 독립적으로 브라흐만 계급에 대항하기에는 여전히 많은 장벽이 가로막고 있었다. 이에 새로운 길을 모색하던 바이샤 계급은 크샤트리아 계급과 손잡을 수 있는 기회를 갖게 되었다. 당시에 빈번하게 치러지던 전쟁에서 통치자이자 무사인 크샤트리아 계급은 무기나 식량 등의 물자부족을 겪을 수밖에 없었다. 이들은 전쟁 임무를 원활하게 수행하기 위해서 지속적이고 안정적으로 물자를 공급받을 수 있는 길을 모색해야 했고 이러한 필요에 부응할 수 있는 대상이 바로 바이샤 계급이었다. 이리하여 두 계급은 자연스럽게 상호 협력하는 관계를 유지하게 되었다.

두 계급의 상호 협조 관계를 통해 크샤트리아 계급은 원활하게 전쟁을 치르고 나라를 다스릴 수 있는 경제적 기반을 마련하는 대신 바이샤 계급은 그들의 보호 아래 안심하고 생업에 종사하면서 자신들의 부를 더욱 튼튼하게 쌓아 나갈 수 있었다.

두 집단은 이처럼 상호간의 이익에서뿐만 아니라 당시에 여전히 최상의 지위를 차지하고 있던 브라흐만에 대한 대항에서도 서로 긴밀한 협조 관계를 유지했다.

브라흐만이 최상의 위치를 차지할 수 있었던 유일한 근원은 베다라고 하는 종교 혹은 사상의 독점에 있었다. 그렇기 때문에 크샤트리아와 바이샤 계급이 브라흐만의 지배로부터 벗어날 수 있는 유일한 길은 종교 혹은 사상의 대체였다. 이 같은 사회적 요구에 부응한 것이 불교와 자이나교로 대표되는 비베다 혹은 반브라흐마니즘적인 사상들이다. 따라서 이들 신흥 사상은 당시의 크샤트리아와 바이샤 계급의 적극적인 비호 아래 급속도로 성장할 수 있었다. 불교 문헌에서 불교도에게 수행의 장을 마련해준 이들이 바로 장자(바이샤)들이고, 붓다의 전도를 안전하게 보호해 준 사람이 주로 왕족(크샤트리아)들로 나타나는 이유가 바로 여기에 있다.

그렇다면 이 시대에 새로운 사상들이 생겨날 수 있었던 주된 이유는 무엇일까? 그것은 바로 북동 인도 지역에 유입된 철기 문화로 인한 농업경제의 발달에 있다. 웃타르 프라데쉬 주의 동부 지역과 비하르 주의 북쪽과 남쪽 지역에는 연평균 강우량이 1000밀리나 된다. 따라서 울창한 숲으로 덮여 있는 이들 지역은 철제로 만들어진 연장 없이는 쉽게 개간할 수 없는 밀림 지역이었다. 기원전 6세기 이전에 이 지역에 사람들이 살고는 있었지만 석기와 동기로 만든 도구에 의존해서 생활했다. 그들은 주로 강둑 부근에서 살면서 홍수 때마다 생존의 위협을 당하며 생활을 영위할 수밖에 없었다. 그런데 이 지역에 철기가 유입됨으로써 울창한 삼림을 비옥한 농토로 개간할 수 있게 되었다. 그리하여 기원전 6세기경에 이르면 갠지스 강 유역에 거대한 농경지가 개간됨으로써 많은 사람들이 정착하기 시작했다.

한편 이처럼 넓은 농토를 개간하고 경작하기 위해서는 소나 말과 같은 동물의 도움이 반드시 필요했다. 갈수록 많은 가축이 필요해지자 사람들은 동물의 희생을 필요로 하는 브라흐마니즘의 제식주의를 달가워하지 않았다. 그럼에도 베다의 희생제 의식에서 많은 소들이 희생되었을 뿐만 아니라 동부 지역에 살고 있는 사람들 가운데는 소를 잡아먹기도 했다. 이 때문에 북동 인도 지역에서 소의 수는 점차로 줄어들었다. 하지만 농토가 계속 확장되자 더 많은 소들이 필요하게 되었고 그 결과 점차로 소를 비롯한 가축의 살생을 금하는 방향으로 나아가게 되었다.

농업의 발달로 이 지역에 많은 도시가 건설되었다. 문헌에 의하면 이 시기에 대표적인 도시로는 카우샴비Kaushambi, 쿠시나가르Kusinagar, 베나레스(Banaras, 바라나시), 바이샬리Vaishali, 치란드Chirand 그리고 라지기르Rajgir 등이 있었다. 비하르와 웃타르 프라데쉬 지역에 위치한 이들 도시에는 수많은 상인과 수공업자들이 살았으며 특히 이 시기에 경제적 필요에 따라 처음으로 동전을 만들어 화폐로 사용했다. 결국 이 같은 경제적 요인들은 자연히 바이샤 계급의 권한을 크게 강화시키는 역할을 했다.

이들 바이샤 계급은 자신들에게 필요한 새로운 사상을 그 당시에 생겨난 마하비라의 자이나교와 붓다의 불교에서 찾았다. 이들은 불교와 자이나교가 브라흐마니즘을 대체할 사상이라고 믿었고 적극적으로 지지했으며 재정적인 부분까지 지원하기 시작했다.

바이샤 계급이 이 두 사상을 적극적으로 지원한 이유는 첫째, 불교와 자이나교는 처음부터 계급 또는 신분 제도에 어떠한 의미도 부여하지 않고 오히려 그것을 반대했기 때문이다. 두 사상 모두 사람의 고귀함은 적극적인 자기 노력에 의한 깨달음에 달렸지 절대로 신분의 고하에 있지 않다고 주장했다. 둘째, 이들 사상은 모든 인간이 지켜야 할 기본적인 윤리적 덕목으로 제일 먼저 불살생 또는 불상해를 강조했다는 점이다. 불살생의 덕목은 농사를 짓는 데 필요한 가축의 수를 충분하게 확보할 수 있게 만들었으며 서로 다른 나라 간의 전쟁을 그치게 했다. 이로써 바이샤 계급은 부를 확보할 수 있는 상업 및 무역을 보다 안전하게 보장받을 수 있었다. 셋째, 브라흐마니즘의 법률서는 돈을 빌려주고 이자를 받는 행위를 엄격하게 금지하며 그것을 어겼을 경우 벌을 받도록 규정하고 있었다. 하지만 바이샤 계급에게 있어서 이러한 법률 조항은 상당히 불합리한 것이었다. 그 밖에도 여러 가지 불리한 조건들 때문에 바이샤 계급은 자연스럽게 자이나교와 불교에 눈길을 돌리게 되었다.

자이나교의 사상

자이나교는 마하비라Mahavira라고 불리는 한 위대한 인물의 깨달음에서 비롯된 종교이다. 자이나교의 전통에 의하면 마하비라는 티르탕카라라고 불리는 선지자 계열의 24번째 계승자이다. 자이나교의 이러한 전통을 전적으로 신뢰할 수는 없지만 적어도 마하비라 이전의 23번째 티르탕카라인 파르쉬와나타는 역사적으로 베나레스 지역에서 생존했다는 사실이 입증되었다. 그럼에도 자이나교의 교조를 말할 때는 일반적으로 마하비라를 지칭한다.

    마하비라의 본명은 바르다마나Vardhamana로서 기원전 540년에 비하르 지방의 바이샬리 부근의 마을에서 태어났다. 그의 아버지는 부처의 출가 전의 이름과 똑같은 싯다르타로서 유명한 크샤트리아 계급의 우두머리(왕)였다. 어머니 트리샬라는 리차비족의 족장인 체타카의 딸이었으며 그의 또 다른 딸은 불교 경전에 자주

자이나교 동판 1 자이나교의 현자 아디나타와 그 외 23명의 티르탕카라가 새겨진 조각상이다.

등장하는 유명한 빔비사라 왕의 왕비였다. 이처럼 마가다의 왕족 계급에 속하는 마하비라는 붓다와 마찬가지로 어려서는 왕족으로서의 호사스런 생활을 영위하다가 나이 30세에 출가하여 수행자가 되었다.

그 후 12년 동안의 고행 끝에 모든 고통을 넘어서 궁극의 깨달음을 얻었고 이때부터 위대한 영웅이라는 의미의 마하비라 또는 정복자를 뜻하는 지나Jina라고 불리게 되었다. 깨달음을 얻은

《칼파수트라》 기원전 6~2세기의 대표적인 경전문학으로 자이나교의 경전 중 하나

마하비라는 이후 30년 동안 코살라, 마가다, 미틸라, 참파 등지를 돌아다니며 자신의 깨달음을 전파하다가 기원전 468년 72살의 나이로 오늘날의 라지기르 근처에 있는 파바푸리에서 열반에 들었다. 이후 그를 따르는 제자들이 자이나라고 불리면서 오늘날의 자이나교라는 종교가 형성되었다.

자이나교는 생명 있는 존재를 해치지 말 것, 거짓말을 하지 말 것, 다른 사람의 물건을 훔치지 말 것, 사유재산을 소유하지 말 것, 금욕을 지킬 것 등 다섯 가지 기본적인 계율을 가르쳤다. 이 가운데 처음 네 가지는 마하비라 이전에 있었던 다른 스승들이 이미 가르쳤던 계율이며 오직 다섯 번째만이 그가 추가한 것이다. 또한 이 다섯 가지 계율은 불교의 오계와도 유사하다.

자이나교에서는 이 다섯 가지 계율 중에서도 생명 있는 존재를 해치지 말라는 불살생 또는 불상해의 계율을 가장 강조했다. 그렇기 때문에 후대의 자이나교도들은 땅속의 벌레들을 해칠까봐 농사를 짓지 않고 오직 상업에만 종사하고 철저하게 채식 위주로 생활했다. 후에 자이나교는 오직 흰색 옷만 입는 백의파Shvetambara

자이나교 동판 2 자이나교의 현자 아디나타와 그 외 23명의 티르탕카라가 새겨진 조각상이다.

와 어떠한 옷도 걸치지 않는 나의행파Digambara로 나뉜다.

자이나교가 이처럼 둘로 나뉜 데는 다음과 같은 이야기가 전한다. 마하비라가 죽은 지 약 200년이 지난 후 마가다 지역에 극심한 기근이 닥쳤다. 12년 동안 계속된 이 재난으로부터 생명을 구하기 위하여 바드라바후가 이끄는 한 무리의 자이나교도들은 남인도 지방으로 피신했다. 반면 스탈라바후가 이끄는 나머지 무리들은 그대로 마가다 지방에 머물렀다. 자이나교가 남인도 지방으로 전파되는 계기가 되기도 했던 이 사건은 이후 기근이 끝나고 그들이 마가다 지방으로 되돌아왔을 때는 불행히도 분파를 만드는 원인이 되었다.

왜냐하면 남쪽 지방에서 되돌아온 집단은 전통적인 방식을 엄격하게 고수하고 있었지만 마가다에 머물던 집단은 생존을 위

하여 자신들의 수행방식에 약간의 수정을 가했기 때문이다. 두 집단은 서로의 의견 차이를 좁히기 위하여 파탈리푸트라에서 집회를 열었다. 하지만 남쪽에서 올라온 자이나교도들은 이 집회의 결과를 거부했다. 이 사건 이후로 남쪽 집단은 디감바라(나의행파) 그리고 마가다 지역에 있던 집단은 슈웨탐바라(백의파)라고 불리게 되었다.

자이나교는 신의 존재를 인정하면서도 그를 자아Jiva보다 낮은 위치에 두었다. 또한 계급 제도에 대한 비판도 불교만큼 강하지 않았다. 마하비라에 의하면 사람들이 높거나 낮은 가문에서 태어나는 이유는 그가 전생에 지은 행위의 결과(카르마) 때문이다. 그렇다고 해서 가장 낮은 계급의 찬달라에게 인간적인 가치가 내재하지 않는다는 의미는 절대로 아니다. 자신이 전생에 쌓은 업에 의하여 현생의 삶이 결정되기 때문에 누구든 전생에 쌓은 카르마를 보다 빨리 해소하고 현생에서 더 이상 카르마를 쌓지 않는다면 모두 다 해탈이 가능하다고 마하비라는 주장했다. 그는 또한 제사 의식이나 희생제와 같은 행위는 절대로 해탈에 도움을 줄 수 없으며 오직 올바른 지식과 올바른 행위 그리고 올바른 믿음만이 진정한 깨달음의 핵심이라고 주장했다.

이와 같이 자이나교는 희생제와 같은 제식을 거부하고 특히 불살생 또는 불상해의 계율을 강조함으로써 전쟁과 농사를 부정했다. 그 결과 상업에 종사하는 바이샤 계급의 적극적인 지원을 받을 수 있었다. 하지만 신을 인정하고 신분의 차이를 어느 정도 인정한다는 점에서 전통적인 브라흐마니즘과 크게 다르지 않았다. 그렇기 때문에 자이나교는 비록 인도의 여러 지방으로 전파되면서 왕들의 지원을 받기도 하였지만 후대로 갈수록 전래의 브라흐마니즘 속에 흡수되고 말았다.

이러한 이유 때문에 자이나교는 오늘날의 인도에서도 살아남을 수 있었다. 그러나 자이나교와 유사하면서도 브라흐마니즘에 더욱 철저하게 반대했던 불교는 훨씬 빠른 속도로 인도를 비롯한 전 세계로 퍼져나가기는 했지만 그 발생지인 인도에서는 소멸되는 아이러니컬한 결과를 맞이했다.

불교의 사상

붓다는 마하비라와 동시대인으로 원래 이름은 고타마 싯다르타 Gautama Siddhartha였다. 연대는 정확하지 않지만 그는 기원전 6세기경 지금의 네팔 지역에 있던 조그만 왕국(일종의 공화국) 카필라바스투의 왕자로 태어났다. 사캬족의 왕이었던 그의 아버지의 이름은 깨끗한 쌀(정반왕)을 뜻하는 슈도다나였고 그의 어머니 마야는 코살라 왕국의 공주였다. 마하비라와 마찬가지로 왕족 가문에서 태어난 그는 어려서부터 명상적인 기질을 많이 드러냈으며 결혼생활에도 커다란 흥미를 느끼지 못했다. 붓다의 그러한 성향은 선천적인 원인도 있겠지만 그가 태어나자마자 일주일 만에 어머니가

마야 부인의 태몽 마야 부인은 하얀 코끼리가 태내에 들어오는 꿈을 꾸고 석가모니를 임신했다.

돌아가셨다는 사실과 당시에 자신이 살고 있던 왕국의 정치적 상황이 매우 어려웠다는 점 등 복합적인 요인을 가지고 있다.

어려서부터 사색적 성향을 드러낸 고타마는 29세에 세상의 모든 고통과 괴로움에서 벗어날 수 있는 방법을 찾아 수행자의 길로 들어섰다. 불교 경전에 의하면 붓다의 출가에 결정적인 영향을 미친 사건으로 사문유관(四門遊觀)의 이야기가 전한다.

고타마가 태어날 당시 아시타라는 선인은 그가 성장하여 현실세계에 머무르면 전 세계를 다스리는 전륜성왕이 될 것이며 그렇지 않고 출가하여 깨달음을 추구한다면 위대한 각자(覺者)*가 되리라고 예언했다. 이 말을 전해들은 슈도다나 왕은 갖은 수단을 다 써서 아들의 출가를 막으려고 했다. 하지만 자신을 위해 특별히 만든 궁전 밖으로 나서게 된 고타마는 성을 나서는 도중 만난 나이든 사람, 병든 사람 그리고 죽은 자들을 통해 생로병사의 무상함을 절감하던 중 마지막으로 수행자를 보고 출가를 결심했다.

* 각자(覺者) : 깨달은 사람

석가모니의 승리 석가모니의 좌대 아래 악마 마라가 깔려 있다.

이리하여 결국 아버지의 노력은 수포로 돌아가고 고타마는 갓 태어난 아들과 사랑하는 부인을 남겨둔 채 멀고도 험한 6년 동안의 고행 길에 들어섰다. 지난날 왕궁에서 온갖 쾌락을 만끽하면서 욕망의 폐단을 절감하였던 그는 당시 수행자들의 전통적인 수행방법인 극심한 고행을 실행하지만 그 역시 완전한 방법이 아님을 깨닫게 되었다. 고타마는 마지막으로 극단적인 쾌락과 고행이 아닌 중도의 명상방법을 통해 마침내 무상의 깨달음을 얻어 붓다가 되었다.

35살에 보리수 아래서 완전한 깨달음을 얻어 드디어 붓다(깨달은 자)가 된 고타마는 베나레스 근처의 사르나트(녹야원)에서 처음 설법을 한 이래 35년 동안 우기를 제외하고는 언제나 제자들을 찾아 이곳저곳을 돌아다니며 자신의 가르침을 전파했다. 그는 부자와 가난한 자, 계급의 높고 낮음, 남녀의 구별 없이 자신의 법을 들으려는 모든 사람들에게 그들의 능력에 맞는 동등한 법을 설했다. 붓다는 붓다(佛)와 진리(法) 그리고 승려들의 모임(僧)에 귀의를 표명하면 누구라도 진리를 추구하는 수행자가 될 수 있도록 했다.

그는 이처럼 열성적으로 35년 동안 쉼없이 자신의 법을 설한 뒤 웃타르 프라데쉬 주의 동쪽 지역에 위치한 쿠시나가르에서 80세를 일기로 열반에 들었다. 붓다의 가르침은 아소카 왕의 전폭적인 도움을 받아 인도 전역뿐만 아니라 전 세계로 퍼져나가 오늘날의 세계종교로까지 성장했다. 그럼에도 불구하고 오늘날 인도에서는 불교가 힌두교에 흡수되면서 종교로서의 모습은 거의 자취를 감추었다.

불교의 가르침

붓다의 사색은 기본적으로 모든 것은 괴로움(一切皆苦)이라는 사실에서 출발한다. 그는 모든 인간이 현실에서 겪고 있는 고통의 원인을 피할 수 없는 숙명이나 알 수 없는 어떤 존재로부터 주어진 필연적인 짐과 같은 것으로 해석하지 않았다. 붓다에게 있어서 고통 또는 괴로움이란 형이상학적인 문제가 아니라 바로 지금, 이 자리에서 우리들이 직접 마주하고 있는 현실적인 문제다. 그렇기 때문에 그 문제를 해결하기 위해서 우리에게 필요한 것은 형이상학이 아니라 우리 자신이 직접 피부로 느끼고 알 수 있는 경험이다.

이 같은 사실을 바탕으로 붓다는 당시에 성행하던 브라흐만과 아트만 같은 형이상학적인 문제에 대한 대답을 거부했다. 그는 대신 모든 인간들이 현실적으로 겪고 있는 고통과 그에 대한 구체적인 해결에 관심을 집중했다. 사성제(四聖諦), 삼법인(三法印), 연기설(緣起說) 등으로 일컬어지는 붓다의 근본 사상은 바로 이러한 토대 위에서 형성되었다.

그렇다면 고통과 괴로움은 왜 발생하는가? 붓다는 그 이유를 바로 우리 자신이 가지고 있는 욕망 때문이라고 말한다. 붓다는 사람들 마음속에 뿌리내리고 있는 욕망, 즉 끝없이 살려고 하는 생존욕과 무엇이든 내 것으로 만들려고 하는 소유욕이 집착을 낳는 주된 원인이라고 주장한다. 이러한 집착심은 인간으로 하여금 정도에서 벗어난 일을 하도록 조장하여 마침내는 스스로를 불행하게 하는 근본적인 원인이 된다고 파악했다.

붓다는 또한 인간이 자신의 본질과 진리에 대해 정확하게 알지 못하기(無明) 때문에 욕망이 발생하는 것이라고 주장했다. 따라서 모든 괴로움의 원인이 다름 아닌 우리 자신의 무지에 있다는 사실을 알기만 한다면 문제의 해결은 매우 분명해진다. 바로 우리 자신이 무지에서 벗어나려는 노력만이 고통에서 벗어날 수 있는 유일한 해결책이 될 수 있음을 의미하는 것이다. 그렇기 때문에 붓다의 관점에서 보면 자신의 괴로움을 해결하기 위하여 자기가 아닌 다른 존재에 의지하거나 그의 도움을 받으려는 것은 매우 어리석은 일이다. 그것은 해탈보다는 오히려 괴로움만 더욱 가중시킬 뿐이다.

이처럼 오직 자신과 자신의 노력만이 자기에게 주어진 모든 괴로움을 해결할 수 있는 유일한 길이라면 우리들은 과연 어떻게 그것을 실천해야 하나? 이에 대해 붓다는 팔정도라는 8가지의 올바른 실행방법을 제시했다.

인간은 무엇보다도 먼저 올바로 볼 줄 알아야 한다(正見). 그래야만 올바로 생각할 수 있기 때문이다(正思). 이 두 가지를 토대로 올바른 말(正言)과 행위(正行, 正業)를 함으로써 올바른 생활(正命)을 영위해야 한다. 뿐만 아니라 끊임없이 올바른 노력(正精進)과 올바른 마음가

석가모니 설법도 간다라 지방에서 출토된 부조. 석가모니가 커다란 연꽃에 앉아 설법을 하고 보살, 공양자들이 그를 둘러싸고 있다.

짐(正念) 그리고 올바른 정신집중(正定)이 필수적이다. 이 여덟 가지 방법을 올바로 실천할 수만 있다면 인간은 누구나 깨달음을 얻어 완전한 자유 혹은 해탈의 즐거움을 누릴 수 있다는 것이 붓다의 기본적인 생각이다.

이처럼 붓다는 형이상학적이 아니라 현실적이었으며 철저하게 자기 노력을 강조했다. 이 밖에도 불교는 당시의 계급 제도를 부정하고 각 개인의 도덕적인 행위를 보다 중요시하는 한편 브라흐마니즘의 제식과 희생제 의식을 강하게 비판함으로써 일반인들의 적극적인 호응을 얻을 수 있었다.

붓다는 또한 아트만과 같은 형이상학적 자아에 대한 이해 없이도 현실의 경험에 대한 올바른 이해를 바탕으로 누구나 깨달음을 얻을 수 있다고 설파했다. 이러한 주장은 당시 브라흐마니즘의 계급주의 속에서 소외되어 있던 계층들에게 커다란 희망을 안겨 주었다. 여기에 누구라도 쉽게 이해할 수 있는 그의 가르침은 그 지역의 지방어로 전달되어 당시의 복잡한 상황에 아주 적절한 해결책이 될 수 있었다. 이 밖에도 불, 법, 승에 대한 귀의만으로 불교의 승단에 쉽게 가입할 수 있다는 것과 여성도 승단에 가입할 수 있다는 사실은 불교가 인도 사회에서 보다 많은 호응을 얻을 수 있는 유리한 조건이었다.

불교 자체의 사상적인 특성과 더불어 당시의 인도 동북부 지방은 불교와 자이나교를 포함한 여러 이단적인 사상들이 싹틀 수 있는 요소를 충분히 갖추고 있었다. 붓다의 교리 가운데 아트만에 대한 부정은 인도 종교사에 일대 혁명적인 사건이라고 할 수 있다.

당시 마가다 왕국을 중심으로 한 북동 인도 지역은 정통적인 브라흐만들에게 크게 주목받는 지역이 아니었다. 왜냐하면 웃타르 프라데쉬를 중심으로 한 지역이 성스러운 아리아인의 중심지인 데 반해 마가다 지역은 일종의 야만인 지역으로 취급되었기 때문이다. 이에 대해 불교 경전에서는 다음과 같이 말한다.

"설령 갠지스 강의 남쪽 언덕에 가서 생물과 인간을 죽이든, 상해를 입히든 아니면 고통을 주든 이로 인해 악이나 악의 과보가 생기는 것은 아니다. 이와 반대로 갠지스 강의 북쪽에 가서 보시를 하거나, 제사 의식을 올린다고 해서 선이나 선의 과보가 생기는 것도 아니다."

이처럼 사람들은 종교도시 베나레스가 있는 갠지스 강의 북쪽은 덕이 성행하는 성스러운 지역으로, 반면에 남쪽 지방은 악이 만연한 곳으로 간주했다. 그 이유는 당시에 브라흐마니즘이 아직까지 남쪽 지방에 확실하게 정착되지 않았기 때문으로 추정된다. 이 같은 상황은 반대로 인도의 비정통적인 사상들이 갠지스 강 남쪽 지역에서 성행할 수 있었던 조건이 되었다.

내외적인 여러 가지 조건들 속에서 융성하기 시작한 불교는 붓다의 입멸 후 200여 년이 지난 뒤 마우리아 왕조의 아소카 왕에 의해서 인도를 벗어나 세계 종교로 퍼져나가는 기틀을 마련한다. 아소카 왕은 스리랑카를 비롯한 서아시아 지방과 중앙아시아 지방뿐만 아니라 멀리 서방 세계까지 불교 승려들을 파견하는 등 불교의 세계화에 온갖 노력을 기울였다. 오늘날 스리랑카, 버마를 중심으로 한 남방 불교와 티벳, 중국, 한국, 일본을 중심으로 한 북방 불교가 형성되는 데는 아소카 왕의 노력이 그 밑바탕이 되었다.

불교 쇠퇴의 원인

기원전 6세기경에 인도에서 발생한 불교는 그 후 기원후 12세기가 되면 인도 내에서 거의 자취를 감추고 만다. 그렇다면 도대체 무슨 이유로 불교가 그 발생지인 인도에서 사라지게 되었을까?

모든 종교는 기존의 종교에 대한 개혁으로부터 시작된다. 인도의 비정통 사상들과 불교도 예외는 아니다. 이들 종교는 당시의 브라흐마니즘이 가지고 있던 희생제를 비롯한 복잡한 제식주의와 카스트라는 신분 제도 등에 반대하는 입장을 취했다. 비정통 사상을 중심으로 한 이 같은 개혁 운동은 당시의 사람들에게 엄청난 호응을 얻었다. 신흥 사상이 이처럼 대중적인 호응을 얻은 데는 당시의 브라흐마니즘이 그만큼 현실적으로 타락되었음을 의미한다. 하지만 이러한 타락은 비정통 사상의 흥기와 더불어 브라흐마니즘 자체 내의 반성을 가져오게 하는 계기가 되었다.

불교를 비롯한 신흥 사상의 강력한 도전에 직면했던 당시의 개혁적인 성향의 브라흐만 사제들은 그간의 폐단을 직시하고는 문제점을 개혁하기 시작했다. 그들은 일반민중들에게 보다 가깝게 다가서기 위하여 우선적으로 당시의 상황에 맞게 가축을 보전해야 할 필요성과 여성뿐만 아니라 수드라도 죽어서 천상세계로 갈 수 있음을 역설했다. 또한 종래의 단순한 제식주의에서 벗어나 슈라마니즘으로 대표되는, 명상이나 요가를 통한 깨달음의 가능성도 적극적으로 수용하기 시작했다. 이러한 노력은 결국《우파니샤드》가 탄생되는 계기가 되었다.《우파니샤드》는 종래의 제식주의를 비판 혹은 수정하면서 한편으로는 슈라마니즘으로 대변되는 비정통 사상의 요소를 접합시킨 독특한 형태를 취하고 있다. 그 결과 《우파니샤드》는 브라흐만과 아트만의 합일이라는 인도만의 독특한 사상을 낳았다.

이와는 달리 불교는 붓다의 입멸 이후 시간이 흐르면서 내외적으로 몇 가지 변화를 겪게 되었다. 우선 종래의 지방어를 통한 가르침을 포기하는 대신 지성인들의 표준어인 산스크리트어를 사용하기 시작했다. 둘째로 기원후 1세기경부터 나타나기 시작한 대승불교 운동은 붓다를 깨달은 사람에서 점차 신격화하는 형태를 취했다. 따라서 각자 자신의 노력을 통한 깨달음의 종교는 점차 절대신에 의존하는 브라흐마니즘과 유사한 종교 형태를 띠기 시작했다. 셋째로 불교의 승단은 왕과 상인 계급의 재정적 도움으로 매우 크게 성장했다. 승단의 재정적 안정은 간편한 입문의식과 더불어 승려의 자질과 같은 많은 문제점을 야기했다. 넷째로 승려들 각자는 일반인을 위한 대중적 노력보다 붓다가 거부했던 형이상학적인 논의에 치중하는 경향을 보이기 시작했다.

이 때문에 불교는 점차 대중들의 호응에서 멀어지게 되었다. 이후에 대승불교는 개인의 깨달음보다 일반인과 함께 하려는 보살 사상을 강조하면서 대중화 운동을 전개했다. 하지만 초기의 대승불교 역시 소승불교나 외도의 비판을 이겨나가기 위해서는 사변적 성격을 완전하게 벗어버릴 수 없었다.

인도 대승불교의 후기(7세기경)에 나타난 밀교는 한편으로 일반 대중들의 주술의식 등을 채용함으로써 대중과 함께하려는 적극적 실천 운동의 성격을 드러내지만 다른 한편으로는 불교가 힌두이즘으로 알려진 인도의 종래 사상에 보다 빠르게 흡수되는 원인이 되었다.

불교가 인도에서 사라지게 된 원인에는 이처럼 인도 내부의 문제도 있지만 이민족의 침입도 결코 무시할 수 없는 원인이었다. 7세기 전반 서아시아에서 시작된 이슬람교는 점차 동쪽으로 진출하면서 오늘날 이라크와 이란 지역인 페르시아의 영토를 정복하고 동서양의 교통로인 중앙아시아 지역을 차지했다. 그들은 중앙아시아 지역의 패권을 놓고 여러 차례 내분을 겪는 과정에서 10세기를 전후하여 인도 서북쪽 지방부터 본격적으로 침입하기 시작했다. 이슬람인들의 인도 침입의 초기 목적은 이민족의 이슬람교로의 개종과 노예 및 재물의 약탈이었다.

이슬람의 인도 침입은 불교와 힌두교의 사원 및 성지의 파괴와 약탈 그리고 승려들의 학살이라는 비참한 결과를 가져왔다. 결국 12세기에 이르러 인도 최대의 불교 대학인 나란다를 비롯한 수많은 불교 사원들이 파괴되면서 대부분의 불교 승려들은 네팔과 티벳 지역 또는 남인도 지역으로 피난을 떠났다. 이후 비록 17세기까지 남부 인도의 타밀 지방에서 불교가 존재했지만 전반적으로 12세기 이후 불교는 인도에서 거의 자취를 감추었다. 한편 불교승의 티벳 지역으로의 피신은 그곳에 불교와 티벳 본교의 혼합 형태인 라마교를 탄생시키는 계기가 되었다.

불교가 인도 사회에 미친 영향

비록 불교가 종교 형태로서는 오늘날 인도에서 거의 사라졌다 할지라도 인도 사상과 역사에 끼친 영향은 누구도 무시하지 못한다.

실제 역사서가 부족한 인도에서 불교 경전은 기원전 6세기경의 북동 인도 지역에 살고 있던 사람들의 의식 구조를 명확하게 추적할 수 있는 유용한 자료이다.

그 당시 새롭게 전해진 철제 도구에 의한 농업기술의 발전, 무역의 성행 그리고 동전을 통한 화폐의 사용 등으로 바이샤 계급은 부를 축적할 수 있는 결정적인 계기를 맞이했다. 또한 이러한 부의 축적은 경제적, 사회적 불평등을 야기하면서 사회 계층 간에 날카로운 대립을 초래했다. 이러한 상황에서 불교는 사람들에게 부의 축적 대신 무소유를 가르쳤다. 붓다에 의하면 사적인 재산의 소유는 시기와 질투 그리고 폭력을 낳았다. 이 같은 악을 제거하고 모든 사람들이 더불어 살아가기 위해서는 경제적인 부나 사회적인 지위에 대한 욕심을 버려야만 했다.

불교가 승려들에게 지키도록 규정한 행위 규율은 당시의 북인도 지역 사람들의 물질적 조건에 대한 일종의 반발이라고 할 수 있다. 승려들은 음식과 옷 그리고 성적인 행위가 엄하게 금지되었고 금과 은을 보시로 받을 수 없을 뿐만 아니라 물건을 사고파는 상행위조차 할 수 없었다. 이 같은 규칙들은 붓다의 입멸 이후 많이 느슨해졌다. 붓다는 북동 인도 지역에 철기 문화가 들어오기 이전에 행해졌던 초기 공동체의 삶을 회복하기 위해 많은 노력을 기울였다.

불교는 여성과 수드라 계급에게도 문호를 개방함으로써 당시 사회에 커다란 충격을 주었다. 브라흐마니즘에서는 여성과 수드라가 동일한 범주에 속하며, 그들에게는 신성한 베다를 읽는 것조차 허용되지 않았다. 따라서 그들에게 있어서 불교에의 귀의는 자신들의 낮은 위치에서 해방되는 길이었다.

아마라바티의 불전부조 초기 불교 미술의 예. 중앙의 빈 대좌는 석가모니를 뜻한다.

불교는 이 밖에도 동물 희생제에 대한 반대와 불상해 혹은 불살생의 교리를 통하여 가축들의 수를 증가시키는 데 일조했다. 불교의 초기 경전인 《수타니파타》에서는 가축을 음식과 아름다움 그리고 행복을 주는 존재로 표현함으로써 이들을 보호할 것을 역설한다. 당시의 비아리아인들은 동물을 식용으로 그리고 아리아인들은 종교상의 희생제물로 사용했다. 자연히 붓다의 불살생의 가르침은 그들이 동물을 대하는 방식에 커다란 변화를 가져왔다. 힌두교에서 소를 신성시하면서 해치지 못하게 하는 것도 바로 불교의 가르침에서 비롯된 한 가지 현상이라고 할 수 있다.

불교의 영향은 사회·경제적인 부분에만 한정되지 않고 당시의 지성과 문화에도 상당한 영향을 끼쳤다. 붓다는 외부의 절대자에 대한 의지가 아니라 스스로 자신을 믿고 진리를 따르는 사람만이 깨달음을 얻을 수 있다고 강조했다. 궁극의 깨달음인 열반은 아무런 노력없이 주어지는 것이 아니라 냉철한 이성을 바탕으로 끊임없이 노력해 스스로 달성하는 것이다. 붓다는 쓸데없는 믿음이나 미신보다 이성과 자기 경험을 통한 논리적 사고를 더욱 중요시했다. 이것은 당시의 사람들뿐만 아니라 후에 인도 사상 전체에 이성주의적 경향이 강해질 수 있는 계기가 되었다.

또한 불교는 새로운 종교의 가르침을 전파하기 위하여 새로운 형태의 문헌을 만들었다. 세 개의 바구니를 뜻하는 삼장(三藏)*은 지성인의 언어인 산스크리트어가 아니라 일반 대중의 언어인 팔리어로 편찬되었다. 물론 이후의 문헌들은 비록 산스크리트어로 쓰여졌을지라도 불교 경전의 편찬 작업은 중세 시대까지 계속 이어졌다. 경전의 편찬 작업과 끊임없는 교리의 연구는 자연히 불교의 승단을 거대한 교육의 중심지로 만들어 나란다Nalanda, 비크라마실라Vikramashila, 발라비Valabhi와 같은 일종의 교육 기관을 만드는 계기도 되었다.

* 삼장(三藏) : Tripitaka.

마지막으로 불교가 고대 인도의 예술에 끼친 영향 또한 결코 무시할 수 없다. 인도에서 처음으로 인간의 상이 세워져 예배된 것은 아마도 붓다가 처음일 것이다. 불교의 헌신자들은 붓다의 입멸 이후 그의 생애에서 일어난 다양한 사건들을 돌에 새기기 시작했다. 오늘날 절의 대웅전 벽면에서 볼 수 있는, 붓다의 일생을 여덟 가지로 나누어 그린 팔상도(八相圖) 역시 이러한 영향에서 비롯된 것이다. 그런 벽화들은 비하르 주에 있는 가야 지방, 마드야 프라데쉬 주에 있는 산치와 바루트 등 여러 곳에서 발견되었다.

그러나 초기의 그림에는 붓다의 모습이 구체적으로 드러나지 않고 보리수나 탑과 같은 상징물로 대체되었다.

　붓다의 형상이 처음으로 나타나기 시작한 것은 대략 기원후 1세기경부터이다. 이 시기에 인도의 서북 지방에 있는 간다라 지방에서는 그리스의 영향을 받은 불교 예술이 등장하고 가야 지방의 바라바 언덕이나 서인도 지역에서는 동굴 예술이 시작되었다. 또한 붓다의 입멸 이후 그의 유골을 모셔두기 위해 다양한 형태의 스투파(탑)가 세워졌다. 불교 예술은 남부에서는 크리슈나 델타 지역과 북부에서는 미투라에서 크게 성행했다.

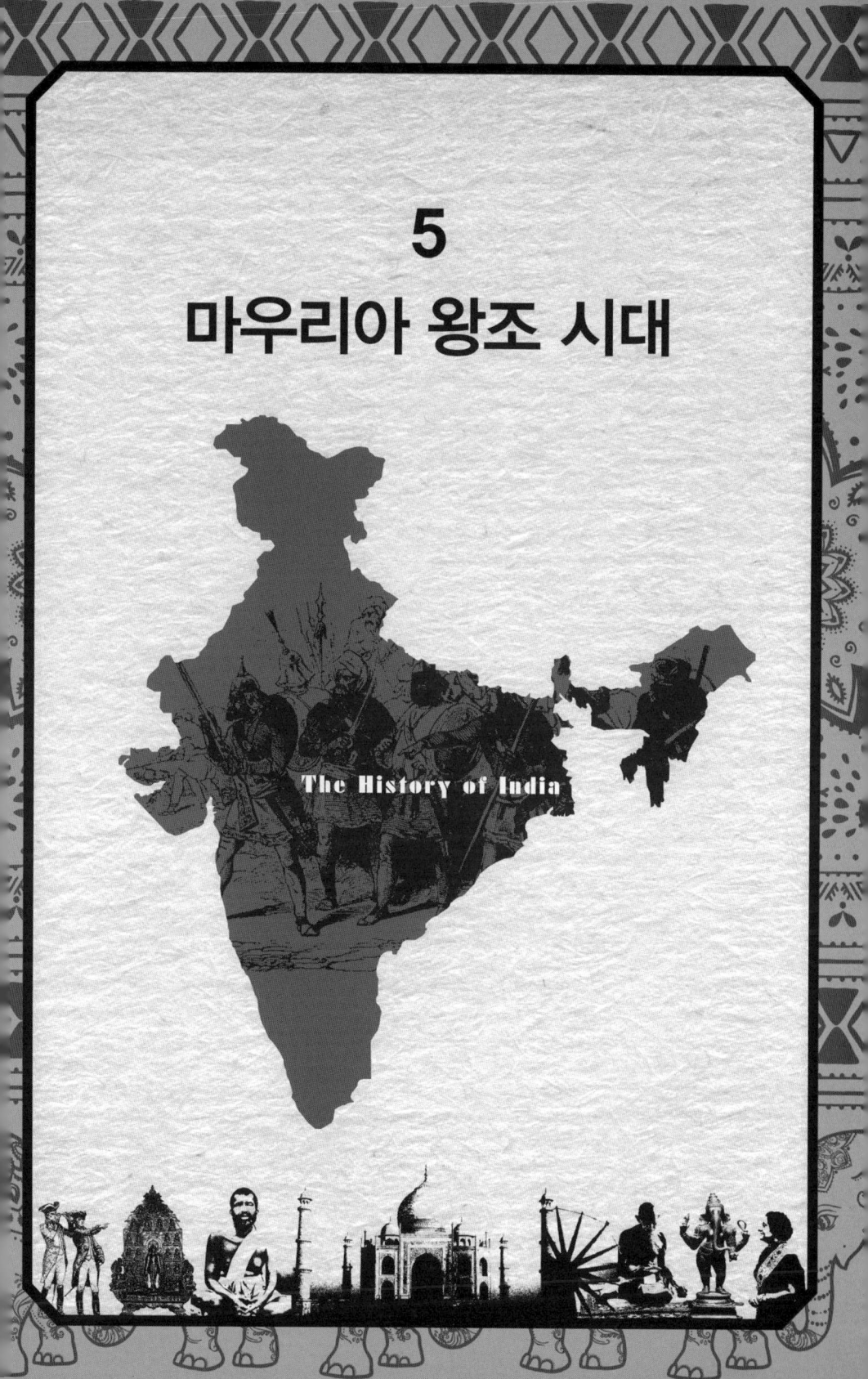

5
마우리아 왕조 시대

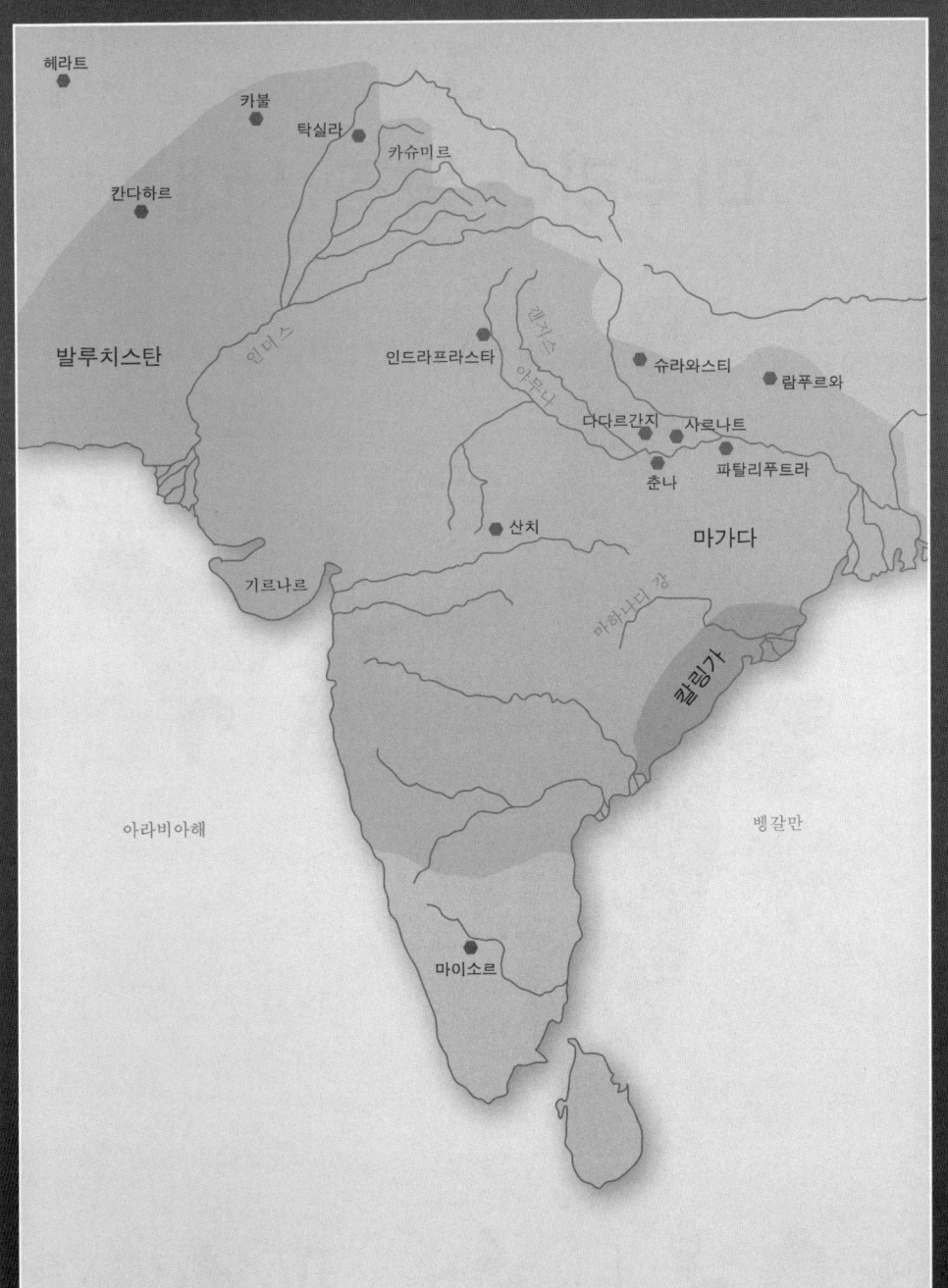

마우리아 왕조 시대

중국이 춘추전국의 혼란스러운 상황을 거쳐 진의 통일제국으로 이어지듯이 인도에서도 기원전 4세기경에 마우리아 왕조에 의해 최초의 통일국가가 탄생했다. 마우리아 왕조는 마가다 왕국의 아자타샤트루 이후 150여 년간을 지속한 난다 왕조의 뒤를 이어 찬드라굽타가 세운 왕조이다. 그는 알렉산더가 기원전 327년 힌두쿠시 산맥을 넘어 서북 인도를 침입한 뒤 돌아가면서 남겨둔 그리스인들이 세운 박트리아 왕국의 침입을 물리쳤다. 그러면서 북쪽의 경계를 튼튼하게 만들었다. 그는 명재상 카우탈야의 도움으로 내정을 튼튼히 하는 한편 밖으로는 남인도 지역을 제외한 대부분을 정복함으로써 실질적인 통일국가의 틀을 갖추었다. 이후 아소카 왕은 마우리아 왕조에 강력하게 저항했던 칼링가 왕국을 정복함으로써 인도 최초의 통일국가를 세웠다. 한편 아소카 왕은 이 전쟁의 참혹함을 목격하고 불교에 귀의한 뒤 아시아와 멀리 유럽까지 포교에 힘써 불교가 인도를 넘어 세계 종교가 될 수 있는 기틀을 마련했다. 하지만 아소카의 죽음 이후 마우리아 왕조는 급속히 무너지면서 내부적으로는 수많은 왕국들이 생겨나고 외부적으로는 서북 인도 지역에 이민족들이 침입하기 시작했다.

기원전 2세기경이 되면 인도는 동부, 중앙, 데칸 지역으로 나뉘어 각기 푸샤미트라의 슝가 왕조, 칸바 왕조 그리고 사타바하나 왕조가 건립되어 제각기 세력 다툼을 벌였다. 하지만 북인도 지역을 실질적으로 차지한 것은 이민족인 스키타이계의 쿠샨족이다. 쿠샨 왕조의 기틀을 마련한 사람은 기원후 50년경 힌두쿠시 산맥을 넘어 카불과 카슈미르 지역을 차지했던 쿠즐라 카드피세스이다. 이후 128년경 카니슈카 왕은 비록 반초의 중국군과 전쟁을 벌여 패하기는 했지만 쿠샨 왕조 가운데 가장 번성한 시기를 이룩했다. 쿠샨 왕조는 카니슈카 왕 때 제4차 불경결집을 행하였으며 예술면에서도 간다라 양식이 발전한 시기였다. 하지만 카니슈카 왕이 죽은 이후 제국은 점차 분열되면서 인도는 기원후 4세기경의 굽타 왕조가 등장할 때까지 깊은 혼란에 빠졌다.

마가다 왕국

기원전 6세기부터 웃타르 프라데쉬의 동부 지역과 비하르의 서부 지역에 철제 도구가 전해진 이후 농업과 상공업이 급속하게 발달하면서 이 지역에 강력한 힘을 가진 몇 개의 국가들이 탄생하기 시작했다. 이 과정에서 크샤트리아 계급은 보다 중요한 사회적 지위를 점할 수 있었고 새로운 농기구의 사용으로 자급자족 이상의 농산물을 산출하게 되었다. 이처럼 잉여농산물이 늘고 상공업이 발전하자 국가는 더욱 융성해지고 이를 계기로 왕들은 군대를 이끌고 보다 넓은 영토를 차지하기 위해 이웃 나라와 자주 전쟁을 벌였다.

여러 도시 국가들이 생겨나서 사라지는 가운데 국가에 대한 개념도 지금까지의 혈족 중심에서 한 걸음 더 나아가 영토 중심으로 변화하기 시작했다. 사람들은 이제 자신이 속해 있는 부족 또는 종족이 아니라 새로운 영토 개념을 가진 국가에 대해 강한 복종심을 나타냈다. 이제 강력한 힘을 갖게 된 왕들은 국가 간의 통합을 통해서 하나의 거대한 통일국가를 이루려는 야망을 본격적으로 드러내기 시작했다. 그러한 바람은 비록 동기는 다르지만 어서 전쟁이 끝나 삶의 안정을 이루고 싶어하던 일반 민중들도 마찬가지였다. 당시의 상황은 붓다의 탄생 설화에서처럼 이상적인 전륜성왕에 대한 바람으로 나타났다.

전기와 후기 베다 시대에 이미 나타나기 시작한 전륜성왕이라는 개념은 이 시대에 들어서서 더욱 강력한 모습으로 등장했다. 저마다 이 같은 이상을 안고 영토의 확장에 힘썼던 왕들은 스타파티라는 지배자를 임명하여 자신들이 정복한 지역을 다스리도록 했다. 그러는 과정에서 기원전 6세기경에 들어서면 인도 정치는 새로운 국면을 맞이하게 되고, 동부 지역을 중심으로 강력한 힘을 가진 국가들이 출현하여 서로 세력을 다투면서 점차 하나의 거대한 왕국으로 흡수되기 시작했다.

붓다 시대에 이미 16개의 거대한 도시국가들이 존재했다. 불교 경전에 나타나는 도시국가는 앙가*, 마가다Magadha*, 카시Kasi*, 코살라Kosala*, 브리지Vriji*, 말라Malla*, 체디Chedi*, 바차Vatsa*, 쿠루Kuru*, 판찰라Panchala*, 마츠야Matsya*, 수라세나Surasena*, 아쉬마카Asmaka*, 아반티Avanti*, 간다라Gandhara* 그리고 캄보쟈 지역Kamboja*이다. 결론적으로 말해서 이 시기가 되면 쿠루와 판찰라족의 영화스런 시대는 막을 내리면서 권력의 중심이 동쪽 지역으로 이동했다.

동부의 도시 국가들 가운데 바이샬리Vaisali를 수도로 하는 브리지(밧지Vajji)는 왕국이라기보다는 공화제 형태에 가까운 도시 국가로 당시의 브라흐만들은 이들 밧지족을 타락한 왕족들이라고 비난했다. 공화국의 형태로 유명한 곳은 이외에도 붓다가 태어난 카필라바스투Kapilavastu의 샤카Sakya(釋迦)족이 있다. 이 공화국들이 점차 주변의 강력한 국가들에 흡수되면서 인도는 마침내 아반티, 바차, 코살라, 마가다의 4왕국 간의 세력 다툼의 장이 되었다.

이후 인도의 통일을 위한 최후의 패권 투쟁은 우드 지방을 지배하고 있던 코살라와 비하르 남부 지역에 자리 잡은 마가다국 사이에서 벌어졌다. 인도의 운명을 좌우할 두 국가 간의 피비린내 나는 전쟁에서 마침내 마가다국이 승리의 영광을 차지했다. 이리하여 마가다국을 중심으로 꿈에도 그리던 통일국가가 실현되었다. 승리를 거머쥔 마가다국은 왕의 권한을 강화하기 위해 세습제

* 앙가 : 비하르 동부
* 마가다 : 비하르 서부
* 카시 : 베나레스
* 코살라 : 오우디
* 브리지 : 비하르 북부
* 말라 : 구라크푸르 부근
* 체디 : 야무나와 나라마다 강 유역
* 바차 : 알라하바드
* 쿠루 : 델리와 미루트
* 판찰라 : 부다운과 파루카바드
* 마츠야 : 자이푸르
* 수라세나 : 마투라
* 아쉬마카 : 고다바리
* 아반티 : 말와
* 간다라 : 페샤와르와 라왈핀디
* 캄보자 지역 : 카슈미르 북서 지방과 카피리스탄 일부

라자그리하의 성벽 자이나교의 마하비라와 불교의 석가모니가 관련 있는 마가다 왕국의 수도 라자그리하의 풍경

를 시행하고 제도를 정비하는 등 본격적으로 왕국의 체제를 갖추기 시작했다.

강력한 세력을 가진 마가다 왕국의 기틀을 마련한 왕은 빔비사라Bimbisara와 그의 아들 아자타샤트루Ajatasatru이다. 빔비사라 왕은 다섯 개의 언덕으로 둘러싸인 기리브라자(후에 라자그리하로 불림)에 수도를 정한 후 강력한 힘을 바탕으로 주변의 소왕국들을 차례로 정복해 나갔다. 그의 강력한 영토 확장 정책의 결과 앙가, 코살라 등 왕국들이 차례로 흡수되었고 마가다 왕국은 번영의 길을 걷게 되었다. 자이나교의 마하비라나 불교의 붓다가 설법을 한 때도 바로 이 무렵이었다. 하지만 강력한 힘과 지혜를 지녔던 빔비사라도 말년에는 아들인 아자타샤트루에게 살해되는 비참한 최후를 맞이했다.

쿠니카라고도 알려진 아자타샤트루 왕은 비록 아버지를 죽이고 왕위에 올랐지만 마가다 왕국의 영토를 더욱 확장하는 동시에 불교와 자이나교 등을 보호하여 국가의 안정을 꾀했다. 또한 직접 붓다로부터 법을 듣고 난 후 불교에 귀의했다. 아자타샤트루는 또한 리차비족을 견제하기 위하여 수도를 라자그리하에서 파탈리푸트라로 옮겼다.

마가다 왕국은 아자타샤트루 이후 난다 왕조로 150여 년을 이어가다 찬드라굽타에 의해 마우리아 왕조로 교체되었다. 하지만 비록 왕조가 바뀌었다고 하더라도 그들의 본거지는 여전히 마가다였다. 결국 기원전 4세기경의 마우리아 왕조에 이르면 그 영토가 전 인도로 확장되면서 인도에는 이전에 결코 존재하지 않았던 거대한 통일국가가 탄생했다.

마우리아 왕조의 출현

기원전 4세기 후반 무렵은 세계 역사상 가장 중요한 시기 가운데 하나이다. 서구에서는 마케도니아의 흥기로 인해 그리스 도시국가들이 쇠퇴하면서 결국은 알렉산더에 의해 멸망하고, 로마는 도시공화국의 형태를 벗어나 대제국으로의 발돋움을 시작했으며, 중동 지역에서는 페르시아 제국이 그 힘을 상실했다. 마찬가지로 인도에서는 마우리아라는 하나의 거대한 통일왕조를 탄생시키기 위한 발걸음이 시작되었다. 50년이라는 짧은 기간 동안 진행된 이들 사건을 통해 유럽에서는 지중해 시대가, 중앙아시아 지역은 셀레우스 왕조가 그리고 인도에는 결코 잊혀질 수 없는 왕조의 전통이 확립되었다.

알렉산더 대왕 알렉산더 대왕은 페르시아 제국을 정복한 뒤 인도까지 이르렀다.

    기원전 6세기 무렵부터 인도에는 두 차례에 걸쳐 인더스 강 유역에 외적이 침입했다. 첫 번째는 강력한 제국으로 성장한 페르시아의 침입으로 기원전 518년경 다리우스 1세가 이끄는 군대가 펀자브의 일부와 신드 전체 지역을 정복했다. 비록 북서부 지방에 한정된 것일지라도 페르시아의 지배는 100년 남짓 계속되었다.

    그 후 페르시아 제국의 힘이 약해진 틈을 타 알렉산더가 이끄는 마케도니아군이 인도 지역으로 침입하기 시작했다. 마케도니아의 왕이었던 알렉산더는 고대의 위대한 영웅 가운데 한 명으로, 끝없는 정복 전쟁을 통해 전 세계로 자신의 영토를 넓혀나갔다. 먼저 이집트를 정복한 그는 기원전 334년에 페르시아 제국을 침략하기 시작하여 7년간의 전쟁 끝에 드디어 그 제국을 정복하는 데 성공했다.

기원전 327년 그는 계속해서 힌두쿠시 산맥을 넘어 인도의 서북부 지방까지 도착했다. 당시 인더스 강을 통치하던 인도의 왕은 탁실라 지역의 암비와 제룸 지역의 포루스였다. 암비 왕은 침략군의 위세에 눌려 그대로 항복하고 말았지만 포루스 왕의 저항은 끈질겼다. 포루스 왕의 용기에 탄복한 알렉산더는 이 지역을 정복한 후에도 그에게 그대로 인더스 강 지역을 통치하도록 맡겼다. 그 후 그는 계속해서 동쪽으로 진군하면서 여러 왕국들을 정복했지만 안팎으로 난관에 부딪히자 할 수 없이 기원전 326년 회군을 시작했다.

당시의 신드와 펀자브 지방은 페르시아 왕의 관할 아래 있었다. 그렇기 때문에 엄격하게 말해서 알렉산더의 마케도니아군이 인도를 침입한 목적은 페르시아 왕국의 정복이지 인도는 아니었다. 뿐만 아니라 알렉산더와 인도 사이의 전쟁은 국가와 국가 간의 전쟁이 아니라 마케도니아와 인도 일부 지역—그나마도 페르시아의 영향하에 있던—의 수장 간의 싸움이었다.

찬드라굽타 마우리아

알렉산더가 기원전 325년 바빌론에서 서거하자마자 그의 대제국은 순식간에 혼란에 휩싸이면서 붕괴하고 말았다. 그러자 그의 죽음 이후 혼란해진 틈을 타서 마가다 왕국의 젊고 패기 있는 왕자인 찬드라굽타 마우리아(Chandra Gupta Mauriya:기원전 322~298년)가 펀자브 지방을 침입하여 알렉산더가 회군하면서 남겨둔 그리스 군대를 격파했다.

브라흐만적 전통에 의하면 찬드라굽타는 원래 마가다 왕국의 난다 왕조 계보에 속했지만 그의 어머니 무라가 수드라 계급이었던 까닭에 어머니의 성을 따라 자신도 마우리아라는 성을 갖게 되었다. 왜냐하면 인도의 관습에 따르면 어머니의 성이 아버지보다 낮은 경우 그 사이에서 태어난 자식은 당연히 어머니의 성을 따르게 되어 있었기 때문이다. 하지만 초기 불교 전통에 의하면 당시 고라크푸르 부근에 마우리아라는 크샤트리아 계급이 존재했다고 전한다.

왕족임에도 불구하고 낮은 신분 계급을 가질 수밖에 없었던 찬드라굽타는 난다 왕조의 지배력이 약화된 틈을 타서 펀자브 지방의 그리스 군대를 물리치고 그 지역의 통치자가 되었다. 그가 이 같은 행동을 실천한 데는 당시에 가장 뛰어난 스승이던 차나캬 Chanakya(카우틸야Kautilya라고도 함)의 도움이 절대적이었다. 펀자브 지역을 차지한 그는 스승의 조언을 받아들여 힘을 기르면서 기회를 엿보다가 난다 왕조의 세력이 더욱 쇠약해진 틈을 타 그들을 내쫓은 뒤 기원전 322년 스스로 마가다 왕국의 제왕이 되었다. 이로 인해 인도 최초의 통일국가를 이룬 마우리아 왕조가 탄생하였다. 그리스의 저술가 유스틴은 찬드라굽타가 60만 명의 군사를 이끌고 인도 전역을 정복했다고 기술했다.

수세기 동안 유능한 왕들에 의해 이어져 온 마가다 왕국의 난다 왕조는 젊고 패기에 찬 찬드라굽타를 통해 갠지스 강 유역에서 막강한 위세를 떨쳤다. 물론 그러한 일은 유능한 재상이자 스승이었던 차나캬의 적극적인 도움이 없이는 불가능했을 것이다. 결국 그는 안으로는 현명한 정치력을 발휘하여 확고한 통치기반을 다지는 동시에 밖으로는 인더스 강 유역에서 브라흐마푸트라 강 유역까지, 북으로는 히말라야에서 남으로는 마이소르까지 영토를 넓힘으로써 인도를 거대한 하나의 통일국가로 만들 수 있는 기틀을 마련했다. 하지만 그의 세력은 케랄라나 타밀나두 등을 포함한 남인도 지역에는 미치지 못했으며 주로 셀레우쿠스의 지배하에 있던 아프가니스탄과 발루치스탄을 포함한 북인도 지역에만 집중되었다.

 찬드라굽타의 통치기간인 기원전 305년 알렉산더 휘하의 장군이었던 셀레우쿠스Seleucus가 박트리아 지방에 자신의 왕국(박트리아 왕국)을 세워 페르시아의 왕을 자처하면서 인도로 쳐들어왔다. 그리스인들에게 승리자라고 불렸던 그는 알렉산더의 옛 영광을 되찾기 위한 일환으로 인더스 강을 넘어 펀자브 지방을 차지했다. 그 후 펀자브 지방을 거점으로 인도의 영토를 차지하기 위해 수많은 전쟁을 벌였지만 찬드라굽타의 지휘를 받는 인도인들의 용감하고 끈질긴 저항 앞에서 번번이 실패를 거듭했다. 이처럼 수많은 전투에도 목적을 달성하지 못했던 그는 할 수 없이 찬드라굽타와 평화협정을 체결한 채 물러날 수밖에 없었다. 이로 인해 찬드라굽타는 인더스 강 서쪽에서 카불에 이르는 영토를 차지하면서 자신의 지배권을 확고하게 다질 수 있었다.

 이후 셀레우쿠스는 메가스테네스를 마우리아 왕조에 사절로 보내 양국 간의 친선 관계를 유지하려고 노력했다. 이 과정에서 사절로 파견되었던 메가스테네스는 당시 인도의 전반적인 상황을 기록으로 남겨 놓았다. 오늘날까지 남아 있는 그의 인도에 관한 단편적인 기술들은 당시의 인도 상황뿐만 아니라 연대기적 특성이 약한 인도사의 연대를 추정하는 주요한 토대가 되었다. 그런

면에서 메가스테네스의 기록은 차나캬의 《아르타샤스트라Arthasastra》와 함께 당시의 인도를 알 수 있는 매우 중요한 자료이다.

한편 찬드라굽타는 중앙에서 파견하거나 인정한 관리, 즉 총독을 통해 모든 변방 지역을 직접 통치했다. 이 같은 사실은 카티아와드 지역을 담당했던 푸쉬야굽타라는 인물의 이름을 통해서도 확인된다. 이후 인도의 왕조는 거대한 영토를 다스리는 효율적인 방법으로 중앙 정부에서 직접 총독을 파견하여 각 지역을 관할하는 제도를 정착시켰다. 찬드라굽타는 또한 기르나르 지역에 있는 수다르사나 호수에 커다란 방조제를 쌓아 홍수를 막는 동시에 농업용수의 공급을 원활하게 했다. 이처럼 찬드라굽타는 댐과 관개 수로를 건설하면서 백성들의 삶을 풍요롭게 하는 한편 외부적으로는 서북부 지역에 있는 페르시아의 왕과 우호 관계를 맺음으로써 강력하고도 안정된 국가를 이끌었다.

차나캬의 《아르타샤스트라》에서도 나타나듯이 찬드라굽타 시대의 국가기관의 조직은 관료주의적이었다. 뿐만 아니라 그는 거대한 영토를 다스리는 수단으로 군대의 육성에도 커다란 힘을 기울였다. 로마의 사가들에 의하면 그의 군대에는 60만 명의 보병과 3만 명의 기병 그리고 9천 마리의 코끼리가 있었다고 전한다. 이 밖에도 다른 기록에는 8천 대의 마차와 해군도 있었다고 전한다. 마우리아 왕조는 이처럼 강력한 군대의 힘과 더불어 국가 내에 다양한 부서를 두어 모든 행정이 보다 효율적으로 진행될 수 있도록 조절하는 역할을 했다.

찬드라굽타는 24년간의 재위 기간을 거쳐 기원전 301년에 죽음을 맞이했다. 하지만 그는 노년에 왕위를 아들 빈두사라에게 넘겨준 뒤 자신은 종교적인 수행자의 삶을 영위했다.

아소카

찬드라굽타의 왕위를 이어받은 빈두사라(Bindusara: 기원전 298~273년)는 부왕으로부터 물려받은 영토를 남쪽 마이소르 지방까지 확장했다. 그리하여 이 시기에 마우리아 왕조의 영토는 칼링가 왕국과 타밀 지역을 제외한 대부분의 인도 지역을 지배하게 되었다. 이처럼 빈두사라가 이룩하지 못했던 전 인도에 대한 통일왕국은 그의 아들 아소카(Ashoka: 기원전 273~232년)에 의해 완성되었다.

마우리아 왕조가 인도 최초의 통일국가를 형성하는 데 결정적인 역할을 한 사람은 빈두사라의 아들인 아소카이다. 불교를 통해 익숙하게 알려져 있는 아소카는 마우리아 왕조뿐만 아니라 전

아소카 왕의 석주 뉴델리, 피로즈 샤 코트라의 이슬람 건조물의 폐허에 서 있는 석주.

인도 역사에서 가장 위대한 왕 가운데 한 명이었다. 그는 매우 잔인한 성격의 소유자로서 젊은 시절에 탁실라와 우자인 지역에서 총독의 임무를 수행했다. 그러던 중 부왕의 병이 위중하다는 소식을 듣고 수도인 파탈리푸트라로 달려와 99명의 형제들을 살해한 뒤 왕이 되었다.

아소카의 치적은 주로 그가 세운 비문을 통해서 알 수 있다. 백성들을 향한 칙령을 담은 그의 비문은 주로 돌기둥에 새겨져 있으며 인도아 대륙뿐만 아니라 멀리 아프가니스탄에서도 발견되었다. 아소카의 비문은 주로 사람들의 왕래가 많은 길가에 세워졌으며 기록에 의하면 총 181개가 있었지만 현재까지 45개가 발견되었다. 또한 각각의 비문은 백성들이 쉽게 알아볼 수 있도록 산스크리트어가 아닌 각 지방의 고유 토속어로 쓰여져 있다. 아소카의 비문은 그가 다스린 영토의 범위뿐만 아니라 내외적인 정치역량까지 엿볼 수 있는 아주 귀중한 사료이다.

칼링가 전투

불교의 경전 속에서 가장 이상적인 전륜성왕으로 묘사되고 있는 아소카는 인도의 역대 왕 가운데 누구보다도 불교의 포교에 힘썼다. 그의 불교 전파의 노력은 오늘날의 스리랑카뿐만 아니라 중앙아시아 지역 그리고 멀리 유럽 대륙에까지 미쳤다.

불교의 전통에 의하면 아소카가 전적으로 불교에 귀의하여 힘이 아닌 법에 의한 통치를 펴게 된 결정적인 동기는 다름 아닌 칼링가 전투였다. 우여곡절 끝에 부왕 빈두사라로부터 왕위를 물려받은 아소카는 아직까지 마우리아 왕조에 복종하지 않은 타밀 지역과 칼링가 왕국을 굴복시키려고 결심했다. 그중에서도 아소카의 입장에서 볼 때 마우리아 왕조의 통치를 절대적으로 거부하고 있던 칼링가 왕국은 반드시 빼버려야 할 눈엣가시처럼 느껴졌다. 당시 마하나디와 크리슈나 지역 사이에 위치해 있던 칼링가 왕국은 마우리아 왕조의 권위를 인정하기는커녕 오히려 무시하고 경멸하기조차 했다. 자신의 거대한 왕국이 일개 소국에 멸시당하고 있다는 사실에 분개한 아소카는 왕위 계승 이후 내외의 모든 정치 상황이 안정되자 기원전 261년 드디어 자신의 무적 군대를 이끌고 칼링가 왕국을 무자비하게 침략했다.

    칼링가 왕국의 저항이 세면 셀수록 그의 분노는 더욱 커져만 갔다. 지금까지의 수모를 한꺼번에 다 갚으려는 듯 닥치는 대로 사람들을 살육하였고 그의 군대가 지나간 자리에는 사람들이 흘린 피로 거대한 강물을 이루었다. 이때의 처절한 상황을 그는 비문에서 무려 십만 명의 사람이 살해되고 십오만 명을 체포했다고 썼다. 물론 아소카 왕의 비문에 쓰여진 일상적인 통례로 볼 때 십만이라는 숫자는 많다는 의미를 나타내는 통상적인 단어이다.

    전투가 승리로 끝난 뒤 아소카는 병사들의 환호성을 들으며 늠름하게 앞으로 나섰다. 이제 전 인도를 그의 지배하에 두게 되었다는 만족감에 그는 만면에 웃음을 가득 띄운 채 자신이 이룩한 위대한 과업을 다시 한 번 눈으로 확인하기 위해 적들의 시체가 널브러진 싸움판 속을 유유히 걸어가기 시작했다. 얼마를 돌아다녔을까 별안간 그의 가슴에 알 수 없는 두려움과 회의가 밀려들기 시작했다. 그것은 지금까지 그가 수많은 전투에서 한 번도 느껴보지 못했던 알 수 없는 감정이었다. 그들이 흘린 핏물이 강을 이룬 사이로 팔다리가 잘린 이, 가슴 한가운데로 창이 관통해 온 얼굴을 찡그리며 죽어간 이, 화살에 뚫린 목 사이로 피를 쏟으며 신음하고 있는 이, 목과 몸통이 칼로 베어져 버린 이들이 널브러져 있었다. 그 모습을 바라보면서 아소카는 두 손으로 머리를 감싼 채 몸을 숙였다.

"보라! 이처럼 죽어 나자빠진 수많은 사람들은 과연 무엇을 위해 이렇게 자신들의 목숨을 바쳤을까? 정의, 진리, 법, 과연 어느 것이 그들의 목숨을 이렇게 내던질 수 있게 만들었을까? 그래, 적어도 군인들은 자신들의 의무 때문에 이렇게 목숨을 버릴 수밖에 없었다고 치자. 하지만 여기 그들보다 더 많은 브라흐만 사제와 불교 승려들을 포함한 수행자들 그리고 일반인들은 어떠했을까? 그들은 분노한 병사들의 눈먼 칼과 창끝에 아무런 이유 없이 목숨을 잃어버리지 않았는가? 그렇게 이름없이 죽어간 수많은 사람들은 전쟁이 과연 무엇을 의미하는지 전혀 알지 못하거나 알 필요조차 없다. 그들의 눈에 비친 전쟁은 위정자들이 자기 욕심을 채우기 위한 한 가지 방편일 뿐이다. 자신들이 벌인 전쟁에 대해 위정자들은 겉으로는 정의와 법을 내세우지만 실제로는 소수 권력가들의 끝없는 욕심의 표현이 아니겠는가? 아무것도 모르는 백성들은 일상 생활뿐만 아니라 심지어 전쟁의 와중에도 오직 생존만이 목적이며 그것을 위해 평생을 몸부림칠 뿐이다."

불교에 귀의

결국 아소카는 칼링가 전투를 계기로 지금까지 자신이 취해 왔던 힘에 의한 지배를 포기하고 법과 진리에 의한 정치를 펴기로 결심하면서 비문에 다음과 같은 심정을 토로했다.

사자 주두 사르나트에서 발견된 사자 주두. 아소카 왕이 건립했다. 거꾸로 한 연꽃 위에 원형 대가 있고, 원형 대에는 사자, 코끼리, 소, 말이 새겨져 있다.

"왕위에 오른 후 신들에게 헌신하던 나는 무력으로 칼링가를 정복했다. 이 전쟁에서 십오만의 사람이 체포되고 십만 명이 목숨을 잃었다. 이제 칼링가 왕국이 정복된 지금, 앞으로 신들에게 헌신하는 나는 진심으로 (진리의) 법을 실행하고, 언제나 그것을 바라며, 그것만을 가르치리라. 칼링가를 정복하면서 나는 결코 돌이킬 수 없는 양심의 가책을 느꼈다. 그들의 영토가 수많은 시체로 뒤덮인 처참한 광경을 바라보면서 나의 가슴은 온통 찢어지고 말았다. 무엇보다도 브라흐만 사제들, 슈라만 수행자들 그리고 스승의 말에 복종하면서 올바르게 행동하고 가족과 친구와 친지들 그 밖의 모든 사람들에게 진심으로 대하던 민간인들까지 이유없이 죽거나 부상당해 고통받는 모습을 바라보던 나의 가슴에는 정말 온통 후회와 슬픔밖에 남지 않았다… 이제부터는 비록 칼링가가 정복되면서 살해당하고 부상당했던 사람들의 백분의 일, 아니 천분의 일만이 비슷한 고통을 겪는다 할지라도 나의 가슴은 무거운 슬픔으로 짓눌릴 것이다… 앞으로 나는 오직 진리에 맞는 법만을 실천하고 가르칠 것이다… 신들에게 헌신하는 나는 진리의 법에 의한 승리만이 최상의 승리라고 생각한다."

이후 불교에 귀의한 아소카는 참다운 법과 정의에 의한 정치를 펼쳐 나가기 시작했다. 그는 불교의 전파를 위하여 자신의 아들을 스리랑카에 보내는 한편 많은 포교사들을 중앙아시아, 페르시아 심지어 유럽에까지 파견했다.

오늘날 남방 불교의 중심이 되는 스리랑카의 불교는 바로 아소카의 노력에 의해 완성되었다. 뿐만 아니라 그는 보드가야, 바이샬리, 라지기르, 사르나트 등 붓다의 흔적이 머문 모든 장소뿐만 아니라 붓다와 직접 관련이 없는 산치와 같은 곳까지 불교의 기념물을 건립했다. 불교 전통에 의하면 불전의 제3결집이 바로 그의 시대에 이루어졌다. 스스로 불교도가 된 아소카는 그럼에도 다른 종교를 배척하지 않고 오히려 그들을 함께 인정하면서 타종교에 대한 배려와 지원을 아끼지 않았다.

이상 정치

아소카는 이처럼 불교의 전파뿐만 아니라 정치적인 면에서도 서아시아 지역에 있던 그리스 식민지와 그리스 본토에까지 사절을 보내 평화조약을 맺었다. 안으로는 백성과 동물들에게조차 안락한 생활을 누릴 수 있도록 그야말로 이상적인 정치를 폈다. 칸다르 비문에는 새에 대한 살생을 금하는 그의 노력에 감화된 어부와 사냥꾼들이 농부가 되었다는 기록도 나타난다. 모든 법을 불교의 교리에 입각한 그는 정치 전반에 대해 신하들의 의견을 참고했으며 그들을 자식처럼 대우하는 한편 라주카라는 일종의 자치관리를 임명하여 백성들의 법과 정의에 대한 문제를 심판하도록 했다.

    비문에 나타난 아소카의 법은 종교적인 면뿐만 아니라 부모에 대한 복종과 형제 간의 우애 그리고 심지어 노예와 하인에 대한 적절한 대우와 같은 사회 제도 전반에 걸쳐 광범위한 문제를 언급하고 있다. 그는 부모, 사제, 형제, 친척, 친구, 부인과 여인들, 하인, 그리고 가축과 새들에 이르기까지 모두에게 사랑과 자비를 가지고 대할 것을 촉구했다. 그는 중국의 유가 사상과 마찬가지로 가족 간의 사랑이 기본이 되어 그것이 사회 전체로까지 퍼져나갈 수 있다고 믿었다. 그는 모든 사람들이 법에 맞는 행동을 하면 누구나 천상의 행복을 누릴 수 있다고 주장했다. 그러나 그들이 불교의 목적인 열반을 얻을 수 있으리라고는 말하지 않았다. 이러한 사실은 아소카의 가르침이 주로 사회를 유지하는 현실적인 문제에 있었음을 보여준다. 뿐만 아니라 아소카 왕이 불교를 국교로 채택한 이면에는 앞에서도 말했듯이 브라흐만 사제 계급으로부터 완전한 정치적 독립을 이루려는 이유도 있었을 것이다.

    이유야 어찌되었든 강력한 무기와 군대를 바탕으로 한 힘의 정치가 아니라 참다운 사랑과 자비에 근거한 아소카의 정치는 이전의 인도 역사뿐만 아니라 이후의 역사에서도 쉽게 찾아보기 힘든 예라고 할 수 있다.

마우리아 제국의 붕괴

찬드라굽타에서 빈두사라 그리고 아소카로 이어지면서 거대한 인도 영토에 최초의 통일국가를 이루었던 마우리아 왕조는 가장 전성기를 이루었던 아소카 왕이 죽자마자 급속도로 쇠약해지기 시작했다. 그의 죽음 이후 광활한 제국의 영토 내에서는 종속 왕국들의 독립 운동이 거세졌으며 또한 밖으로는 외부의 침략자들이 제국의 서북 지방을 공격, 차지해버렸다. 그러나 아소카의 후계자들은 이러한 내외적인 분쟁을 막을 만한 여력이 없었다.

결과적으로 아소카의 죽음 이후 마우리아 제국은 남부 영토는 안드라와 칼링가, 서북 지역은 이민족에 의한 군소왕국에게 빼앗기고 말았다. 이런 과정에서 기원전 185년경 마지막 왕인 브리하드라타가 슝가 왕조의 창시자인 푸샤미트라에게 살해되면서 마우리아 왕조는 인도 역사에서 막을 내리게 되었다.

슝가 왕조의 탄생

슝가 왕조를 창시한 푸샤미트라는 원래 마우리아 왕조의 군사령관으로 가장 높은 계급인 브라흐만 출신이었다. 국경지대를 침입하는 적들과의 전쟁에서 여러 차례 승리를 거둔 뒤 자신감에 넘친 그는 비디샤 지역을 중심으로 슝가 왕조을 세웠다. 푸샤미트라는 왕족만이 지낼 수 있는 거대한 말희생제를 여러 차례 거행하면서 스스로 위대한 왕이라는 사실을 과시했다. 그러나 비디샤 지방에 자리를 잡은 슝가 왕조는 강력한 적들의 끈질긴 도전으로 그 권위가 오래도록 지속될 수 없었다.

마지막 희망이었던 푸샤미트라마저 죽은 뒤 근근이 명맥을 이어가던 슝가 왕조는 기원전 28년에 데칸 지역에 있던 사타바하나 왕국에 의해 결국은 멸망하고 말았다. 슝가 왕조는 이전의 마우리아 왕조의 왕들이 믿었던 불교 대신 정통 브라흐만교와 결탁하여 불교를 박해했다. 그 이유는 슝가 왕조의 창시자인 푸샤미트라 자신이 브라흐만 계급이었던 사실 외에도 그가 마우리아 왕조의 왕권을 무력으로 탈취했기 때문이었다.

슝가 왕조는 약 1세기 정도 지나서 다시 칸바 가문의 브라흐만 대신에게 실권이 넘어가 기원전 75년경 칸바 왕조로 이어졌다. 그러나 칸바 왕조는 출발부터 전체적으로 불안정한 상황이어서 겨우 북인도의 중심부만 차지했을 뿐이었다. 나머지 지역에서는 슝가 왕조의 잔존 세력과 그 밖의 많은 소국들이 제각기 세력을 확보한 채 끊임없이 서로의 지역을 침범할 기회를 엿보고 있었다. 결

말과 기사 북인도 중부의 바르후트는 슝가 왕조의 불탑이 발굴된 곳으로 유명하다. 사진은 바르후트 불탑 울타리의 세부

국 칸바 왕조도 슝가 왕조와 마찬가지로 1세기 말경 사타바하나 왕국에 의해 멸망하고 말았다.

중앙아시아와의 접촉

기원전 200년경이 되면 인도는 동부 지역, 중앙 지역, 그리고 데칸 지역으로 나뉘어 슝가 왕조, 칸바 왕조, 사타바하나 왕조가 제각기 마우리아 왕조의 뒤를 잇고 있었다. 또한 서북 지역은 중앙아시아로부터 이동한 여러 민족들이 저마다 영토를 차지하기 위해 혈안이 되어 있었다.

이들 가운데 제일 처음 인도로 진출한 집단은 박트리아 지방에서 온 그리스인들이었다. 알렉산더의 인도 원정 이후 그리스인들에 의해 성립된 박트리아 왕국은 원래 옥수스 강과 아프가니스탄 사이에 위치한 동서양의 중요한 교통 중심지였다. 이 같은 지리상의 특성 때문에 박트리아 왕국은 다른 여러 민족들이 호시탐탐 침략의 기회만을 엿보고 있었다. 그러던 중 중국 변방 지역에 거주하다가 월지족에게 쫓긴 스키타이인들이 박트리아 왕국으로 침입하기 시작했다.

물밀듯이 밀려오는 스키타이인들 때문에 자신들이 살던 영토에서 밀려난 박트리아의 그리스인들 가운데 일부가 기원전 175년경 힌두쿠시 산맥을 넘어 펀자브 지역으로 들어와 새로운 터전을 닦아나갔다. 인도에 처음 진출한 이들 그리스인을 인

메난드로스 왕이 새겨져 있는 동화 기원전 2세기 무렵의 것으로 그리스 화폐와 비슷하다.

도 그리스인 또는 박트리아 그리스인이라고 부른다. 펀자브 지역에 정착한 그리스인들이 인도의 풍습을 받아들여 인도화되기 시작하면서 박트리아 왕국의 왕통은 신구 두 갈래로 갈라지게 되었다.

펀자브 지역에 정착한 박트리아 왕통 가운데 가장 유명한 왕은 불교 경전상에서 밀린다라고 알려져 있는 메난드로스이다. 불교에 깊은 관심을 나타낸 그는 나가세나라는 승려와 함께 불교에 관한 대담을 나눈 후 불교에 귀의했다. 오늘날 《밀린다 왕문경Milinda Panho》이라고 불리는 불교 경전이 바로 그와 나가세나와의 대담을 다룬 것이다. 이 경전은 그리스의 합리적인 사고와 동양의 사상이 만난 최초의 작품으로 역사·사상사적으로 매우 중요한 작품으로 평가받고 있다.

간다라 불상 인도 그리스인의 영향으로 간다라 지방에서는 그리스 조각의 영향을 받은 불상이 만들어지기 시작했다.

인도 박트리아인의 인도 침입은 역사상 중요한 의미를 지닌다. 그 이유는 그리스에서 주조된 화폐들이 이 시기에 많이 유입되어 후에 인도 역사의 연대를 규정하는 데 상당히 중요한 역할을 하고 있기 때문이다. 인도 그리스인은 금화폐를 주조하였는데 이것은 후에 쿠샨 왕조에서 널리 성행하게 되었다. 뿐만 아니라 그들의 침입을 계기로 인도 서북 지역에 간다라 양식으로 대표되는 유럽의 헬레니즘 문화가 성행하게 되었다. 그러나 메난드로스가 죽고 나서 월지인들에게 쫓긴 스키타이인들의 침입으로 사분오열되다가 결국은 스키타이 계통의 샤카족에 의해 기원전 75년경에 멸망했다.

그리스인의 뒤를 이어 인도에 침입한 샤카족은 그리스인들보다 훨씬 넓은 지역을 점령하면서 인도와 아프가니스탄 지역을 지배했다. 기원전 130년경에 인도에 처음 출현한 샤카족은 대략 다섯 지역으로 나누어 서북 인도를 지배하였으나 그중 가장 오랜 기간(약 4세기)을 지속한 것은 서쪽 지역뿐이었다. 기원전 50년경에는 갠지스 강 유역과 참발 계곡의 여러 왕국들을 정복하기도 하였으나 사타바하나 왕국으로의 침입은 끝내 실패하고 말았다. 그러던 중 엎친 데 덮친 격으로 쿠샨이라 불리는 새로운 침입자들이 서북 지방으로부터 침입하여 샤카족은 끝내 멸망하고 말았다.

샤카족의 뒤를 이어 서북 인도를 지배한 민족은 같은 스키타이 계열의 파르티아인이다. 고대의 많은 인도 산스크리트 문헌들에서는 샤카족과 파르티아인을 하나로 묶어 샤카팔라바스라고 부르고 있다. 실제로 샤카족의 왕통을 파르티아인이 잇는 경우가 자주 등장하고 있어 이들 두 종족이 매우 친밀한 관계에 있었음을 알 수 있다.

원래 이란 지역에 살았던 파르티아인은 인도로 이동하여 인도의 서북 지역에만 정착하였는데 후에 인도 정치와 문화에 동화되었다. 파르티아인들 가운데 가장 유명한 왕은, 예수의 제자 토마가 그리스도교의 전파를 위해 인도에 왔다는 기록을 담은 《토마행전》에 구르나파르라는 이름으로 나오는 곤도페르네스가 있다.

쿠샨 왕조

이민족들 가운데 최고의 전성기를 누렸던 민족은 파르티아인의 뒤를 이어 인도에 침입한 쿠샨족이다.

원래 중국 서북부 감숙성의 서쪽 끝에서 돈황에 걸쳐 살고 있던 월지족이 흉노의 침입으로 서쪽으로 이동하자 이를 계기로 스키타이계의 샤카족 역시 남쪽으로 밀려나게 되었다. 이들은 간다라를 비롯한 카슈미르 지방으로 흩어졌고 얼마 후 다시 흉노에게 쫓긴 오손족이 월지족의 새로운 영토를 침범하면서 그들은 다시 서쪽으로 이동하여 박트리아의 왕국을 정복했다.

당시 박트리아에는 토카라족을 비롯한 스키타이계의 여러 종족이 살고 있었다. 토카라족은 모두 다섯 토후가 있었는데 그중 하나가 바로 쿠샨족이다. 이 쿠샨족은 기원 전후 무렵부터 번성하기 시작하면서 나머지 네 토후들을 물리치고 스스로를 쿠샨 왕이라 일컫기 시작했다.

그 후 쿠샨족은 카불 계곡으로 이동한 후 힌두쿠시 산맥을 넘어 간다라 지방을 정복하면서 이 지역에 있던 그리스와 파르티아인의 지배력을 완전히 소멸시켰다. 그들은 계속해서 인더스 강과 갠지스 강 유역으로 침입하여 마침내 그곳에 정착하기 시작했다. 이 시기 쿠샨족의 영토는 옥수스에서 갠지스 강까지 그리고 중앙아시아의 코라산에서 웃타르 프라데쉬의 바라나시 지역까지 인도 북부의 대부분을 차지했다. 이들 쿠샨족의 인도 침입은 인도의 다양한 인종과 문화를 하나로 융화하면서 새로운 형태의 독특한 문화를 창출할 수 있는 기회를 제공했다.

비마 카드피세스 동화
비마 카드피세스 왕이 100년경 발행했다. 앞면엔 왕의 입상, 뒷면엔 시바 신이 새겨져 있다.

쿠샨 왕들 가운데 중요한 사람으로는 첫째 기원후 50년경부터 28년 동안 그들을 지배했던 쿠즐라 카드피세스(카드피세스 1세)이다. 그는 힌두쿠시 산맥 이북 지방에 있던 토카라족의 다른 네 토후들을 물리치고 쿠샨 왕조의 기틀을 세웠다. 그는 힌두쿠시 산맥을 넘어 카불과 카슈미르 지역을 점령함으로써 이 지역에 있던 인도 그리스계의 지배력을 완전히 소멸시켰다. 그는 로마의 주화를 본떠 동으로 만든 주화를 만들었다.

그의 뒤를 이은 비마 카드피세스(카드피세스 2세)는 인더스 강의 동쪽 지역에 그의 왕국을 만들어 금화를 널리 유포시켰다. 또한 인더스 강 지역을 정복함으로써 홍해를 경유하여 지중해 연안 지역과 인도를 연결하는 해상 통로, 그리고 중국과 서아시아를 연결하는 통상로를 손아귀에 넣었다. 이처럼 동서양의 교통 요충지를 손에 넣은 쿠샨족은 이를 통해 문화적으로 로마와 친선 관계를 맺는 한편 중국과는 정치적, 군사적으로 충돌하게 되었다.

당시 중국 후한의 명제는 반초를 서역으로 파견하여 흉노를 토벌하면서 서역 지방을 향한 통로를 개척하려 했다. 명제의 명을 받은 반초는 서역의 여러 나라들을 무력으로 정벌하면서 실크로드의 한 길인 천산남로를 개척하고 있었다. 이때 중국의 세력에 위협을 느낀 쿠샨 왕가에서는 원군을 보내 서역의 여러 나라들을 도왔지만 역부족이었다.

비마 카드피세스의 뒤를 이은 왕이 바로 유명한 카니슈카 왕이다. 그는 쿠샨 왕조의 가장 위대한 왕으로 그의 치세 기간 중에 쿠샨 왕국은 가장 크게 번성했다. 푸루샤푸라(페샤와르)를 수도로 한 쿠샨 왕국의 지배력은 중앙아시아의 소련 지방, 이란의 일부, 아프가니스탄의 대부분 그리고 인도 북부 지역에 이르는 광대한 지역에 미쳤다. 그러나 기원후 90년 파미르 고원을 넘어 직접 반초의 중국 군대와 일대 격전을 벌였을 때에는 패배하고 말았다. 그는 이 사건을 계기로 중국과 화친을 맺음으로써 더 이상의 싸움을 피하는 한편 안으로 자신들의 왕국을 더욱 굳건하게 만들었다. 쿠샨 왕조는 비록 싸움에는 패했을망정 파미르 고원의 동서에 걸친 실크로드의 요지를 여전히 장악하고 있었다.

카니슈카 왕 때는 또한 불교가 크게 변화를 겪은 시기였다. 왕 스스로가 독실한 불교 신도였기에 바스미트라를 중심으로 카슈미르에서 설일체유부(說一切有部) 계통의 불경결집(제4결집)을 행하면서 발지론의 주석서인 《대비바사론》을 편찬케 했다. 이 같은 사실은 카슈미르나 간다라 등의 서북 인도 지역에 설일체유부 계통의 불교가 매우 성행했음을 알려주는 간접적인 증거이다.

뿐만 아니라 유명한 불교 승려 아슈바고샤도 카니슈카 왕과 깊은 관계를 맺고 있는 것으로 나타난다. 그는 중앙아시아와 티벳 그리고 중국으로 불교를 전파했고, 수도인 푸루샤푸라와 카슈미르에 거대한 불교 수도원과 탑을 건립했다. 이러한 사실은 기원후 7세기에 인도를 방문한 현장의 기록에서도 나타난다.

카니슈카 왕은 자신이 불교 신도이면서 다른 종교에 대해서도 지원을 아끼지 않았으며 궁정에 저명한 산스크리트 학자들을 초빙하여 자유로이 학문과 문학에 전념케 했다. 이처럼 그는 정치적인 면뿐만 아니라 종교, 예술, 문학적인 면에서도 중요한 업적을 쌓았다.

엘로라 석굴 인도의 대표적인 석굴 사원이다. 5~9세기에 걸쳐 총 33개의 석굴 사원이 건립되었다.

이 시기에 종교적인 면에서 가장 큰 특징은 대승불교의 성립과 포교 활동의 시작, 힌두교의 대중화라고 할 수 있다. 예술적인 면에서는 건축, 그림, 조각 등이 발전하여 수많은 사원과 석탑 등이 건립되었고 엘로라 동굴 사원과 함께 유명한 아잔타 동굴의 벽화가 그려지기 시작했다. 그러나 무엇보다도 괄목할 만한 부분은 조각 분야에서 나타났으며 간다라 양식의 조각이 성립하여 발전한 것도 바로 이 시기부터이다. 원래 산치탑과 같은 아소카 시대의 작품 속에서는 붓다에 대한 인물상이 구체적으로 드러나지 않는 대신 그 부분에 깨달음 혹은 신성함을 상징하는 나무 등을 조각하거나 아니면 그냥 빈 채로 두었다.

하지만 그리스의 영향을 받은 간다라 예술 양식 속에서는 불교의 그림에 붓다와 보살에 대한 인물상이 구체적으로 등장하기 시작했다. 뿐만 아니라 조각 분야에서도 붓다의 형상이 나타났다. 아울러 지금까지 인간으로서 깨달은 자를 의미하던 붓다 역시 점차 초월적인 존재로 신격화되면서 예배와 기도의 대상이 되었다. 이 같은 현상은 불교의 종교화를 재촉했다. 불교의 신성화 작업은 힌두교에도 그대로 적용되어 개인의 지적 노력에 의한 깨달음과 더불어 신에 대한 헌신과 복종을 중요시하는 박티 종교의 출현을 재촉했다.

뿐만 아니라 이 같은 작업은 왕권에도 그대로 적용되어 마우리아 왕조 이래 지금까지 왕에 대한 호칭으로 사용되던 '라자'(왕)라는 명칭 대신 로마식의 '황제', 중국식의 '천자' 또는 '신의 아들' 그리고 더 나아가 '전 세계의 주재신'과 같은 호칭을 사용하기 시작했다.

이전까지는 왕 역시 신의 충실한 종에 그치던 개념이 이 시기에 들어서면 바로 신의 후계자 혹은 신으로부터 지상의 전권을 위임받은 자(신의 아들) 또는 신과 동격의 존재로 지위가 격상되었다. 이 같은 사실은 로마나 중국의 강력한 왕권 중심주의에 영향을 받은 동시에 그만큼 쿠샨 왕조 시대에 왕권이 강화되었음을 나타내는 증거이기도 하다.

쿠샨 왕조는 비록 인도에서 북부 지역의 지배에 그쳤음에도 인도의 역사상 매우 중요한 위치를 차지했다. 그중에서도 카니슈카의 업적은 인도 역대의 어느 누구보다도 중요하다. 하지만 카니슈카의 죽음 이후 쿠샨 왕조는 마우리아 왕조의 아소카 이후와 마찬가지로 빠르게 쇠락의 길을 걷게 되었다.

카니슈카 이후 기울기 시작한 쿠샨 왕조는 바수데바(145~

176년) 시대에 잠깐 회복되는 기미를 보이지만 그나마도 그가 죽은 이후에는 급속히 약화되었다. 바수데바는 역대 왕들과는 달리 힌두교 가운데 시바 종교를 믿었다. 이미 쇠락의 길에 들어선 쿠샨 왕조는 3세기 중엽이 되면 이란에서 일어난 페르시아의 사산 왕조에 의해 아프가니스탄과 인더스의 서쪽 지역을 상실한 채 편자브를 중심으로 한 서북 지역에서 4세기까지 겨우 명맥을 유지했다.

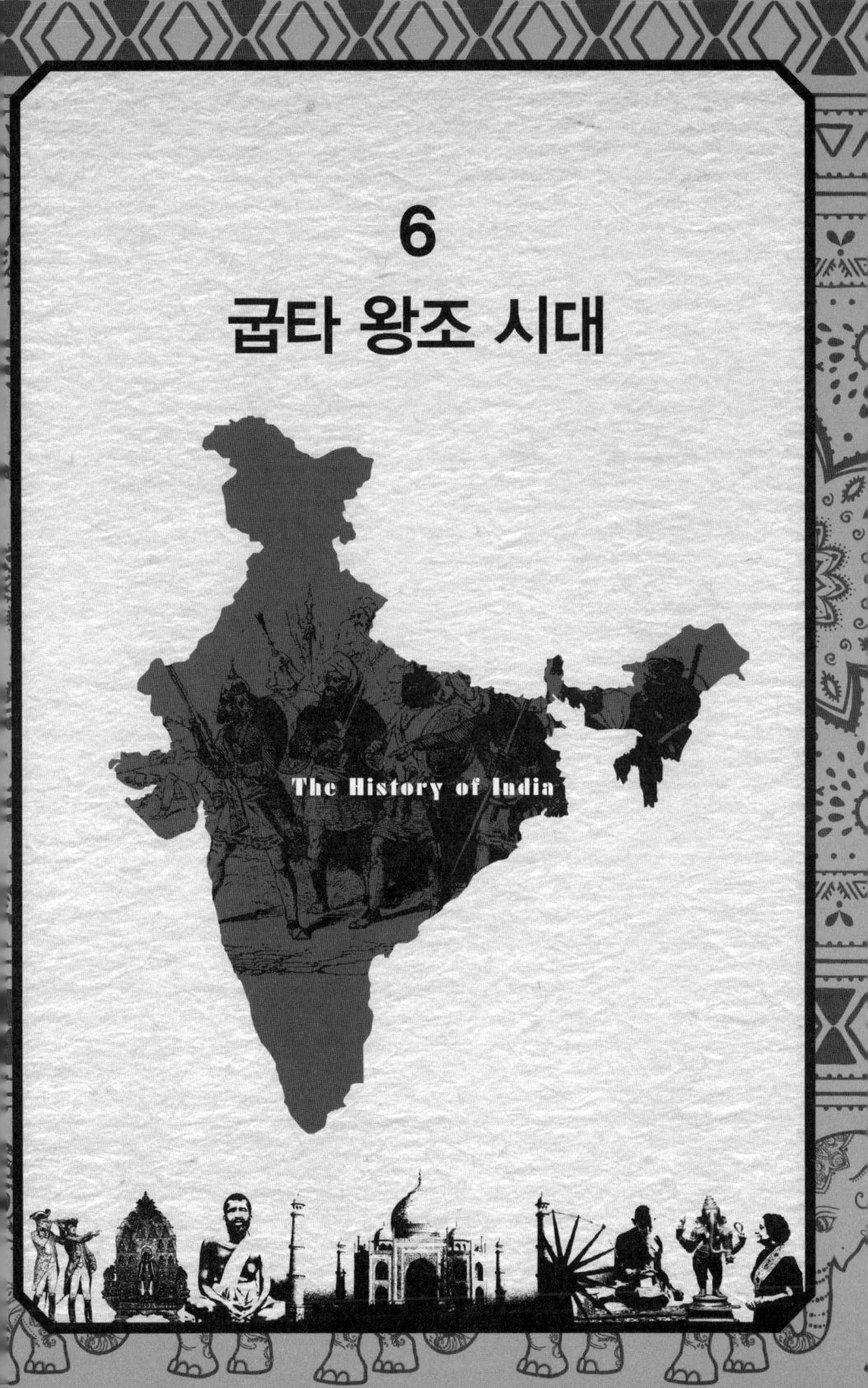

6
굽타 왕조 시대

굽타 왕조 시대

마투라
카나우르
사르타트
술탄간지
파탈리푸트라
데오가르
베슈나가트
산치
마하나디 강
아잔타
엘로라
고다바리 강
벵갈만
크리슈나 강
아라비아해
바다르니
칸치푸람
사무드라굽타 1세 때의 영토
찬드라굽타 2세 때의 영토
찬드라굽타 1세 때의 영토

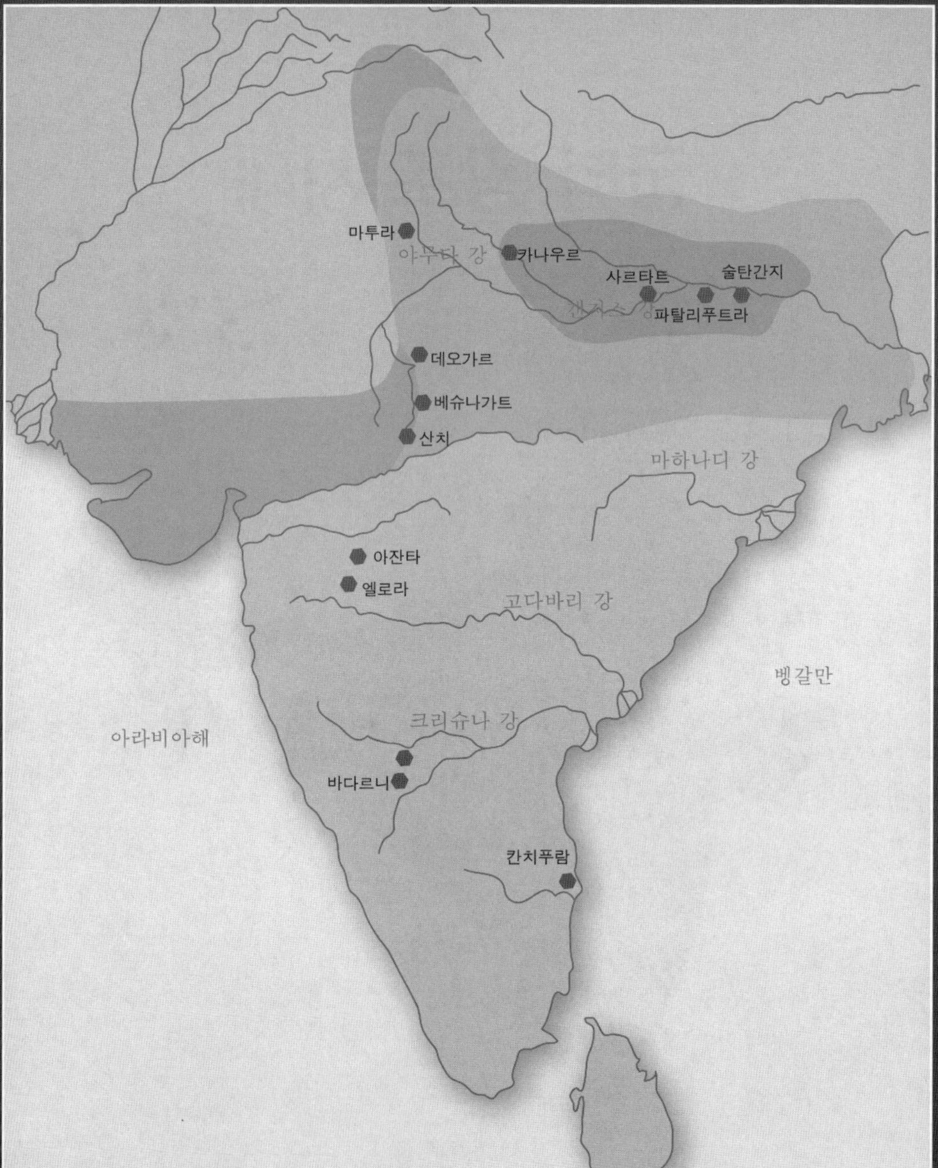

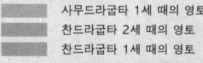

굽타 왕조 시대

기원후 4세기경 굽타 왕조가 일어나기 전까지 인도는 수많은 부침 끝에 서북 지방의 쿠샨 왕조와 남부의 사타바하나 왕조로 크게 구별된다. 그러던 중 320년경 북인도 지역에서 마가다 왕국의 명맥을 잇고 있던 자그만 왕국의 찬드라굽타 1세가 등장하여 북인도 지역의 대부분을 차지함으로써 굽타 왕조가 시작되었다. 그 후 사무드라굽타를 거쳐 기원후 5세기 초 찬드라굽타 2세에 이르러 최상의 전성기를 맞이했다.

이 시기의 특성으로는 문화 예술의 발전뿐 아니라 종래의 브라흐마니즘이 자기 비판을 거쳐 힌두이즘이라는 이름으로 다시 인도의 중심 종교와 사상으로 등장한 것을 들 수 있다. 굽타 왕조의 왕권 강화와 맞물려 역사의 전면에 재등장한 힌두이즘은 불교의 쇠퇴를 가져오는 한편 이후 다양성 속의 통일이라는 인도 사상의 특성을 드러내면서 오늘날 우리가 알고 있는 인도 사상 및 종교의 대부분을 형성했다. 하지만 인도 역사상 황금기라고 할 수 있는 굽타 왕조 시대는 내부적 분란과 더불어 5세기경부터 훈족의 침입에 시달리면서 점차 국력이 쇠약해져 하르샤 왕조로 이어졌다. 하지만 굽타 왕조 때의 통일제국의 모습은 이미 사라진 뒤였다.

그러던 중 7세기경 아랍의 이슬람 세력이 흥기하여 전 세계의 지배자로 등장하면서 8세기 초에 간헐적으로 인도를 침입하기 시작했다. 그 후 11세기경 북인도 지역이 여러 개의 소국으로 갈라져 세력이 분열되어 있는 틈을 타서 본격적인 이슬람의 침입이 시작되었고 인도는 이슬람 제국으로 변했다.

굽타 왕조의 성립

푸샤미트라의 슝가 왕조 시대 이후 쇠락을 거듭하던 마가다 왕국의 가냘픈 명맥은 기원후 4세기경 굽타 왕조에 계승되어 아소카 이후 다시 한 번 대제국의 기틀을 마련했다. 굽타 왕조가 일어나기 전까지 인도는 많은 부침 끝에 서북 지방의 쿠샨 왕조와 남부 지방의 사타바하나 왕조로 크게 나뉘어 있었다.

쿠샨 왕조가 쇠락한 이후 서북 인도 지역은 여러 개의 작은 왕국으로 나뉘어 저마다의 흥망성쇠를 거듭하고 있었다. 굽타 왕조가 흥기할 무렵 아프가니스탄과 인더스 계곡은 이란 계열의 사산 왕조가, 말와와 구자라트 지역 및 펀자브 지역은 샤카족과 쿠샨 왕조의 잔존 세력이, 그 밖에도 수많은 소국가와 부족들이 북인도 지역을 분할하고 있었다. 한편 남부 지역은 안드라 왕국 이후 같은 드라비다 계열의 바카타카 왕조와 팔라바 왕조가 각기 존재했다. 이 시기 굽타 왕조 역시 벵갈을 포함한 마가다 지역에 작은 왕국을 지배하고 있었다.

굽타 왕조의 첫번째 지배자는 스리굽타(240~280년)이고 두번째는 그의 아들 가토트카차(280~329년)이다. 이들은 자그마한 공화국을 다스리면서 처음으로 마하라자(대왕)라는 칭호로 불렸다는 사실 외에 영토의 확장이나 국가의 번영에 커다란 영향을 미치지는 못했다. 오히려 굽타 왕조의 번영의 틀을 마련한 것은 세번째 계승자인 찬드라굽타 1세였다.

찬드라굽타 1세

스리굽타와 가토트카차 이후 왕위를 계승한 찬드라굽타 1세(320~335년 또는 340년)는 굽타 왕조를 공화국에서 본격적인 왕조로 바꾸는 데 결정적인 역할을 한 뛰어난 왕이었다. 그는 리차비 왕국의 공주 쿠마라데비와 결혼함으로써 지금까지의 공화국의 형태를 벗어나 왕조적 성격을 확립했다. 원래 리차비족은 붓다 시대에 바이샬리 지역을 통치했던 명문 귀족으로 당시까지도 마가다 왕국의 맥을 이어가고 있었다. 그렇기 때문에 찬드라굽타가 그 왕족의 공주와 결혼했다는 사실은 바로 찬드라굽타 자신이 마가다 왕국의 정통성을 계승할 수 있는 계기를 마련했다는 의미이다.

당시에 리차비족과의 결혼이 얼마나 큰 의미인지는 찬드라굽타의 아들인 사무드라굽타가 스스로를 '리차비족 딸의 아들'(리차비 다우 히트라)이라고 자랑스럽게 불렀다는 사실을 통해서도 충분히 짐작할 수 있다. 당시에 나온 금화의 한 면에는 찬드라굽타와 쿠마라데비의 초상이 그리고 다른 면에는 사자를 타고 있는 여신의 초상이 새겨져 있다. 이는 찬드라굽타가 리차비 왕국의 공주와 결혼함으로써 그의 정치적 지위를 상승시켰음을 뜻한다.

찬드라굽타는 비록 짧은 치세기간이었지만 '왕중의 왕'(마하라자드히라자)이라고 불릴 정도로 굽타 왕조가 번영할 수 있는 기초를 확고하게 닦았다. 그는 영토 확장에 힘써 코살라와 코삼비를 점령하는 등 비하르와 벵갈 그리고 알라하바드에 이르는 넓은 지역에 강력한 지배권을 확보했다. 그가 죽은 연대는 확실하지 않지만 생전에 자신의 왕위를 아들 사무드라굽타에게 넘겨준 뒤 자신은 세속의 모든 욕망을 포기한 은둔자로 나머지 생애를 마쳤다.

사무드라굽타

알라하바드에 있는 석주의 기록을 보면, 찬드라굽타 1세는 장자가 아니라 가장 유능한 아들에게 왕위를 물려주기로 결정했다. 그 결정에 따라 왕위를 이어받은 사람이 바로 사무드라굽타(340~380년)이다. 하지만 장남이 아니었던 그가 왕위에 오르는 과정은 순탄하지 않았다. 그럼에도 모든 어려움을 슬기롭게 물리치고 왕위에 오른 그는 우선 어머니의 나라, 리차비 왕국을 자신의 영토에 합병시킴으로써 거대한 인도 통일제국을 향한 발걸음을 옮기기 시작했다.

'인도의 나폴레옹'이라고 불릴 정도로 커다란 야망을 가지고 있던 사무드라굽타는 계속되는 전쟁에서 연승 행진을 거듭했다. 그는 델리와 웃타르 프라데쉬 지역에 있던 왕국들을 시작으로 서쪽으로는 라자스탄, 동쪽으로는 벵갈·네팔 지역에 이르기까지 자신의 왕국을 넓혀나갔다. 이리하여 북인도 지역 전체는 그의 통치하에 들어가게 되었다. 이후 그는 힌두스탄 평원을 평정하고 중앙 인도 지역을 통일한 후 남부 인도 지역으로 진격하여 팔라바 왕이 중심이 된 데칸의 여러 나라 동맹군을 격파했다. 그는 포로로 잡은 왕들 가운데 그의 위세에 굴복하여 기꺼이 충성을 맹세하는 자들에게는 영토를 합병하는 대신 조공을 받는 것으로 만족했다. 그의 위세에 눌린 실론까지도 그의 영향력에 굴복하여 조공을 바쳐야만 했다.

　사무드라굽타의 강력한 힘은 인도 전역으로 퍼져나가 많은 왕국들이 자진해서 전쟁을 포기한 채 그 앞에 무릎을 꿇었다. 이처럼 인도 전역에 걸쳐 자신의 영향력을 행사하게 된 사무드라굽타였지만 직접적인 통치는 주로 갠지스 강 유역과 힌두스탄 평야에 한정되었다. 그 이유는 아직 왕조의 기초가 확고하지 못하여 거대한 영토를 직접 다스리기 힘들었기 때문이다. 게다가 예상 외로 피지배 집단의 반발 또한 거세었다.

　사무드라굽타의 지배 방법은 아소카 시대에 남부 지역을 제외한 대부분의 지역이 한 정권에 귀속되어 있었던 것과는 크게 다른 형태였다. 굽타 왕조의 지배가 이처럼 아소카 때와 다를 수밖에 없었던 가장 큰 이유는, 마우리아 왕조의 인도 통일로 말미암아 그 문명이 정복 국가들 사이에 퍼져나가면서 자신들의 고유 문명에 대한 자각과 그에 대한 긍지가 한층 강화되었기 때문이다. 이 같은 자각 의식은 각 지역의 독립의식을 고취시켰고 그 결과 아소카 왕이 죽자마자 바로 각 지역의 독립 운동이 활발하게 전개되었다. 피정복 국가들의 이러한 성향은 굽타 왕조에 대해서도 마찬가지의 결과를 가져왔다. 이 때문에 사무드라굽타는 정복된 지역의 지배자들로부터 충성을 맹세받은 뒤 그들의 지배를 사실상 묵인하지 않을 수 없었다.

　한편으로 사무드라굽타의 지배력이 주로 북부 지역에 한정되

찬드라굽타 1세의 금화 앞면에는 찬드라굽타와 쿠마라데비의 결혼식을, 뒷면에는 풍요의 여신상을 새겼다. (위)

사무드라굽타 왕의 금화 도끼를 들고 있는 모습과 리라를 연주하는 모습을 각각 앞뒷면에 묘사했다. (아래)

었다는 사실은 그의 정치력과 군사력에 일정한 한계가 있었음을 의미한다. 따라서 사무드라굽타는 직접 정복하지 않은 지역의 여러 왕국들과도 상당히 우호적인 관계를 유지하는 등 주변 국가와 평화적인 외교 정책을 펴나갔다. 또한 위대한 정복자답게 통치자가 정복을 위해 거행하는 말희생제를 자주 거행하여 스스로 최고의 통치자임을 과시하였으며 말희생제를 기념하여 말의 상을 새긴 금화를 주조했다.

　　사무드라굽타는 시와 음악을 사랑한 뛰어난 예술가였다. 실제로 당시의 금화에는 비나라는 악기를 손에 쥔 채 의자에 지그시 기대고 있는 그의 모습이 새겨져 있다. 그는 학문의 보호에도 힘써 뛰어난 학자와 베다 성전을 놓고 토론을 벌이기도 했다. 그의 종교는 브라흐만교였지만 불교의 보호에도 힘썼으며 불교의 뛰어난 학자였던 바스반두(세친)에게 커다란 존경을 표시했다. 7세기 중엽 인도를 여행했던 중국의 왕현책의 기록에는 실론의 왕인 메그하바르마가 불교의 성지인 보드가야에 불교사원을 세울 수 있도록 사무드라굽타에게 간청했을 때 그가 기꺼이 허락했다는 이야기가 나타난다.

찬드라굽타 2세

사무드라굽타 이후 공식적으로 왕위를 계승한 사람은 그의 아들 찬드라굽타 2세(380~413년 또는 415년)이다. 하지만 〈데비 찬드라굽타(찬드라굽타의 아내)〉라는 연극의 단편 속에서는 사무드라굽타가 자신의 왕위를 바로 찬드라굽타가 아닌 다른 아들 라마굽타에게 계승한 것으로 나타난다.

그 연극에 의하면 왕위를 계승한 라마굽타가 샤카족과 전쟁을 벌이다 거의 패배할 지경에 이르렀다. 그러자 그는 사신을 보내 화평을 요청했다. 샤카 왕은 전쟁을 그치는 조건으로 라마굽타의 부인 드루와데비를 자신에게 넘겨 달라고 요구했다. 도저히 전쟁에서 이길 승산이 없었던 라마굽타는 비록 치욕적인 일이기는 했지만 그 조건을 수락하지 않을 수 없었다. 하지만 이 사실을 알게 된 동생 찬드라굽타(2세)는 나약한 형의 태도에 크게 화를 내며 자신이 직접 드루와데비로 변장한 채 샤카 왕의 막사로 가서 그를 죽여버리고 말았다.

이 사실을 알게 된 백성들은 라마굽타의 비열한 행동을 크게 비난하면서 찬드라굽타에 대한 존경을 노골적으로 드러내기 시작했다. 백성들의 신망을 잃어버린 라마굽타는 동생을 시기하면서 그를 없애 버릴 궁리를 했다. 하지만 이 사실을 알아차린 찬드라굽타는 백성들의 지지를 등에 업고 라마를 살해한 후 형수인 드루와데비를 아내로 맞아 왕위에 올랐다. 이 같은 이야기는 연극 작품에 나타난 내용이고 역사적으로 굽타 왕조에 대한 기록 가운데 라마굽타에 대한 언급은 나타나지 않는다.

찬드라굽타 2세는 데바굽타(신의 굽타), 데바라자(신의 왕), 데바스리(신성한 존재)라고 불리는 한편 스스로는 위대한 통치자를 상징하는 비크라마디티야(무예와 용맹의 태양)라고 불렀다. 그는 부왕과 마찬가지로 유능하고 뛰어난 통치자인 동시에 용감한 정복자였다. 그는 결혼을 통한 평화적인 방법과 군사력 두 가지를 모두 활용하여 부왕으로부터 물려받은 광활한 영토를 더욱 넓히는 데 힘썼다.

찬드라굽타 2세는 우선 중앙 인도 지역에서 커다란 세력을 떨치고 있던 나가 왕조의 쿠베라나가를 왕비로 맞이하여 그들과 평화조약을 체결하는 한편 데칸 지역에서 위세를 떨치고 있던 바카타카 왕조의 루드라세나 2세에게 자기 딸을 출가시켜 동맹을 맺었다. 특히 바카타카 왕조와의 혼인은 서부 데칸 지역에 대한 정치적 안정과 지배력을 확대시키는 발판이 되었다. 이로써 부왕인 사무드라굽타가 무력으로 정복한 동부 데칸 지역과 더불어 데칸의 전 지역이 굽타 왕조의 영향 아래 들어오게 되었다.

찬드라굽타 2세는 이처럼 결혼 정책을 통해 자신의 확고한 기반을 다지는 한편 군사력에 의한 영토 확장에도 힘썼다. 그는 409년에 당시 내부 분란으로 세력이 약화된 샤카족의 서사트라프 왕국을 공격하여 루드라싱하 3세를 죽인 뒤 그 영토를 합병했다. 이 사건은 굽타 왕조에게 있어서 아주 중요한 의미를 지닌다.

서사트라프 왕국은 아라비아 해에 접해 있어 일찍부터 유럽과의 해상 무역업이 발달했다. 그렇기 때문에 굽타 왕조가 이 지역을 합병했다는 사실은 바로 유럽의 알렉산드리아와 직접적인 해상 무역로를 확보했다는 것을 의미한다. 이로 인해 굽타 왕조는 문화적으로도 유럽과 페르시아의 영향을 받기 쉬운 위치에 있게 되었다. 이것은 당시의 화폐인 은화에 새겨진 상들이 페르시아의 사산 왕조 시대의 영향을 강하게 받고 있다는 사실에서도 뚜렷하게 드러난다.

또 한 가지 주목할 만한 점은 굽타 제국이 서쪽 지역으로 진출함에 따라 경제의 중심도 점차 동쪽에서 서쪽으로 이동하기 시작했다는 사실이다. 이 때문에 굽타 왕조는 수도를 파탈리푸트라에서 서북 지역의 아요드야로 옮겼다. 결과적으로 굽타 왕조는 서사트라프 왕국의 정복을 통해 동쪽의 벵갈 만과 서쪽의 아라비아 해에 이르는 전 지역을 차지함으로써 동서양의 해상 무역을 독점하여 경제적으로 상당히 풍요로운 위치에 서게 되었다.

편자브를 제외한 북인도 전 지역을 장악한 찬드라굽타 2세는 부왕과 마찬가지로 종교, 문학, 예술의 발전에도 커다란 공헌을 했다. 이 시기에 인도의 가장 위대한 예술가 가운데 한 명인 칼리다사가 궁정시인으로 초빙되는가 하면 중국의 불교승려 법현이 인도를 방문했다. 한마디로 말해서 찬드라굽타 2세 때 굽타 왕조는 최전성기를 맞이했다.

쿠마라굽타

아버지인 찬드라굽타 2세로부터 왕위를 물려받은 쿠마라굽타(415~455년)는 비록 새롭게 영토 확장을 하지는 않았지만 40여 년에 걸친 통치 기간 동안 이전의 영토를 잘 유지했다. 그러나 만다소르에서 발견된 기록에 의하면 그가 서부 말와 지역을 정복하여 자신의 제국에 합병시켰다고 한다. 이 일로 부왕인 찬드라굽타 2세가 결혼 정책을 통하여 평화조약을 맺었던 바카타카 왕조와의 관계가 악화되는 한편 그의 제국과 인접한 푸샤미트라*가 반란을 일으키게 되었다.

또한 그의 치세 말기 무렵에 중앙아시아에 뿌리를 둔 훈족이 박트리아 왕국이 지배하던 서북 인도 지역을 침범하여 그들을 멸

* 푸샤미트라 : 나르마다 강 서안에 위치한 작은 왕국의 왕

망시킨 뒤 계속해서 인더스 계곡으로 진출하기 시작했다. 그 후 기회를 엿보던 훈족은 쿠마라굽타 시대 말기에 힌두쿠시 산맥을 넘어 인도 대륙에 본격적으로 침입했다. 그러나 쿠마라굽타는 훈족의 위협을 대체적으로 잘 방어하면서 제국을 평화롭게 유지시켰다.

스칸다굽타

힌두쿠시 산맥 인도와 중앙아시아를 가르는 힌두쿠시 산맥은 험난한 산세로 인해 이민족의 침입을 막아주기도 했지만 때때로 이 산맥을 넘어 침입해오는 이민족들이 있었다.

쿠마라굽타가 죽자 왕위를 계승한 아들 스칸다굽타(455~467년)는 부왕 말년에 반란을 기도하여 굽타 왕조를 괴롭혔던 푸샤미트라를 타도하고 왕권을 안정시켰다. 또한 즉위 초기에는 쿠마라굽타 이후 서북 인도 지역으로 재차 침입한 훈족을 성공적으로 물리쳐 국경 밖으로 쫓아버렸다. 하지만 이들 훈족은 국경을 넘어 인

도 침입을 시도하면서 끊임없이 변경 지방을 위협했다.

원래 훈족은 카스피 해의 동쪽에서 이란 동부로 침입하여 페르시아의 사산 왕조를 위협했던 에프탈족을 말하며 중국의 사서에는 엽달족이라고 기록되어 있다. 이들은 로마 제국의 멸망에 결정적인 역할을 했다. 굽타 왕조는 이처럼 강력한 훈족의 계속되는 침입에 대한 대비책에 골몰하지 않을 수 없었고 이로 인해 왕조 자체의 세력도 점차 약화되기 시작했다. 그러나 스칸다굽타 역시 쿠마라굽타와 마찬가지로 훈족의 침입을 막는 데 대체적으로 성공한 편이었다.

460년경 스칸다굽타가 훈족과의 전쟁에서 대승을 거둔 이래 50여 년 동안 훈족은 감히 인도를 침입할 엄두를 내지 못했다. 하지만 이 시대에 발행된 금화는 이전보다 숫자상으로도 적고 순금의 함량도 많이 줄어든 것으로 보아 굽타 왕조의 세력이 상당히 약화되었음을 짐작하게 한다. 더욱이 스칸다굽타 말년에 발행한 금화는 그 유통 범위가 겨우 동부 지역에 한정되었을 뿐이었다. 이것은 이 시기에 굽타 왕조의 영토가 예전보다 많이 축소되었음을 의미한다.

스칸다굽타 이후

스칸다굽타 이후(476~570년) 굽타 왕조는 사실상 화려했던 시대에 종말을 고한다. 그러나 5세기 중엽의 부다굽타 시대까지는 북인도 지역에서 왕조의 권위가 그런대로 유지되었던 편이다.

스칸다굽타 뒤를 이은 왕은 푸루굽타이다. 푸루굽타와 스칸다굽타는 원래 이복형제로서 이들 사이의 관계에 대해서는 다음과 같은 이야기가 전한다.

부왕인 쿠마라굽타가 지배하던 시기에 훈족이 서북 지역을 처음으로 침입하기 시작했다. 이에 부왕은 스칸다굽타를 파견하여 훈족의 침입을 물리치도록 했다. 부왕의 명령에 따라 스칸다굽타가 국경 지방으로 나가 훈족과 전쟁을 치르고 있는 사이에 왕이 죽고 말았다. 그러자 왕위를 물려받아야 할 스칸다굽타가 없는 틈을 타 그의 이복형제인 푸루굽타가 왕위를 차지하고 말았다. 스칸다굽타가 훈족의 침입을 성공적으로 저지한 후 왕국으로 되돌아오자 푸루굽타는 곧바로 그에게 왕위를 되넘겨 주었다.

이 내용에 대한 자세한 증거는 없지만 당시 비문에 나타난 기록을 볼 때 학자들에 따라서는 스칸다굽타가 쿠마라굽타의 정비가 아니라 후비의 소생이라는 추측을 하기도 하고, 스칸다굽타가 그 당시 국가에 닥친 재난을 훌륭하게 극복했다는 기록이 있는 것으로 보아 푸루굽타로부터 왕위를 양위받았을 것이라고 추측하기도 한다.

하지만 푸루굽타는 스칸다굽타가 죽고 나자 다시 왕위를 이어받으면서 스칸다굽타의 아들인 쿠마라굽타 2세와 왕권 다툼을 벌인다. 그럼에도 불구하고 어려운 난관을 거쳐 왕위를 차지한 푸루굽타는 겨우 2년밖에 왕위에 머무르지 못했다.

푸루굽타의 왕위를 누가 계승했는지는 분명하지 않다. 학자에 따라서는 그와 왕권 다툼을 벌였던 쿠마라굽타 2세나, 나라싱하굽타 또는 부다굽타가 굽타 왕조를 이어갔다고 제각기 주장한다. 아마도 이 시기에 왕권 다툼이 벌어져 굽타 왕조는 스칸다굽타 계열과 푸루굽타 계열로 양분되면서 전자는 중앙을, 후자는 동부 지역을 다스린 것처럼 보인다.

어찌되었든 약간의 기간을 거쳐 스칸다굽타의 아들 부다굽타가 20년 가까이 굽타 왕조를 지배했음은 분명하다. 그러나 이 시기에 굽타 왕조의 세력은 이미 돌이킬 수 없는 사양길에 접어들었다. 각 지방의 제후들은 왕권이 약화된 틈을 타 저마다 독립적으로 자신들의 영토를 다스리기 시작했다.

부다굽타 이후 굽타 왕조는 더욱 약화되어 마침내 여러 개의 소국가로 분열되고 말았다. 이후에 바누굽타는 토라마나가 이끄는 훈족의 침입을 성공적으로 물리치기는 하였지만 굽타 왕조의 멸망을 막을 수는 없었다. 결국 화려했던 굽타 제국은 6세기 중엽에 실질적으로 인도 역사상에서 사라졌다.

● 훈족의 침입과 굽타 왕조의 멸망

훈족은 원래 유목민족으로 기원전 2세기경에 중국 변경 내몽골 지역에 거주하고 있었다. 이들은 중국에서는 흉노 또는 엽달족으로 인도에서는 후나족으로 불린다. 훈족은 그 후 서쪽으로 이동하면서 두 집단으로 나뉘어 한쪽은 볼가 강을, 그리고 다른 한편은 옥수스 강 방면으로 각각 진출하기 시작했다.

이중 볼가 강을 넘은 집단은 로마 제국을, 옥수스 강으로 향한 집단은 페르시아와 인도를 위협했다. 그들은 기원후 5세기경에는 중앙아시아 전역을 지배하면서 본격적으로 인도 지역을 침입하여 서북 인도의 간다라 프라데쉬 지역을 차지했다. 그러나 스칸다굽타가 460년 훈족과의 전쟁에서 대승을 거둠으로써 근 50년 가까이 그들의 인도 침입을 저지시켰다.

비슷한 시기에 훈족은 페르시아 제국을 멸망시키고 거대한 제국을 세운 후 발크에 수도를 정했다. 그러던 중 6세기 초 굽타 제국이 분열하자 훈족의 토라마나 왕은 군대를 이끌고 재차 인도 침입을 시작하여 먼저 카슈미르를 점령한 후 계속해서 펀자브, 라자스탄, 마드야 프라데쉬와 웃타르 프라데쉬 지역의 일부를 차지했다. 이에 굽타 왕조의 바누굽타는 토라마나가 말년에 세력이 약화된 틈을 타 그들을 물리치는 데 성공했다.

한편 토라마나의 뒤를 이어 515년경 훈족의 왕위를 계승한 아들 미히라쿨라는 수도를 사칼라(시알코트)에 정한 후 말와를 공략하고 마가다 국경 지방을 침입했다. 그러나 533년경 말와의 야소바르만과의 전쟁에서 패한 후 결국 카슈미르 지역으로 물러나지 않을 수 없었다. 인도 침략에 실패한 훈족은 마침내 563~567년경 터키와 페르시아의 연합군에게 멸망하고 말았다.

한편 인도 지역에 머물러 있던 훈족의 잔여 세력 역시 점차 힌두교를 신봉하면서 인도인으로 동화되었다. 훈족의 인도 침략은 결국 실패하고 말았지만 이들의 계속된 침입은 굽타 왕조의 멸망을 촉진시키는 결정적인 계기가 되었다.

훈족의 인도 침입은 북인도에 커다란 변화를 가져왔다. 그 가운데 무엇보다 중요한 사실은 훈족의 인도 침입을 계기로 중앙아시아의 다른 민족들 역시 인도로 들어오기 시작했다는 점이다. 이들 대부분은 주로 북부 지역에 머물렀지만 그 가운데 일부는 서인도와 남인도 지역까지 진출했다. 이들 이민족 가운데 특히나 구르

자라족은 지금의 구자라트 지역에 정착하여 후에 힌두교를 신봉하면서 인도인으로 정착했다. 구자라트라는 말은 이들 구르자라족이 정착한 땅*이라는 말에서 나온 것이다.

굽타 왕조가 멸망한 또 다른 이유로는 훈족의 침입이라는 외부적인 요인 외에 왕위계승을 둘러싸고 끊임없이 벌어진 내분을 들 수 있다. 이미 스칸다굽타와 푸루굽타와의 사이에서 발생한 내분은 이후 굽타 왕조의 분열을 보다 촉진시켰고 이 틈을 노려 지방의 제후들은 각기 독립된 세력을 확보하기 시작했다. 그중에서도 말와 지역의 야소바르만의 강력한 도전은 굽타 왕조의 운명을 위태롭게 만들었다.

밖으로는 훈족의 끊임없는 침입에 대항하고 안으로는 야소바르만 세력의 위협에 전전긍긍하던 굽타 왕조는 6세기초부터 결정적인 쇠망의 길을 걷기 시작하여 6세기 중엽에는 실질적으로 인도 역사상에서 사라졌다.

훈족의 왕 아틸라
434~453년간 훈족의 왕으로 재위하면서 라인 강에서 카스피 해에 이르는 대제국을 건설했다. 훈족의 침입으로 인해 5세기 전반의 민족 대이동이 일어났다.

* 구르자라족이 정착한 땅 : 구르자라 라시트라

굽타 시대의 의의

굽타 왕조 시대는 인도 역사상 황금 시대라고 할 수 있다. 정치적으로는 엄격한 왕정 제도가 확립되었고 중앙과 지방의 행정 조직도 상당히 유기적으로 체계화되어 있었다. 정치적 안정은 상업의 발전과 더불어 문학, 예술, 종교, 건축 등 모든 분야에 걸쳐 절정을 이루었다.

그러나 굽타 왕조의 지배력이 직접적으로 영향을 미친 곳은 북인도 지역에 한정되었고 그 밖의 지역은 비록 굽타 왕조에 조공을 바치기는 하였지만 정치, 행정의 모든 면에서 여전히 그들 나름대로의 독립을 유지하고 있었다.

이렇게 보면 인도 역사에서 굽타 시대보다는 오히려 그 영향력의 범위가 훨씬 광범위했던 마우리아 왕조 시대가 더욱 중요할 수 있다. 이 같은 사실은 굽타 왕조의 왕권 강화 및 행정 제도의 기초가 이미 마우리아 왕조 시대에 닦여 있었다는 점에서 더욱 그러하다. 하지만 굽타 왕조 시대를 고대 인도의 황금기라고 말할 수 있는 이유는 무엇보다도 이 시기의 문화적 발전이 탁월했기 때문이다.

지방자치제의 정립

마우리아 왕조의 왕들은 자신을 단순히 왕(라자)이라고 칭했다. 이러한 칭호는 아소카 왕에게 있어서도 예외는 아니었다. 이와는 달리 굽타 왕조의 왕들은 스스로를 파라메슈와르(최상의 신), 마하라자디라자(왕중왕) 등으로 한층 더 격상시켜 불렀다. 사무드라 굽타의 경우는 지상에 거주하는 신으로 묘사되기도 하였는데 이

것은 이전보다 왕권이 더욱 강화되었음을 의미한다. 왕들이 이처럼 스스로를 신격화하는 데는 브라흐마니즘이 커다란 도움을 제공했다. 브라흐마니즘의 사제들은 우주의 유지자이며 보호자인 비슈누 신과 왕들을 동격화하는 데 동조함으로써 왕들의 적극적인 보호를 받으며 이 시기에 크게 성장할 수 있었다.

왕위는 대부분 세습제의 형태였으나 스칸다굽타와 푸루굽타의 예에서 보듯이 엄격하게 장자 상속제는 아니었다. 또한 왕권이 아무리 세습제를 통해 신성화, 절대화되었다고 해도 모든 정책을 왕 혼자서 독단적으로 처리할 수는 없었다. 왕은 언제나 각 부서의 책임자들과 회의를 거쳐 정책을 결정하고 시행했다.

각 부서의 책임자들은 대부분 자신들의 부서일을 독자적으로 결정했고 중요한 일인 경우에만 서로 모여 의논을 하였으며 군대를 거느릴 수도 있었다. 뿐만 아니라 왕자들도 행정의 각기 다른 분야에서 책임을 분담했다. 따라서 왕이 재상들의 조언을 받는다고 하지만 실제로는 각 부서의 책임자들의 건의를 대부분 수용할 수밖에 없었다. 이렇게 본다면 굽타 시대 왕들의 권위는 무한정한 것이 아니라 제한된 상태에 있었던 것이다.

굽타 왕조의 행정 조직은 마우리아 왕조 시대의 전통적인 관료제도를 대부분 답습하여 보다 세분화시켰을 뿐이다. 중앙 정부는 각각 마하 만트리*, 마하 발라디크리타*, 마하 단다나야카*, 마하 프라티하라*라고 불리는 각 부서의 최고 책임자들과 왕에 의해서 다스려졌으며 지방 행정을 살피는 쿠마라마트야라는 관료들이 있었다.

굽타 왕조는 중앙 정부 외에 제국을 주 또는 도라고 할 수 있는 지역(부크티)으로 나누어 우파리카라 불리는 지방 책임자에게

* 만트리 : 수상처럼 국사를 총괄하는 책임자
* 마하 발라디크리타 : 국방 책임자
* 마하 단다나야카 : 사법부의 책임자
* 마하 프라티하라 : 그 밖의 일반 행정 책임자

맡겼다. 부크티는 다시 시·군격의 비샤야로 나뉘고 그곳에는 비샤야파티라고 불리는 관리를 임명했다. 이들 지방 관료들은 중앙에서 직접 임명했고, 쿠마라마트야 또는 아유크타라고 불리는 관리들의 도움을 받아 각 지방을 다스리는 한편 중앙 정부와 연결을 맺었다. 쿠마라마트야나 아유크타는 대부분 그 지방 책임자에 의해 임명되었으나 가끔은 중앙 정부에서 직접 임명했다.

비샤야는 행정의 가장 작은 단위인 그라마라고 불리는 몇 개 촌락으로 구성되었고 마을 원로들의 도움을 받은 그라미카(촌장)에 의해 유지되었다. 또한 변경 지방에는 왕자나 왕족들을 총독으로 임명하고 그들에게 행정, 군사, 사법의 모든 권한을 위임하여 그 지역의 토착 왕족들을 지휘·감독하도록 했다. 총독은 자기가 관할하는 지역의 관리를 직접 임명할 수 있는 권한을 가지고 있었기 때문에 실질적으로는 독립적 상태에 있었다.

각 지역의 지방관리들도 대부분의 일을 중앙 정부의 지시 없이 직접적으로 처리할 수 있었기 때문에 어느 정도 독립된 권위를 지닌 자치도시의 성격을 띠고 있었다. 자치적 성격은 행정뿐만 아니라 경제적인 면에서도 마찬가지였다. 주민들이 필요로 하는 물품을 공급하는 소규모 상업이나 수공업이 발달하여 이를 기초로 시장이 형성되었다. 이처럼 교역이 성해짐에 따라 상인과 수공업자들의 지위도 이전보다 향상되었다. 이러한 예는 지방관료인 비샤야파티가 아디카르마라고 불리는 직업별 대표자들로 구성된 집회의 조언을 얻어 지방의 자치행정을 펴나갔다는 기록을 통해서 충분히 입증된다.

아디카르마는 도시의 부자 또는 길드 대표자인 나가라 스레슈틴, 상인의 대표자인 스타라브라하, 수공업자의 대표자인 프라타마 쿨리카, 그리고 지방 행정의 대표자인 프라타마 케야스타 등으로 구성되었다. 또한 촌락(그라마)에서도 나름대로의 대표자(판차야타)들이 있어 사법, 행정 등 제반 업무에 대해 각각의 의견을 제시했다.

굽타 시대의 왕들은 정복을 통해 영토를 확장하는 한편 토착 왕후들의 독립된 지배력을 그대로 둔 채 조공만 받는 화평 정책을 병행했다. 따라서 행정의 효율을 위한 지방자치제와 아직 정복되지 않은 왕국이 갖고 있던 지배권은 굽타 시대의 지배력을 약화시켜 쇠망을 촉발하는 계기가 되었다.

브라흐마니즘의 부활과 카스트 제도의 변화

굽타 왕조는 인도 사회에 몇 가지 중요한 영향을 끼쳤다.

첫째는 굽타 왕조 시대에 브라흐마니즘이 오늘날 우리가 알고 있는 힌두이즘의 형태로 부활되었고, 둘째는 이민족의 유입이 보다 활발했으며, 셋째는 무역과 상업의 발달로 인해 전체적인 경제 수준이 크게 향상되었다. 이 세 가지 요인은 부와 재력을 바탕으로 한 상인 계급의 지위를 신장시켰으며 인도 문화의 발전에 매우 큰 영향을 미쳤다.

왕권의 강화라는 지배 계급의 생각과 맞물려 부활하기 시작한 힌두이즘은 사회적 신분 제도인 카스트 제도를 정착시키는 계기를 만들었고 이 제도를 통해 브라흐만 사제들은 자신의 우월성을 보다 강화하기 시작했다. 이처럼 힌두이즘이 발달할 수 있었던 근본적인 이유는 왕권의 강화와 깊은 연관이 있다.

굽타 시대의 왕들은 종전의 마우리아 왕조 시대와는 달리 자신에 대한 칭호를 단순히 '라자' 라는 표현에서 벗어나 왕중왕 혹은 신의 화현 등으로 부르기 시작했다. 칭호의 격상을 통한 왕의 신격화 혹은 왕권의 절대화는 불교적인 사고 속에서는 사실상 불가능한 일이었다. 불교는 애초에 출발부터 만민 평등을 통한 카스트 제도의 폐지와 동물희생제를 반대하는 불살생의 법으로 모든 존재에게 무한한 자비를 실현할 것을 요구하기 때문이다. 또한 불교의 궁극 목표인 깨달음(열반) 역시 신과 같은 외부의 도움 없이 철저하게 진리(법)와 자기 자신에 대한 노력만으로 가능한 것이라고 주장했다. 그렇기 때문에 불교를 신봉했던 마우리아의 아소카 왕 시대에는 굽타 시대에 나타난 왕권의 신성화와 같은 작업은 거의 불가능했다. 결국 굽타 왕조는 이를 위하여 신을 인정하는 종래의 브라흐마니즘을 받아들일 수밖에 없었다. 이 과정에서 불교가 쇠퇴하게 된 것 또한 필연적인 일이었다.

굽타 왕조에서는 종래의 베다 중심의 브라흐마니즘을 보다 세속적인 종교의 형태로 변화시키면서 오늘날의 힌두이즘이라고 하는 인도 고유의 종교·철학 사상을 발전시켰다. 힌두이즘에서는 우주의 창조주로서 브라흐마, 우주의 유지자인 비슈누 그리고 파괴자인 시바의 세 신을 인정하면서 동시에 그 신들은 하나의 초월적이고 절대적인 신의 세 가지 표현이라는 삼신일체 신앙을 갖는다.

그 가운데 우주의 유지자인 비슈누는 시대와 상황 그리고 그를 예배하는 사람들의 바람에 따라 다양한 형태로 그의 모습을 지상에 드러내는데 이것을 아바타라(화신)라고 말한다. 비슈누의 대표적인 화신으로는 모두 10여 가지가 있으며 후에 불교가 힌두교에 흡수되는 과정에서는 붓다 역시 비슈누의 화신으로 고착되었다. 이처럼 신이 다양한 모습으로 지상에 나타나는 이유는 그를 향해 기도하는 사람들의 마음이 각기 다를 뿐 아니라 시대와 상황에 따라서도 각각 다르게 알려질 수밖에 없기 때문이다.

또 다른 이유는 신을 향한 기도가 진실한 사람은 그가 악인이든, 선인이든, 동물이든, 어떠한 존재이든 관계 없이 신이 나타나 반드시 그의 소원을 들어준다는 인도인의 믿음에 기초한다. 이것은 인도인의 관점에서 보면 인간의 기도가 진실하더라도 그것에 대한 신의 은총이 없다면 그 기도는 아무런 의미가 없기 때문이며, 또한 그것에 대한 믿음이 없다면 기도가 진실할 수 없기 때문이다. 이러한 힌두이즘의 비슈누 신은 바로 지상에 존재하는 왕 자신의 신격화, 절대화에 매우 타당한 토대를 제공할 수 있었다.

따라서 굽타 왕조의 왕들이 힌두교에 귀의하기로 결정한 것은 자신들의 정치적인 목적을 위해서도 매우 자연스럽고 필요한 일

힌두교 신자 성스러운 갠지스 강에서 몸을 씻는 힌두교 신자들. 힌두교는 오늘날까지도 인도인에게 절대적인 영향력을 끼치고 있다.

이었다. 이 과정에서 브라흐만 사제들의 지위는 당연히 높아질 수밖에 없었으며 또한 카스트라는 계급 제도 역시 인도 사회 내에서 자연스럽게 정착되었다.

왕족이며 무사 계급인 크샤트리아 계급 역시 브라흐만 계급과 마찬가지로 급격한 지위 향상을 이뤘다. 왜냐하면 당시에 브라흐만 사제 계급과 크샤트리아 계급 간의 상호 협력 관계는 서로의 필요에 따라 자연히 밀착될 수밖에 없었기 때문이다. 크샤트리아는 브라흐만의 권한인 제사 의식을 독자적으로 거행할 수 있는 권한을 갖게 되었다.

바이샤와 수드라의 계급 역시 그 지위가 크게 향상되었다. 그 가운데서도 바이샤 계급의 성장이 두드러졌다. 지역의 자치권을 인정하는 굽타 왕조의 특성상 경제적인 성장을 이루게 되었고 이들이 지역의 경제를 담당했기 때문에 필연적인 결과였다. 이처럼 지역의 경제권을 바탕으로 바이샤는 지역의 행정회의에도 참석하여 자신들의 이익을 위한 발언권을 행사하게 되었다.

한편 수드라 역시 장사든 아니면 농사든 자신이 원하는 직업을 마음대로 선택할 수 있었다. 이 시대에는 수드라와 노예 또는 찬달라(불가촉천민) 사이에 구별이 만들어졌다. 수드라는 엄격한 의미에서 노예와는 다르며 오늘날의 개념으로 말하자면 육체 노동자에 가깝다. 따라서 그들은 주인에게 얽매여 자유가 전혀 없는 찬달라와는 엄격하게 다르며 비록 제한적이나마 어느 정도의 자유를 누릴 수는 있었다.

굽타 시대의 카스트 제도에 있어서 특이한 점은 종래의 신분에 의한 구별(바르나)대신 점차적으로 직업에 의한 구별로 변해가기 시작한 것이다. 경제적 여건의 향상은 다양한 직업을 산출하고 이 과정에서 각각의 카스트 구성원들은 브라흐만 사제 계급을 제외하고는 그 계급이 허용하는 한도 안에서 자신들이 원하는 직업을 어느 정도 자유롭게 선택할 수 있었다. 이 같은 사실은 직업이 세습제로 굳어진 후대의 카스트 제도에 비하면 훨씬 자유로운 것이었다.

자신들이 어떠한 직업을 선택하느냐 하는 것은 결국 그것이 자신들의 생활에 얼마나 도움을 주느냐와 또 그 직업을 가지고 사회적으로 어느 정도 신분상의 대우를 받을 수 있느냐에 따라 결정되는 경향이 짙어졌다. 다시 말해서 이제 신분상 구별은 물질적인 부라고 하는 경제적 여건에 의해 좌우되기 시작한 것이다. 그러나 이들 카스트에서 제외된 찬달라들은 마을 안에서는 살 수 없었으며 사회의 구성원으로 인정받을 수도 없었다.

굽타 시대에는 카스트 제도에 대한 법과 사회관습이 엄격하게 지켜지지는 않았지만 그렇다고 해서 그것이 근본적으로 폐지된 것은 아니었다. 오히려 브라흐만의 경우는 보다 엄격한 신분 유지를 위하여 자신들의 순수성과 절대성을 더욱 강조하면서 다른 계급과의 차별을 분명히 했다.

굽타 시대에 카스트 안에서 직업의 선택이 자유로울 수 있었던 주된 이유 가운데 하나는 다양한 이민족의 유입이었다. 굽타 시대에는 샤카, 쿠샨, 파르티안, 흉노족 등 다양한 이민족이 인도로 들어와 정착하면서 점차 힌두 사회에 흡수되기 시작했다. 이들 이민족이 힌두화되면서 자연히 인도 사회의 신분 및 경제 부분에서도 변화가 일어났다.

그들 가운데 무사들은 크샤트리아 계급으로, 나머지는 각자 자신들이 원하는 직업에 따라 인도 사회의 카스트에 흡수되었다.

전쟁 포로나 빚을 갚지 못한 자들은 노예나 찬달라가 되었으며 수드라를 제외한 다른 상위의 세 계급 간에는 아무런 제한 없이 서로 자유롭게 어울릴 수 있었다. 물론 이 시대에는 서로 다른 계급 간의 결혼도 어느 정도 허용되었다. 고대의 인도 법률에는 높은 계급의 남성과 낮은 계급 여성의 결혼은 가능하지만 반대의 경우는 엄격히 금했다. 만일 이 계율을 어기는 경우에는 마을에서 쫓겨나 불가촉천민으로 전락했다. 하지만 굽타 시대에는 높은 계급의 여성과 낮은 계급의 남성이 결혼하는 경우도 있었고 이민족과의 혼인도 자유롭게 이루어졌다.

여성의 지위는 문학작품상에서는 상당히 이상화된 형태로 나타난다. 그러나 실제로는 아리아인의 가부장적 사회의 전통이 여전히 남아 남성보다 낮은 위치에 있을 수밖에 없었다. 교육 역시 상위 계급의 일부를 제외하고는 허용되지 않았으며 남녀 간의 공개적인 만남도 인정되지 않는 폐쇄적인 사회였다. 여성의 결혼은 주로 조혼이 성행했으며 남편이 죽은 뒤 남편과 같이 화장을 당하는 사티 제도는 상위 계급에서만 드물게 행해졌다.

그러나 굽타 시대 말기가 되면 여성의 지위는 이전보다 훨씬 자유로워져서 때때로 사회적, 종교적, 정치적 활동에 참여하는 경우도 나타난다. 과부의 재혼을 엄격하게 금지하지는 않았지만 재혼을 하지 않는 경우는 금욕적인 독신 생활을 해야만 했다. 이 시대의 문학작품 속에 나타난 여성은 가정 내에서 존경받는 위치에 있었으며 재산을 상속받기도 하고 심지어 원하는 직업을 선택할 수도 있었다. 개중에는 여성으로 베다를 가르치는 스승의 위치에 오르는 경우도 있었다. 특히 굽타 시대의 부인은 매우 이상적인 형태로 나타난다. 부인들은 이상적인 삶의 인도자인 동시에 높은 단계의 도덕을 실천하는 것으로 묘사되었다.

　여성은 애인에게는 수줍고 매력적인 여인으로, 남편에게는 충실한 아내로, 자식에게는 자상한 어머니로, 시부모에게는 순종적인 며느리로, 친지에게는 화목한 내조자로, 하인에게는 자상한 안주인으로 그리고 신에게는 경건하고 청정한 예배자로 그려졌다. 심지어 이 같은 여성의 길이 바로 신의 은총과 해탈에 이르는 지름길이라고 강조했다. 또한 이 시대에는 기녀들 역시 매우 이상적이고 매력적인 모습으로 그려져 남성들의 찬사를 한몸에 받았다. 많은 경전이나 바츠야야나의 《카마수트라》 등에는 여성의 이상적이고 매혹적인 모습이 아름답게 그려져 있다. 그러나 굽타 시대 여성의 지위는 아리아인의 철저한 가부장적 전통의 틀을 벗어나지는 못했다.

　굽타 시대의 사람들은 크샤트리아와 하층 계급의 사람들을 제외하고는 일반적으로 육류와 술을 금기시했다. 그들은 주로 채소와 과일, 우유와 우유로 만든 가공품 등을 섭취했다. 일반 여성들의 의복은 전통적인 복장 이외에 샤카족이나 쿠샨족의 인도 유입으로 말미암아 코트나 바지가 등장하는 등 많은 변화를 보였다. 의복은 주로 실크, 면화, 양털 등으로 만들었다. 귀걸이, 팔찌, 발찌, 목걸이, 반지 등 다양한 모양의 장식품들도 함께 등장했다. 이들 장식품은 주로 금, 은, 진주, 다이아몬드, 상아 등으로 호사스럽게 만들어져 이 시대의 풍요로운 생활상을 잘 드러내고 있다. 또한 남녀 모두 화장품을 사용하여 자신의 아름다움과 멋을 마음껏 뽐냈다. 일반인의 생활은 단순했지만 도시인은 크고 화려하게 치장된 아름다운 정원을 갖춘 집에서 온갖 향연을 즐기며 호사스럽게 생활했다. 도시 자체도 깨끗하고 아름답게 정돈되었다.

상업과 무역의 발달

굽타 시대는 경제적으로 풍요로운 시대였다. 농업생산물의 증가와 수공업, 산업의 발전 외에 무엇보다 내외적인 상업과 무역의 발달이 굽타 왕조의 경제적 풍요에 중대한 역할을 담당했다.

굽타 왕조는 사우라슈트라 지역과 아라비아 해로 나가는 항구 등을 차지함으로써 동서양의 교통 요충지를 확보했다. 찬드라굽타 2세가 해상 무역의 요충지를 점령하기 이전에 유럽과의 교역은 주로 남부 인도가 담당했다. 마우리아 왕조 때에는 칼링가 지역에 있는 항구들이 해외 무역을 담당했지만 이곳은 서양보다는 주로 동양무역의 전초기지였다. 하지만 굽타 왕조는 아라비아해와 맞닿은 서부 지역의 항구들을 차지함으로써 유럽과의 무역을 직접 관장하는 한편 서양 문명의 흡수도 이전보다 훨씬 용이하게 되었다.

지방의 자치행정은 수로와 댐을 건설하여 관개수로를 만듦으로써 농업생산물의 증대를 꾀했다. 유휴지는 주정부의 도움을 받아 경작했다. 목초지 또한 증가해 많은 가축들을 기를 수 있게 되었다. 각 지방에서는 특히 농업과 축산업에 많은 힘을 기울였다. 그 이유로는 굽타 왕조가 기반을 둔 지역이 마우리아 왕조 이래 전통적으로 농업과 목축업의 중심지였기 때문이다.

철기 문명이 동부 인도로 들어오면서 이 지역의 토지를 비옥한 농토로 바꾸는 데 결정적인 역할을 했다. 따라서 서부의 척박한 지역보다 동부의 비옥한 지역이 오늘날에도 농업과 목축업의 중심을 이루고 있다. 관개수로의 개발과 농토의 확장을 통해서

쌀, 밀, 사탕수수 외에도 온갖 과일과 채소가 풍부하게 생산되었다. 굽타 왕조 시대에 국가 세입의 대부분이 농업에서 거두어진 세금으로 충당될 정도였다는 사실은 농업의 비중이 얼마나 컸는지를 짐작하게 한다.

이 밖에도 여러 가지 직물 제조업이 이 시대에 발달했으며 그들은 외국과의 무역에 중요한 부분을 차지했다. 마투라 지역은 면화의 생산지로, 바라나시는 실크의 주산지로 알려졌으며 이곳에서 생산된 물품들은 인도의 서부와 북부 지역뿐만 아니라 외국과의 무역에도 주된 품목이었다. 육로와 해로 등 주요 무역로를 모두 차지한 굽타 왕조는 인도 내부를 포함한 외국과의 무역에도 힘을 쏟았다. 사무드라굽타의 영토 확장은 인도의 동부와 서부 지역을 잇는 대도시 교통망의 발달을 가져왔다. 이 길을 통해 코끼리 같은 동물과 마차를 통해 많은 상품들이 운반되었다. 뿐만 아니라 갠지스나 야무나와 같은 강을 이용한 상거래도 활발하게 이루어졌다.

해상 무역으로는 서부 지역의 항구도시를 중심으로 아라비아 해를 거쳐 서아시아와 로마 제국, 동부 지역의 벵갈 만을 통해서는 중국을 비롯한 동남아시아 지역 등과 무역을 했다. 인도에서는 주로 진주, 보석, 향료, 후추, 인디고, 코코넛, 상아제품 등이 수출되었고 금, 은, 주석, 비단, 말 등이 수입되었다. 비단은 주로 중국과 이디오피아에서, 말은 이란을 중심으로 한 아랍 지역에서 수입되었다. 하지만 무역과 상업은 후기로 갈수록 왕조의 쇠퇴와 더불어 약화되었으며 훈족이 로마 제국을 침범한 이후 유럽과의 무역은 상당히 위축되었다.

이전부터 존재하던 무역과 상업의 길드 조직은 굽타 시대에도 여전히 존속했다. 그들은 마우리아 왕조에서는 정부의 간섭하에 운영되었지만 굽타 왕조 시대에는 독립적이고 자치적으로 운영되었다. 그렇기 때문에 그들의 세력은 점차 확대되어 지방 행정에도 상당한 영향을 미쳤다. 심지어 길드 가운데는 자신들을 위한 사병을 두어 지배자들에게 자신들의 권익을 반영한 법률을 제정하라고 은근히 위협을 가했다. 뿐만 아니라 상거래의 편의를 위하여 독자적으로 화폐를 만들었다. 굽타 왕조 시대에는 찬드라굽타 2세(은화)와 쿠마라굽타(동화)를 제외한 대부분의 왕들이 금화를 만들어 유통시켰다.

힌두이즘의 정착

굽타 왕조 시대는 고대의 베다 종교인 브라흐마니즘이 현대적인 형태의 힌두이즘으로 완전하게 정착한 시기이다. 브라흐마니즘이 내부적인 변혁을 거치는 과정에서 불교와 자이나교를 흡수하여 오늘날 우리가 알고 있는 힌두이즘이라는 독특한 종교 형태로 정착함으로써 인도 사회에 더욱 확고한 뿌리를 내리게 되었다.

굽타 왕조는 왕권 강화를 위한 수단으로 마우리아 시대부터 지속되어 오던 불교에서 벗어날 필요성을 느꼈다. 한편으로 브라흐마니즘은 마우리아 시대 이래 위축되었던 세력의 부흥을 꾀하고 있었다. 이 같은 상황 속에서 브라흐마니즘은 종래의 종교관에 약간의 수정을 가하면서 왕권 강화에 필요한 이론적 토대를 만들었다. 결국 지배자와 브라흐만 종교 간의 상호 필요성이 인정되면서 지배자의 입장에서는 브라흐만 종교의 이론적 토대를 통해 왕권 강화를 꾀할 수 있게 되었다. 이와 더불어 브라흐만 종교의 입장에서는 자신들의 입지를 강화하는 동시에 종교적 세력을 확장시킬 수 있는 계기를 마련했다.

굽타 왕조 시대의 힌두이즘은 종래의 제식주의와 희생제에 의존하던 브라흐마니즘에서 탈피하여 보다 새롭고 광범위한 이론적 근거를 지닌 종교와 철학으로 발전했다. 힌두이즘은 베다라는 기본 토대를 벗어나지 않는 범위 내에서 불교와 자이나교뿐만 아니라 이방의 종교적 요소까지 흡수하면서 그들 모두를 하나로 조화시킨 인도 특유의 종교 형태이다.

제식과 희생제 중심으로 진행되던 종래의 브라흐마니즘은 제식 절차의 복잡함과 과다한 비용 때문에 대중들이 쉽게 다가가기에는 다소 문제점을 안고 있었다. 실제로 문헌을 보면 일반인들이 감히 접근하기 어려울 정도로 화려한 희생제가 거행되었다. 제식 절차 역시 전문적인 사제들이 아니면 쉽게 진행할 수 없을 정도로 복잡하고 까다로웠다. 이로 인해 브라흐만 사제들의 제식에 대한 독점은 부의 축적과 부패의 원인이 되었다. 뿐만 아니라 불교와 자이나교 등 신흥종교가 일어나는 계기가 되었다. 브라흐마니즘은 한치의 오차도 없는 정확한 제식 절차의 실행만이 신의 은총을 얻을 수 있는 길이며 만일 의식 가운데 단 한 글자의 잘못만 생겨도 무시무시한 재앙을 초래한다고 주장했다. 이러한 주장은 브라흐만 사제들의 권위를 신성화하려는 애초의 의도와는 달리 오히려 일반인들이 브라흐마니즘을 외면하도록 만들었다.

이에 비해 신흥 종교로서 기원전 6세기경에 발생한 불교는 오히려 지금까지 제식에 의존하던 브라흐마니즘과는 정반대로 인간 각자의 노력에 의해 해탈과 구원을 얻을 수 있다는 설법을 펴기 시작했다. 물론 개인의 노력을 통한 해탈에는 어떠한 경제적인 부담도 없었다. 오히려 경제적 부담 자체를 욕망이라는 범주에 놓음으로써 그것을 철저하게 포기하는 무욕의 생활을 강조하기조차 했다. 인간 평등이란 기치 아래 신분 계급의 차별성을 부인하고 자비의 이름 아래 희생제 의식을 거부한 불교는 많은 대중과 상인 계급뿐만 아니라 새로운 통일제국의 꿈을 지닌 지배자들에게 신선한 정치 이념으로 간주되었다. 결국 마우리아 왕조의 아소카 왕 이후 쿠샨 왕조의 카니슈카 왕에 이르기까지 많은 지배자들은 불교를 그들의 새로운 정치 이념으로 채택하여 자신들의 통일제국을 다스리기 시작했다.

그러나 굽타 왕조에 들어오면서 사정은 이전과는 판이하게 달라졌다. 비록 그들이 마우리아 왕조와 마찬가지로 마가다 왕국의 맥을 잇는다고 할지라도 마우리아 왕조 이후 통일제국의 붕괴로 인한 내부적 혼란과 인도 국경을 본격적으로 침범하기 시작한 이민족의 침입은 굽타 왕조의 왕들로 하여금 보다 강력한 왕권을 세워야 한다는 필요성을 절감하도록 만들었다. 종래의 불교적 이념으로는 그러한 요구가 충족될 수 없다는 사실을 깨달은 왕들은 자신들의 요구를 만족시켜 줄 새로운 이념을 찾기 시작했다.

기원전 6세기 무렵 동부 지역은 아직까지 브라흐마니즘이 강하게 뿌리를 내리기 힘든 상황이었다. 그렇기 때문에 이 지역을 중심으로 불교나 자이나교와 같은 신흥 사상들이 쉽게 뿌리내릴 수 있었다. 설상가상으로 인도를 통일한 최초의 왕조가 바로 이 동부 지역을 발판으로 삼고 있었다. 게다가 당시 크샤트리아 계급들은 자신들의 정치적 지배력을 확고히 하기 위해서 어느 정도 브라흐만 사제 계급의 권한으로부터 벗어나야 할 필요가 있었다.

이 같은 상황이 복합적으로 어우러진 가운데 정치적 힘의 대결에서 왕족 계급에게 패배한 브라흐만 사제들은 마우리아 왕조 이후 위축된 자신들의 세력을 회복할 기회를 엿보고 있었다. 그러는 과정에서 브라흐마니즘은 마우리아 왕조가 원활한 행정과 교역을 위해 만든 동서 지역 간의 교통망을 통해 동부 지역으로 들어가 점차 자신들의 세력을 확장해 나갔다.

또한 마우리아 왕조와 쿠샨 왕조 등을 거치면서 이질적인 사상을 접한 브라흐마니즘은 기존의 교리에 새로운 수정을 가하면서 보다 대중화될 수 있는 길을 꾸준히 모색하기 시작했다. 그들은 자신들의 제식주의와 희생제 의식을 수정하여 신에 헌신을 통한 구원이라는 박티 마르가(헌신의 길)와 그와는 달리 불교와 같은 신흥 종교의 방법을 받아들여 지혜를 통한 해탈을 뜻하는 즈냐나 마르가(지혜의 길)의 두 가지 방법을 모두 자신들의 종교에 구원의 교리로 채택했다. 또한 두 가지 방법의 이론적 근거를 베다 속에서 찾아냄으로써 자신들의 전통을 존속시킬 수 있는 길도 함께 마련했다.

힌두이즘은 이처럼 자기 변화를 거쳐 새롭게 단장된 종교를 가지고 재도약의 기회만을 엿보고 있었다. 그리고 정치적 목적에서 새로운 변화를 원했던 굽타 왕조의 의중을 정확하게 파고들었다. 굽타 왕조의 왕들은 새롭게 단장된 힌두이즘을 믿고 따르기 시작했다. 그 가운데서도 왕들은 의무와 행위의 올바른 실천이 바로 해탈의 길이라는 바가바타 종교를 특별하게 보호하면서 자신들 스스로를 바가바타 종교인이라고 불렀다.

왕들은 자신들이 동격화될 수 있는 우주의 유지자 비슈누 신

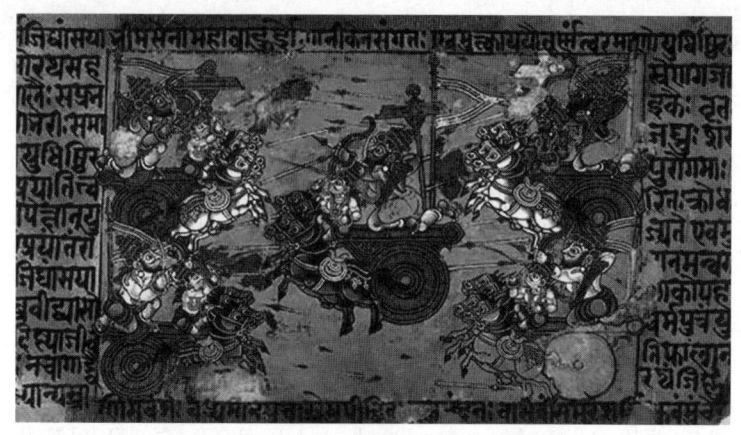

《마하바라타》 판다바 형제들은 쿠루크세트라 전쟁에서 두르요다나와 1억 명의 병사들을 물리치고 빼앗긴 왕국을 되찾았다.

과 비슈누 신의 부인인 락슈미 여신에게도 예배를 드렸다. 왕들의 깃발에는 비슈누 신이 타고 다닌다는 새 가루다를 그려 넣음으로써 백성들로 하여금 자신들이 바로 비슈누의 화신임을 은연중에 알렸다.

바가바타 종교는 《바가바드기타》에 나타난 크리슈나의 가르침을 근거로 한다. 원래 《바가바드기타》는 《마하바라타》라는 인도의 대서사시 가운데 일부분을 발췌한 것이다. 《마하바라타》는 《라마야나》와 함께 인도의 2대 서사시로 그리스의 위대한 작가 호메로스의 《일리아드》와 《오디세이》에 버금가는 작품으로 평가받는다. 그중에서도 《마하바라타》는 큰형의 도박으로 왕위를 빼앗긴 판두 왕의 다섯 아들들이 자신들의 왕위를 되찾기까지의 과정을 그린 이야기이다. 한편 《바가바드기타》는 판두의 다섯 아들들이 드디어 자신들의 왕국을 빼앗아간 두르요다나로부터 잃어버린 왕국을 되찾기 위해 마지막 전쟁을 벌이는 부분에서 시작한다.

다섯 형제 가운데 아르주나는 크리슈나가 이끄는 마차를 타고 전장을 살펴보다가 별안간 회의에 휩싸인다. 아르주나가 살펴본 적진에는 자신들이 왕궁에 있을 때 사귀던 친구와 스승들이 있었고 물리쳐야 할 적이자 친척인 두르요다나도 있었다. 견디다 못한 아르주나는 크리슈나에게 도움을 청한다.

"오, 크리슈나여, 벌판 저쪽에 진을 치고 있는 적들을 보라. 과연 저들이 진정으로 우리가 물리쳐야 할 적들이란 말인가? 내 눈에는 그들이 적이 아니라 나의 사랑스런 친구들과 친척 그리고 존경하는 스승으로 보일 뿐이다. 그런데도 내가 저들을 죽여야만 한단 말인가? 도대체 이것이 무슨 정의의 전쟁이란 말인가? 이것은 친족 간의 부질없는 싸움일 뿐이다. 이 같은 상황 아래 벌어지는 전쟁은 그것이 어떠한 경우에도 정의로울 수 없다. 오히려 그것은 우리가 가장 혐오하고 피해야만 할 부질없는 골육상쟁(骨肉相爭)에 불과하다. 이제 나는 차라리 저들과 전쟁을 하느니 내 스스로 왕권을 포기한 채 숲으로 들어가 고행자의 길을 걸으리라. 어떻게 왕권을 얻기 위해 사랑하는 친척과 친구들 그리고 스승을 죽일 수 있단 말인가? 확신하건데 그러한 행위는 우주의 법칙에도 어긋난다."

아르주나의 탄식을 들은 크리슈나는 의무와 행위의 참된 의미를 설명하면서 그가 당연히 싸워야 하는 이유를 제시했다.

"모든 인간은 행위하지 않을 수 없다. 행위하지 않는 인간은 바로 죽은 자와 같다. 그러나 카르마의 이론에 의하면 행위는 바로 그에 따른 결과를 야기한다. 그 결과는 다음 생에 내가 태어나게 될 모든 조건을 만든다. 인간은 어떠한 경우에도 행위하지 않을 수 없다. 개개인의 현재 삶은 바로 그들이 과거에 저질렀던 행위의 결과다. 현재의 삶은 바로 그러한 과거의 카르마를 해소하기에 가장 적합한 장소이다. 따라서 인간은 자신이 태어난 환경에서 무엇보다도 먼저 자신에게 주어진 의무를 다해야만 한다. 그것이 전생의 카르마를 해소하는 길이다. 따라서 무사 계급으로 태어난 당신은 전쟁 속에서 싸우는 것만이 당연한 의무이다."

크리슈나의 대답에 아르주나는 반문했다.

"이처럼 인간이 행위하지 않을 수 없는 존재라면 결국에는 끝없이 윤회를 거듭할 수밖에 없지 않은가? 우리가 살고 있는 이 세계는 괴로움으로 가득 차 있다. 그렇다면 행위하지 않을 수 없는 우리는 결코 윤회를 벗어나지 못하며 괴로움은 인간이 결코 벗어버릴 수 없는 운명과 같은 것이 아닌가?"

고통에 찬 표정을 짓고 있는 아르주나를 쳐다보며 크리슈나가 대답했다.

"행위가 그 결과를 낳는 경우는 그 행위 속에 행위하는 자의 개인적 욕망이 들어 있기 때문이다. 어떤 행위를 할 때 그 결과를 예상한다는 것은 바로 그 속에 개인적인 욕망이 숨어 있다는 증거이다. 그 경우 결과는 피할 수 없고 그로 인한 윤회 역시 필연적이다. 하지만 만일 행위 속에 어떠한 개인적인 욕심도 들어 있지 않다면 그 행위 속에서는 결과가 나타날 수 없다. 따라서 진정으로 욕심 없는 행위를 할 수 있다면 그 자체로 해탈을 얻을 수 있다."

"그렇다면 욕심 없는 행위란 무엇인가?"

"그것은 바로 결과를 바라지 않는 행위이다."

"그럼 결과를 바라지 않는 행위란 무엇인가?"

"그것은 바로 의무이다. 모든 인간은 태어날 때부터 그가 당연히 행해야 할 의무를 가지고 있다. 그 가운데서도 크샤트리아의 의무는 전쟁에서 싸우는 것이다. 크샤트리아는 자신의 싸움에 왜라는 이유를 붙여서는 안 된다. 왜라는 이유를 붙이는 것은 바로 거기에 개인의 욕망이 스며들기 때문이다."

"그렇다면 그러한 행위의 결과는 아무것도 없다는 말인가?"

"아니다. 그 결과는 신이 결정한다. 크샤트리아의 의무는 오직 전쟁에서 힘을 다해 싸우는 것이다. 그가 전쟁에서 이기고 지는 것은 결과가 아니다. 흔히 사람들은 크샤트리아가 자신의 의무를 다해 전쟁에서 싸우면 그 결과로 그 전쟁에서 승리를 거두어야 한다고 생각한다. 하지만 그것은 진정한 결과가 아니라 개인의 욕심일 뿐이다. 의무에 대한 결과는 오직 신만이 결정한다. 설령 그가 전쟁에서 죽임을 당했더라도 그가 진정으로 크샤트리아로서의 의무를 다했다면 신은 반드시 그를 구원할 것이다. 그것이 바로 결과를 낳지 않는 욕심 없는 행위이며 바로 의무의 참모습이다."

여기서 크리슈나는 바로 비슈누 신의 화신으로 간주된다. 《바가바드기타》의 이 같은 내용은 굽타 왕조의 왕들의 입장에서는 자신들의 왕권을 절대화할 수 있는 동시에 백성들에게 의무를 요구할 수 있는 아주 매력적인 요소였다.

굽타 왕조의 왕들은 또한 자신들의 위엄을 드러내기 위해 자주 성대한 말희생제(아슈바메다)를 드리고 브라흐만 사제들에게 많은 보시를 하는 한편 수많은 사원을 건립했다. 뿐만 아니라 학자들을 불러 힌두이즘의 성장에 도움이 되는 고전들을 다시 편찬하도록 했다. 이 시기에 많은 푸라나*들이 쓰여졌으며 《마하바라타》 역시 새로운 판본이 등장했다. 이리하여 굽타 시대에는 신이 시대와 상황 그리고 인간이 바라는 모습대로 현실에 그 모습을 드러낸다는 화신(아바타라) 개념과 신에 대한 끊임없는 헌신을 강조하는 박티의 길이 보편적인 믿음으로 정착하면서 널리 대중화되었다.

* 푸라나 : 오래된 책

이 과정에서 붓다 역시 비슈누 신의 화신 가운데 한 명으로 인정되고 《라마야나》의 영웅 라마 역시 또 다른 화신으로 간주되면서 그에 대한 신앙이 생겨나기 시작했다. 이와 마찬가지로 남인도 지방에서는 시바 신을 믿는 쉐이비즘이 널리 퍼졌다. 실제로 바타카타 왕국과 날라 왕국 그리고 카담바 왕국의 지배자들은 거대한 신전을 건립하여 시바 신앙을 믿었다.

　쉐이비즘은 북인도의 마투라 지방에서도 성행하였는데 후대로 갈수록 바가바타 종교와 서로 밀접하게 연결되면서 힌두이즘의 중요한 부분을 차지하게 되었다. 그렇기 때문에 오늘날에도 인도의 신전에 가보면 비슈누 신과 시바 신을 동시에 모신 채 경건하게 기도를 드리고 있는 모습을 자주 발견할 수 있다.

　이처럼 비슈누와 시바에 대한 신앙이 성행하면서도 한편으로는 브라흐마 외에 인드라*, 수르야*, 바루나*, 야마*와 같은 종래의 신들도 여전히 신앙의 대상으로 존재했다. 이 시기에 특기할 만한 사실로는 두르가*, 락슈미*, 사라스와티 등과 같은 여신에 대한 신앙이 상당히 발달했다는 점이다. 이 밖에도 뱀, 야크샤, 간다르바, 압사라스 등과 같은 요정이나 동물, 식물, 강, 산 등에 대한 다양한 신앙이 발전하고 바라나시와 프라야그와 같은 성스러운 도시들은 순례 장소가 되었다.

　힌두이즘은 여전히 베다 속에 자신들의 근거를 둠으로써 고대의 전통을 유지하는 한편 새로운 자기 혁신을 거침으로써 대중들에게 보다 경제적 부담 없이 쉽게 접근할 수 있는 길을 제시했다. 결국 오늘날에도 여전히 수많은 인도인의 가슴속에 자리 잡은 종교로서의 힌두이즘은 비록 기원전 우파니샤드 시대부터 이미 싹트기 시작했지만 바로 굽타 시대에 그 기본적인 형상을 완전하

* 인드라 : 신들의 왕, 전쟁의 신
* 수르야 : 태양의 신
* 바루나 : 정의의 신
* 야마 : 죽음의 신
* 두르가 : 시바 신의 부인
* 락슈미 : 비슈누 신의 부인

게 갖추었다고 볼 수 있다.

힌두이즘은 이처럼 인도 자체의 종교 외에도 그리스나 페르시아적인 요소도 함께 흡수하여 다양성 속의 통일이라는 독특한 종교 형태로 발전하여 인도뿐만 아니라 서남아시아, 심지어 서쪽의 시리아나 메소포타미아 지방까지 퍼져나갔다. 오늘날 서남아시아의 자바, 보르네오, 수마트라 등지에서 믿고 있는 힌두이즘은 바로 이런 노력의 결과라고 할 수 있다.

불교의 쇠퇴

인도를 방문했던 중국승려 법현의 기록에 의하면 굽타 시대에는 불교도 널리 신봉되고 있었다. 물론 인도 전역에서 힌두이즘이 가장 대중적인 종교가 되기는 했지만 벵갈 지방에서는 여전히 불교가 압도적으로 우세했다. 뿐만 아니라 불교의 태생지라고 할 수 있는 비하르나 웃타르 프라데쉬 지역에서도 불교는 상당히 대중적인 인기를 얻고 있었다.

대승불교의 위대한 학승인 아상가(무착), 바스반두(세친), 쿠마라지바, 디그나가 등이 자신들의 뛰어난 작품을 남긴 것도 이 시대였다. 또한 아잔타와 엘로라의 불교 석굴 사원과 수많은 불탑과 사원들도 바로 이 시기에 건립되었다. 특히 부처의 상이 구체적으로 등장하기 시작한 것도 굽타 왕조 시대였다. 카슈미르, 간다라, 아프가니스탄 지역에서는 기원후 5세기까지 소승불교가 성행했으나 후에 대승불교로 전환되었다.

그러나 불교가 여전히 일부 지역에서 대중적인 인기를 얻고 있었다고 해도 힌두이즘에 대한 신앙은 국가적인 차원에서 대대적으로 널리 선포되었다. 이처럼 국가의 강력한 보호 아래 힌두이즘이 급속하게 성장하면서 불교는 자연히 예전의 영광을 잃어버릴 수밖에 없었다. 내적으로는 이론의 재무장을, 외적으로는 지배 권력의 비호를 등에 업은 힌두이즘은 문학적으로도 불교 이론을 반박하기 시작했다.

그러나 굽타 왕조의 왕들은 비록 자신들은 힌두이즘을 믿었을지라도 불교나 그 밖의 다른 종교를 전적으로 배척하지는 않았다. 예를 들어 사무드라굽타는 자신은 힌두이즘을 믿으면서도 바스반두와 같은 위대한 불교 학승을 오히려 자기 아들의 스승으로 삼았다. 또한 유명한 나란다의 불교 대학도 왕들의 적극적인 보호 아래 계속 성장했다. 다른 종교에 대한 관용 정책은 계속 이어져

날란다 사원 불교의 연구와 포교를 장려하기 위해 5세기경 굽타 왕조의 왕 쿠마라굽타 1세가 날란다사를 창건했다. 학문의 중심지로 유명했고, 7세기에는 중국의 승려 현장이 유학왔다.

굽타 왕조 시대에는 다른 종교 간에 서로를 배척하거나 시기하기보다는 평화와 조화를 유지하면서 공존했다. 그럼에도 굽타 왕조 시대에 들어오면 불교가 점차 쇠퇴기로 접어든 것은 분명하다. 이 밖에도 굽타 왕조 시대에는 인도의 불교 승려와 경전뿐 아니라 또 다른 인도의 문화와 예술들이 비단길을 따라 중국에 본격적으로 전해지기 시작했다.

문학과 예술의 흥기

굽타 왕조 시대는 경제적으로 풍요로운 만큼 문학과 예술 방면에서도 괄목할 만한 발전을 이룬 시기였다. 문학은 종교적인 면뿐만 아니라 세속적인 면에서도 상당히 발전된 형태를 이루었다. 종교적으로 힌두교, 불교, 자이나교 학자들의 뛰어난 작품들이 나타난 것도 이 시기였다. 또한 이 시기에 산스크리트어가 국가적인 언어가 됨으로써 불교를 포함한 대부분의 작품들이 이 언어로 쓰여졌다. 이 밖에도 인도의 2대 서사시 《라마야나》와 《마하바라타》가 오늘날의 형태로 완성되었으며 굽타 시대 이전에 시작된 푸라나도 이 시기에 오늘날 우리가 보는 형태로 편찬되었다. 뿐만 아니라 《나라다 스므리트》, 《브라하스파티》와 같은 수많은 스므리트(경전)와 다양한 《다르마샤스트라》가 쓰여졌다.

철학적인 부분에서는 기원후 4세기경 이슈와라크리슈나가 상키야 철학의 유명한 주석서 《상키야카리카》를, 요가 철학에서는 브야사가 파탄잘리의 《요가수트라》에 대한 주석서를, 그리고 바츠야야나는 《카마수트라》를 만들었다. 뿐만 아니라 현재 세계 50여 개국 언어로 번역되어 전 세계적으로 읽히고 있는 우화집 《판차탄트라》가 재편된 것도 바로 굽타 시대였다. 그중에서도 특히 《판차탄트라》는 후에 페르시아어로 번역되어 《아라비안 나이트》(천일야화)가 현재와 같은 내용으로 편찬될 때 중요한 역할을 했다.

이처럼 종교 철학적인 면뿐만 아니라 순수 문학적인 분야에서도 다양한 작품들이 쏟아졌다. 그 가운데서도 가장 대표적인 인물로 칼리다사를 들 수 있다. 굽타 왕조 시대의 왕들은 무엇보다도 연극을 애호했다. 칼리다사는 고대 인도의 가장 뛰어난 시인이며 극작가로서 《샤쿤탈라》라는 유명한 희곡을 썼다. 《샤쿤탈라》는 원래 《마하바라타》에 들어 있는 내용을 칼리다사가 자신의 뛰어난 솜씨로 각색한 것이다.

사냥을 좋아하는 두샨타 왕이 어느 날 사슴을 쫓아 히말라야 산속 깊숙한 곳까지 들어갔다. 산속에서 길을 잃어버린 왕은 배고픔과 갈증에 지친 몸을 이끌고 숲을 헤매다가 우연히 성자 칸바가 머물고 있는 장소에 도착했다. 마침 집에는 성자가 숲으로 열매를 구하러 나가고 그의 아름다운 딸 샤쿤탈라만이 있었다. 그녀의 아름다움에 넋을 잃은 왕은 자신의 사랑을 그녀에게 고백했다. 망설이는 샤쿤탈라에게 왕은 그녀를 왕궁으로 데려가 부인으로 맞이하겠다고 철썩같이 약속한 뒤 뜨거운 사랑을 나누었다. 그 후 왕은 샤쿤탈라의 도움으로 길을 찾아 왕궁으로 되돌아갔다. 사랑에 취한 샤쿤탈라는 왕이 돌아간 뒤 실수로 두르바사스 성자에게 무례한 행동을 범하고 말았다. 화가 난 성자는 그녀에게 왕궁으로 돌아간 두샨타 왕이 그녀에 대한 생각을 잊어버리고 말리라는 무서운 저주를 내렸다.

성자의 저주에 두려움을 느꼈지만 왕의 애정어린 약속을 철썩같이 믿었던 그녀는 직접 왕을 찾아갔다. 하지만 애석하게도 성자의 저주는 사실이 되었고 왕은 그녀가 누구인지조차 모를 뿐만 아니라 사랑의 정표로 그녀가 준 반지조차 잃어버렸다. 샤쿤탈라는 울면서 두샨타 왕의 기억을 되살리려 노력했지만 왕은 도리어 그녀를 미친 사람 취급하며 왕국 밖으로 내쫓아버렸다.

세월이 흐른 어느 날 한 어부가 자신이 잡은 물고기를 자르다가 뱃속에서 아름다운 반지를 발견했다. 어부는 반지를 팔려고 시장에 갔다가 수상히 여긴 관리에게 붙잡혀 왕에게 끌려갔고, 그 반지를 본 순간 두샨타 왕은 이전의 모든 기억을 되찾았다. 그리고는 자신이 샤쿤탈라를 매정하게 내쫓아버린 일을 후회하며 고민에 빠졌다. 그러던 어느 날 신들의 왕인 인드라의 마부 마타리가 왕 앞에 나타나 악마를 물리치기 위해 그에게 도움을 요청했다. 두샨타 왕은 즉시 하늘나라로 달려가 악마를 물리치고 곤경에 처한 인드라 신을 구해냈다.

그 후 전차를 타고 하늘나라에서 내려오다가 우연히 어느 산속에서 어린 사자와 놀고 있는 사내아이를 발견했는데, 그 아이는 왕이 샤쿤탈라와 숲속에서 나누었던 사랑의 열매였다. 마침 그곳에 나타난 샤쿤탈라를 통해 모든 사실을 알게 된 두샨타 왕은 그녀와 아들 바라타를 데리고 왕궁으로 돌아와 행복한 삶을 살게 되었다.

칼리다사의 희곡《샤쿤탈라》는 인도 고전문학의 걸작일 뿐만 아니라 18세기에는 영어로 번역되었고 그 후에도 여러 나라 말로 번역되어 유럽 전역에 소개되었다. 뿐만 아니라 이후의 유럽 문학

《샤쿤탈라》 18세기 희곡인 《샤쿤탈라》의 한 장면을 책의 표지에 그렸다.

에 적지않은 영향을 끼쳤다. 인도인들에 의해 영국의 셰익스피어와 비교되기도 하는 칼리다사는 《샤쿤탈라》 외에도 《비크라모르바시》, 《말라비카그니미트라》라는 희곡과 《리투상하라》(계절의 순환), 《메가두타》(구름의 사자) 등과 같은 뛰어난 서정시를 썼다. 그의 작품은 오늘날에도 인도뿐만 아니라 다른 나라에서까지 아낌없는 사랑을 받고 있다.

굽타 왕조 시대에는 산스크리트 문학작품 외에 속어(프라크리트어) 형태인 팔리어 또는 타밀어 등으로도 많은 문학 작품이 쓰여졌지만 그 양에 있어서는 산스크리트어 작품을 따라갈 수 없었다. 이러한 사실은 당시의 문학이 주로 왕실의 후원하에 이루어졌음을 입증한다.

원래 산스크리트어는 상류 계층의 언어이며 프라크리트어는 낮은 계층의 사람들이 주로 사용하거나 자이나교 등에서 많이 사용했다. 실제로 이 시대의 프라크리트어 작품 가운데는 자이나교도가 쓴 것들이 상당히 많다. 따라서 어느 언어보다도 산스크리트어로 쓰여진 작품이 풍부하다는 사실은 굽타 왕조 시대의 문학이 주로 귀족문학 혹은 궁정문학이었다는 것을 의미한다. 뿐만 아니라 왕들은 자신들의 공적을 나타내는 시를 짓게 하고 이를 위해 기념비를 세웠다.

굽타 왕조 시대에 나타난 수많은 문학 작품 가운데는 힌두이즘의 내용을 드러내고 있는 경우가 매우 많다. 이 시대에 개편된 《마하바라타》나 《라마야나》 역시 종래의 내용에 힌두적인 종교와 윤리관을 새롭게 보충한 형태이고, 푸라나는 힌두 종교에 나타나는 다양한 신화들의 모음집이라고 할 수 있다. 이처럼 힌두이즘의 내용이 기존의 작품 속에 대폭 첨가되거나 새로운 문학 작품으로 등장한 이유는 종래의 브라흐마니즘이 새롭게 힌두이즘으로 변화하면서 대중화에 많은 노력을 기울였다는 사실을 보여준다. 힌두이즘의 대중화 작업은 결국 불교를 몰아내고 다시금 힌두이즘이 정통의 인도 종교 자리를 회복하는 데 결정적인 역할을 했다.

굽타 왕조 시대는 문학 외에 다른 예술 방면에서도 뛰어난 성과를 올렸다. 화폐, 동굴 사원과 벽화, 테라코타와 바위에 새겨진 다양한 그림 등이 대표적이며, 특히 탑, 수도원 등 건축물에서도 뛰어난 솜씨를 발휘했다. 그러나 이들 가운데 많은 부분이 북인도 지방을 침입한 이슬람 세력에 의해 파괴되었다. 그럼에도 우리는 아잔타 동굴 사원 가운데 걸작으로 꼽히는 16번과 17번 동굴에서 당시의 뛰어난 건축술과 조각술을 충분히 짐작할 수 있다.

《샤쿤탈라》 2002년에 공연된 댄스 드라마 《샤쿤탈라》이다. 《샤쿤탈라》는 현대에도 여전히 인기 있는 희곡 중의 하나이다.

오늘날 아잔타 동굴을 관광하는 사람들에게 안내원들은 총 29개 동굴 사원 가운데 16번과 17번 동굴을 맨 마지막에 보도록 권한다. 그 이유는 만일 이 두 동굴 사원을 먼저 보고 나면 그 밖의 것들은 너무나 시시해서 더 이상 보고 싶은 마음이 들지 않기 때문이라고 자신있게 말한다. 실제로 대부분의 관광객들이 그 충고를 사실로 인정할 만큼 이 동굴 사원의 조각과 그림은 매우 뛰어나다.

이 밖에도 라자기리와 사르나트에 있는 불탑과 불상 역시 이 시대의 건축과 조각술이 얼마나 뛰어났는지를 알려주는 좋은 자료이다. 이 시대의 신상은 몸에 밀착된 얇은 옷을 통해 신체의 윤곽을 그대로 드러내는 것이 특징이다. 굽타 시대의 조각은 대부분 마투라 미술의 영향을 받았다. 또한 신상은 그리스풍의 영향을 받은 간다라 미술 양식에서 한 걸음 더 나아가 그것이 인도적인 형태로 충분히 소화되었다. 금속세공 기술도 상당히 발달하였는데 델리 근방의 쿠트브 미나르에 있는 철기둥이 당시의 기술 수준을 잘 알려주고 있다. 하지만 아쉽게도 굽타 왕조 시대의 헤아릴 수 없이 많은 훌륭한 작품들이 이슬람 세력에 의해 파괴됨으로써 오늘날 우리가 감상할 수 있는 예술작품들은 예상 외로 적은 편이다.

굽타 양식의 불상 굽타 양식은 인도 고유의 양식과 간다라 양식이 잘 절충돼 조화로움을 보여준다.

교육 부분에 있어서도 파탈리푸트라, 발라비, 우자인, 파드마바티, 아바라푸르, 바차굴마, 카쉬, 마투라, 나식, 칸치 등과 같은 도시에 대학이 세워져 교육의 중심지로 자리 잡았다. 이를 위해 왕족과 부자들이 자발적으로 땅과 자금 등 경제적인 뒷받침을 했다. 대학 교육은 선택된 엘리트만이 받을 수 있었지만 일단 입학만 하면 교육에 관한 모든 것과 숙식 등이 무료로 제공되었다.

기원후 6세기경 나란다 불교 대학은 아시아 전역에서 가장 유명한 대학으로 명성을 떨쳤다. 대학의 교육은 주로 종교적인 것과 현실적인 교육으로 학생들의 능력과 선택에 맞도록 제공되었다. 또한 책이 보급되어 북부에서는 주로 자작나무 껍질을, 남부에서는 야자수 잎을 가지고 종이를 대신했다.

아잔타 동굴 벽화 아잔타 동굴 벽화는 굽타 양식 미술 중 최고의 걸작으로 평가받고 있으며, 중앙아시아를 거쳐, 중국, 한국에 이를 정도로 아시아 미술에 지대한 영향을 끼쳤다.

과학과 천문학

굽타 왕조 시대에는 문학과 예술의 발전 못지않게 과학과 천문학 분야에서도 뛰어난 성과를 거두었다. 인도의 천문학은 칼데아(바빌로니아)의 영향을 받고 있었는데 기원전 4세기 이후 그리스 천문학의 지식을 수입하면서 눈부시게 발전했다. 가장 대표적인 사람으로는 위대한 과학자이고 수학자이며 동시에 천문학자였던 아리아바타이다. 그는 대수학과 기하학에 관한 여러 가지 문제를 해결했으며 특히나 원주율 파이의 값을 3.146으로 계산하여 이를 바탕으로 지구의 둘레를 정확하게 계산했다. 그는 또한 천문학자로서 지구가 중심축을 중심으로 자전한다는 사실을 밝혀낸 최초의 인도인이다. 태양과 달을 비롯한 행성의 운행을 정확하게 기술했을 뿐만 아니라 천동설이 아닌 지동설을 주장했다.

아리아바타 인도 최초의 인공위성은 위대한 수학자이자 천문학자인 아리아바타의 이름을 따서 지어졌다. 인도의 2루피 지폐에 새겨진 인공위성 아리아바타

아리아바타 외에도 이 시대에 뛰어난 천문학자로는 바라하미히라가 있다. 하지만 그는 천문학을 과학적 입장에서보다는 주로 점성술의 입장에서 연구했다. 이 밖에 천문학자 바스카라차리아는 지구가 각 물체를 그 무게에 따라 끌어당긴다고 하는 인력의 법칙을 처음으로 밝혀냈다.

인도의 수학은 천문학과 결부하여 《싯단타》(정설)라고 하는 책들을 만들었다. 아리아바타의 《아리아 바티얌》과

브라흐마굽타가 쓴 《브라흐마 싯단타》가 이런 유형의 책들이다. 이 가운데 《브라흐마 싯단타》의 경우는 아라비아어로 번역되어 서아시아와 유럽에 인도의 수학을 전하는 계기가 되었다.

천문학을 기초로 한 인도의 수학은 자연히 수에 대한 관심을 촉발시켰다. 그들은 이미 베다 시대부터 일반적인 숫자보다는 훨씬 큰 수의 개념을 만들었으며 나아가 무한이라는 개념으로까지 발전시켰다. 뿐만 아니라 인도인들은 천문학적 관심을 계기로 발전한 큰 수의 개념 못지않게 작은 수의 개념도 발전시켰다.

흔히 불교에서 쓰이는 찰라(극미)는 가장 짧은 시간의 단위로 간주된다. 그 가운데서도 특기할 만한 사실은 인도인들이 십진법을 사용하면서 최초로 '0'(영: 零)의 개념을 발견했다는 사실이다. 불교에서 공(空)으로 표현되기도 하는 0의 개념은 아라비아로 넘어간 후에 아라비아 숫자와 함께 유럽에 전해져 수학의 발전에 커다란 전기를 마련했다. 인도

쿠트브 미나르의 철탑 유적군 안에 세워진 철탑은 5세기경에 만들어졌음에도 녹 하나 슬지 않아 불가사의로 전해지고 있다.

인들이 이처럼 무한과 찰라라는 수의 개념을 발전시킨 데는 그만큼 그들이 추상적이고 분석적인 사고에 관심을 가졌다는 사실을 의미한다. 그중에서도 그들의 무한한 상상력이 가장 극명하게 드러나는 부분이 바로 0의 발견이라고 할 수 있다.

한편 이 시대에는《나바니타캄》이라고 하는 유명한 약학서가 쓰여지기도 했으며《하스트야아유르베다》나《아슈바샤스트라》등과 같이 동물의 병을 치료하는 수의학 서적도 나타났다. 그럼에도 불구하고 이 시대의 의학은 대부분 이전에 저술된 의학서를 기초로 하고 있다. 한편 대승불교의 창시자격인 용수 역시 약학과 화학, 야금술 등에 뛰어난 재능을 나타내어 새로운 약품들을 많이 발견했다고 알려져 있다. 이 시대에 야금술의 성과는 델리 교외의 쿠트브 마나르에 있는 철탑에서 발견할 수 있다. 이 철탑은 오늘날까지 녹 한 점 슬지 않은 채로 남아 있어 보는 이로 하여금 경탄을 자아내게 만든다.

힌두교의 개혁과 인도 철학의 발전

굽타 왕조 시대에 가장 주목할 만한 특징으로 두 가지 사실을 들 수 있다. 첫째는 인도의 종교가 오늘날의 힌두교와 같은 형태로 갖추어졌으며, 둘째는 불교와 자이나교 같은 종래의 비정통적 철학이 약화되고 대신 정통철학이 제모습을 갖추기 시작했다는 사실이다.

이 시기에 인도의 베다 종교는 종래의 브라흐마니즘이 가지고 있던 희생제와 같은 제사 의식의 형태에서 벗어나 한층 발전된 모습의 힌두이즘으로 변화한다. 이처럼 브라흐마니즘은 보다 발전된 형태로 자기 혁신을 꾀하고, 굽타 왕조의 전적인 보호를 받으면서 형성된 힌두이즘은 다시금 인도 사회에서 중요한 역할을 담당하게 되었다. 이와 더불어 힌두이즘을 중심으로 한 인도인의 생활양식이 점차 분명해지고 아울러 철학적으로도 정통 육파철학이 보다 명확한 형태로 체계화되었다.

힌두이즘의 발전은 우선 인도 사회 내에서 신분 계급 제도가 확고하게 정착할 수 있는 기틀을 제공했다. 굽타 왕조 이후 브라흐만을 정점으로 크샤트리아, 바이샤, 수드라로 이어지는 초기의 신분 제도(바르나)는 보다 발전하여 직업적 세습에 의한 카스트 제도로 정착되었다. 그러나 아직까지 계급 간의 결혼이 비교적 자유로웠다는 사실에 비추어 보면 후기의 카스트 제도처럼 계급 간의 상호교섭이 엄격하게 금지된 상황은 아니었다. 그러나 적어도 후에 인도 사회의 특징 가운데 하나를 구성하는 신분 제도의 기틀이 이 시기에 이미 싹텄다는 사실은 분명하다. 그와 동시에 특정한 계급에 속하는 사람은 자신의 계급에 주어져 있는 의무를 최우선으로 완수해야 한다는 관념이 분명하게 정립되었다.

《바가바드기타》에서도 나타나듯이 이 같은 의무는 전생의 카르마(업)를 현실에서 해소시켜 완전한 자유로서의 해탈을 얻을 수 있는 절호의 기회를 제공한다. 이 같은 의무의 관념으로 인도의 종교철학 이론은 또 다른 전기를 맞이했다. 일반적으로 삶을 유지하기 위한 행위는 개인적 욕망의 틀과 필수불가결한 관계를 맺고 있다. 그런 행위를 통해 카르마는 연속적으로 작용하고 그에 따라 윤회의 고리 역시 끊어지지 않고 이어진다. 하지만《바가바드기타》에서는 행위와 욕망 사이에 의무라는 개념을 도입함으로써 행위와 그 결과라는 필연적인 순환고리를 끊어버린다.

의무란 우리의 욕망과는 아무런 관계 없이 우리가 마땅히 그렇게 할 수밖에 없는 당위의 명령과 같다. 다시 말해서 비록 일상적인 행위에서는 우리가 그 결과를 예상할 수도 있지만 의무에 관한 한 결과에 대한 예측을 전혀 허용하지 않는다. 《바가바드기타》에 의하면 그 결과는 오직 신만이 결정할 뿐이다. 그렇기 때문에 이때의 행위는 우리의 욕망과 전혀 관계 없는 일종의 무욕의 행위이다. 따라서 만일 모든 윤회가 욕망을 전제로 한 행위의 결과인 카르마 때문이라면 의무의 행위는 어떠한 카르마도 낳지 않는다. 그렇기 때문에 괴로움으로 가득 찬 윤회와는 아무런 관련을 맺지 않는다. 《바가바드기타》에 의하면 욕망의 결과를 낳지 않는 무욕의 행위인 의무야말로 신의 은총을 얻을 수 있는 가장 효과적인 수단이다.

의무에 대한 관념은 신에 대한 철저한 헌신을 핵심으로 하는 박티 종교를 탄생시켰다. 그러나 한편으로는 각 계급 간에 지켜야 할 의무에 대한 철저한 준수는 결국 브라흐만이나 크샤트리아와 같은 상위 계급들이 자신들의 세력을 효과적으로 유지해 나갈 수 있는 수단으로 악용하였다.

《바가바드기타》에 나타난 의무라는 개념은 결국 인간의 일상생활을 해탈로 이어주는 하나의 수단으로 간주된다. 이때 인간의 삶은 네 단계의 목적을 점진적으로 이루어 나가는 일종의 여정으로 표현된다. 인도에서 인정되고 있는 삶의 네 가지 목적은 경제적 수단을 의미하는 아르타, 육체적 욕망을 뜻하는 카마, 사회적 질서 또는 법을 의미하는 다르마 그리고 절대적 자유를 의미하는

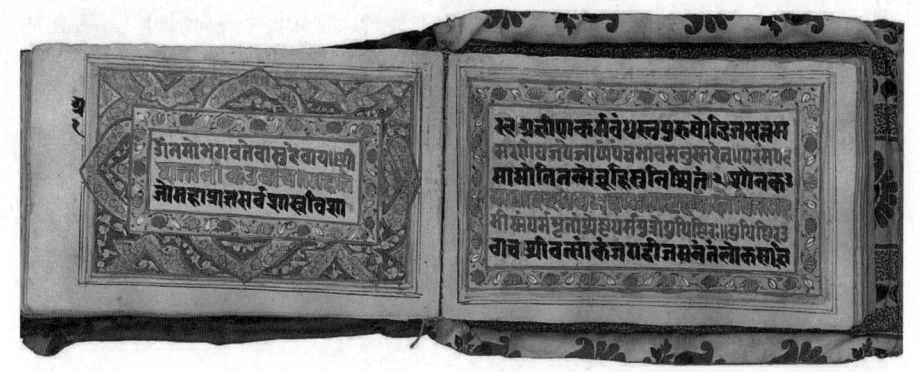

《바가바드기타》 1800년경 카슈미르에서 제작된 《바가바드기타》

모크샤이다. 이 네 가지 목적은 삶의 여정과도 일치한다. 우선 처음의 아르타와 카마는 인간의 순수한 기본적 욕망인 식욕, 성욕과 일치한다. 불교적 관점에서 보면 식욕은 소유욕 그리고 성욕은 생존욕과 일치한다.

인도에서 소유욕에 관한 문제를 다루고 있는 경전이 《아르타샤스트라》이고 육체적 욕망으로 대변되는 생존욕을 다룬 경전이 《카마수트라》이다. 인간은 처음 이 세상에 태어나서 일정 기간 동안은 마치 어린아이의 행동에서 알 수 있듯이 기본적 욕망만을 발휘하며 살아간다. 기본적 욕망은 인간이 철저하게 홀로 살아가는 개인적 존재인 한 아무런 문제가 되지 않을 수도 있다. 이 경우 인간은 철저하게 개인적이고 주관적인 존재이다.

그러나 인간은 비록 홀로 태어난다 할지라도 삶에 있어서 만큼은 다른 사람들과 더불어 살아가야 하는 사회적 존재이다. 따라서 사회적 존재로의 삶을 영위해야 하는 한 인간은 더불어 살아가기 위해 일정한 규칙을 준수해야 한다. 그러기 위해서는 개인의 욕망이 어느 정도 제한되지 않을 수 없다. 다시 말해서 사회적 존재로서의 인간에게는 개인적이고 주관적인 요소가 강한 아르타와 카마조차도 일정하게 허용된 틀 안에서만 충족되어야 할 필요가 있다.

　더불어 살아가기 위한 규칙은 개인의 욕망이 어떠한가에 관계 없이 철저하게 준수되어야만 한다. 이 경우 개인적 욕망의 원천인 아르타와 카마는 사회적인 법 다르마보다 하위개념에 속하게 된다. 그렇다고 해도 아르타와 카마가 완전하게 부정되어서도 안 된다는 것이 힌두이즘의 사유 방식이다. 아무리 인간이 생의 대부분을 사회적 존재로 살아간다 하더라도 개인적이고 주관적인 욕구 충족 역시 삶에서 없어서는 안 될 중요한 부분이기 때문이다. 결국 인간이 기본적으로 소유한 욕구를 넘어 사회적인 법과 의무를 알아야만 하는 이유는 바로 양자의 적절한 조화를 위해 그것이 필수적인 일이기 때문이다.

　인간의 생애 가운데 많은 부분이 사회적 존재로서의 생활을 의미한다면 우리는 우선적으로 더불어 살아가야만 하는 규칙을 배우고 실천하지 않을 수 없다. 이것이 바로 삶의 세 번째 단계이며 목적인 다르마이다. 결국 국가와 사회 속에서 법의 준수를 주로 다루고 있는 《다르마샤스트라》는 바로 인간이 사회적 존재로서 취해야 할 바람직한 삶이 어떠한 것인가를 알려주는 인도의 경전이다. 다르마를 통해 인간은 완전한 사회적 존재로서 모든 인간과 더불어 살아가는 방법을 익혀 나간다.

　일반적인 관점에서는 만일 인간이 절제된 영역 속에서 자신의 개인적 욕망을 적절하게 발휘하고 사회적 존재로서의 역할을 충실하게 실행했다면 그의 삶은 일단 완성된 것으로 간주한다. 그러나 인도적 관점에서는 사회적 존재로서의 인간이 결코 완성된 존재가 아니다. 오히려 그보다 한 걸음 더 나아가 해탈이라는 절대적 자유를 획득하는 것이 모든 인간의 궁극적인 목적이다.

　인도에서의 철학과 종교의 목적은 바로 이 해탈의 추구에 있다. 인간의 궁극적인 목적인 해탈은 바로 사회적인 삶조차도 벗어나려는 노력 속에서만 가능하다. 여기서 인도인이 삶의 전 과정을 학습기(브라흐마차르야), 가정생활기(그리하스타), 은둔기(바나프라스타), 순례기(산야사)의 네 단계로 나누는 이유가 분명하게 드러난다.

　첫 번째의 학습기는 바로 아르타와 카마의 주관적 요소를 억제하고 사회적 존재로서 다른 사람들과 더불어 살아가는 방법을 배우는 기간이다. 학습을 통해 종교와 도덕 그리고 법률 등 사회인으로서 갖추어야 할 모든 부분을 익힌 다음 그는 이제 가정을 이루는 가정생활기로 들어선다. 가정생활기는 사회인으로서의 삶을 직접 실천에 옮기는 시기이다. 이 기간 동안 인간은 평생의 반려자를 만나 가정을 이루고 자식을 낳아 출가시키는 등 자신의 사회적 의무를 다해야 한다. 물론 사회와 국가에 대한 의무도 충실히 수행해야만 한다. 일반적으로 인간은 사회인으로서의 의무를 다한 것으로 일단 자신의 삶이 완성된 것으로 간주한다.

　그러나 인도인들은 여기서 다음 단계로서의 은둔기와 순례기를 추가한다. 일단 사회인으로서의 의무를 완수한 인간은 이제부터는 다시 인간으로서의 최후의 목적인 완전한 자유를 위하여 한 걸음 더 나아가야만 한다. 은둔기란 바로 이 같은 완전한 자유, 즉 모크샤를 위하여 모든 사회적 의무의 짐마저 벗어버린 채 오직 깨달음이라는 최종의 목표를 향하여 전념하는 과정이다. 은둔이란 바로 사회적 의무로부터 벗어났음을 뜻하는 하나의 상징이다. 그렇기 때문에 그가 가정을 떠나 깊은 숲속으로 들어가든 아니면 사회 속에 머물면서 사회적 의무를 벗어버리든 어떠한 형식이어도 아무런 상관이 없다. 은둔의 과정 속에서는 절대적 진리에 대한 학습과 명상이 필수적인 과제로 주어진다. 여기서 인도 철학의 참된 의미가 드러난다.

이리하여 은둔을 통해 일단 절대 진리에 대한 깨달음을 얻고 나면 인간은 이제 지나온 삶의 모든 여정을 순례한다. 이 순례의 길에서는 인간이 태어날 때의 모습 그대로 철저하게 무소유를 실천한다. 무소유는 모든 욕망의 소멸을 뜻한다. 그리하여 욕망의 끈을 완전하게 끊어버린 그는 괴로움에 가득 찬 현실로 되돌아올 수밖에 없는 윤회의 수레바퀴를 넘어 완전한 해탈의 세계에 도달한다.

모크샤를 추구하는 은둔과 순례기의 부분은 초기 브라흐마니즘보다 힌두이즘 속에서 추가된 요소처럼 보인다. 이미 앞에서 말했듯이 힌두이즘은 쇠퇴한 브라흐마니즘을 다시 부흥시키려는 노력 속에서 새롭게 변화된 모습으로 나타난 종교이다. 실제로 초기 베다 시대에 나타난 브라흐마니즘은 현실적 경향이 매우 강한 종교였다. 그렇기 때문에 그 속에는 현실이 괴로움으로 가득 찬 세계이고 삶과 죽음이 끝없이 반복되는 윤회의 세계이며, 그로부터 벗어나 절대적인 자유를 얻는 것이 최상의 목적이라는 관념은 희박하다. 이 같은 관념은 오히려 불교와 같은 슈라마니즘에서 강조된 사상이었다. 그러나 브라흐마니즘이 힌두이즘으로 자기 혁신을 꾀하면서 해탈은 중요한 철학적, 종교적 개념으로 자리 잡았다. 이 과정에서 삶의 목적 역시 개인적, 사회적 존재를 뜻하는 아르타, 카마, 다르마에 완전한 인간을 뜻하는 모크샤가 자연스럽게 첨가되었다. 아울러 삶의 단계 역시 학습기, 가정생활기 외에 은둔기와 순례기가 덧붙여진 네 단계로 정립되었다.

이 밖에도 종교적인 부분으로는 삼신일체(트리무르티)라는 힌두교의 독특한 신관이 이 시기에 확립되었다. 즉 힌두교는 우주를 창조하는 브라흐마, 창조된 우주를 유지하고 관장하는 비슈누 그리고 파괴를 담당하는 시바 등 세 신이 실제로는 하나의 완전한 신성이라는 삼신일체의 교리를 형성했다. 그러나 이들 가운데 브라흐마에 대한 신앙은 대중적으로 크게 발전하지 못한 반면 비슈누 신과 시바 신에 대한 신앙은 널리 대중 속으로 퍼져나갔다.

이 가운데 비슈누 신을 섬기는 바이슈나비즘은 주로 북인도 지방의 대중적인 종교가 되었으며 시바 신을 믿는 쉐이비즘은 남인도 지방에서 널리 성행했다. 이들 양대 종교는 《푸라나》라는 일종의 신화 역사집을 편찬하여 일반 대중에게 보다 친숙하게 다가갈 수 있는 길을 마련했다. 이 밖에도 굽타 왕조 시기에는 주술적 요소를 강하게 지닌 밀교도 성행하기 시작했다. 이것은 주로 베다 이전, 대지의 여신에 대한 선주민의 숭배와 성기숭배 신앙에서 영향을 받은 것처럼 보인다.

굽타 왕조 시대에 들어오면 종교에서 브라흐마니즘이 힌두이즘으로 새롭게 변화하는 것과 마찬가지로 철학에서도 기원후 초기 무렵부터 육파철

춤추는 시바 파괴의 신인 시바는 또한 춤의 신이다.

학(六派哲學)이라는 인도의 정통철학이 점차로 발전하여 완성된 체계를 갖춘다. 육파철학은 상키야, 요가, 느야야, 바이쉐쉬카, 미맘사, 베단타의 여섯 가지 철학 체계를 일컫는다.

인도 철학은 크게 베다의 권위를 인정하는 정통 철학(아스티카)과 베다의 권위를 인정하지 않는 비정통 철학(나스티카)으로 구별된다. 이 가운데 정통철학은 다시 베다에 직접적으로 근거를 둔 미맘사와 베단타 철학 그리고 실제로 베다가 아닌 다른 독립된 근거를 가지고는 있지만 베다의 권위를 인정하는 상키야, 요가, 느야야, 바이쉐쉬카 철학으로 나뉜다.

이에 반해 비정통철학은 불교와 자이나교 그리고 차르바카라는 유물론 계통의 철학으로 전체적으로 슈라마니즘의 전통을 잇고 있다. 슈라마니즘은 대체로 아리아인의 인도 침입 이전부터 존재했던 금욕주의 혹은 고행주의에 그 기원을 두고 있는 것으로 간주된다. 다른 한편으로는 상키야, 요가의 사상과도 연관을 맺고 있는 것처럼 보인다. 한편 이처럼 정통의 육파철학이 체계화되고 브라흐마니즘이 새롭게 힌두이즘으로 변모하면서 힌두교와 불교의 논쟁도 이전보다 훨씬 활발하게 진행되었다.

상키야 철학

상키야 철학은 인도에서 가장 오래된 철학이며 비록 정통철학의 범주에 속하지만 불교와도 상당한 연관을 맺고 있다. 상키야라는 말은 원래 수를 뜻한다. 때문에 원래의 의미에 따라 흔히 수론학파라고 번역되기도 한다. 이 학파의 개조는 카필라로 알려져 있으며 《상키야수트라》라는 근본경전이 있었다고 전하지만 현존하지는 않는다.

　무신론적 경향을 띠고 있는 이 학파는 세계가 신과 같이 신성하고 절대적인 존재에 의해서가 아니라 프라크리티라는 실체로부터 전개된 것이라고 주장한다. 이 프라크리티는 사트바, 라자스, 타마스라고 하는 세 가지 성질(구나)로 되어 있으며 이들의 평형 상태가 깨어지는 순간 세계의 전개가 시작된다고 주장한다. 그리하여 마하트, 아함카라를 거쳐 미세한 물질(탄마트라), 지각 가능한 물질 등 25원리로 전개되는 과정 속에서 우리가 살고 있는 세계의 전체 모습이 드러나게 되었다고 한다.

　상키야 철학은 프라크리티 외에 또 다른 실체로 일종의 정신적 원리인 푸루샤를 인정한다. 푸루샤는 비록 그 자체는 전혀 활동성이 없는 존재이지만 프라크리티로 하여금 최초의 균형을 깨고 세계 전개를 시작하도록 만드는 일종의 근본 원인이다. 이후 프라크리티의 목적은 오직 푸루샤의 만족을 위한 것이 되며 이 과정 속에서 프라크리티가 전개한 요소 가운데 일부가 스스로를 푸루샤와 동일한 것으로 착각하면서 세계의 괴로움은 발생한다.

　따라서 상키야 철학에 의하면 해탈이란 바로 프라크리티가 다시금 평형 상태로 되돌아가는 것을 뜻한다. 이처럼 프라크리티가 평형의 상태로 되돌아가면 푸루샤와 독립적으로 존재하는 상태가 되어 해탈*이 이루어진다. 상키야 철학은 해탈을 위한 필수적 조건으로 올바른 지식을 강조한다. 상키야 철학의 입장에서 보면 해탈은 은총과 같은 신의 도움을 통해서가 아니라 전적으로 자신의 올바른 지식을 통해 얻어진다.

　이처럼 푸루샤와 프라크리티라는 이원적 실재를 바탕으로 구성된 상키야 철학은 초기 《우파니샤드》의 형성에도 많은 영향을

*해탈 : 카이발야, 홀로 머무는 상태

끼쳤으며 후에 인도의 철학에 있어서 세계전개 이론에 필수적인 토대를 이루었다.

요가 철학

인도의 가장 톡특한 사상 가운데 하나인 요가의 기원은 멀리 인더스 문명까지 거슬러 올라간다. 모헨조다로와 하라파 유적 속에서 출토된 요가 수행자의 형태를 취한 시바 신상을 통해 우리는 이 학파의 기원을 더듬어볼 수 있다.

요가 수행자 푸른색 천 한 장만을 몸에 걸친 채 나무 밑에서 명상을 하고 있는 요가 수행자의 모습

파탄잘리를 개조로 한 요가 철학의 핵심은《요가수트라》에 잘 나타나 있다. '결합하다, 합일하다' 라는 의미를 지닌 요가는 말 그대로 심신의 조절을 통해 신과의 합일이라는 형태의 해탈을 추구한다. 따라서 이 학파는 최고신으로서 이슈와라를 인정하면서 해탈에 이르는 수행의 길을 제시한다. 요가의 수행법은 도덕적 훈련을 통해 감각적 욕망을 절제하는 처음 두 단계를 시작으로 호흡과 자세를 통해 심신을 조절하는 중간 단계를 거쳐 신과의 완전한 합일을 통해 궁극의 깨달음에 이르는 마지막 단계까지 모두 7단계로 정리되어 있다.

요가의 수행법은 실제로 요가 철학만이 아니라 해탈을 지향하는 모든 인도 철학의 기본적인 수행 방법이다. 아울러 이 철학의 전체적인 내용 가운데 수행 부분을 제외한 나머지는 상키야 철학과 거의 일치한다. 그렇기 때문에 후대에 이르면 상키야와 요가 철학을 하나로 취급하기도 한다.

느야야 철학

고타마를 개조로 《느야야수트라》를 기본경전으로 하는 이 철학은 주로 논리학에 관한 체계적 이론을 전개한다. '이론 정리'를 뜻하는 느야야의 어원대로 이 학파는 논리적 추론을 통한 올바른 지식의 획득이 바로 해탈이라고 주장한다. 이 학파는 올바른 지식을 얻는 수단으로 지각(현량), 추론(비량), 비유(유비량) 그리고 언어적 검증(성언량)의 네 가지 방법을 제시했으며 이 가운데 무엇보다도 추론법의 연구에 치중했다.

느야야 학파에 의해 제시되는 대표적인 추론법은 "첫째 저 산에 불이 있다. 둘째 왜냐하면 연기가 나니까. 셋째 연기가 있는 곳에는 반드시 불이 있다. 마치 부엌의 아궁이처럼"이라는 형식으로 나타난다. 느야야 학파의 논리 전개방식은 후에 불교 논리학파의 발생에 커다란 영향을 미친다.

바이쉐쉬카 철학

바이쉐쉬카 철학은 일종의 자연주의 철학 혹은 원자론이나 요소론으로 카나다를 개조로 하며 《바이쉐쉬카수트라》를 근본 경전으로 삼는다. 바이쉐쉬카 학파는 모든 사물을 실체, 성질, 행위, 보편성, 개별성, 내재성, 부재 등 일곱 가지 범주로 설명했다. 이 가운데 실체는 흙, 물, 불, 바람, 아카샤, 시간, 공간, 영혼, 마음의 아홉 가지 종류가 있으며 이 가운데 물질적 실체인 흙, 물, 불, 바람은 더 이상 나누어지지 않고 눈에 보이지 않으며 결코 파괴되지 않는 원자로 구성된다.

바이쉐쉬카 철학에 의하면 우리가 만지고 볼 수 있는 모든 물질은 원자들의 결합으로 이루어져 있으며 신은 이들 영원한 원자를 각각의 카르마의 법칙에 따라 결합시켰다 다시 분리시키는 역할을 담당한다. 이 학파가 주장하는 해탈의 문제는 느야야 학파의 이론과 유사하다. 후대에 오면 느야야와 바이쉐쉬카를 하나의 학파로 묶어 취급하기도 한다.

미맘사 철학

미맘사는 어원적으로 '추론과 해석의 기술'을 의미한다. 미맘사 철학은 추론과 해석의 기술을 사용하여 주로 베다에 나타난 제식의 타당성을 입증하려고 노력한다. 자이미니를 개조로《미맘사수트라》라는 근본 경전을 가진 이 학파는 베단타 학파와 더불어 직접적으로 베다에서 파생한 철학이다. 일반적으로 베다는《브라흐마나스》를 중심으로 한 행위부와《우파니샤드》를 중심으로 한 지식부의 두 부분으로 구별된다. 이 가운데 미맘사 학파는 주로 전자의 행위부, 다시 말해서 제사 의식에 관한 부분을 취급한다.

미맘사 학파에 의하면 베다는 절대 신성한 계시서로 어떠한 오류도 담고 있지 않다. 따라서 해탈 역시 베다에 나타난 대로 천상의 세계로 올라가 온갖 축복을 누리는 것이다. 결국《브라흐마나스》의 제사 의식은 바로 이 같은 해탈을 위해 제시된 것으로 그 속에 나타나는 모든 언어는 절대 불변한다. 미맘사 학파는 이 같은 사실을 강조하기 위하여 언어를 소리와 의미의 두 가지로 나누어 고찰한다. 그들에 의하면 비록 언어의 소리는 무상하지만 의미는 항구 불변한다. 따라서 영원 불변의 의미와 결합한 베다의 모든 언어에는 어떠한 오류도 있을 수 없다고 주장한다.

베단타 철학

베단타는 원래 '베다veda의 끝 혹은 결론anta'을 의미하는 것으로 궁극적으로《우파니샤드》를 지칭한다. 이 학파는《우파니샤드》와 함께 기원전 2세기경에 편찬된 바다르야나의《브라흐마수트라》혹은《베단타수트라》와《바가바드기타》를 근본경전으로 삼는다. 베단타 학파는 미맘사 학파와 함께 베다에 직접적인 근거를 둔 철학이지만 양자의 관점은 근본적으로 다르다. 앞에서도 밝혔듯이 미맘사 학파가 베다의 제사 의식을 강조한 데 비하여 베단타 학파는《우파니샤드》에 나타난 지식을 해탈의 길이라고 주장한다. 이 학파는 다시 후에 샹카라의 불이론(아드바이타), 라마누자의 한정적 불이론(비쉬슈타아드바이타), 그리고 마드바의이원론(드바이타)으로 나뉘어진다.

이 가운데 후기의 인도 철학에 가장 큰 영향을 미친 샹카라의 이론을 살펴보면, 그는 브라흐만만이 유일한 실재이며 그 밖의 모든 것은 거짓 혹은 미혹(마야)에 지나지 않는다고 주장한다. 이 브라흐만은 동시에 인간 안에 내재한 본질인 아트만과 동일하다. 따라서 이 같은 미혹을 벗어나 궁극적인 해탈을 얻기 위해서는 무엇보다도 올바른 지혜를 획득해야만 한다. 그러나 참된 본질은 상대적 세계의 어떠한 표현으로도 나타낼 수 없으며 기껏해야 현상계의 모든 상대성을 부정함으로써 그 존재를 간접적으로 입증할 수밖에 없다. 만일 우리가 그래도 브라흐만 혹은 아트만의 본질을 파악하려 한다면 그것은 실재(사트), 인식(치트), 무한한 축복(아난다)으로 인식될 수밖에 없다.

샹카라 철학은 또한 불교의 중관학파나 유식학파와도 상당한 연관을 맺고 있으며 실제로 후에 인도에서 불교가 사라졌다는 주장은 그것이 베단타 철학으로 흡수되었음을 의미하는 것일 수도 있다. 다른 한편 베단타 철학은 웃타라(뒤, 후반부) 미맘사로, 미맘사 철학은 푸르바(앞, 전반부) 미맘사 철학으로 불리기도 한다.

굽타 왕조 시대는 사상·종교적으로 매우 중요한 전환기였다고 할 수 있다. 힌두이즘의 태동과 더불어 발전한 정통철학은 마우리아 왕조 이후 성행하던 불교를 흡수할 수 있는 능력을 갖추었다. 그 결과 비록 그들 사이에 수많은 논쟁이 벌어졌지만 힌두이즘은 붓다를 비슈누의 화신으로 취급하면서 불교를 힌두 사상의 한 부분으로 흡수하기에 이른다. 이리하여 승리를 획득한 힌두이즘은 이후 인도인의 전체 생활을 지배하는 종교와 사상으로 굳건하게 자리 잡았다.

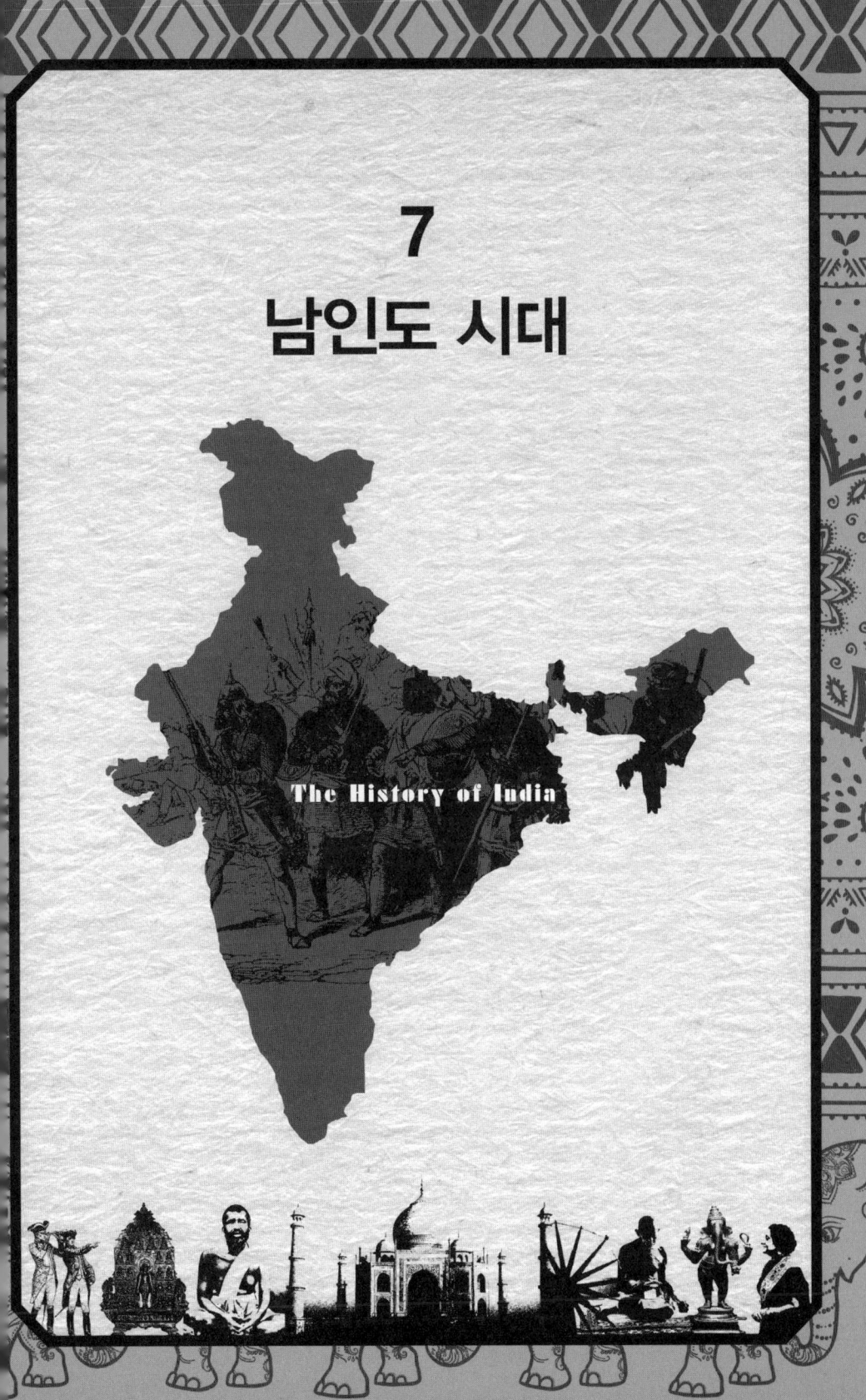

7
남인도 시대

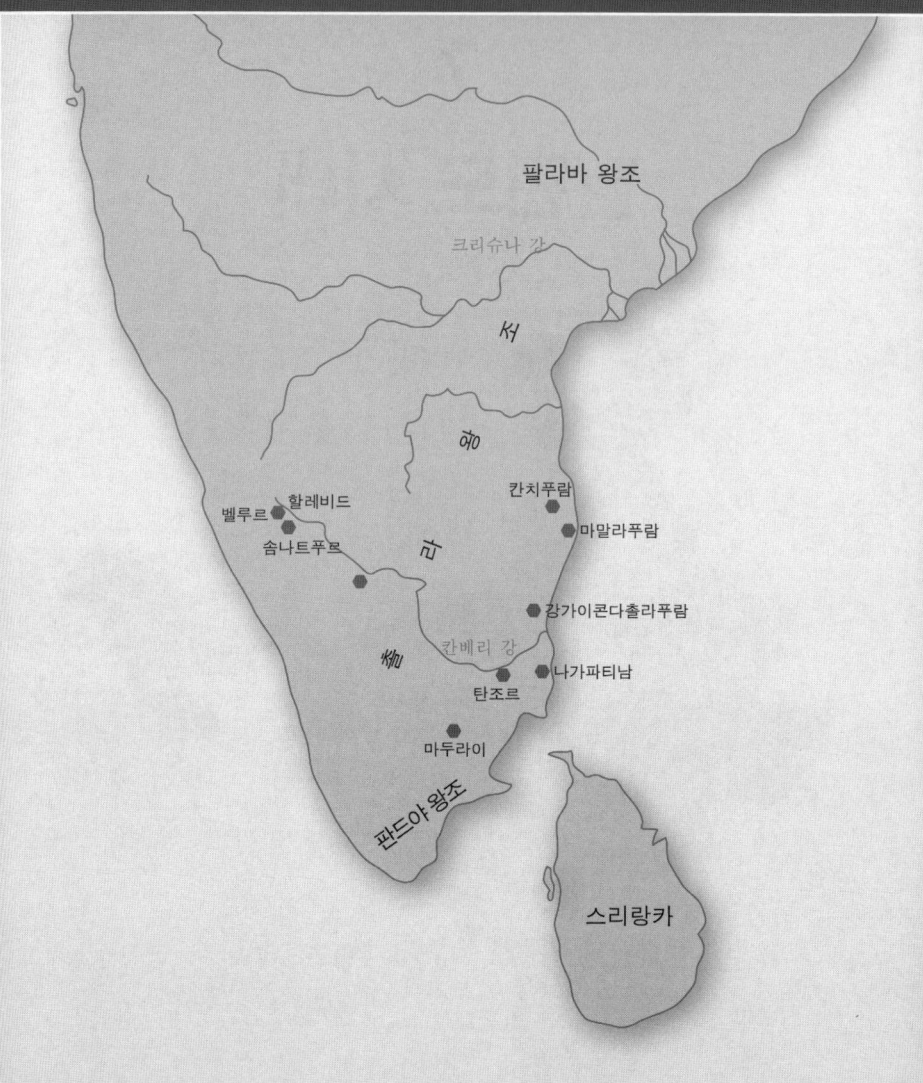

남인도 시대

인도는 크게 데칸 지역을 중심으로 남부와 북부로 구분된다. 그리고 남인도는 다시 데칸 중심의 지역과 그 이남의 타밀 지역으로 나뉜다. 남인도 지역은 마우리아와 굽타 왕조 시대에도 완전히 정복되지 않은 채 어느 정도 독립된 권한을 유지하고 있었다. 그렇기 때문에 비록 마우리아 왕조의 인도 통일로 북인도의 문화가 어느 정도 유입되었더라도 상당히 오랫동안 독자적인 문화를 간직하고 있었으며 그 경향은 현재에도 지속되는 편이다.

드라비다인의 문화라고 지칭되는 남인도 문명은 기원전 1200년경에 이미 바다를 통해 메소포타미아, 이집트, 팔레스타인 지역 등과 교역을 하였고 기원전 1세기경에는 로마 제국과도 독자적으로 해상 무역을 하였기 때문에 경제적으로도 상당히 풍요로웠다.

타밀 중심의 남인도 지역이 인도 역사상에 구체적인 모습을 드러낸 것은 대략 기원전 2세기경으로 촐라, 체라, 판드야의 세 왕국이 서로 세력 다툼을 벌이다 후에 팔라바 왕조로 대체되면서 9세기까지 지속되었다. 이에 비해 데칸 지역에는 카라벨라 왕국을 물리치고 사타바하나 왕국이 등장하여 중앙 인도 전역을 지배하는 강력한 힘을 발휘하면서 남북 인도의 중개자 역할을 담당했다.

사타바하나 왕조는 특히 쿠샨 왕조의 남인도 진출을 저지하는 한편 페르시아 만의 해상권과 자바와 수마트라 등의 식민지를 개척하면서 아시아의 해상 무역을 독차지했다. 하지만 사타바하나 왕조는 바카타카 왕국을 거쳐 6세기경 나타난 찰루키아 왕조로 대체되었다.

남인도 지역의 상황

인도는 크게 데칸 지역을 기점으로 남부와 북부로 구분된다. 데칸(다칸)이란 산스크리트어로 '남쪽 나라'를 뜻하는 다크쉬나파타가 와전된 것으로 나르마다 강 이남의 고원 지대를 가리킨다. 데칸이라는 명칭은 단순히 남쪽이라는 방향보다도 북인도의 아리아인이 자신들의 수준 높은 문화에 비하여 남인도 드라비다인의 이질적인 문화를 후진적이라고 낮추어 부르는 데서 비롯되었다.

북인도 지역은 다양한 인종과 국가들이 부침을 거듭하는 가운데 마우리아 왕조의 아소카 왕에 의해 통일된 모습을 갖추었다. 그 가운데서도 서북 지역은 인더스 문명 이후 인도에 이주한 아리아인의 문화가 중심을 차지한다. 아리아인의 문명은 동부 인도를 거점으로 발생한 마우리아 왕조의 아소카 왕이 통일제국을 달성한 이후 다양한 교통로를 따라 동쪽 지역으로 급속하게 확산되었다. 똑같은 길을 통해 마우리아 왕조의 왕들은 동부 지역에서 흥기한 불교를 서북 지역을 포함한 다른 지역, 심지어는 외국에까지 널리 전파하는 데 더욱 힘을 쏟았다.

이에 반해 굽타 왕조 시대에는 왕들의 보호 아래 힌두이즘이 적극적으로 전파되었다. 물론 굽타 왕조 시대의 힌두이즘은 정통적인 브라흐마니즘에 어느 정도의 수정을 가한 새로운 형태의 종교이다. 그러나 그것이 전통 베다에 근거를 두고 있는 한 북인도 지역이 아리아인의 문화권 속에 흡수되었음을 알 수 있다. 뿐만 아니라 마우리아 왕조와 굽타 왕조는 북인도를 정복한 뒤 데칸 고원을 넘어 본격적으로 남인도 지역을 침범하기 시작했다.

원래 데칸 지역은 거의 통행이 불가능한 밀림 지역이었기 때문에 이를 기준으로 남부와 북부는 문화와 관습 및 생활상이 현저하게 달라진다. 이에 대해 《라마야나》는 데칸 지역에 악마가 살고 있는 것으로 묘사하고 있다. 아리아인의 문화는 아소카 왕의 남부 진출을 계기로 어느 정도의 시간이 걸리기는 했지만 남인도의 맨 끝에 위치한 타밀 지역까지 알려지기 시작했다.
　남인도 지역은 크게 데칸 중심의 지역과 그 이남의 타밀 지역으로 다시 구분할 수 있다. 이들 남인도 지역은 적어도 마우리아 왕조의 통일국가 이전까지는, 북인도 지역이 아리아인 문화가 중심인 데 비해 주로 드라비다인 계통의 문화를 형성하고 있었다.
　남인도 지역 가운데 특히 타밀 지역은 마우리아와 굽타 왕조 시대에도 완전히 정복되지 않은 채 독립적인 권한을 유지했다. 그들의 독자적인 문명은 비록 북인도 지역과는 다를지라도 나름대로 높은 수준을 유지했다. 뿐만 아니라 북인도 지역이 이방인의 유입으로 어느 정도 변질된 문화 형태를 드러내고 있음에 비하여 선사시대부터 시작된 드라비다족의 문명은 상당히 오랜 기간 동안 외부의 영향을 받지 않은 채 그들 고유의 문명을 그대로 간직하고 있었다. 뿐만 아니라 드라비다 문명을 중심으로 한 남인도 지역은 기원전 1200년경부터 바다를 통해 독자적으로 메소포타미아, 이집트, 팔레스타인 지역과 접촉했으며 페르시아 만, 홍해, 그리고 인도의 서해안을 연결하는 해상 무역을 벌었다. 남인도는 또한 바다를 통하여 태평양 지역의 여러 섬들과도 교류했으며 그 결과 기원 전후로 인도의 문명이 이들 지역으로 전파되었다.
　실제로 《라마야나》에서 라마가 사랑하는 아내 시타를 구하기 위하여 랑카 섬까지 남쪽으로 여행하는 과정에서 드러나는 여러

남인도 지역의 부조상
남인도, 타밀 지역의 케랄라 주. 남인도 지역은 북인도와 다른 문화를 기반으로 성장했다.

가지 묘사는 북인도와 남인도의 문화가 서로 달랐다는 사실을 분명하게 보여준다. 또한 기원전 3세기경 아소카 왕의 석주에 나타난 비문을 통해 남인도 지역이 처음으로 북쪽의 아리아인 문명과 접촉하기 시작했음을 알 수 있다. 마이소르의 치달드루그 지역에 있는 아소카 왕의 초기 비문은 데칸 지역이 마우리아 왕조에 편입되었음을 알려준다. 하지만 타밀 지역의 촐라, 체라, 판드야의 세 왕국은 마우리아 왕조와 우호 관계를 유지했을지라도 여전히 마우리아 왕조에 독립해서 존재했다.

기원전 1세기경에는 남인도와 로마 제국의 해상 무역이 매우 왕성했다. 이때 로마 제국에서는 인도로부터 해마다 막대한 양의 향료, 면화, 진주 등 물품들을 수입했다. 오늘날 폰디체리와 케랄라 지역에서 발굴된 유적을 통해 이 지역이 로마 제국이나 지중해 지역과 해상 무역을 담당하는 전초기지였음을 알 수 있다. 또한 이곳에서 출토된 화폐와 유물들은 당시에 남인도 지역이 이미 높은 수준의 물질 문명을 가지고 있었음을 충분히 짐작하게 한다.

인도의 가장 남쪽 타밀 지역에는 촐라, 체라, 판드야의 세 왕국이 존재했다. 그들은 안으로는 드라비다적인 정치 체제를 이룩하고 밖으로는 지중해나 태평양의 여러 섬들과 무역을 통하여 긴밀한 관계를 유지했다. 따라서 이 지역은 매우 높은 수준의 경제적인 부를 이루고 있었다. 그리스의 역사가 메가스테네스는 이 와중에 판드야 왕국에 대한 소문을 들었다. 당시 왕국은 여왕이 다스리고 있었으며 500마리의 코끼리와 4천명의 기병 그리고 13만 명의 보병으로 구성된 군대를 보유하고 있었다. 판드야 왕국이 거대한 마우리아 왕조로부터 독립을 유지할 수 있었던 이유도 이처럼 강력한 군대가 있었기 때문이었다.

남인도 지역의 주민은 대부분 아리아인이 아닌 드라비다(타밀)인이었다. 따라서 그들의 문화 역시 드라비다적인 요소를 강하게 드러냈다. 드라비다인은 주로 토템적인 씨족체제를 구성하고 있었으며 오랫동안 토템의 상징을 숭배했다. 오늘날에도 남아 있는 나야르족의 뱀 신앙이 좋은 예이다. 그러나 그들의 전통적이고 독립적인 문화는 마우리아 왕조의 통일제국 이후 점차 아리아인의 문화에 영향을 받았고, 그들의 고유 종교는 힌두이즘보다 불교와 자이나교의 영향을 먼저 받았다. 그 이유는 아소카 왕의 적극적인 불교 전파 정책 때문으로 그들이 본격적으로 힌두이즘의 영향을 받은 것은 사타바하나 왕조와 굽타 왕조 때라고 할 수 있다.

남인도 지역이 인도 역사에 자신의 모습을 구체적으로 드러낸 것은 기원전 2세기경이다. 동부 지역의 칼링가 왕국의 카라벨라 왕은 자신의 타밀 지역 원정을 기록으로 남겼다. 같은 드라비다인이면서도 남인도 지역의 사람들보다 먼저 아리아인의 문명에 친숙해 있던 칼링가족은 카라벨라 왕 때 남인도 지역으로 세력을 뻗쳐 전 지역을 실질적인 그들의 세력권 안에 포함시켰다. 카라벨라 왕의 비문만이 아니라 메가스테네스가 남긴 기록에 따르면 당시 남부의 타밀 지역에는 이미 촐라, 체라, 판드야의 세 왕국이 상당히 높은 정도의 문화 수준을 유지하고 있었음을 알 수 있다.

사타바하나 왕조

타밀 지역이 세 왕국을 중심으로 번창하고 있는 동안 데칸 지역에서는 큰 변화가 일어났다. 카라벨라의 칼링가 왕국은 기원전 1세기 말경 시무카라는 브라흐만이 데칸 지역에 세운 사타바하나 왕조에 의해 대체되었다. 이 왕조는 마우리아 왕조의 통일제국이 무너진 이후 북쪽에서 슝가 왕조가 그 뒤를 잇자 100년 가량의 시간 차를 두고 남쪽에 세워졌다.

이 왕조의 첫 번째 왕은 시무카이다. 기원전 1세기 말경에 독립된 왕국을 세운 그는 마가다의 칸바 왕조와 비디샤의 슝가 왕조를 물리친 뒤 중앙 인도 지역을 차지하여 23년 동안 통치했다. 시무카의 뒤를 이은 크리슈나는 시무카의 형제로 18년 동안 왕국을 다스리며 나식을 정복했다. 그의 뒤를 이은 아들 샤타카르니 1세는 서부 말와 지역과 비다르바 그리고 남부 인도의 일부분을 정복함으로써 칼링가와 남인도 타밀 지역을 제외한 중앙 인도 전역을 지배하는 거대한 왕국을 건립했다. 그러나 이 거대한 왕국도 그가 죽자마자 곧바로 그 힘을 잃고 말았다.

샤타카르니 1세의 부인인 나야니카는 왕이 죽고 나서 얼마 동안 아들의 후견인으로 나라를 직접 다스리기도 하였지만 왕국의 힘은 날로 약화되기만 했다. 이 시기에 사타바하나 왕조는 그리스인과 샤카족 그리고 파르티아인들과도 끊임없이 전쟁을 치러야만 했다. 이 가운데 샤카족은 말와 지역을 정복하고

약샤 마하라슈트라 주에서 발굴된 사타바하나 왕조 시대의 약샤 상

기원후 1세기 말 무렵에는 사타바하나 왕조로부터 나식을 포함한 남인도의 서북 지역을 빼앗았다.

　이같이 어려운 상황에서 사타바하나 왕조를 구해 낸 왕이 바로 가우타미푸트라 샤타카르니였다. 106년부터 130년까지 왕국을 다스렸던 그는 사타바하나의 통치자들 가운데 가장 위대한 왕으로 샤카족을 남인도 지역에서 몰아냈을 뿐만 아니라 그리스인과 파르티아인들도 성공적으로 물리쳤다. 구자라트, 카티아와르, 서부 라지푸타나, 말와, 베라르, 북 콘칸 지역에서 이들 이방인을 몰아낸 그는 이전의 영토보다 훨씬 넓은 지역을 다스렸다.

　그는 자신만이 유일한 브라흐만이라고 자처하면서 다른 많은 크샤트리아 지배자들을 물리쳤다. 북쪽으로는 말와에서 남쪽으로는 카르나타카에 이르는 넓은 영토를 차지한 가우타미푸트라는 정복자로서뿐만 아니라 정치가로서도 훌륭한 업적을 남겼다. 당시의 비문에 의하면 그가 사회개혁에도 성공한 것으로 나타난다. 그러나 말년에 이르면 다시 샤카족의 침입으로 영토를 빼앗겼다.

　가우타미푸트라가 죽고 나자 그의 아들 바시슈티푸트라 풀루마이가 뒤를 이어 20여 년 동안 왕국을 다스렸다. 그러나 그는 서북 지역에서 쳐들어오는 샤카족을 당해내지 못한 채 사우라슈트라, 구자라트, 말와, 라지푸타나, 북 콘칸 지역 등을 빼앗겼다. 그러나 풀루마이는 다른 한편으로 남동 지역으로 자신의 영토를 확장하여 결국은 안드라 지역을 차지한 후 아우랑가바드 근처에 있는 고다바리의 파이탄(프라티슈탄)에 수도를 정했다. 풀루마이는 안드라 지역을 차지함으로써 안드라 왕국 최초의 왕으로 불렸다. 비록 샤카족에게 영토의 일부분을 빼앗기기는 하였지만 풀루마이는 사타바하나 왕조의 해군력을 보다 강화시켜 외국과의 무역을 활발하게 함으로써 국가의 경제적인 부를 이루었다.

풀루마이 이후에도 사타바하나 왕조를 이끈 몇 명의 왕들이 있었지만 그들은 계속되는 샤카족의 침입 때문에 날로 세력이 약화되었다. 이 가운데 슈리야즈나 샤타카르니(174~203년) 왕이 사타바하나 왕조의 옛 영토였던 콘칸 북쪽 지역과 말와 지역을 회복하기는 하였지만 곧바로 그의 후계자에 의해 다시 상실되고 말았다. 날로 쇠락을 거듭하던 사타바하나 왕조는 결국 기원후 3세기 중반에 이르면 다섯 개의 작은 왕국들로 나뉘어 겨우 명맥을 유지했다. 뿐만 아니라 후에 남인도 지역에서 일어난 바카타카라 왕국에 의해 사타바하나 왕국은 남인도 지역에서 완전히 정치력을 상실했다. 결국 굽타 제국이 남인도를 침입하던 시기에는 바카타카라 왕조와 기원후 3세기부터 흥기한 팔라 왕조가 남인도 지역에 영향력을 미치는 양대 세력을 형성했다.

사타바하나 왕조는 지리적으로 중앙 인도 지역을 차지함으로써 마우리아 왕조 이후 남인도 지역에 새로운 아리아인의 문화를 전파하는 한편 북인도 지역에는 드라비다인의 문화를 전달하는 중요한 역할을 담당했다. 후에 굽타 왕조 시대에 이르러 새로운 형태로 완성되어 인도의 독특한 문화로 자리 잡은 힌두이즘 역시 이미 사타바하나 왕조 때 어느 정도 알려져 있었다.

남인도에 최초의 제국을 이룩했던 사타바하나 왕조는 푸샤미트라와 동시대인 제3대 왕 샤타카르니 때 우자인 지역을 정복한 이후 끊임없이 마가다 왕국을 침범하면서 데칸 지역에 광범위한 왕국을 건립했다. 그리하여 강력한 힘을 바탕으로 기원후 1세기경에는 쿠샨 왕조가 남부 인도 지역을 침입하려는 기도를 효과적으로 저지했다. 사타바하나 왕조는 남부 인도 지역을 차지함으로써 페르시아만의 해상권을 확보하여 무역을 번성시키는 한편 말레이 반도, 자바, 수마트라 등의 식민지를 개척했다. 이후 왕국은 쿠샨 왕조와 비슷한 시기에 약해지기 시작하여 그 후 몇 개의 소국으로 분열되어 1세기 정도 더 지속되었다.

사타바하나 왕조는 한창 절정기에는 크리슈나 강 남쪽에 위치했던 판드야, 촐라, 체라 왕국을 제외한 전체 남인도 지역과 북인도의 일부를 지배했다. 남인도에서 이같이 거대한 왕국은 사타바하나 왕조 이전에는 존재하지 않았다. 이 밖에도 그들은 오랜 기간 동안 남인도 지역에 대한 이방인, 특히 샤카족의 침입을 막는 결정적인 역할을 담당했다.

사타바하나 왕조의 왕들은 자신의 개인적 욕망이 아니라 공정한 법에 따라 모든 정치와 행정을 펼쳐 나가려고 노력했다. 그들은 비록 왕권의 몇 가지 신성함을 주장하기는 하였지만 전체적으로 공정한 법의 보호자로서 활동했으며 스스로를 왕 또는 빈드야의 지배자로 자청했다. 왕의 주된 임무는 영토의 확장 및 보전에 있었다. 따라서 왕들은 인도의 서사시에 나오는 영웅인 라마나 비마 또는 아르주나와 같은 영웅적인 기질을 지닌 것으로 묘사되었다.

사타바하나 왕조의 행정 조직은 전체적으로 마우리아 왕조 때와 유사하다. 왕은 아마트야스*라고 불리는 재상들로부터 도움을 받으며 나라를 다스렸다. 왕국은 행정의 편의를 위하여 먼저 몇 개의 자나파다(주)로 나뉘었고 이는 다시 아하라(지방)로 분할되었다. 도시의 행정은 자치의회에서, 촌락은 촌락 의회에서 그라미카라고 불리는 지방관리의 도움을 받아 운영되었다. 각 지방에는 병영이 있어 항상 군대가 머무르면서 그 지방의 질서와 평화를

* 아마트야스 : 때로는 라자마트야, 마하아트야라고 불리기도 한다.

유지했다.

사타바하나 왕조의 조세제도는 매우 관대하여 결코 무거운 세금을 부과하지 않았다. 또한 브라흐만 사제나 불교 승려들에게는 세금을 면제시켜 주었다. 뿐만 아니라 그들이 사는 마을은 국가나 지방의 어떠한 간섭도 받지 않은 채 자유롭게 종교에 전념할 수 있도록 보호되었다. 국가의 재정은 주로 토지세와 소금 무역의 독점권, 그리고 각 지역들이 보내오는 선물로 꾸려 나갔으며 이들 대부분은 군대 유지와 도시 행정에 사용되었다. 사타바하나 왕조의 행정은 마우리아 왕조와 유사하며 이는 북인도의 굽타 왕조와 남인도의 팔라 왕조의 행정에 모델이 되었다.

사타바하나 왕조에서의 사회적 신분은 아직 뚜렷하게 구별되지는 않았지만 세습적인 카스트와 마찬가지로 경제가 그 기준이었다. 따라서 그들은 직업에 따라 네 가지 계급으로 나뉘었다. 첫 번째 계급은 주나 지방의 고급 관리들이 속했으며, 두 번째 계급에는 그보다 한 단계 낮은 관리와 특정 상인들이, 세 번째 계급은 의사, 소작농, 금세공업자 등이, 마지막으로 네 번째 계급에는 목수, 직조공, 대장장이 등이 속했다. 사회의 기본 단위는 가족이었으며 장자 중심제로 다른 모든 가족은 장남의 명령을 따랐다.

사타바하나 왕조에서 여성은 행정에 참여하기도 했고 가정에서도 상당히 대우를 받았다. 한 예로 가우타미푸트라 왕의 부인은 남편이 죽자 아들의 후견인 자격으로 직접 왕국을 다스리기도 했다. 결혼에 있어서도 서로 다른 계급뿐만 아니라 심지어 외국인과도 자유롭게 혼인할 수 있었다. 외국으로의 여행도 매우 자유로웠고 이 때문에 외국과의 무역이 매우 활발했다. 전체적으로 사타바하나 왕조의 사람들은 북인도 지역에 사는 사람들보다 자유롭고 활달했다.

　사타바하나 왕조는 경제적으로 풍부했으며 사람들의 직업은 주로 농업, 상업, 수공업 등이었다. 경제적 풍요의 주된 원인은 무엇보다도 동남아시아나 서아시아의 여러 나라들과 행한 활발한 무역 때문이었다. 바로아치, 칼얀, 소팔 등은 외국과 무역을 하는 데 중요한 항구들이었으며 바즈얀티, 나식, 준나르 등은 인도의 다른 지역과 무역을 하는 중심지였다. 해외 무역의 주된 물품은 면직물, 면화, 비단, 향신료, 약초, 동물 가죽, 상아, 진주 등이었다. 이들은 국가의 재정에 커다란 보탬이 되었다. 상인들은 오늘날 은행의 역할과 유사한 조합을 조직하여 계급에 따라 각기 다른 비율로 돈을 빌려주기도 했다. 기록에 의하면 브라흐만은 2퍼센트, 크샤트리아는 3퍼센트, 바이샤는 4퍼센트, 그리고 수드라에게는 5퍼센트의 이자를 물렸다. 사타바하나 왕조는 또한 금, 은, 동으로 된 화폐를 주조해서 사용했다.

　이 시기에 가장 대중적인 종교는 힌두이즘과 불교였으며 서로 다른 종교에 대해서도 매우 관대하게 대했다. 왕들은 모두 힌두교를 신봉했으며 초기부터 그들은 베다의 말희생제를 거행했고 크리슈나와 바수데바 등과 같은 바이슈나바 종교의 신들을 섬겼다. 그러나 불교와 같은 다른 종교에 대한 재정적 지원도 아끼지 않았다. 특히 불교의 경우 많은 땅이 주어졌고, 주로 장인계급을 중심으로 대승불교를 믿는 사람들이 비교적 많은 편이었다. 당시에는 안드라 프라데시에 있던 나가르주나 콘다와 아마라바티가 불교의 중심지였다. 뿐만 아니라 서부 데칸 지역의 나식과 주나르에서도 불교가 매우 성행했다. 이 지역의 불교는 주로 상인 계급들의 보호 아래 발전했다.

이 시기에는 문학과 예술도 상당히 발전했다. 사타바하나 왕조는 원래 드라비다계였으나 후에 아리아인 문화를 받아들였기 때문에 아리아계의 산스크리트어를 속어화한 프라크리트어를 사용했다. 중요한 문학작품으로는 사르바베르마의 프라크리트어에 대한 문법서와 구나드야의 《브리하드카타》 등이 있다. 그 밖에 데칸 북서부 지역이나 마하라슈트라 지역에서는 돌을 깎아 만든 동굴 사원과 아름다운 신상들이 만들어졌다. 뿐만 아니라 이 시기에 아잔타와 엘로라의 동굴 사원들이 계속해서 건축되는 등 훌륭한 작품들이 많이 만들어졌다.

지리적으로 중앙 인도와 남인도에 위치한 사타바하나 왕조는 마우리아 왕조 이후 단절된 남북 인도의 교류를 재개하였고 그 가교 역할을 훌륭히 해냈다. 이리하여 남인도에는 아리아인의 문화가 유입되었고 멀리 타밀 지역에 있던 판드야와 체라 왕조 역시 힌두 문명의 영향을 받게 되었다. 이처럼 사타바하나 왕조는 인도의 역사와 문화에 상당히 중요한 역할을 담당했다.

타밀 지역의 세 왕조

안드라 동쪽과 타밀나두 지역에서 발견된 유적을 보면 인도 최남단 지역에는 기원전 1000년경부터 거석 문화가 존재했다. 그러나 그 외의 지역에서 발견되는 유적은 기원전 5세기경부터 기원전 1세기까지 걸쳐 있으며, 드물게 기원후 1세기 초반까지 지속된 곳도 있다.

남인도 지역의 논 고온다습한 남인도의 기후는 벼농사를 하기에 매우 적합한 조건이다.

　남인도의 민족들은 철기의 사용이 극히 제한적이었고, 석기와 토기 문명의 단계에 머물러 있었다. 이들은 주로 언덕에서 거주했는데, 석기로는 숲으로 덮여 있는 평지를 개간하기가 힘들었기 때문에 주로 수렵, 채취 생활을 했다.
　한편 기원전 4세기경부터 남인도 지역과 타밀라캄 또는 타미자캄이라고 알려져 있는 북쪽과의 교류가 중요하게 취급되었는데, 그 이유는 타밀 지역에서 풍부하게 산출되는 금, 진주, 보석 때문이었다. 다크쉬나파타라는 통로를 통해서 교류되었다.
　기원전 3세기경에 이르면 마우리아 제국의 영토가 남북으로 확장되면서 북쪽의 아리아인 문화가 남부 지역으로 유입되기 시작했다. 이를 계기로 타밀 지역의 주민들은 언덕에서 기름진 강 유역으로 이동해 정착하기 시작했고, 북쪽에서 유입된 철기 문화를 가지고 평야 지대를 개간하여 기름진 농토로 바꾸었다.

또한 자이나교도와 불교도, 아지비카교도, 심지어 브라흐마니즘의 사제들까지 종교 전파를 위하여 남쪽으로 향함에 따라 북인도와 남인도 사이에 문화적, 경제적 교류가 자연스럽게 일어났다. 그러나 남인도 지역에 아리아인 문화를 전파한 집단은 주로 불교와 자이나교 같은 비정통계열의 종교인들이었고, 베다에 근거한 정통종교가 진출한 것은 그들이 새롭게 힌두이즘의 모습을 갖춘 기원후 4세기경이었다.

이후 남인도 지역에서는 쌀농사를 지었고 수많은 마을과 도시를 건설하는 한편 사회적으로도 북인도와 유사한 신분 계층을 형성했다. 그러나 역으로 남인도 지역의 타밀 문화 또는 드라비다 문화가 북쪽으로 유입되어 브라흐만 문헌 속에 등장하기도 한다. 이처럼 남인도 지역은 북부 지역과의 교류가 시작된 이후 크게 발전했고, 나름대로의 고유 문화를 유지하면서 한편으로는 로마 제국과의 무역을 통해 경제적 기반을 갖추어 나갔다.

로마 제국과의 무역은 크리슈나 강 이남 지역에서 인도 반도의 최남단에 이르는 지역에 촐라, 체라, 판드야 왕국을 형성하는 계기가 되었는데, 이 세 왕조는 끊임없이 서로 전쟁을 벌였고, 전쟁으로 인해 국력이 약화되었다. 그러나 풍부한 자연의 산물과 무역을 통해 경제적으로는 상당히 풍요로운 생활을 영위했다.

판드야 왕조

판드야 왕국은 인도 최남단에서 남동쪽 지역에 이르는 영토를 다스렸으며 수도는 마두라이였다. 서력 기원 초에 타밀의 학자들이 편찬한 문헌인 《상감문학》에 판드야 왕국의 지배자들에 대한 이름이 나타나지만 그들 가운데 한두 명 이외에 자세한 설명은 없다. 하지만 이 문헌에 의하면 당시의 판드야 왕국이 경제적으로 매우 풍요하고 번창했음을 알 수 있다. 판드야의 왕들은 로마 제국과의 무역을 통해 부를 축적하는 한편 로마 제국의 아우구스투스 황제에게 사절을 보냈다. 또한 기원 초 판드야의 왕들은 베다 종교의 영향을 받아 희생제를 거행했다.

촐라 왕조

중세 초기 촐라만달람(코로만델)이라고 불렸던 촐라 왕국은 판드야 왕국의 북동쪽 페나르와 벨라 강 사이에 위치했다. 《상감문학》에 나타난 촐라 왕조의 정치적 중심지는 면화무역으로 유명한 우라이유르였다. 기원전 2세기경 이 왕국의 엘라 왕은 스리랑카를 정복한 뒤 50년 가까이 지배했다. 그러나 촐라 왕조의 확실한 역사는 기원후 2세기에 왕국을 다스렸던 카리칼라에서부터 시작되었다. 그는 카베리파타남(푸하르)에 수도를 정한 뒤 스리랑카에서

카베리 강 길이가 765킬로미터에 달하는 남인도에서 가장 큰 강으로 고대부터 농업과 상업, 공업의 중심지를 형성했다. 강 어귀의 카베리파트남에서 촐라 왕조의 유적이 발굴되었다.

잡아온 포로 1만 2천 명을 동원하여 카베리 강에 160킬로미터에 이르는 거대한 제방을 쌓았다. 왕국의 수도인 카베리파타남에서는 거대한 부두의 유적이 발굴되어 이곳이 무역과 상업의 중심지였음을 알 수 있다.

그들은 주로 면화를 수출했다. 해상 무역의 안전을 위하여 상당히 잘 짜여진 해군력을 보유하고 있었다. 그러나 카리칼라 왕 이후 급속히 쇠락한 반면 판드야와 체라 두 왕국의 힘은 점차 증가되었다. 촐라 왕국은 또한 북쪽으로부터 팔라바 왕조의 공격을 받으며 뿔뿔이 흩어져 기원후 4세기부터 9세기까지 남인도 역사에서 겨우 한 부분을 차지할 뿐이었다.

체라 왕조

체라 왕국은 판드야 왕국의 서쪽과 북쪽에 위치했으며 케랄라와 타밀나두 지역의 산과 바다 사이에 길게 펼쳐져 있었다. 체라 왕국은 서력 기원 초 무렵에는 촐라, 판드야 왕국과 더불어 로마 제국과의 무역에서 매우 중요한 위치를 차지했다. 당시 로마 제국은 자신들의 이익을 위하여 무지리스(크랑가노르)에 2개 연대를 파견했다. 이들 로마 군대는 이곳에 아우구스투스 황제의 사원을 세웠다.

체라 왕국의 역사는 촐라와 판드야 두 왕국과의 끊임없는 전쟁의 역사이다. 심지어 촐라 왕국의 카리칼라 왕과의 전쟁에서는 그의 아버지를 죽이기도 하였지만 체라의 왕 역시 목숨을 잃어버렸다. 전쟁이 끝난 후 두 나라는 결혼동맹을 통하여 한동안 우호관계를 유지하였으나 체라 왕국은 다시 판드야 왕국과 연합하여 촐라 왕국을 공격했다. 하지만 양국의 연합군이 대패하자 등에 상처를 입은 체라의 왕은 패배의 수치심을 이기지 못해 자살했다.

　체라의 시인들은 왕들 가운데 셍구투밤을 가장 위대한 왕으로 칭송했으며 그가 북쪽을 침입하여 갠지즈 강을 넘었다는 과장된 표현도 서슴지 않았다. 기원후 2세기경 체라 왕국의 힘은 약화되기 시작하여 그 후 8세기까지는 역사상에 어떠한 기록도 남기지 않았다.

타밀 지역 세 왕조의 생활상

남인도 타밀 지역에 세워진 세 왕국의 주된 수입원은 로마를 포함한 해외 무역과 북인도와의 국내 무역을 통해서 얻어졌다. 따라서 상인들의 안전을 보전하고 밀수를 방지하기 위하여 군인들이 밤낮으로 길을 지켰다. 뿐만 아니라 세 왕국 간, 또는 스리랑카와 벌어진 전쟁의 승리를 통해 얻어진 전리품 역시 왕실의 중요한 수입원이 되었다. 그러나 나라를 다스리는 데 필요한 고정된 수입원은 역시 농업을 통해 얻어졌다.

　인도의 최남단 타밀 지역의 땅은 매우 비옥하여 풍성한 농작물을 수확할 수 있었다. 이 지역에 있는 카베리 삼각주에서는 심지어 코끼리 한 마리가 누울 수 있는 정도의 땅만 경작해도 일곱 사람이 먹고살 수 있는 식량을 얻을 수 있다는 말이 나올 정도였다. 그들은 이 비옥한 땅에서 주로 벼와 사탕수수 등을 경작했다. 곡식뿐 아니라 과일, 후추 등도 풍부하게 산출되었다. 따라서 무

코끼리 부대 기원전 326년, 알렉산더 대왕과 탁실라 북부를 다스리던 포루스 왕과의 전투 장면을 그린 것이다. 고대 아시아에서 코끼리 부대는 전쟁에서 매우 중요한 역할을 맡았다.

역과 풍부한 농산물은 이 지역의 생활을 풍족하고 여유 있게 만들기에 충분했다.

　세 왕국의 군대는 보병과 기병 그리고 황소가 끄는 마차와 코끼리로 구성된 매우 초보적인 수준이었다. 이 가운데 코끼리는 전쟁에서 중요한 역할을 담당했으며 말은 바다를 통해 수입되었다. 귀족이나 왕족 또는 군대의 총사령관은 코끼리를 타고 지휘를 했고 나머지 장군들은 마차를 타고 전쟁에 참가했다. 일반 보병과 기병은 발을 보호하기 위하여 가죽 샌들을 신었다.

왕들은 무역과 전리품 그리고 농업에서 거둬들이는 세금으로 군대를 유지하고 나라를 다스렸다. 그들은 종교의식으로 베다 희생제를 드렸으며 이를 거행하는 브라흐만 사제들에게 거액의 헌금과 선물을 주었다. 당시의 브라흐만 사제들은 종교인인 동시에 시인의 역할도 겸했는데, 카리칼라 왕은 한 시인에게 무려 160만 개의 금을 주었다고 전해진다. 시인들은 금 외에 현금, 토지, 마차, 말, 코끼리 등을 선물로 받았고 고기를 먹고 술을 마셨다.

브라흐마니즘이 타밀 지역에 처음 등장한 것은 서력 기원 초기인《상감문학》시대로《상감문학》속에는 이상적인 왕은 '절대로 브라흐만을 해치지 않는 자'라고 되어 있다. 그러나 브라흐마니즘은 사회의 상위 계급에만 한정적으로 영향을 미쳤을 뿐이고 일반 백성들은 여전히 타밀에서 전통적으로 숭배되던 무르간(일종의 무속종교)을 믿었다. 또한 생활 풍습으로서의 장례 의식과 상속 등은 전통적인 방식을 고수하였고, 오늘날까지 지켜지고 있다.

한편《상감문학》속에는 브라흐만 이외에 크샤트리아와 바이샤 계급에 대한 언급도 나타나는데, 정치와 사회 속에서는 무엇보다도 크샤트리아 계급이 가장 중요한 위치를 차지했다. 농사는 카다이시야르라는 가장 낮은 계급이 담당했으나 그들의 지위는 노예와는 다른 형태였다. 이 밖에도 여러 가지 형태의 계급이 등장하지만 전체적으로《상감문학》시대의 초기에는 후대처럼 분명한 계급 간의 구별이 나타나지 않았다.

타밀 지역 사람들은 세계에서 가장 오래된 언어 가운데 하나인 타밀어를 사용했다. 이 같은 관습은 힌디어와 영어가 공용어로 제정되어 있는 오늘날에도 크게 변하지 않았다. 또한 타밀 지역의 초기 생활상에 대해서는 주로 타밀어로 된 시들의 모음집인 《상감문학》을 통해 알 수 있다. 《상감문학》이 언제부터 시작되었는지 그리고 그 숫자가 얼마나 되는지에 대해서는 정확하게 알려진 바가 없다.

8세기 중반에 편찬된 타밀문학의 한 주석서에는 세 가지 상감이 9990년 동안 지속되었으며 거기에는 8천598명의 시인들이 참여했고 197명의 판드야 왕들이 후원자가 되었다고 기술되어 있다. 이것은 명백한 과장이지만 적어도 상감 가운데 하나가 마두라이에 있는 왕족의 후원하에 편찬되었다는 사실만은 분명하다.

현존하는 상감문헌은 300~600년경에 편찬된 것이다. 그러나 이 가운데 일부는 기원후 2세기까지 거슬러 올라가기도 한다. 상감은 크게 이야기 형식과 교훈적 형식의 두 가지로 나뉜다. 이야기 형식의 상감은 8가지의 시집과 열 가지의 전원시로 구성된 18개의 주요작품(멜카나쿠)이라고 불리며 교훈적 형식의 상감은 18개의 소품(킬카나쿠)이라고 불린다.

상감 외에도 《톨카피얌》이라고 불리는 문법과 시에 관한 서적과 《티루쿠랄》이라고 불리는 철학과 격언에 관한 서적, 그리고 《실라파디카람》과 《마니메칼라이》라는 두 개의 타밀 서사시가 있다. 기원후 6세기경에 쓰여진 이 서사시는 일련의 연속적 사건을 다루고 있다. 《실라파디카람》은 코발란이라는 귀족과 마다비라는 창녀 사이에 생겨난 아름다운 사랑에 관한 이야기인 반면 《마니메칼라이)는 그들 사이에 태어난 딸의 모험담이 주된 내용으로 문학적이라기보다는 종교적인 의미를 강하게 담고 있다.

하르샤 왕조

부다굽타 이후 세력이 약화된 굽타 왕조는 분열을 거듭하면서 대략 550년경까지 벵갈 지역에서 미약하나마 자신들의 세력을 유지하고 있었다. 이 세력을 후기 굽타 왕조라고 일컫는다. 물론 이들이 굽타 왕조의 진정한 후예인지에 대해서는 여러 가지 이설이 있다. 한때 이 왕국은 자신의 영토를 브라흐마푸트라 강까지 확장하면서 위세를 떨쳤다.

한편 굽타 왕조 말기에 북서부 지방은 인도를 침입한 훈족이 장악하고 있었다. 훈족의 토라마나 왕은 495년에 카슈미르와 펀자브 지방을 수중에 넣은 뒤 계속해서 말와 지역을 공격했다. 훈족은 그 후 약 100년 동안 북서 지방을 지배하다가 터키와 페르시아의 연합군에게 멸망당하고 나머지 잔여 세력은 힌두이즘에 동화되었다.

굽타 제국의 멸망 후 북부와 서부 지역은 각기 발라비의 마이트라카 왕국, 카나우즈의 마우카리 왕국, 라지푸타나의 가우자라 왕국, 벵갈의 가우다 왕국, 말와와 마가다의 후기 굽타 왕조, 그리고 타네스와르의 바르다나(푸샤부티) 왕국으로 분열되었다.

굽타 왕조의 뒤를 이어 북인도 지역을 통일한 것은 타네스와르의 바르다나 왕국이다. 원래 타네스와르의 지배자들은 마우카리 왕국의 봉건 영주였으나 후에 독립했다. 푸샤부티는 마우카리에서 독립한 타네스와르 왕국의 첫 번째 왕의 이름이다. 세 번째 왕인 아디트야 바르다나는 후기 굽타 왕국의 지배자 가운데 한 명인 마하세나 굽타의 누이와 결혼했다. 대왕(마하라자)이라고 불린 그의 아들 프라바카라 바르다나는 왕국의 영토를 서쪽과 남쪽으로 넓혀나갔다. 그는 자신의 딸 라자스리를 마우카리 왕국의 지배자 그라하 바르만에게 시집 보냈으며 자신의 외사촌들이 말와 지역의 지배자인 데바굽타에게 패해 피난을 오자 그들을 도와 데바굽타와 싸움을 벌였다. 606년에 그가 죽었을 때 마침 그의 두 아들 라자 바르다나와 하르샤 바르다나는 훈족과의 전투를 위해 왕궁을 떠나 있었다. 이후 큰아들인 라자 바르다나가 왕위를 계승했지만 그리 오래가지 못했다.

그 무렵 벵갈 지역에서 힘을 키운 가우다 왕국의 샤샨카는 카나우즈의 마우카리 왕국을 정복하려는 계획을 세웠다. 샤샨카는 부처가 깨달음을 얻었던 나무인 보리수를 베어버린 왕이다. 샤샨카 왕은 타네스와르와 적대 관계에 있던 말와 지역 지배자 데바굽타와 동맹을 맺었다. 이리하여 데바굽타가 카나우즈를 공격하자 샤샨카 왕은 그를 도와 그라하 바르만을 죽인 뒤 그의 부인이며, 당시 타네스와르의 왕이던 라자 바르다나의 누이동생인 라자스리를 포로로 잡았다. 이에 격분한 라자 바르다나는 곧바로 카나우즈로 달려가 데바굽타를 쳐부순 뒤 계속해서 샤샨카와 전쟁을 벌였지만 오히려 자신이 죽임을 당하고 말았다.

실제로 라자 바르다나가 어떻게 죽었는지는 명확하지 않지만 당시의 궁전시인이던 바나바타와 인도를 방문했던 중국의 승려 현장은 샤샨카 왕이 그와의 약속을 어기고 그를 암살하였다고 기록하고 있다. 이리하여 라자 바르다나의 동생인 하르샤 바르다나가 606년에 형의 뒤를 이어 타네스와르의 왕위에 오르면서 하르샤 왕조는 시작되었다.

형의 뒤를 이어 왕위에 오른 하르샤 바르다나(606~647년)는 곧바로 형의 복수와 라자스리를 구하기 위하여 군대를 이끌고 가우다 왕국으로 향했다. 행군 도중 그는 캄루파의 왕인 바스카라를 만나 그와 동맹을 맺었다. 또한 그는 데바굽타가 이미 라자스리를 풀어주었으며 그녀는 풀려나자 곧바로 변장을 한 채 빈드야 숲속으로 숨어버렸다는 소식을 들었다. 그는 샤샨카를 공격하려던 행군을 멈춘 채 바로 빈드야 숲속으로 라자스리를 찾으러 떠났다. 그가 막 숲속에 도착했을 때 라자스리는 수치심을 이기지 못한 채 훨훨 타오르는 불속에 몸을 던지려는 찰나였다. 간신히 그녀를 진정시킨 하르샤는 그녀를 카나우즈로 데려다 준 뒤 다시 가우다 왕국을 향하여 벵갈 지역으로 행군을 시작했다.

실제로 라자스리는 인질에서 풀려나 카나우즈로 되돌아온 뒤 얼마 동안 하르샤와 함께 왕국을 통치했다. 그러나 하르샤의 당시 원정은 성공하지 못했던 것처럼 보인다. 왜냐하면 샤샨카 왕은 이후에도 계속해서 벵갈과 오릿사 지역을 지배한 것으로 나타나기 때문이다. 결국 하르샤는 샤샨카 왕이 죽고 나서야 캄루파의 왕 바스카라와 함께 벵갈 지역을 공격하여 손에 넣을 수 있었다.

하르샤 왕은 6년간의 정복 사업을 통해 카슈미르를 제외한 북인도 지역, 다시 말해서 라자스탄, 펀자브, 웃타르 프라데쉬, 비하르, 오릿사 지역을 차지했다. 북인도를 손에 넣은 그는 계속해서 데칸 지역을 공격하기 위하여 군대를 이끌고 남하했다. 그러나 불행히도 그는 데칸 지역을 차지하고 있던 찰루키아의 왕 풀라케쉰 2세에게 패하면서 나르마다 강 이남으로의 진출에는 실패했다. 이리하여 하르샤는 비록 북인도의 대부분을 차지하는 데 그쳤지만 인도 역사상 굽타 왕조의 몰락 이후 북인도 지역을 다시금 하나로 통일시키는 중요한 역할을 담당했다.

이 밖에도 그는 이후에 이슬람의 침입으로 인도가 이슬람 세력의 통치하에 놓이는 중세 시대로 넘어가기 전에 힌두인으로서 북인도 지역을 통일했던 마지막 왕이다. 하지만 그가 세운 하르샤 왕조 역시 그의 죽음(647년) 이후 곧바로 몰락하고 북인도는 다시 여러 개의 작은 국가로 나뉜 채 흥망성쇠를 거듭하다가 이슬람의 본격적인 침입을 받기 시작했다.

내정의 정비와 관대한 종교 정책

하르샤 왕조는 굽타 왕조에서 실행했던 행정 조직을 대부분 그대로 답습했다. 그러나 왕은 정치와 행정의 모든 일을 직접 관장하는 전제군주로서 이를 위하여 많은 수의 군대를 보유했다. 기록에 의하면 그는 10만의 보병과 5만의 기병 그리고 6만의 상군*을 보유하고 있었다고 전한다. 이것은 인도의 최남단 지역 이외에 전 지역을 통치했던 마우리아 왕조가 3만의 기병과 9천의 상군을 보유했던 것에 비하면 엄청나게 많은 숫자임이 틀림없다. 그 이유는 하르샤 왕의 정복 사업 때문이기도 하겠지만 한편으로는 그의 통일제국이 그만큼 불안정했기 때문일 수도 있다.

하르샤 왕은 행정 관리들에게 현금 대신 영토를 하사했고 종

* 상군 : 코끼리를 이용한 군대

교 사제들에게도 많은 땅을 하사했다. 현장의 기록에 의하면 영토의 1/4은 관리들에게, 1/4은 공공 복리와 종교적 목적에, 1/4은 왕 자신을 위하여, 그리고 나머지 1/4은 유능한 학자들에게 주어진 것으로 나타난다. 그는 백성들에게 많은 세금을 부과하지 않는 대신 국가 행정에 드는 비용을 축소시켰으며 남은 재정을 공공 복리사업에 투자했다. 국가의 수입은 생산물의 1/6을 바치는 바가라 불리는 세금이 대부분을 차지했다.

　사법제도는 굽타 왕조에 비해 매우 엄격했다. 일상적인 형벌은 주로 투옥, 추방, 손발의 절단 등이 행해졌으며 가끔 죄의 유무를 가리기 위하여 물과 불에 의한 고문 등이 행해졌다. 왕 자신이 우기를 제외하고는 끊임없이 지역을 순시하면서 민정을 살폈지만 치안 상태가 그리 좋지도 않았고 형벌도 엄격하지 못했던 것처럼 보인다. 현장 역시 나라에서 특별한 보호를 받고 있음에도 여행 도중 자신의 소지품을 강탈당한 적이 있다고 기록하고 있다.

　하르샤 왕은 자신의 힘과 영향력을 확장시키기 위하여 이웃 나라의 지배자들과 혼인관계를 맺는 등 외교정책을 통하여 친분 관계를 유지했다. 그는 자신의 딸을 구자라트의 지배자인 두르바세나 2세에게 시집보냈으며 벵갈 지역에 있던 가우다 왕국의 샤샨카 왕을 공격할 때 그를 도왔던 캄루파의 바스카라 바르마와는 평생 동안 우호 관계를 유지했다. 그는 또한 중국과도 친선 관계를 유지하여 641년에는 당나라에 밀사를 보냈으며 이에 중국에서도 643년과 646년에 각각 사신을 파견했다. 한편 중국의 승려 현장이 인도를 방문한 것도 바로 하르샤 왕의 재위 기간(630~644년) 중이었다.

　하르샤 왕조 때 인도 문화에 중요한 변화가 발생한 것은 없다. 이 시기의 문화는 전체적으로 굽타 왕조 시대에 이미 세워졌던 문화가 그대로 지속되었을 뿐이다. 전통 힌두 사회의 계급 제도인 카스트는 비록 하위의 계급들이 계속해서 생겨났음에도 여전히 효력을 발휘하면서 이전보다 엄격한 신분상의 구별이 확립되었다. 여성의 지위는 이전보다 더욱 약화되어 사회 진출에도 보다 많은 제약이 가해지고 남편의 죽음을 뒤따르는 사티 제도 역시 상위 계급에 제한되었을지라도 훨씬 광범위하게 실행되었다.

전체적인 경제여건은 농업, 공업, 그리고 상업 등이 흥성하여 대체로 풍요로운 편이었다. 북서쪽에 위치한 페샤와르나 탁실라는 훈족의 침입으로 파괴되었고 마투라나 파탈리푸트라는 예전의 명성을 잃어버린 대신 프라야그(알라하바드), 바라나시, 카나우즈 등이 번영했다. 이중에서도 수도인 카나우즈는 풍요롭고 안정된 채 왕궁에는 크고 넓은 건물에 아름다운 정원과 수영장까지 갖춘 훌륭한 시설들이 있었다.

바나바타에 의하면 하르샤 왕 자신은 시바 신을 믿는 힌두교도였다. 그러나 이와는 달리 현장은 그가 불교도였다고 전한다. 이처럼 기록이 다른 이유는 하르샤 왕이 처음에는 시바 신을 믿다가 후에 나이가 들면서 불교도가 되었기 때문이다. 그는 많은 불탑과 승원을 건립했으며 종교적인 문제를 토의하기 위하여 정기적으로 승려들과 함께 모임을 가졌다. 그는 아소카 왕과 마찬가지로 동물들의 살상을 금했으며 가난한 사람들을 위하여 음식과 의약품을 무료로 제공했다. 그러나 그가 이처럼 개인적으로는 불교를 믿었을지라도 공식적으로는 여전히 굽타 왕조의 왕들처럼 힌두교도였다. 힌두교도로서 그는 시바 신과 태양신에게 예배를 드렸다.

종교에 대해 관용적인 정책을 취한 하르샤 왕은 5년마다 한 번씩 프라야그에서 각 종교의 승려들을 모아 종교 집회를 거행했다. 이 집회의 첫째날은 붓다가, 둘째날은 시바가 그리고 셋째날은 태양신이 예배되는 등 모든 종교의 신들이 공평하게 경배되었으며 불교도, 브라흐만교도, 자이나교도 등 각 종교 간에 공개적인 토론이 거행되었다.

스스로 종교에 관심이 많았던 하르샤 왕은 종교 집회에 참석한 승려들에게 많은 선물을 제공하였다. 한때 그는 자신이 입고 있던 옷을 기부하고 대신 누이동생 라자스리에게 다른 걸칠 것을 가져다 달라고 부탁했다. 또한 그는 중국 승려 현장의 인도 방문을 기념하기 위하여 카나우즈에서 집회를 가졌다. 현장에 의해 주도된 이 종교 집회에서는 24일간에 걸친 종교 토론이 행해졌다.

하지만 하르샤 왕의 적극적인 보호에도 이 시기에 불교는 이미 쇠퇴해 가고 있었다. 당시의 불교는 주로 대승불교로서 대략 18개의 학파로 나뉘어져 있었으며 중심지는 여전히 나란다였다. 하르샤 왕의 보호 아래 있던 이 대학에서 현장은 5년 동안 수학했다. 그러나 그의 기록에 의하면 나란다 대학은 여전히 불교의 중심지였지만 불교만 연구된 것이 아니라 힌두교의 경전도 함께 연구되었다.

현장은 자신이 나란다를 방문했을 당시에 쉴라바드라는 브라흐만이 최고의 스승으로 있었으며 그 밖에 다르마팔라, 구나마티, 프라바미트라, 지나미트라 등 뛰어난 학자들이 있었다고 전한다. 이러한 사실은 이 시대에 이미 불교가 힌두이즘의 영향 속으로 녹아 들어가고 있음을 보여준다. 실제로 대승불교는 후기로 갈수록 힌두이즘의 영향을 상당히 강하게 드러냈다.

이처럼 하르샤 왕조에서는 힌두이즘으로 새롭게 단장한 브라흐만들이 굽타 왕조의 세력을 등에 업고 확장을 거듭하자 불교의 위세는 날로 쇠약해졌다. 하르샤 왕의 보호에도 불구하고 이 같은 상황은 결코 호전되지 않았으며 오히려 브라흐만의 반감만을 사게 되었다. 실제로 현장이 주도한 카나우즈의 법회에서는 불상을 안치하기 위해 만든 목조건물이 불타버렸다. 이 사건은 종교 토론에서 현장을 공개적으로 비난하고 추방시키려 했던 브라흐만들의 음모에 대해, 하르샤 왕이 누구든 그에게 털끝 하나 손상을 입히는 자는 목을 베어 버리겠다고 위협한 데서 비롯되었다.

현장에 대한 왕의 편애를 못마땅해하던 브라흐만 교도들은 건물에 불을 지르고 혼란을 틈타 현장을 암살하려 했다. 그러나 그들의 계획은 실패로 끝나고 오히려 이로 인해 500명의 브라흐만들이 체포되어 일부는 처형되고 나머지는 추방되었다. 이에 분노한 일부 극단적인 브라흐만들은 하르샤 왕이 불교를 지나치게 비호한다는 이유로 암살을 기도했다.

또한 이 시기에 벵갈 지역의 샤샨카 왕은 열렬한 시바 신도로서 부다가야의 보리수와 석가모니 유적을 파괴하고 불태웠다. 이 같은 사실은 당시의 불교가 위급한 상황에 있었음을 충분히 짐작하게 만든다. 결국 하르샤 왕의 노력은 아무런 효과도 없이 오히려 그가 죽자 왕국의 붕괴뿐만 아니라 인도에서 불교의 급속한 소멸도 함께 진행되었다. 한편으로 힌두이즘을 흡수하면서까지 자신들의 교세를 보전하려던 불교의 노력은 오히려 힌두이즘 속으로 완전하게 흡수되는 결과를 낳았다. 게다가 후기 이슬람의 침입은 불교가 인도에서 거의 자취를 감추는 결정적인 역할을 했다.

하르샤 왕은 문학에도 상당한 관심을 기울였다. 그는 직접

《라트나 발리》,《프리야다르쉬카》,《나가난다오》 같은 세 편의 희곡을 쓰기도 하였으며 다수의 문학가들을 궁정에 두어 보호했다. 이 가운데는 하르샤 왕의 전기인 《하르샤챠리타》를 지은 바나바타도 포함된다. 당시에 가장 명성이 높았던 문학가인 그는 《하르샤챠리타》 외에도 《카담바리》라는 산문을 남겼으며 산스크리트어로 쓰여진 이 두 산문의 문체는 후대 힌두 작가들의 전형이 되고 있다.

현장의 기록

629년 중국의 승려 현장이 당나라의 수도 장안을 떠나 인도에 도착한 것은 바로 하르샤 왕조 때였다. 그는 당나라의 수도 장안을 떠나 고비 사막을 건너 사마르칸트, 발카, 아프가니스탄과 같은 중앙아시아의 여러 나라를 거쳐 약 1년 뒤 인도에 도착했다. 그로부터 약 14년 동안 인도 남부 지역까지 두루 돌아다니고 나란다 대학에서는 5년 동안 불법을 연구했으며, 하르샤 왕의 초대로 카나우즈에 가서 종교 집회에 참석했다. 후에 프라야그에서 열린 종교 집회에도 참석했던 그는 644년 불상과 경전을 가지고 인도를 떠나 중국으로 되돌아갔다. 당나라로 되돌아간 그는 인도 구법 여행의 과정을 담은 《서유기》라는 책을 저술했다.

현장의 인도 여행의 목적은 불법에 대한 탐구와 경전의 수집이었다. 그렇기 때문에 약간의 문제는 있지만 그의 기록은 당시 인도의 정치, 경제 및 사회 전반의 상황을 알려주는 아주 귀중한

바미안 석불 당시 인도를 방문하는 이국의 승려들은 53미터에 이르는 거대한 석불을 보기 위해 바미안에 들르곤 했다. 2002년 아프가니스탄의 탈레반 정권에 의해 파괴되어 흔적만 남았다.

사료이다.

그의 기록에 의하면 당시의 건물들은 주로 나무와 벽돌로 다양하게 만들어졌으며 거리는 매우 지저분했다. 페샤와르나 탁실라 등 옛 도시들은 파괴되어 잔해만 남은 대신 카나우즈나 프라야그 등 새 도시들이 한창 발전하고 있었다. 마가다 왕국의 수도였고 굽타 왕조 시대에도 중요한 도시였던 파탈리푸트라의 명성은 카나우즈가 대신했고 카필라바스투나 사라스와티와 같은 불교의 중심도시들이 쇠락한 대신 나란다와 발라비가 불교 학문의 중심이 되었다.

현장은 또한 당시의 인도인들이 면화, 실크, 양모로 만든 다양한 형태의 옷을 입고 있었으며 교육과 문학 그리고 예술을 사랑한다고 기록했다. 그에 의하면 당시의 인도인들은 대략 9세부터 30세까지 교육을 받았으며 때로는 평생 교육을 받는 경우도 있었다. 대부분의 교육 내용은 종교적인 내용이었으며 주로 구전으로 전수되었다. 그에 필요한 많은 교재들은 산스크리트어로 쓰여졌으며 교육 방식은 주로 토의와 논쟁을 중심으로 진행되었다.

현장은 하르샤 왕에게 많은 존경심을 나타냈다. 그는 하르샤 왕이 매우 부지런하고 자상하여 항상 왕국을 순시하며 백성들의 복지에 신경을 썼다고 언급했다. 또한 왕은 국가 수입의 3/4을 종교적인 목적에 쓸 정도로 종교에 관심이 많았다. 현장은 백성들이 과도한 세금의 부담없이 행복하고 편안한 생활을 영위했기 때문에 당시 자신의 여행 역시 비교적 안전했다고 고백했다. 생산물의 1/6을 세금으로 바쳤으며 왕은 그것을 다시 4등분하여 국가 행정 업무, 관료의 임금, 학자, 종교인들을 위하여 각기 사용했다. 현장은 당시 하르샤 왕이 6만의 상군, 5만의 기병 그리고 10만의 보병을 군대로 거느리고 있었다고 언급했다.

현장은 하르샤 왕이 독실한 불교신도였으며 그러면서도 대중들에게 힌두교가 널리 신봉되는 것을 인정하였다고 전한다. 그는 또한 당시의 사회상에 대해 상세하게 언급하고 있다. 카스트 제도가 엄격하였으며 여성에게도 교육의 기회가 제공되었고 사티 역시 성행했다. 일반인들은 대체적으로 단순하고 정직했다. 그들은 단순한 옷을 입고 육류와 양파, 술 등을 금했으며 사회적으로뿐만 아니라 개인적으로도 높은 도덕성을 유지했다. 부자들은 잘 치장된 옷에 안락한 집에서 온갖 즐거움을 만끽한 채 생활했다.

당시에 생산된 산물로는 면화, 실크, 양모 등이 있었으며 진주와 상아의 품질이 특히 뛰어났다. 온갖 종류의 장신구와 보석들이 만들어졌고 동부와 서부의 해안 지역에는 훌륭한 항구 도시가 있었다. 그곳을 통해서 의복, 산달나무, 약용 박하, 상아, 진주, 향신료 등이 다른 나라로 수출되었으며 대신 금, 은, 말 등이 수입되었다.

현장 이후 7세기 후반 무렵 중국에서는 많은 사람들이 인도를 방문했다. 379년 중국에서 불교가 국교로 공인된 이후 인도와 중앙아시아의 많은 불교 학자들이 중국을 방문했다. 이후 5~7세기경에는 보다 심층적인 불교 이해와 더불어 불경을 구하기 위하여 법현, 송운, 현장, 의정 등 중국 승려들이 인도를 방문하기 시작했다. 뿐만 아니라 한국에서도 혜초 스님이 인도 구법을 떠나 《왕오천축국전》이라는 저술을 남겼다.

중국인들의 인도 방문은 불교뿐만 아니라 인도 문화 전반의 유입을 촉발시켰다. 조각과 회화뿐만 아니라 음악, 천문학, 의학에 이르기까지 다양한 문화가 중앙아시아를 포함하여 중국 전역에 많은 영향을 끼쳤다. 또한 인도에서 유행하던 석굴 사원을 본떠 용문, 돈황 등의 석굴이 나타났다. 남인도와의 무역 역시 매우 활발하여 중국과 인도에서 양국의 화폐가 서로 통용되었다.

팔라바 왕조

350~750년까지 남인도는 역사적으로 두 번째 전환기를 맞았다. 기원전 200년경부터 300년경까지의 첫 번째 기간 동안 남인도는 아소카 왕의 통일제국하에서 점차 북인도의 영향을 받기 시작했다. 이 기간 동안 남인도 지역은 데칸 고원 지역의 사타바하나 왕조와 타밀 지역의 촐라, 판드야, 체라의 세 왕국으로 크게 양분되면서 각자의 영역을 지켜왔다.

인도 최남단에 위치했던 세 왕국은 오랫동안 끊임없는 싸움을 벌였다. 그 결과 처음에는 촐라 왕국이, 다음으로는 판드야 왕국이 마지막으로는 체라 왕국이 교대로 패권을 차지했다. 그러나 그들 가운데 누구도 남인도 전역을 통일한 왕조를 이룩하는 데는 실패했다. 오히려 이들 남인도 지역에 거대한 제국을 형성한 것은 팔라바 왕조였고, 이에 반해 데칸 지역의 사타바하나 왕조는 찰루키아 왕조가 그 뒤를 잇게 되었다. 그리하여 이 두 나라 사이에 끊임없는 전쟁의 역사가 시작되었다.

사타바하나 왕조가 몰락한 이후 인도의 남동 지역을 차지하고 있던 팔라바인들은 스스로 왕국을 세우고 수도를 칸치에 정했다. 팔라바 왕국의 정확한 기원에 대해서는 아직까지 알려진 바가 없다. 몇몇 유럽 학자들은 팔라바가 파르티아에서 왔다고 주장했다. 그들은 팔라바가 기원후 2세기에 샤카족과 사타바하나 왕조가 싸우는 사이 서북 인도에서 동쪽 연안 지방으로 이주해온 파르티아인들의 후손이라는 것이다.

또 다른 학자들은 그들이 인도 최남단 지역과 스리랑카에 살던 촐라—나가 가문에 속한다고 주장했다. 이 학설에 의하면 킬리발라반 왕자와 마니팔라밤*의 왕 발라이 바난의 딸(나가의 공주) 필리발라이가 결혼하여 일람 티라이얀이라는 아들을 낳았다. 일람 티라이얀은 후에 아버지에 의해 톤다이만달람의 지배자가 되었다. 그는 자신의 왕국을 어머니의 출생지를 본떠 마니 팔라밤이라고 불렀다. 그렇기 때문에 톤다이만달람에 거주하던 사람들을 팔라바인들이라고 불렀으며 결국 팔라바 왕조는 이들이 건립한 왕국이라는 것이다.

* 마니팔라밤 : 스리랑카 해변 가까이 있는 섬

톤다이만달람은 아소카의 제국 안에 있던 한 지역으로 그들은 근 50년 동안 마우리아 왕조의 보호 아래 있었다. 또 다른 학자는 팔라바가 원래 타밀의 상감문헌에는 톤다이야르라는 타밀어로 나타나며 이는 사타바하나 제국의 속국이었던 나가 족장의 후손을 가리킨다고 주장했다. 이들의 가계에 대해서도 학자들마다 크샤트리아 가문이라는 설과 브라흐만이라는 설이 엇갈린다.

어쨌든 이들이 역사의 전면에 분명하게 등장하기 시작한 것은 기원후 3세기 중엽 시바스칸다 바르만 시대부터이다. 그러나 팔라바 왕조의 본격적인 흥기는 6세기 후반 싱하 비슈누 왕에서부터 비롯되었다. 팔라바 왕조의 역사는 프라크리트어, 산스크리트어, 그리고 산스크리트어와 타밀어의 혼합 순으로 나타난다. 이 가운데 프라크리트어로 쓰여진 팔라바의 역사는 아직까지 타밀 전체를 지배하지 못했던 자그마한 왕국 당시의 내용을 담고 있다. 그러나 이들이 타밀어가 아닌 프라크리트어를 쓰고 있었다는 사실은 어느 정도 북인도의 아리아인 문화에 영향을 받았음이 입증되었다. 실제로 당시의 기록은 왕들이 베다의 의식을 거행했다고 전한다.

싱하 비슈누(575~600년)는 팔라바 왕조의 본격적인 기반을 이룬 첫 번째 왕이다. 정통의 힌두교도였던 그는 힌두이즘을 거부한 칼라바족을 포함해 다수의 적들을 무찌르고 촐라만달람을 정복하면서 영토를 넓혀나갔다. 그 결과 왕국의 영토는 카베리 강과 크리슈나 강 사이의 지역으로 확장되었다.

아버지 싱하 비슈누의 뒤를 이은 마헨드라 바르만 1세(600~630년)의 치세 기간부터 사타바하나 왕조의 뒤를 이어 데칸 지역을 지배하던 찰루키아 왕조와의 대를 이은 전쟁이 시작되었다. 당시 찰루키아 왕조의 풀라케쉰 2세는 하르샤 왕조와의 전쟁을 성공적으로 마친 뒤 계속해서 팔라바 왕국을 공격했는데 이 전투에서 마헨드라 바르만은 패배하여 북쪽 지방을 빼앗겼다.

시인이며 음악가이기도 했던 마헨드라 바르만은 학문과 예술을 보호하기 위해 많은 노력을 기울였다. 그는 자신이 직접 산스크리트어로 희곡과 시를 썼다. 그는 원래 자이나교도였으나 후에 시바 종교로 개종하여 트리치노폴리, 발람, 마헨드라바디 등에 시바와 비슈누신을 위한 사원들을 세웠다. 그의 힌두교로의 개종은 당시의 타밀 지방에 있던 자이나교에 커다란 타격을 주었다.

마헨드라 바르만의 뒤를 이은 나라싱하 바르만(630~668년)은 팔라바 왕조의 위력을 가장 크게 떨친 위대한 왕으로 이 시기에도 찰루키아 왕조와의 패권 다툼은 여전히 계속되었다. 그러나 예전과는 달리 나라싱하 바르만이 찰루키아의 강력한 지도자 풀라케쉰 2세가 이끄는 군대의 공격을 세 번에 걸쳐 물리쳤으며 승리의 여세를 몰아 찰루키아 왕국을 공략했다. 그리하여 642년에는 한때 찰루키아 왕국의 수도 바다미를 점령했다.

한편 이 전쟁에서 풀라케쉰 2세가 죽고 나자 구심점을 잃어버린 찰루키아 왕국은 13년 동안 정치적 혼란에 휩싸였다. 찰루키아를 물리쳐 아버지의 원수를 갚은 나라싱하 바르만은 계속해서 타밀의 세 왕국 촐라, 체라, 판드야를 차례로 물리치고 자신의 영토를 인도의 최남단까지 넓힘으로써 명실공히 남인도에 하나의 강력한 통일제국을 형성했다. 그러나 후에 찰루키아 왕조의 비크라마디트야 1세가 정치적 혼란을 극복하고 왕권을 잡으면서 다시 팔라바 왕국을 공격하여 잃어버렸던 옛 영토를 되찾았다. 한편 마헨드라 바르만의 통치 기간에 칸치를 방문했던 중국의 승려 현장은 이곳이 매우 아름답고 풍요로운 도시였다고 기록했다.

나라싱하 바르만의 뒤를 이은 마헨드라 바르만 2세(668~670

년까지)는 겨우 2년 동안 왕국을 통치했고 곧바로 파라마이슈와르 바르만 1세(670~695년)가 그의 뒤를 이었다. 이 시기에 찰루키아 왕국의 비크라마디트야 1세는 팔라바 왕국의 수도 칸치를 점령한 뒤 계속해서 트리치노폴리로 향했다. 그러나 전열을 가다듬은 팔라바 왕국의 군대는 페루발라나루르에서 찰루키아 군대를 물리친 뒤 칸치를 되찾았다.

나라싱하 바르만 2세(695~722년)는 팔라바의 왕위를 계승한 뒤 전쟁 대신 평화와 법으로 제국의 번영에 주력했다. 그의 노력으로 팔라바 왕국은 문화적 발전을 거듭하는 한편 풍요롭고 안정된 상태에 놓였다. 그는 칸치와 마하발리푸람에 거대한 사원을 건립하는 한편 많은 학자들을 보호하여 학문과 문학의 발전에 힘썼으며 중국에 사신을 파견했다.

한편으로 파라마이슈와르 1세에게 패한 찰루키아 왕국은 비크라마디트야 2세 때 다시 팔라바 왕국을 공격했다. 그러자 나라싱하 바르만 2세의 뒤를 이은 파라마이슈와르 바르만 2세(722~730년)는 전쟁 대신 찰루키아 왕에게 많은 돈과 선물을 주어 협정을 체결했다. 이 같은 사실은 이 시기에 들어 팔라바 왕국의 위세가 많이 기울어가고 있음을 의미했다.

팔라바의 다음 왕 난디 바르만 2세(730~795년)는 특이하게도 선출에 의해 왕이 된 경우이다. 이전의 팔라바의 왕들은 모두 세습에 의해 왕위를 계승했다. 하지만 그는 재상과 귀족들의 회의를 거쳐 12살에 왕으로 선출되었다. 하지만 그가 왕으로 있는 동안 찰루키아뿐만 아니라 그 밖의 이웃 나라들의 공격이 더욱 빈번해졌다. 특히 판드야 왕국과의 싸움으로 인해 콩구 지역을 빼앗겼고 찰루키아 왕국의 비크라마디트야 2세의 공격으로 칸치를 점령당했다.

750년경 이번에는 라쉬트라쿠타 왕국의 지배자 단티두르가가 팔라바를 공격하여 칸치를 점령했다. 하지만 단티두르가는 팔라바와 평화관계를 맺기로 결정하고 칸치를 난디 바르만 2세에게 되돌려주었다. 하지만 라쉬트라쿠타의 두르바 왕은 다시 팔라바를 공격하여 많은 전리품을 약탈해갔다. 이처럼 난디 바르만 2세 시대에 팔라바 왕조는 찰루키아, 판드야, 라쉬트라쿠타 등의 공격을 받으며 급속하게 쇠약해져 갔다. 하지만 난디 바르만 2세는 밖으로 끊임없는 외침에 시달리면서도 안으로 학문과 예술을 보호하여 많은 사원을 건립하고 학자들을 보호했다. 실제로 그의 시대에 많은 뛰어난 학자와 성자들이 활약했다.

난디 바르만 2세 이후 팔라바 왕국은 계속해서 이웃 나라들의 공격을 받으며 점차 영토와 힘을 잃어버렸다. 그러다가 880년 아파라지타 왕 때에는 촐라 왕국의 아디트야 1세의 도움으로 간신히 판드야 왕국의 침략을 물리쳤다. 하지만 촐라의 왕 아디트야 1세는 아파라지타를 살해하고 대신 왕국을 차지해버렸다. 결국 이 사건을 마지막으로 팔라바 왕국은 893년 촐라 왕국에 의해 멸망했다.

팔라바 왕조의 사회상

팔라바 왕국의 행정 조직은 굽타 왕조와 거의 유사하다. 왕은 모든 힘을 소유했지만 독재자는 아니었다. 그의 첫째 임무는 백성들의 평안과 나라의 안정에 있었다. 왕은 재상들의 도움을 받으며 법에 따라 자신의 의무를 충실하게 실행했다.

    팔라바의 모든 왕들은 철저한 힌두교도였다. 그들은 다양한 희생제를 올리는 한편 시바, 비슈누, 브라흐마, 락슈미 등과 같은 힌두의 남신과 여신을 위해 많은 사원들을 건립했다. 그들은 힌두교와 산스크리트어를 적극 권장함으로써 남인도 지역에 힌두사상이 전파되는 데 결정적인 역할을 담당했다. 기원후 8세기에 남인도 지역에서 성행했던 힌두교로의 종교개혁 운동은 바로 팔라바 왕조에 의해 조직된 것이다. 팔라바의 역대 왕들은 힌두교의 전파에 힘쓰는 한편 계속해서 학문을 보호함으로써 수도인 칸치는 남인도 학문의 중심지인 동시에 힌두교의 7대 종교도시 가운데 하나가 되었다.

    남인도 타밀 지역에서의 힌두교는 주로 신에게 절대적으로 헌신하는 박티 종교의 형태로 위대한 힌두교 성자들 대부분이 바로 이 시기에 활약했다. 하지만 팔라바의 왕들이 힌두교를 믿었다고 해서 다른 종교를 배척한 것은 아니다. 이미 불교와 자이나교가 남인도 지역에서 많은 기반을 상실했음에도 그들은 이들 종교

카일라사나타 사원 카일라사나타 사원은 엘로라 석굴 사원의 제16굴로 라슈트라쿠타 왕조 크리슈나 1세 때 만들어진 힌두교의 시바 신을 모신 사원이다.

에 대한 보호를 아끼지 않았다. 칸치를 방문했던 현장의 기록에 의하면 한때 남인도의 종교적 전통은 자이나교가 지배하고 있었던 것처럼 보인다.

팔라바 왕조의 문화 정책은 칸치의 대학을 중심으로 진행되었다. 이미 4세기경에 인도 정통의 논리학파인 느야야 학파의 경전 《느야야수트라》에 대한 주석서 《느야야 브하샤》를 저술한 바츠야야나가 칸치 대학의 유명한 스승이었다. 그 밖에도 불교 논리학의 대표적인 학승인 디그나가 역시 이 대학에서 7년간 수학했다. 뿐만 아니라 몇몇 왕들은 자신들이 바로 뛰어난 학자였다.

학문뿐만 아니라 인도 최남단의 힌두교 사원에 대한 건립 역시 팔라바 왕조에 의해 시작되었다. 팔라바 왕조의 건축 양식은 대개 네 단계로 구분된다. 첫째는 600~625년까지의 기간으로 이때의 건축 양식을 마헨드라 예술 양식이라고 부른다. 둘째는 625~647년까지로 마말라 예술 양식이라고 부르며 마말라푸라마(마하발리푸람)에 있는 라트 사원이 대표적인 건물이다. 이 사원은 남인도 최고의 건축물로 꼽힌다. 셋째 시기는 8세기 라자싱하 시대로 라자싱하 예술 양식이라고 불린다. 이 양식의 대표적인 건축물로는 칸치에 있는 카일라샤나타 시바 사원이 가장 훌륭한 것으로 알려져 있다. 마지막 시기는 팔라바의 마지막 왕 아파라지타 시대로 왕의 이름을 따 아파라지타 예술 양식이라고 불린다. 바하사라 사원이 이 시기의 대표적인 양식으로 비록 팔라바 왕조의 멸망기임에도 오히려 건축 양식은 최고의 발전 단계를 이룩했다.

이처럼 문학예술의 다양한 발전과 더불어 팔라바 왕조는 남인도 지역에 힌두이즘의 흥기에 결정적인 기여를 했다. 또한 그로 인해 북인도의 아리아인 문화를 남부에 전파하는 매개자 역할을 했다는 점에서 인도 역사상 아주 중요한 위치를 차지한다고 할 수 있다.

찰루키아 왕조

한편 팔라바 왕국보다 북쪽에 있는 마하라슈트라와 비다르바 지역에는 사타바하나 왕조가 멸망한 뒤 바카타카 왕국이 그 뒤를 이어가고 있었다. 브라흐만 계급이 세운 바카타카 왕국은 당연히 힌두교를 신봉하면서 다양한 베다 희생제를 거행했다. 그들의 문화는 남인도보다는 북인도 지역에 더 가까웠고 굽타 왕조의 찬드라굽타 2세와는 혼인동맹을 맺었다. 어찌되었든 바카타카 왕국은 북인도 지역의 힌두교를 남인도 지역으로 전하는 데 중개적인 역할을 담당했다.

바카타카 왕국은 그 후 6~8세기 동안 데칸과 남부 지역의 역사에 중요한 역할을 담당했던 찰루키아 왕조에게 멸망당했다. 찰루키아 왕조는 자신들이 브라흐마 또는 마누 신의 후손이라고 주장했으며 자신들의 조상이 라마가 통치했던 아요드야를 지배했다고 자랑스럽게 말했다.

찰루키아 왕조는 6세기경 서부 데칸 지역에서 한참 세력을 키우고 있던 라쉬트라쿠타 왕조를 물리친 자야싱하에 의해 미히리쉬트라 지역에 자신들의 왕국을 건설했다. 한편 그의 뒤를 이은 풀라케쉰 1세는 말희생제를 거행하여 자신의 제왕으로서의 위엄을 강조했다. 이후 찰루키아 왕국의 남하정책은 남인도를 지배하고 있던 팔라바 왕조와의 충돌을 피할 수 없게 만들었다.

찰루키아 왕 풀라케쉰 2세는 북인도의 하르샤 왕의 남하정책을 저지하는 역할을 하는 한편 610년 크리슈나와 고다바리 강 사이의 벵기 지역을 정복했다. 벵기 지역은 지리적 조건상 수많은 왕국들의 점령 대상이었기 때문에 수세기 동안 이곳을 차지하기 위해 치열한 전쟁이 계속되었다. 결국 벵기 지역을 점령한 그는 이곳에 동찰루키아 왕조라고 알려진 다른 지파를 세웠다. 그러나 풀라케쉰 2세가 642년 팔라바 왕국의 나라싱하 바르만에게 패하고 전사하자 왕국은 힘을 상실한 채 13년 동안 극심한 정치적 혼란에 휩싸였다.

천인 부조상 찰루키아 왕조 시대의 석조. 사원이 많이 남아 있는 아이홀레 지방에서 발굴되었다.

그러나 이 전쟁에서 양국은 모두 커다란 손실을 입었다. 이후 팔라바 왕국은 스리랑카와 손을 잡고 국력을 키우는 한편 찰루키아는 분열된 왕국을 다시 규합하는 데 주력했다. 그 결과 풀라케쉰 2세의 아들 비크라마디트야 1세는 다시 힘을 모아 팔라바를 공격했다. 이 전쟁에서 칸치를 점령한 그는 많은 훌륭한 건축가를 포로로 잡아왔다. 이후에도 찰루키아와 팔라바의 전쟁은 끊이지 않고 계속되다가 결국 740년 비크라마디트야 2세에 이르러 찰루키아 왕국이 최후의 승리를 거두었다. 찰루키아 왕조는 승리의 기쁨을 채 누리기도 전에 757년 라쉬트라쿠타 왕조에게 멸망당했다. 하지만 벵기 지역에 세워진 동찰루키아 왕조는 10세기까지 존속하다가 촐라 왕조에 흡수되었다.

촐라 왕조

촐라 왕조는 남인도의 최남단을 지배했던 고대 왕국 가운데 하나이다. 촐라 왕조는 《상감문학》 시대 동안 체라, 판드야와 함께 타밀 지역을 삼분했던 고대 왕국의 하나로서 삼국의 경쟁 시대 중반기에는 상당한 위력을 떨쳤다. 그러나 후반기로 갈수록 체라 왕국이 우월해지면서 자그마한 속국으로 전락했다. 그러다가 9세기 중반 무렵 그들은 독립뿐만 아니라 자신들의 위세를 다시 한 번 타밀 지역에 떨칠 수 있는 절호의 기회를 맞이했다. 이 틈을 놓치지 않고 촐라 왕조는 퉁가바드라 강 이남의 전 지역과 아라비아 해에 있는 많은 섬들을 차지함으로써 거대한 제국을 세웠다. 이후 촐라 왕조는 근 200년 동안 남인도의 문화와 정치에 결정적인 기여를 했다.

    새로운 촐라 왕국의 기초를 만든 왕은 한때 팔라바 왕조의 영주였던 비자야라야(850~871년)였다. 그는 팔라바와 판드야 사이에 전쟁이 벌어진 틈을 타 판드야의 영토였던 탄조르를 공격하여 점령했다. 이곳을 발판으로 세력을 확보한 그는 여세를 몰아 계속해서 콜사나 계곡과 카베리 계곡의 지역을 차지했다. 그러나 비자야라야가 탄조르에 새로운 촐라 왕국의 기틀을 마련했다고는 하지만 왕국을 팔라바 왕조에서 완전하게 독립시킨 왕은 그의 아들 아디트야 1세(871~907년)였다.

　아디트야 1세는 이미 기울어져 가고 있는 팔라바 왕조의 아파라지타 왕을 도와 판드야를 물리쳤다. 하지만 이미 팔라바 왕조가 쇠약해질 대로 쇠약해져 있다는 사실을 알아차린 아디트야 1세는 893년경 아파라지타와 전쟁을 벌여 그를 살해했다. 이로 인해 팔라바 왕국은 실질적으로 멸망하고 대신 촐라 왕국이 톤다이만달람을 비롯한 팔라바 왕국의 대부분의 지역을 차지하면서 명실상부하게 독립된 제국을 형성했다. 그 후 그는 탄조르에 수도를 정하고 시바 신을 위한 사원들을 건립하면서 왕국의 기틀을 다져갔다.

　아디트야 1세 다음으로 왕위를 계승한 파란타카 1세(907~953년)는 매우 야심만만한 왕으로 처음부터 영토 확장에 온 정성을 쏟았다. 그는 당시 겨우 명맥만 유지하고 있던 판드야 왕국의 라자싱하 2세를 공격하여 마두라 지역을 차지했다. 다급해진 라자싱하 2세가 스리랑카의 왕에게 도움을 청했지만 이미 기울어진 나라의 힘으로는 역부족이었다. 파란타카 1세는 계속해서 서부 갠지스의 지배자였던 프리티비 2세와 연합하여 바나와 바이둠바를 물리치면서 영토 확장을 계속했다. 파란타카 1세의 영토 확장 정책은 그와 이웃하고 있는 라쉬트라쿠타 왕조를 긴장시켰다. 보다 못한 라쉬트라쿠타의 왕 크리슈나 3세는 949년 타코람에서 촐라 왕국과 전쟁을 벌여 그들을 물리쳤다. 지금까지 패배를 모르고 승승장구하던 파란타카 1세는 이 전쟁의 패배로 거대한 제국을 이루려던 야망이 산산히 부서지는 커다란 좌절감을 느껴야만 했다. 이러한 좌절의 후유증은 그의 아들 파란타카 2세가 다시금 라쉬트라쿠타를 물리치고 톤다이만달람을 차지하기 전까지 대략 30

여 년 동안 계속되었다.

한편 촐라 왕조가 다시금 역사의 전면에 나서서 그 힘을 과시한 것은 라자라자 왕(985~1014년) 때이다. 강력한 군사력을 바탕으로 영토 확장에 힘을 쏟은 라자라자는 벵기의 동찰루키아 왕조, 마두라의 판드야 왕국, 칼링가의 강가 왕국, 케랄라의 체라 왕국 등을 차례로 물리치면서 인도 최남단 지역까지 자신의 영향력을 넓혀나갔다. 라자라자는 또한 해군력을 강화하여 쿠르가, 말라바바라 해안 지역, 스리랑카의 일부 지역 등을 차지했다. 그는 계속해서 당시 해상 무역을 독점하고 있던 아랍의 세력을 꺾기 위하여 말디베 섬과 남동 지역에 있는 섬들을 정복했다. 당시 아랍인들은 케랄라의 체라 왕국의 보호 아래 인도 서부 연안을 중심으로 한 무역을 거의 독점하고 있었다.

한편 그는 샥티 바르마나 1세의 동생인 비말라디트야를 벵기의 지배자로 앉힌 뒤 자신의 딸과 결혼시켰다. 결국 라자라자의 영토 확장의 결과 촐라 왕조는 남인도에서 거대한 통일국가의 기틀을 마련하게 되었다. 라자라자는 남인도의 위대한 왕 가운데 한 명으로 무엇보다도 해군력을 강화하여 동남아시아에 강력한 위세를 떨쳤을 뿐만 아니라 행정 조직에 있어서는 지방 자치제의 형식을 도입하여 보다 효율적인 국가관리를 시도했다. 그는 시바 종파

강가이콘다촐라푸람 사원 강가이콘다촐라라는 명칭은 갠지스 강을 정복한 촐라의 도시란 뜻이다. 강가이콘다촐라푸람 사원에는 갠지스 강의 물을 한껏 저장할 수 있는 탱크가 있다.

로서 타밀 건축상에 기념비가 될 만한 시바 사원을 건립하는 한편 불교를 보호하는 데도 힘썼다.

라자라자의 뒤를 이은 라젠드라 1세(1014~1044년)는 아버지의 영토 확장 정책을 그대로 이어받았다. 그의 업적은 무엇보다도 당시 동남아시아에서 위세를 떨치고 있던 슈리비자야 왕국의 해군을 대파하여 아라비아 해뿐만 아니라 동남아시아에 인도 해군력의 막강한 위세를 펼쳤다는 사실에 있다.

지금의 말레이 반도와 수마트라에 위치했던 슈리비자야 왕국은 남인도와 중국의 해상 무역상이 통과하는 길목에 위치해 있었다. 10세기경부터 남인도와 중국 간의 무역이 활발해지자 슈리비자야 왕국은 강력한 해군력을 바탕으로 양국 사이의 직접적인 무역을 차단한 채 중개상 역할을 하려 했다. 이로 인해 슈리비자야에 있던 인도 무역상들의 생계가 위협을 받게 되자 촐라 왕국은 해상 무역의 안전한 통로를 확보하기 위하여 슈리비자야와 전쟁을 치르지 않을 수 없었다. 이 전쟁에서 승리한 촐라 왕국은 해상 무역의 안전한 통로를 확보하여 국가의 경제적 풍요에 중요한 토대를 마련했다.

그는 또한 북으로는 후기 찰루키아의 근거지인 카루야니를 합병하고 남으로는 스리랑카까지 정복의 손길을 뻗쳤다. 라젠드라는

계속해서 북으로 눈길을 돌려 서벵갈 지역을 공격하였지만 북인도 지역에서는 영토 확장보다 주로 자신의 위세를 떨쳐보이는 데 만족해야만 했다. 그는 강가이콘다촐라푸람이라는 도시를 건설하여 그곳을 수도로 삼은 뒤 아름다운 궁전과 절을 짓고 길이가 16마일에 달하는 촐라강감이라는 호수를 만들었다.

라젠드라 1세 이후 촐라 왕조의 왕들은 판드야와 실론뿐만 아니라 후기 찰루키아 왕국과 끊임없는 싸움을 벌여야만 했다. 특히나 후기 찰루키아와의 계속되는 전쟁은 국가의 자원과 힘을 약화시키는 결정적인 역할을 했다. 촐라 왕조는 양국 간의 전쟁에서 승리하여 후기 찰루키아 왕국을 완전히 파멸시키고 데칸 지역에 있던 속국들을 해방시켰지만 오히려 이들 속국의 끊임없는 저항으로 인해 자신의 왕국이 분열되는 결과를 가져왔다. 물론 한때는 버마, 캄보디아, 중국 등과의 무역이 더욱 융성해지기도 하였지만 12세기 후반으로 들어서면 촐라 왕국은 예전의 위세를 거의 상실한 채 마들라이의 판드야 왕국의 공격을 계기로 서부와 남부라는 두 개의 촐라 왕국으로 분열되었다. 이후 1258년 드디어 촐라 왕국의 라젠드라 3세가 판드야 왕국의 순다라 왕에게 패하면서 남인도의 거대한 제국 촐라 왕조는 막을 내리게 되었다.

촐라 왕조의 사회상

촐라 왕조의 왕들은 행정의 수반으로 모든 권력이 그에게 집중되었으며 왕에 따라 수도를 탄조르, 강가이콘다촐라푸람, 무디콘단,

칸치 등으로 자주 옮겼다. 촐라 왕조는 광활한 영토뿐만 아니라 풍부한 농산물과 무역을 바탕으로 상당히 풍요로운 생활을 영위했다. 왕권의 신성함을 믿은 그들은 왕과 왕비의 초상을 여러 사원에 남겨 놓았다. 왕들은 재위 기간 중에 자신의 계승자를 선출했기 때문에 왕권 다툼이 일어나지 않았다. 그러나 왕위는 세습제였으며 특별한 경우를 제외하고는 장자상속제를 지켜 나갔다. 모든 행정은 효율적인 관료 제도를 조직하여 펼쳐 나갔다.

    촐라 왕조는 활발한 정복 사업을 위하여 강한 군대를 보유했다. 그 가운데 기병을 유지하기 위하여 아랍에서 많은 양의 말을 수입해야만 했다. 왕은 벨라이카라스라는 근위병을 두어 자신의 신변을 보호하게 했다. 그러나 무엇보다도 촐라의 군사 제도 가운데 특이한 요소는 막강한 해군력에 있다. 촐라 왕조는 해군력을 바탕으로 스리랑카와 스리비자야 왕국 등을 물리치고 동서 해상 무역의 안전을 확보하여 국가의 경제적 풍요에 커다란 도움을 주었다. 그러나 촐라의 군대는 상당히 거칠어 전쟁 기간 중 부녀자를 비롯한 많은 일반인이 피해를 입는 경우가 허다했다.

    국가의 주된 수입은 토지세로 라자라자 1세의 경우는 수확된 농산물의 1/3을 세금으로 거두었다. 세금은 현금과 산물로 거두었고 토지는 생산되는 산물에 따라 각기 다르게 분류되었으며 그에 대한 세금은 생산된 양에 의해 결정되었다. 세금은 주로 생산자에게서 직접 거두었으나 경우에 따라서는 한 마을을 단위로 한꺼번에 모아서 거두었다. 왕은 농산물의 수확을 보다 증진시키기 위하여 카베리 강에 여러 개의 댐을 건설하고 호수를 만들었다. 이 밖에도 무역과 광산, 염전 등을 통해 얻어지는 세금은 국가의 경제를 풍요롭게 하는 데 많은 도움을 주었다. 국가의 영토는

7~8개의 만달로 나뉘고, 만달은 다시 나두로, 나두는 쿠람(또는 코탐) 등으로 세분되었다. 한 쿠람은 행정의 가장 작은 단위인 몇 개의 촌락으로 이루어졌다.

촐라 왕조의 행정 제도 가운데 눈길을 끄는 부분은 지방자치제이다. 촐라 왕조는 말단 촌락에서부터 만달에 이르기까지 철저하게 지방자치적인 행정 제도를 실시했다. 촐라 왕조의 이 같은 행정 제도는 북인도나 남인도의 어느 왕조에서도 찾아볼 수 없었던 독특한 제도였다. 이 같은 제도하에서 행정기구 마하사바라는 촌락행정에서 중요한 역할을 차지했으며 그것은 쿠람이나 나두, 만달에서도 마찬가지였다. 촐라 왕조의 이 같은 자치제도는 중앙정부의 정치적 변화에 관계 없이 지속적으로 마을의 행정과 문화를 유지시키는 데 결정적인 역할을 함으로써 고유의 타밀 문화를 보존하는 데 많은 도움이 되었다.

이처럼 지방자치제가 실시될 수 있었던 주된 이유는 인도의 다른 지역에 비해 무역과 농업을 통하여 촌락 행정이 유지되기에 충분할 만큼의 경제력이 보장되었기 때문이다. 우선 마하사바를 형성하기 위하여 촌락은 30개의 구로 나뉘고 각구의 사람들 가운데 토지나 주택을 소유한 사람, 35세에서 70세 사이의 사람, 베다나 베다주석서에 관한 지식을 소유한 사람, 자신이나 친지 가운데 죄를 저지르거나 벌을 받은 적이 없는 사람 등 몇 사람이 선출되었다. 그러나 과거 3년 동안에 위원회에 참석하여 의견을 제출하지 못했던 사람은 제외되었다.

이렇게 해서 각 구에서 한 명씩 선출하여 총 30명을 정원으로 한 마하사바를 구성했다. 이때 선출 방식은 선거제가 아니라 일종의 제비뽑기식의 선출로 우선 자격 있는 사람들의 이름을 적은 나뭇잎을 바구니에 넣은 뒤 어린아이가 그중 하나를 뽑아 선출하는 방식이다. 마하사바의 다른 위원회, 즉 사법위원회나 관개수로를 검사하는 위원회 등도 이러한 방식으로 구성되었다. 이렇게 구성된 마하사바는 촌락의 행정, 사법, 세무 등을 전적으로 담당하는 독립된 정부 형태를 갖추었다.

촐라 왕조의 사회 구성원은 신분상의 계급 제도가 존재했지만 계급 간의 통혼이 허용되었으며 이를 통해 계속해서 새로운 계급들이 형성되었다. 여성의 지위도 비교적 좋은 편으로 아직까지는 후기 힌두 사회의 수많은 제약으로부터 자유로웠다. 그렇기 때문에 사회적, 종교적 행사에 자유롭게 참가할 수 있었다. 뿐만 아니라 여성에게도 상속권이 보장되어 자신의 재산을 보유할 수도 있었다. 촐라 왕조하에서는 여성의 사티가 그리 성행하지 않았으며 결혼은 대체로 일부일처제였지만 왕이나 부유한 사람은 예외적으로 일부다처를 했다. 그리고 노예제도는 농업과 상공업 및 무역업의 발달로 상당히 성행했다.

촐라 왕조의 왕들은 힌두교도로 바가바타 종파나 시바 종파 가운데 하나였다. 이들 양 종파는 촐라 왕조의 각별한 보호 아래 남인도에서 크게 유행했다. 또한 이 기간 동안 수많은 힌두 사원이 건립되면서 종교뿐만 아니라 교육의 장소로도 활용되었다.

촐라 왕조 시대에 타밀문학은 황금기를 맞이했다. 대부분의 문헌은 시(카브야)적인 형태로 쓰여졌으며 수많은 문인과 학자들이 왕의 보호 아래 자신들의 학문 연구에 몰두했다. 이 시대에 유명한 학자로는 《지와나친타마니》를 쓴 티루타카베다라, 《술라마니》를 쓴 톨라목티, 《칼링가툽파니》를 쓴 자야고다르, 《라마바트라마》를 쓴 캄바바 등이 있다. 이 가운데 캄바바는 타밀문학의 거

촐라 시대의 청동 가네샤상 가네샤는 시바와 파르바티의 아들로 지혜와 행운의 신으로 여겨진다.

봉으로 《캄바 라마야나》로 알려져 있는 그의 라마야나는 타밀문학상 가장 뛰어난 작품 가운데 하나이다. 불교학자인 부다미트라는 《라소리얀》이라는 작품을 썼으며 이 밖에도 《쿤달라케샤》와 《칼라다마》라는 불교 작품도 이 시대에 속한다. 타밀어 외에도 산스크리트어로 된 작품들도 쓰여졌다. 파란타카 1세 때 벤카트마다바는 《리그베다》의 주석서를 산스크리트어로 저술했다.

촐라 왕조는 수많은 도시, 호수, 댐, 저수지 등을 건설했으며 이 가운데 라젠드라 1세가 수도에 만든 강가이콘다촐라푸람이라는 호수가 특히 유명하다. 또한 언덕과 바위를 깎아 크고 아름다운 사원을 만드는 건축술이 발달했다. 촐라 왕조의 건축술을 보여주는 대표적인 건물로는 비자야라야 촐레슈와라, 나게슈와라코랑가나타, 무발라코비타 사원 등을 들 수 있다. 촐라 왕조의 이 같은 건축술은 팔라바 왕조의 영향을 받은 것이지만, 이 시기에 비로소 타밀 건축술이 절정을 이룬 것으로 평가된다.

촐라 왕조는 남인도의 정치 역사상 특징적인 요소를 많이 보유하고 있는데 특히 자치정부의 실현과 강력한 해군력의 보유, 그리고 타밀문학과 예술의 절정기를 이루었다는 점에서 무엇보다도 중요한 의미를 지닌다고 할 수 있다.

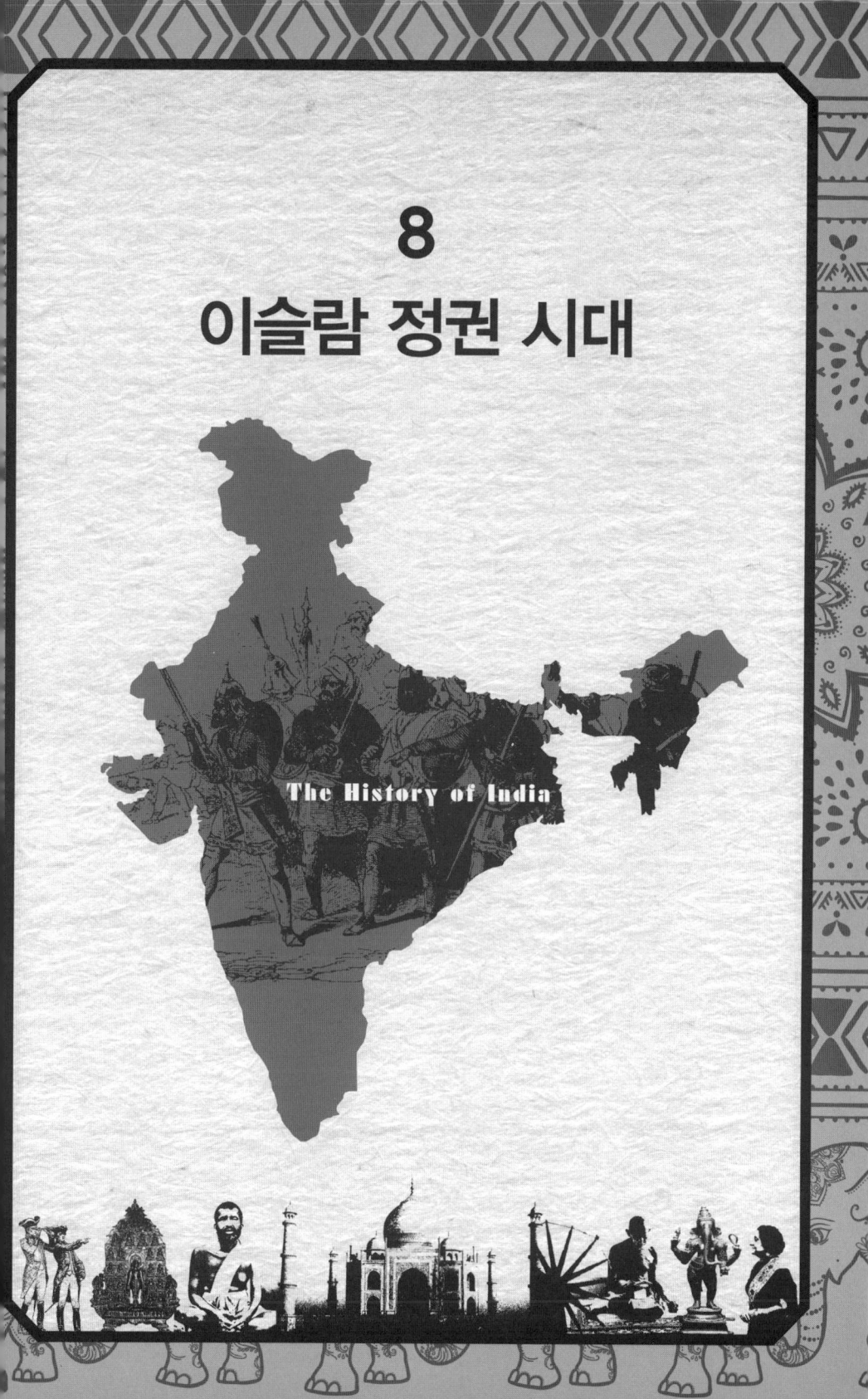

8
이슬람 정권 시대

중세 북인도 이슬람

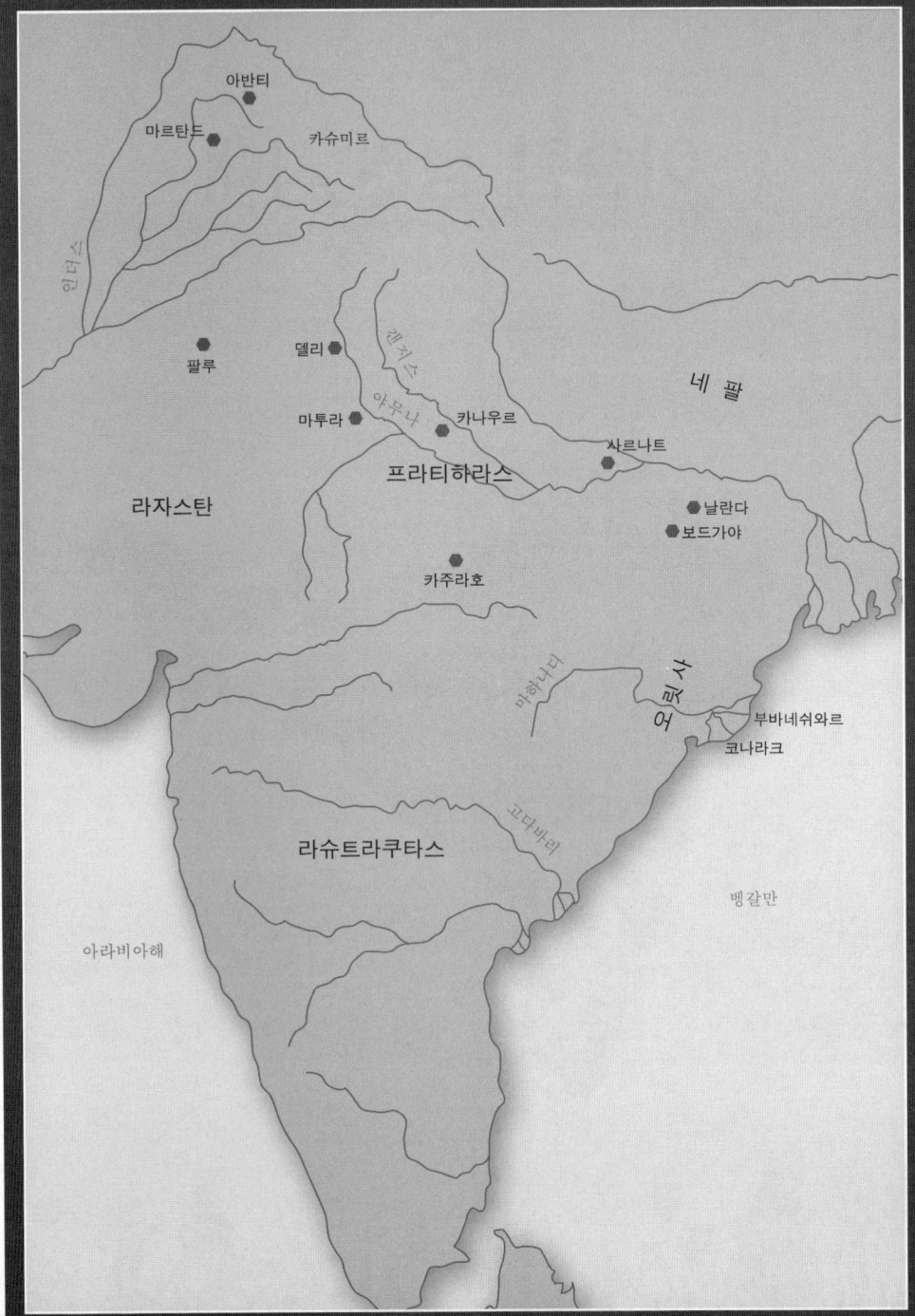

이슬람 정권 시대

7세기경 아랍인이 중심이 된 이슬람 세력은 페르시아를 거쳐 중앙아시아로 진출하는 과정에서 대략 8세기부터 인도에 간헐적으로 나타나기 시작했다. 그 후 중앙아시아의 세력 다툼에서 밀려난 터키계 노예 출신 알프티긴이 아프가니스탄의 가즈니에 독립된 왕국을 세움으로써 인도 침입이 시작되었다. 마흐무드는 십수 차례에 걸쳐 인도를 침입하여 펀자브 지역을 차지했다.

한편 12세기가 되면 아프가니스탄의 구르 지역에서 같은 터키계의 구르 왕조가 일어나 가즈니의 세력을 물리치고 인도 내륙으로 진출했다. 구르 왕조의 아이바크에 의해 델리를 중심으로 인도에 최초의 독자적인 이슬람 왕국이 건립되었다. 하지만 터키계가 세운 델리 왕조는 비터키계의 차별 정책과 술탄의 계승을 둘러싼 끊임없는 내분으로 할지 왕조, 투글라크 왕조 등으로 바뀌어갔다. 그러다가 1398년 티무르의 몽골군 침입으로 결정적인 타격을 입고 물탄과 펀자브를 중심으로 사이드 왕조를 거쳐 로디 왕조가 나타남으로써 터키계에서 아프가니스탄 계로 권력의 중심이 이동하다가 15세기에 등장한 몽골인의 후손 바부르에 의해 무굴 제국으로 대체되었다.

인도에서의 이슬람 정권의 태동은 종교 문화적으로 상당히 큰 영향을 미쳤다. 이전까지의 이민족들은 인도에 들어와 대부분 힌두화되면서 인도인과 동화되었지만 이슬람 세력은 거꾸로 자신들의 종교를 인도에 전파시켰다. 그 과정에서 이슬람 가운데 특히나 수피즘은 힌두이즘의 박티 종교와 많은 연관을 맺으면서 인도 종교에 상당히 많은 영향을 미쳤다. 또한 문화적으로는 페르시아풍의 문화가 유입되면서 후기 인도 문화와 예술에 많은 영향을 주었다.

이슬람의 인도 진출

1000~1200년 사이에 이슬람 세력은 인도의 서북부 지역에 본격적으로 발을 들여놓기 시작했다. 이 지역은 이미 기원전부터 알렉산더를 비롯한 여러 이민족의 침입을 끊임없이 받아왔다. 하지만 인도 전체로 보면 이슬람의 본격적인 침입이 시작되는 10세기 이전까지 약 4세기 동안은 어느 정도 안정된 상황을 유지하였다. 그 사이 아라비아 반도에서 흥기한 아랍 민족은 이슬람교의 창시자 마호메트의 인도 아래 하나의 왕국으로 결집했다. 그 후 점차 동서 지역으로 진출해 나가면서 마침내는 중국을 제외한 대부분 지역에 막대한 영향력을 끼친 세력으로 등장했다.

아랍인들은 661년 처음으로 우마이야 왕조를 세워 하나의 독립된 국가 형태를 갖추었다. 우마이야 왕조는 그로부터 약 100년 후 인도 서북부 지역을 침입하였으나 이때는 인도 정복에 그리 큰 의미를 두지 않았다. 오히려 그들은 서쪽으로 유럽과 아프리카 지역 그리고 중앙아시아 지역을 차지하는 데 더 큰 관심을 기울였다. 당시에는 아라비아 해를 통한 해상항로와 중앙아시아의 육상 통로를 차지하는 세력이 전 세계의 패권을 움켜 쥔 지배자였다. 이슬람 세력이 유럽과 중앙아시아를 차지하려고 애쓴 이유도 바로 세계의 패권을 쥐려는 의도였다. 이후 영국, 프랑스, 스페인, 포르투갈 등 서유럽 세력이 남아프리카를 돌아 아시아로 가는 새로운 항로를 발견하려고 발버둥쳤던 이유도 실제로는 이슬람 세력의 경제적 지배권에서 벗어나려는 의도에서였다.

어찌되었든 이슬람의 본격적인 인도 침입은 우마이야 왕조의 뒤를 이어 일어난 페르시아 세력의 압바스 왕조가 쇠약해진 이후 이슬람 세력이 각기 아프리카, 이집트 등지에서 서로 세력을 다투고 또한 터키 계통의 세력이 강해지면서 시작되었다. 이슬람의 인도 침입은 다른 많은 침입자들과 마찬가지로 서북 인도의 교통 요충로를 통해서 이루어졌다. 하지만 이슬람교도로서 인도에 첫발을 들여놓은 이들은 뱃길을 이용한 아랍 상인들이었다.

8세기에 접어들면서 아랍인들은 발달된 항해술과 항해도를 가지고 서쪽으로는 유럽 대륙에서 동쪽으로는 중국에 이르는 전 세계의 해상 무역을 독점하게 되었다. 아랍인들의 해상 무역 독점은 인도인들의 해상 무역에 위축을 가져올 수밖에 없었으며 그 과정에서 여러 차례 무력 충돌이 발생하게 되었다. 실제로 8세기 초엽 사라센 제국의 동부 여러 주를 관장하고 있던 총독 핫자지에게 공물을 싣고 가던 실론의 배가 신드 지방의 항구 다이바르*에서 약탈당하는 사건이 발생했다.

* 다이바르 : 지금의 카라치 부근

총독은 당시 이 지방을 다스리고 있던 힌두 왕국의 다히르 왕에게 사절을 보내 포로의 석방과 배상을 요구했다. 다히르 왕이 그의 요구를 거절하자 화가 난 총독은 이를 계기로 신드 지방을 침입하여 제국의 확대를 꾀했다. 두 번의 실패를 거듭한 끝에 총독은 마침내 722년 왕국을 거의 파괴시킨 후 이곳을 이슬람 정권의 지배하에 둠으로써 북인도 지역의 일부를 차지하기 시작했다. 하지만 이때까지도 이슬람의 영향은 신드 지역에 한정되었으며 본격적인 인도 침입은 그로부터 대략 3세기가 지나서였다.

이슬람 세력이 인도의 서북 지역을 중심으로 본격적인 침입을 시작한 것은 이슬람 문화사상 가장 번영기라고 할 수 있는 10세기 말경이다. 이 시대에 중앙아시아에는 부하라를 중심으로 이란인

중세 이슬람군의 전투 1530년에 그려진 미니어처로 이슬람군과 적군이 서로 엉켜 싸우고 있는 모습을 묘사했다.

계열의 사만 왕조, 이라크와 이란 지역에서는 우마이야 압바스 왕조, 그리고 에스파냐에서는 우마이야 왕조의 잔여 세력, 마지막으로 이집트 지역에는 파티마 왕조가 각기 자리를 잡고 있었다. 당시의 이슬람 세력은 비록 정치적으로는 분열된 상태에 있었지만 문화적으로는 그 어느 때보다도 찬란하게 발전한 시기였다.

이 가운데 사만 왕조하에서 터키계의 노예였던 알프티긴이 호라산의 총독으로 발탁되었다가 모종의 사건으로 실각한 후 그를 따르는 부하들과 함께 인도 지역으로 이동했다. 도중에 그는 아프가니스탄에서 가즈니를 점령하여 이곳을 그들의 새로운 거주지로 정하였다(762년). 알프티긴이 세운 가즈니 왕조는 다시 977년 그의 노예 출신인 사부크티긴에게 권력이 넘어간 후 사만 왕조에서 완전히 독립하여 본격적인 왕조를 이룩했다. 이로 인해 학자에 따라서는 가즈니 왕조의 기원을 알프티긴과 사부크티긴의 둘 가운데 하나로 서로 다르게 잡기도 한다.

터키계의 가즈니 왕조는 규칙적으로 인도를 침입하였고 가장 열성적으로 침략을 감행했던 왕이 바로 사부크티긴의 아들 마흐무드였다. 대체적으로 이슬람 세력의 이민족과의 전쟁 명분은 이교도를 물리치고 이슬람 사상을 전파하는 성전(聖戰, 지하드)의 성격이 강했다. 하지만 그들의 초기 인도 침입의 경우에는 이와 더불어 다양하고 풍부한 재물의 획득도 커다란 관심사였다.

사부크티긴 역시 펀자브 지방을 2회에 걸쳐 침입한 적이 있었지만 마흐무드의 경우에는 대략 17번에 걸쳐 침략을 감행했다. 하지만 가즈니 왕조의 주된 관심사는 중앙아시아 지역으로의 진출이었기 때문에 인도 침입의 주목적은 노예와 재물을 획득하기 위해서였다. 왜냐하면 당시의 중앙아시아 지역은 중국과 유럽을 잇는 육상 무역로(실크로드)로서 상당히 중요한 위치를 차지하고 있었기 때문이다. 그렇기 때문에 마흐무드의 인도 침입은 오직 노예와 금, 은, 보석 등 재물을 약탈하기 위해 매우 신속하게 진행되었다. 애당초 그들이 인도의 영토를 차지하려는 욕심은 거의 없었다.

　마흐무드는 처음에는 아프가니스탄 지역의 자야팔 왕과 펀자브 지역에 있는 힌두 왕국들과 전쟁을 벌였다. 그러던 중 자야팔 왕의 아들인 아난다팔과의 전쟁에서 대승을 거둔 이후 자신을 얻어 인도 내륙으로 깊숙이 진격하기 시작했다. 1018년 그는 12만 명의 대병력을 이끌고 베나레스까지 진격하면서 도중에 무트라 지역에 있던 크리슈나 신전을 파괴한 뒤 수많은 금, 은, 보석과 코끼리 그리고 노예 등을 이끌고 가즈니로 개선했다. 약 5만에 이르는 노예가 한꺼번에 생겨 당시 노예 시장의 시세를 폭락하게 만들었다.

　1024년에는 서북 해안 카디아왈 반도에 있는 솜나트까지 진격을 했다. 당시 솜나트에는 거대하고 화려한 시바 신전이 있었는데 여기에는 1천 명의 브라흐만 사제와 3백 명의 이발사와 수백 명의 여인들이 신에게 봉사를 드리고 있었다. 이 신전에는 시바의 상징인 거대한 링가가 있었으며 사제들은 날마다 갠지스 강의 성수를 떠다 그것을 깨끗하게 닦았다. 타르 사막을 넘어 이곳을 공격한 마흐무드는 신상을 쓰러뜨린 뒤 그 일부를 메카와 메디나로 보내어 길가에 흩어 놓고 지나가는 사람들이 멋대로 밟도록 했다. 마흐무드가 신상을 파괴하려 할 때 힌두교도들은 수많은 금을 주는 대가로 신상을 보전하려 하였지만 이교도에 대한 이슬람의 태도는 매우 강경했다. 그들이 신상을 부수고 나자 놀란 것은 힌두교도가 아니라 오히려 그들 자신이었다. 왜냐하면 그 속에서 힌두교도들이 제시했던 것보다 몇 배나 많은 금, 은, 보석이 쏟아져 나왔기 때문이었다.

마흐무드가 중앙아시아 지역에 관심을 쏟으면서, 터키족의 이슬람 침입은 줄어들었다. 이로써 이슬람 제국의 동쪽 변방이 안정되었다. 뿐만 아니라 그의 가즈니 왕조는 이슬람의 발생지인 아랍보다 옛 페르시아의 영토였던 이란을 부흥시키는 계기를 마련했다. 특히나 마흐무드의 궁정에 머물던 뛰어난 시인 피르다우시는 세계 고전 문학의 하나로 손꼽히는 《샤나메》라는 민족 서사시를 지어 옛 페르시아의 영웅적 기상을 되살렸다. 이로 인해 페르시아의 언어와 문화는 바로 가즈니 왕조의 언어와 문화가 되었다.

또한 마흐무드는 스스로 고대 페르시아의 전설적인 왕 아프라시압의 화신이라고 주장했다. 가즈니 왕조의 이 같은 역할은 터키족이 이슬람 문화뿐만 아니라 페르시아 문화에도 동화되는 결

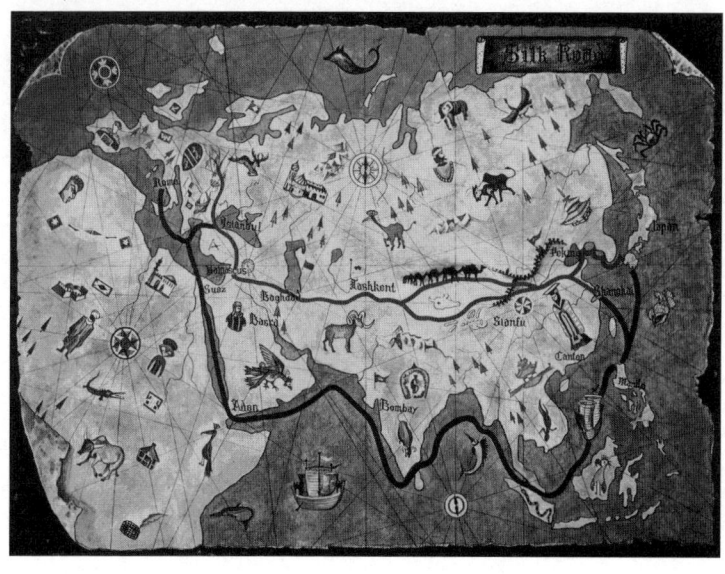

실크로드 지도 실크로드를 나타낸 중세의 지도. 실크로드는 고대부터 동서양을 잇는 중요한 무역로였다.

현재의 구르 아프가니스탄 힌두쿠시 산맥 서부의 산악 지대에 위치한다. 구르 왕조의 중심지였다.

과를 가져왔다. 그 영향은 약 2세기가 지난 후 인도에도 그대로 전해졌다. 이외에도 가즈니 왕조는 알 바루니와 같은 뛰어난 학자를 후원하여 수학과 천문학 분야에서도 괄목할 만한 발전을 이루었다.

가즈니 왕국이 펀자브와 물탄 지역을 정복함으로써 북인도의 정치적 상황은 완전히 변해 버렸다. 무엇보다도 중앙아시아 지역으로의 진출이 막혀 버린 터키족이 갠지스 유역의 핵심 지역까지 침입하기 시작했다. 하지만 터키족은 마흐무드가 죽고 나서 가즈니 왕조의 세력이 약화되자 다시 그들의 주관심 지역이었던 중앙아시아로의 진출을 시작했다. 그렇기 때문에 그들의 인도 진출은 약 150년이 지난 후에야 본격적으로 이루어졌다.

가즈니 왕조는 마흐무드가 1030년에 죽자마자 술탄의 지위를 놓고 형제 간에 피비린내 나는 싸움이 벌어졌다. 결국 마수드가 형들을 물리치고 후계자가 되었으나 왕국은 이전의 영화를 되찾기 힘들 정도로 쇠약해져 갔다. 한편 970년경 오늘날 카자흐스탄의 부하라 지역에 터키족이 정착을 하기 시작했다. 이 가운데 셀주크가 강력한 힘을 바탕으로 셀주크 터키 왕조를 일으켰고, 가즈니 왕조와 전쟁을 치르지 않을 수 없었다. 호라산의 지배를 목적으로 시작된 이 전쟁에서 가즈니 왕조의 마수드는 대패하여 라호르 지방으로 피신하면서 펀자브와 가즈니 지역은 셀주크 터키 왕조의 지배하에 놓이게 되었다. 이후 가즈니 왕조는 갠지스 계곡과 라지푸트 지역에서 겨우 명맥을 유지했지만 예전의 강력했던 힘은 이미 사라진 후였다.

이 틈을 타 북인도 지역에서는 가즈니의 세력에 대항할 수 있는 새로운 군소 왕국이 라지푸트족에 의해 세워졌다. 라지푸트족이 서북 인도 지역에 세운 군소 왕국 가운데 가장 중요한 것으로는 카나우즈의 가하다발라와 말와의 파라마라 그리고 아지메르의 차우한을 들 수 있다. 이 밖에도 자발푸르 근처에는 칼라추리, 분델칸드에는 찬델라, 구자라트에는 찰루키아 등 군소 왕국이 난립하여 서로 세력 다툼을 벌였으며 벵갈 지역은 여전히 팔라 왕조의 영향하에 있다가 후에 세나 왕조의 지배하에 들어갔다.

이 가운데 카나우즈의 가하다발라 왕국은 팔라 왕국을 침범하여 바라나시를 제2의 수도로 만들었다. 한편 아지메르의 차우한 왕국은 구자라트 지역으로 자신들의 영토를 넓혀나가는 과정에서 가하다발라와의 충돌을 피할 수 없게 되었다. 사정이 이렇다 보니 그들이 합세하여 펀자브 지역에 있는 가즈니 왕조를 물리치기는 사실상 불가능했다. 가즈니 왕조는 비록 이슬람 국가 내에서는 힘을 잃었을지라도 인도의 북서 지역을 지배할 만한 여력은 아직까지 남아 있었다.

한편 가즈니 왕조의 펀자브 지역 점령 이후 이슬람의 인도에 대한 침략은 더욱 본격화되었다. 뿐만 아니라 인도인들의 입장에서는 자신들이 중앙 및 서아시아 국가들과의 무역을 강화하는 데 도움이 된다는 이유로 이슬람의 무역상들을 적극적으로 환영했다. 이 같은 상황을 배경으로 북인도 전역에는 이슬람의 문화와 종교가 급속히 퍼져나가기 시작했다.

특히 이슬람의 종교인 수피들은 유일신에 대한 헌신, 사랑과 믿음의 교리 등을 전파하는 데 주력했다. 수피들의 설교는 원래 인도에 정착한 이슬람교도를 상대로 한 것이었으나 시간이 흐르면서 점차 인도인에게도 영향을 미쳤다. 그 결과 라호르는 아랍어와 페르시아어를 사용하고, 이슬람 문학의 중심지가 되었다.

한편 중앙아시아 지역은 이전까지 아소카 왕의 포교로 대부분이 불교를 신봉했다. 하지만 아랍인들이 이 지역에 진출하면서 중앙아시아 지역도 이슬람화되었고 이로 인해 정치적 상황도 많은 변화를 겪었다. 그러던 중 12세기 중반에 이르러 또 다른 터키족 집단이 중앙아시아 지역으로 진출하면서 셀주크 터키계의 세력을 몰아냈다. 그들 가운데 일부는 불교도이고 일부는 다신교도였다. 그들이 셀주크 터키 왕조와 중앙아시아 지역의 패권을 놓고 치열한 싸움을 벌이는 틈을 타서 이란 지역에는 콰라즘 왕조가 그리고 북서 아프가니스탄에 있는 구르 지역에서는 같은 터키계의 구르 왕조가 등장했다.

원래 가즈니 왕조의 지배하에 있었던 구르 왕조는 1150년 가즈니 왕조의 잔여 세력을 완전히 물리치고 자신들의 세력을 확립했다. 한편 이란에 근거를 둔 콰라즘 왕조가 중앙아시아로 세력을 넓혀나가기 위해서는 길목을 가로 막고 있는 구르 왕조와 충돌하지 않을 수 없었다. 결국 두 세력 간의 전투에서 호라산 지역을 잃고 패배한 구르 왕조는 그들의 눈길을 인도로 돌렸다.

1173년 구르 왕조의 무하마드는 고말을 거쳐 물탄과 우치를 점령한 후 1178년 라즈푸타나 사막을 넘어 구자라트로 침입했다. 그러나 구자라트 지배자들의 완강한 저항으로 승리는커녕 도리어 무하마드의 목숨마저 위태롭게 되었다. 전쟁에서 크게 패한 채 겨우 목숨을 건진 무하마드는 본격적인 인도 침입을 위해서는 먼저 펀자브 지역을 차지해야 한다고 느꼈다.

그로부터 10여 년이 지난 후 1185년 세력을 회복한 그는 군대를 이끌고 페샤와르, 라호르, 시알코트 등을 차례로 정복하면서 가즈니 왕조의 잔여 세력을 완전히 소탕하고 펀자브 지역을 차지했다. 자신의 소원대로 펀자브 지역을 장악한 뒤 기회를 엿보던 무하마드는 1190년 무렵 드디어 인도 내륙을 침입했다.

한편 당시 델리와 구자라트 지역에는 라지푸트족의 차우한 왕국이 자리 잡고 있었다. 용맹스런 라지푸트인들은 호시탐탐 라자스탄을 넘보는 터키인들을 성공적으로 물리치면서 펀자브 지역으로까지 진출했다. 서로의 이익이 맞물린 상태에서 라지푸트인과 가즈니의 지배자들 간의 충돌은 피할 수가 없었다.

무하마드가 물탄과 우치를 점령했을 무렵 차우한 왕국에는 14세의 어린 소년 프리트비라자가 왕위에 올랐다. 카나우즈 왕국 공주와의 사랑이 아름다운 장편의 서사시로 남아 있는 프리트비라자는 라자스탄 지역을 통합한 뒤 계속해서 구자라트로 침입을 시도했지만 패배하고 말았다. 하지만 용기를 잃지 않은 왕은 군대를 몰고 다시 펀자브와 갠지스 강 상류 지역으로 진격을 시작했다. 이 과정에서 벌어진 무하마드와 프리트비라자의 운명적인 전쟁은 결국 이후 인도의 장래를 결정짓는 중요한 사건이 되었다.

1191년 타라인에서 벌어진 양자 간의 첫 번째 전투에서 무하마드는 대패한 채 마부의 도움으로 겨우 목숨을 건질 수 있었다. 전쟁에서 승리한 프리트비라자는 또 다른 터키인의 침입을 우려하여 펀자브 지역에 있던 구르의 세력을 쫓아내지 않고 그대로 두었다. 하지만 그의 조치는 오히려 무하마드에게는 전열을 가다듬을 수 있는 기회만 제공한 셈이 되었다. 복수를 다짐하며 전력을 재정비한 무하마드는 그로부터 일년이 지난 1192년 똑같은 장소에서 다시 프리트비라자와 전쟁을 벌여 마침내 승리를 거두었다. 이 일을 계기로 무하마드는 델리와 동부 라자스탄을 차지함으로써 이슬람의 본격적인 인도 진출을 위한 교두보를 마련했다.

1192년에서 1206년 사이에 터키족이 갠지스와 야무나 강 상류 유역과 그 일대를 차지하면서 비하르와 벵갈 등 동부 인도 지역의 상황 역시 급변하기 시작했다. 터키족이 동부 지역으로 진출하기 위해서는 먼저 카나우즈의 가하다발라 왕국을 물리쳐야만 했다. 당시 가하다발라 왕국의 자이찬드라 왕은 강력한 세력을 토대로 20년 가까이 나라를 평화롭게 다스렸지만 벵갈의 세나 왕 때문에 이따금 괴로움을 겪었다.

한편 타라인 전투에서 승리한 무하마드 왕은 노예 출신인 쿠툽웃딘 아이바크를 점령지에 남겨둔 채 가즈니로 되돌아왔다. 그러던 중 동부로의 진출을 꾀하던 무하마드는 1194년 다시 군대를 이끌고 야무나 강을 건너 카나우즈로 쳐들어갔다. 자이찬드라 왕은 카나우즈 근처의 찬다와르에서 무하마드 군대를 맞아 용감하게 싸웠으나 적의 화살에 맞아 전사하고 말았다. 가하다발라 왕국을 무찌른 무하마드는 곧바로 바라나시로 진격하여 수많은 신전을 파괴하고 비하르 지역을 수중에 넣었다. 타라인과 찬다와르에서의 승리로 터키족은 북인도 대부분을 차지할 수 있는 기틀을 마련했다. 그 후 1206년에 무하마드가 불행하게 암살당한 뒤에도 그 후계자들의 인도 정복 사업은 순조롭게 진행되어 동쪽으로 벵갈의 일부 지역까지 지배 영역을 넓혀나갔다.

그렇다면 당시의 인도는 어떻게 15년이라는 짧은 기간에 그렇게 쉽게 무너지고 말았을까? 그 이유는 당시의 북인도 지역이 하나로 통일되지 못하고 여러 군소 왕국들로 나뉘어 세력 다툼을 벌이는 바람에 정치·사회적으로 매우 혼란스러운 상황에 처해 있었기 때문이다. 뿐만 아니라 아랍의 이슬람 세력이 서유럽과 이란 이라크의 옛 페르시아 지역으로 영토를 확장하는 과정에서 한동안 인도의 서북 지역은 외부 세력의 침입을 겪지 않고 있었다. 왜냐하면 이슬람 세력은 옛 페르시아의 영토에까지 진출한 이후에 주로 중국 등 아시아 지역과의 교역을 하려고 중앙아시아 지역에 관심을 쏟으면서 처음에는 인도에 관심을 두지 않았다. 이슬람인들이 중앙아시아 지역의 패권을 차지하기 위해 온 힘을 쏟는 동안 서북 인도 지역은 자연스럽게 평화로운 상태를 유지할 수 있었다. 그런데 북인도의 여러 소왕국들은 이러한 외부의 사정에 민감하게 대처하지 않고 오히려 자신들에게 주어진 평화로운 시간을 왕국 간의 내부 다툼으로 소일하기에 바빴다.

결과적으로 북인도 지역은 내분에 휩싸이면서 사회적, 정치적으로 안정을 기하기 힘든 상황 속에 있다가 중앙아시아의 패권 다툼에서 밀려난 가즈니의 마흐무드와 구르의 무하마드가 이끄는 터키족의 공격에 속수무책으로 당할 수밖에 없었다.

이슬람 정권의 태동

구르의 무하마드가 암살당하자 가즈니에서는 노예 출신인 얄두즈가 그리고 인도 지역은 쿠트브웃딘 아이바크가 각각 술탄이 되어 그의 뒤를 계승했다. 야망에 불탄 얄두즈는 델리 지역에 대한 지배권을 주장하면서 펀자브 지역을 침공했지만 도리어 아이바크에게 격퇴당한 채 가즈니마저 빼앗기고 말았다. 하지만 가즈니의 주민들이 몰래 알두즈를 찾아가 구원을 요청하자 이에 힘을 얻은 그는 불시에 아이바크를 기습하여 다시 가즈니를 차지했다. 이후 아이바크는 순수하게 인도의 술탄(지배자, 통치자)이 되어 중앙아시아에 세력을 떨치고 있는 이슬람의 정치력에서 독립하여 인도에 최초의 독자적인 이슬람 왕국을 세웠다.

아이바크는 원래 노예 출신으로 어려서는 상인에 의해 길러지다 콰지라는 사람에게 팔려가 종교적이고 군사적인 훈련을 받았다. 그러던 중 콰지가 죽고 나자 아이바크는 그의 아들에 의해 상인에게 팔렸고 상인은 그를 가즈니로 가서 구르왕 무하마드에게 다시 팔아 버렸다. 충성을 다한 덕에 무하마드로부터 절대적 신임을 얻은 그는 1192년 타라인의 전투 이후 델리에 남아 그 지역을 통치하면서 구자라트의 비마 2세를 물리치는 등 영토 확장을 계속했다. 이후 무하마드가 죽자 실질적으로 인도의 술탄이 된 아이바크는 북인도 지역에 노예 왕조라고 불리는 독자적인 이슬람 정권을 세웠다.

델리 왕조

델리를 중심으로 독자적인 이슬람 정권을 세운 아이바크는 종교에 매우 열성적인 사람이었다. 그는 델리와 아지메르에 모스크(이슬람 사원)를 세워 자신의 종교적 열정을 드러냈다. 그러나 그는 재위 4년 만인 1210년 라호르에서 차웅가라는 일종의 폴로 경기를 하던 도중 말에서 떨어져 입은 부상으로 숨지고 말았다. 그의 갑작스런 죽음 이후 라호르의 터키족은 아람 박쉬를 후계자로 내세웠다. 술탄 알람 샤라는 명칭을 부여받은 아람 박쉬는 아이바크의 아들이라는 설도 있다. 그러나 기록상으로는 아이바크에게는 오직 세 명의 딸밖에 없었다고 하므로 그 진위를 명확하게 알 수는 없다.

아람 박쉬가 술탄의 지위에 오르자 델리의 터키계 귀족들은 그가 왕국을 다스릴 만한 자질이 부족하다는 이유를 들어 따로 일투트미쉬를 왕으로 천거했다. 이 같은 일이 발생한 원인은 당시의 터키족에게 있어서 왕의 계승에 관한 일정한 법칙이 없었기 때문이다. 그렇기 때문에 그들은 대부분 족장들과 귀족의 의견이나 상황의 위급함의 정도에 따라 왕이나 통치자를 결정하는 편이었다.

델리측의 제안을 받아들여 술탄의 직위에 오른 일투트미쉬는 1214년 군대를 이끌고 델리 근처의 주드 평원에서 아람 박쉬를 쳐부순 후 아이바크의 뒤를 이어 공식적으로 왕위에 올랐다. 이 혼란스런 와중에 신드 지역에서는 나시룻딘 콰바차가 스스로 통치자임을 주장하는 등 여러 지역에서 끊이지 않고 분란이 발생했다. 하지만 강인한 성격의 일투트미쉬는 모든 난관을 무사히 극복하고 1229년 드디어 바그다드의 칼리프로부터 정식으로 술탄의 칭호를 받음으로써 델리를 중심으로 자신의 지위를 확고하게 다졌다.

오늘날까지도 델리의 대표적인 건축물로 많은 관광객들의 발길을 모으고 있는 쿠르브 미나르도 일투트미쉬가 1231~1232년에 세운 것이다. '빛나는 탑'을 의미하는 쿠르브 미나르는 일설에 의하면 일투트미쉬가 노예 신분이었던 자신을 델리의 영주로 임명해 준 쿠트브웃딘 아이바크에게 감사하는 의미로 세웠다고 한다. 하지만 그가 왕위에 오른 과정을 살펴보면 그같은 추론은 명백하게 잘못된 것이며 실제로는 당시에 같은 이름을 가진 위대한 회교 성자를 기리기 위해서 세운 것이다. 이 거대한 탑은 이슬람 양식의 탑 가운데 가장 아름다운 것으로 평가되고 있으며, 오늘날에도 인도를 찾는 많은 관광객들의 탄성을 자아내게 만든다.

일투트미쉬가 델리에 굳건하게 뿌리를 내릴 당시 중앙아시아 지역에서 가장 강력한 위세를 떨치고 있던 콰라즘 왕국이 가즈니를 점령하고 나서 계속해서 인더스 지역으로 진출을 꾀했다. 그러자 그들의 침략 야욕을 꺾어버리기 위해 일투트미쉬는 병사를 이끌고 라호르로 달려가 그들의 군대를 물리쳤다. 그 후 콰라즘 왕국은 곧 몽골인들에게 무너졌지만 그것이 오히려 일투트미쉬에게는 더욱 커다란 근심거리가 되고 말았다. 이 밖에도 그의 재위 기간 중 동북 인도의 비하르와 벵갈 그리고 아삼 지역 등에서는 터키계와 힌두 왕국들의 다툼이 그치지 않았다.

일투트미쉬는 말년에 이르러 한 가지 커다란 고민에 빠졌다. 왜냐하면 아들 가운데서는 자신의 뒤를 이어줄 마땅한 후계자를 찾을 수 없었기 때문이

쿠르브 미나르 유적
71.4미터의 높이를 자랑하는 인도에서 가장 높은 석조물이다.

었다. 그는 여러 아들 가운데 은근히 총명하고 사랑스런 나시룻딘에게 마음이 쏠렸지만 나이가 너무 어려 왕위를 이어받기 힘든 상황이었다. 고민 끝에 그는 비록 딸이긴 하지만 총명하고 자비로운 마음을 지닌 라지야에게 왕위를 물려주기로 결심했다.

하지만 일투트미쉬가 자신의 결심을 구체적인 실행으로 옮기는 데는 여러 가지 어려움이 뒤따랐다. 우선 귀족들은 아무리 라지야가 총명하고 자비로운 성품을 지녔다 할지라도 여성인 그녀가 자신들의 통치자가 된다는 사실을 도저히 인정할 수 없었다. 뿐만 아니라 은근히 후계자의 자리를 노리던 오빠들의 노골적인 반대는 말로 표현하기 힘들 정도였다. 그 가운데서도 특히나 이슬람 사제들로서는 이슬람 사회의 남성 전통을 뿌리채 뒤흔드는 이 같은 사건을 도저히 용납할 수 없었다. 하지만 이 모든 어려움에도 일투트미쉬의 결심은 확고부동했다. 결국 아버지의 강력한 추진력으로 라지야는 난관을 극복하고 간신히 왕위에 오르기는 하였지만 단지 여자라는 이유만으로 재위 3년(1239년) 만에 암살당했다.

라지야가 죽고 나자 몇 년 동안 터키계의 귀족들은 왕권을 놓고 치열한 권력 다툼을 벌였다. 이 피비린내 나는 싸움은 1246년 일투트미쉬의 나이 어린 아들 나시룻딘 마흐무드가 재상 발반의 도움을 받아 왕위에 오르면서 겨우 끝을 맺을 수 있었다. 하지만 그것으로 모든 불행이 끝난 것은 아니었다. 왕위 다툼이 해결되자 이번에는 나시룻딘이 왕위에 오를 때 결정적인 도움을 제공했던 재상 발반의 문제로 귀족들 사이에서 다시 분쟁이 발생했다.

분쟁의 원인은 자신의 도움으로 나시룻딘이 왕위에 오르자 자신의 권력을 보다 확고하게 만들기 위해 발반이 자신의 딸을 왕과 결혼시킴으로써 야기되었다. 발반의 힘이 날로 강해지자 이에 위험을 느낀 귀족들은 갖은 계략을 써서 그를 제거하려고 혈안이 되었다. 귀족들은 아직 나이가 어린 왕을 어르고 달랜 끝에 결국 자신들이 목적한 대로 발반을 재상에서 쫓아내는 데 성공했다. 귀족들은 쫓겨난 발반 대신 자신들이 다루기 쉬운 힌두계 이슬람인 이맘웃딘 라이한을 재상으로 천거했다.

한편 귀족들의 조직적인 저항에 목숨마저 위태롭게 된 발반은 그들의 계략에 겉으로는 어떠한 저항도 하지 않은 채 말없이 자리에서 물러났다. 하지만 권좌에서 물러난 그는 은밀하게 자신의 세력을 다시 규합해 나가면서 복수의 기회만 엿보고 있었다. 온갖 치욕을 견디며 2년여를 기다린 끝에 드디어 재기의 기회가 마련되었다.

당시 펀자브 지역의 대부분은 몽골인이 점령하고 있었다. 그들의 세력은 아무도 저항할 수 없을 정도로 막강했다. 만일 그들이 원하기만 한다면 델리 왕조 정도는 단번에 휩쓸어 버릴 수 있었다. 이제까지 왕권 다툼으로 온갖 기력을 다 탕진해버린 나시룻딘의 입장에서는 펀자브 지역의 몽골인들이 크나큰 위협이 아닐 수 없었다. 만일 그들이 당장이라도 쳐들어온다면 나시룻딘으로서는 속수무책으로 당할 수밖에 없는 입장이었다. 그렇다고 해서 주위에 자신을 지켜줄 충성스런 신하가 있는 것도 아니었다. 오히려 귀족들은 아무런 힘도 없는 힌두계 이슬람인을 재상으로 앉힌 뒤 마음대로 정치를 좌우하면서 자신들의 욕심을 채우기에 급급했다. 주위에 아무도 자신을 돌봐줄 사람이 없다는 사실을 알아차린 나시룻딘은 문득 그 옛날 자신을 왕위에 앉히기 위해 온몸을 아끼지 않던 발반이 생각났다. 나시룻딘이 뒤늦게 자신의 경솔한 행동을 후회했지만 이미 엎지러진 물이었다.

그러던 중 그는 자신의 지난 날의 어리석음을 사과도 할 겸 발반을 찾아갔다. 발반이 자신을 대하는 태도가 예전과 전혀 다름이 없다는 사실을 알아차린 왕은 크게 기뻐했다. 하지만 나시룻딘이 더욱 놀란 사실은 발반이 그동안 자신도 생각 못했던 강력한 군대를 키워놓은 일이었다. 발반이 이끄는 군대의 사열을 받으면서 나시룻딘은 그의 군대라면 몽골인의 위협을 물리칠 수 있을지도 모른다고 생각했다. 그는 자신의 왕국을 안전하게 지켜 줄 수 있는 사람은 발반밖에 없다는 사실을 깨달았다. 나시룻딘은 발반의 군대를 보고 나서 곧바로 왕궁으로 돌아가 라이한을 내쫓고 다시 그를 재상에 임명했다.

델리 왕조의 화폐 술탄 일투트미쉬의 위엄을 나타내기 위해 말에 타고 있는 그가 철퇴를 들고 있는 모습을 화폐에 새겼다. 1219년에 주조되었다.

드디어 재상의 자리에 복귀한 발반은 우선적으로 지난 날 자신을 내쫓는 데 힘을 모았던 귀족들을 가차없이 제거했다. 이제 아무도 자신의 지위를 넘볼 사람이 없어진 그는 1265년 나시룻딘이 죽자 마지막 남은 최후의 자리까지 차지해 버렸다. 이에 대해 몇몇 역사학자들은 발반이 왕위를 차지하기 위하여 나시룻딘뿐만 아니라 자신의 아들들까지 독살했다고 주장하기도 한다. 왕위를 차지한 그는 자신의 강력한 힘을 바탕으로 중앙집권적인 정치를 펼쳐 나가기 시작했다.

어렵사리 왕위를 차지한 발반은 왕권의 강화를 위해서 무엇보다도 먼저 귀족들의 세력을 약화시킬 필요가 있다는 사실을 뼈저리게 느꼈다. 지난 날 귀족들의 모함 때문에 곤경에 처했던 사실을 잊지 않고 있던 그는 귀족 가문에 속한 사람들, 그중에서도 특히 인도계 이슬람인들은 절대로 정부요직에 앉히지 않았다. 이 것은 터키인보다 토착 인도계 무슬림이 모든 지위와 세력을 박탈 당했음을 의미한다.

그는 또한 자신의 권위를 더욱 높일 수 있는 수단을 강구하기 시작했다. 이를 위해 그는 자신이 터키계 최고 귀족 가문 출신인 동시에 고대 이란의 전설적인 이상왕 아프라시압의 화신이라고 주장했다. 그는 자신의 강력한 힘으로 인도계 이슬람인의 세력을 약화시키는 대신 인도 내에서 터키인의 지위를 강화시켰다. 발반은 무엇보다도 가문에 대한 집착이 강했으며 터키계가 아닌 사람을 멸시하였던 것처럼 보인다. 기록에 의하면 발반은 자신의 측근에게 자주 이렇게 말했다고 한다.

"나는 천하고 무지한 가문의 사람을 볼 때마다 두 눈이 분노로 불타올라 (그를 죽여 버리기 위해) 손으로 검을 움켜 잡았다."

발반은 스스로 터키계 최상의 귀족으로 행세하면서도 권력만큼은 어느 누구와 심지어 가족과도 나누려 하지 않았다. 측근들의 조언조차 들으려 하지 않았던 그는 터키계 귀족의 세력을 약화시키려는 과정에서 심지어 자신의 사촌을 독살했다. 아무도 믿지 못했던 그는 자신의 왕국을 보다 효율적으로 다스리기 위하여 스파이들을 은밀히 각지에 파견해서 각 지방의 행정을 감시, 감독했다. 또한 내부의 분쟁과 몽골인의 침입에 효율적으로 대비하기 위하여 중앙집권화된 강력한 군대를 조직했다. 하지만 귀족의 세력을 약화시키는 과정에서 일투트미쉬 때 인도에 들어온 터키인들로 구성된 기병대를 해체시켰다.

당시 델리 부근과 갠지스와 야무나 강 사이의 지역은 극도로 혼란스러웠다. 갠지스와 야무나 강 사이 그리고 아와드 지역에는 거지와 강도들이 들끓었고 이 틈을 타 라지푸트의 잔여 세력들은 공공연하게 반란을 일으켰다. 발반은 혼란스런 사회상황을 안정시키기 위해 단호하고도 무자비한 정책을 펼쳤다. 도둑과 강도는 체포되는 즉시 그 자리에서 처형시켰다.

그는 또한 라지푸트의 저항세력을 물리치고자 그들의 은신처였던 정글을 개간한 뒤 그곳에 아프칸 군대를 주둔시켰다. 이를 통해 법과 질서가 어느 정도 안정되자 발반은 왕권의 위엄을 과시하기 위하여 호사스런 궁전을 짓기 시작했다. 그는 자신이 지나가는 곳마다 칼로 무장한 수많은 호위병들을 일렬로 세워 놓아 일반인들이 감히 쳐다볼 수 없도록 조치함으로써 자신을 신성하게 보이도록 했다. 뿐만 아니라 사람들에게 자신의 근엄한 모습을 드러내기 위하여 궁전 안에서는 어떠한 웃음과 농담도 금했고 술조차 마시지 않았다. 또한 자신의 신성함을 강조하기 위하여 신하들이 그를 알현할 때는 반드시 발에 입을 맞추는 예를 실행하도록 했다.

발반이 델리 술탄으로 군림하던 당시 중앙아시아와 서아시아 지역의 이슬람 제국은 몽골군의 말굽에 짓밟혀 세력이 약화된 상태였다. 발반과 델리의 귀족들은 자신들을 유일한 이슬람 세력으로

몽골군의 갑옷 대원 제국은 13~14세기에 중국 본토와 동아시아 대부분을 지배하였으며 몽골인의 뛰어난 전력은 중앙아시아와 유럽에까지 널리 알려졌다.

자처하면서 강화된 지위를 마음껏 누릴 수 있었다. 그는 힘과 외교라는 두 가지 정책으로 몽골인의 인도 침입을 저지하려고 노력했지만 몽골인의 북인도 침입을 효과적으로 방어하지는 못했다. 한편으로는 바틴다, 수남, 사마나 등 성을 수리하여 몽골인의 침입을 저지하고, 다른 한편으로는 외교 관계를 통하여 펀자브 지역을 지배하면서 델리 지역을 공격하지 않도록 조치를 취했다.

할지 왕조

1286년 발반이 죽고 나자 델리의 귀족들 사이에서 커다란 분쟁이 일어났다. 발반은 원래 자신의 후계자로 큰아들 무하마드를 임명했으나 당시 그는 이미 몽골와의 전쟁에서 죽고 없었다. 델리의 터키계 귀족들은 할 수 없이 당시 벵갈과 비하르 지역을 다스리고 있던 둘째 아들 부그라 칸을 후계자로 정했다. 하지만 부그라 칸은 그들의 청을 단호하게 거절한 채 벵갈과 비하르 지역에 그대로 남아 있기를 원했다. 뜻밖의 거절에 델리의 터키계 귀족들은 당황하지 않을 수 없었다. 비록 발반의 손자가 델리에 있기는 하였지만 그는 너무 어려 국가를 다스리기 어려웠기 때문이었다.

당시 인도에는 터키인 외에도 할지족과 같은 비터키계인들도 많이 들어와 있었다. 할지인들은 발반의 비터키계인에 대한 차별 정책으로, 델리에서 대우를 받지 못하자 대부분 벵갈과 비하르 지역으로 이주했다. 한편 군인으로 복무하는 사람들은 몽골의 침입에 대비하여 대부분 위험한 서북 인도 지역에 배치되었다. 당연히 할지인들은 발반의 억압 정책에 대해 많은 불만을 품고 있었다. 그러던 중 발반이 죽고 후계자 문제로 터키계 귀족들 사이에 내분이 발생하자 이 틈을 타 1290년 잘라룻딘 할지가 그들을 물리치고 대신 왕위를 차지하여 할지 왕조를 세웠다.

할지 왕조는 발반과는 달리 아프가니스탄 귀족과 인도계 이슬람인들에게 높은 관직을 제공하여 그들의 환심을 샀다. 그러나 당시 높은 지위를 차지하고 있던 터키계의 귀족들을 모두 쫓아낼 수는 없었다. 그럼에도 할지 왕조의 계속된 비터키계인들의 중용은 결과적으로 터키계 귀족들의 부귀영화를 일단 무대 뒤편으로 사라지게 만들었다.

1290년 왕위에 오른 잘라룻딘은 6년이라는 짧은 재위 기간 동안 발반의 가혹한 정책과는 달리 백성들의 자발적인 지지를 얻을 수 있는 완화정책을 실행했다. 당시의 대다수 인도인은 여전히 힌두교를 신봉하고 있었으며 이슬람을 믿는 경우는 소수였다. 잘라룻딘은 이들 힌두교도에게도 관용을 베풀었다. 하지만 그의 이 같은 관용 정책이 그를 지지하는 이슬람교도의 눈에는 시대 상황에 어울리지 않는 유약한 정책으로 비쳐졌다. 이에 가장 강력하게 반발한 사람이 바로 잘라룻딘의 조카이자 양아들이었던 알라룻딘이었다.

아와드의 총독이었던 알라룻딘은 양아버지의 나약함에 반발하여 기회를 엿보던 중 마침내 순간을 포착했다. 때마침 그는 데칸 지역에 있는 데오기르를 정복하여 막대한 보물을 노획했다. 이 소식을 들은 잘라룻딘은 그가 노획한 보물을 가지러 카라를 방문했다. 잘라룻딘은 갠지스 강변에 이르자 자신의 병사들을 남겨둔 채 믿을 수 있는 몇 명의 부하들만 데리고 강을 건넜다. 알라룻딘은 그 틈을 노려 자신의 삼촌이자 양아버지인 그를 살해했다. 그리고 나서 알라룻딘은 자신이 가지고 있던 황금으로 귀족들과 군인들을 회유하여 1296년 스스로 술탄의 자리에 올랐다.

이 과정에서 그를 반대하는 세력의 반란이 몇 차례 있었지만 알라룻딘은 그들을 제압하고 완전하게 왕권을 장악했다. 일단 권력을 손에 쥔 알라룻딘은 자신이 제거했던 잘라룻딘과는 달리 강력하고 무자비한 지배력을 발휘하기 시작했다. 술탄의 자리에 오른 이후 그는 맨 먼저 자신이 황금으로 매수했던 귀족들을 죽여 버리거나 지위를 박탈하고 그들의 재산을 몰수하는 조치를 취했다. 뿐만 아니라 반란을 꾀한 사람은 설령 자신의 가족이라 할지라도 무자비하게 처형했다. 그는 또한 잘라룻딘 시대 이후 델리에 정착하고 있던 몽골인들을 대량으로 살육했다. 1306년 몽골인이 내부사정 때문에 중앙아시아 지역으로 철수한 틈을 타 구자라트와 말 지역의 지배력을 확보하려고 애썼다. 그는 이 과정에서 구자라트 지역에서 반란이 일어나자 반란군뿐만 아니라 그들의 처자식들까지 무자비하게 살해했다.

알라룻딘은 계속해서 귀족들에게 제공되는 모든 특혜를 폐지시켰다. 뿐만 아니라 반란의 음모를 사전에 차단하려는 목적으로 귀족들 사이의 연회를 금지시키는 한편 결혼도 허가 없이는 불가능하도록 만들었다. 그는 자신에게 충실한 스파이를 고용하여 귀족들 사이에서 일어난 일을 빠짐없이 보고하도록 함으로써 귀족들의 힘을 약화시키려고 애썼다. 그 결과 그의 재위 기간 중에는 더 이상 반란이 발생하지 않았다. 하지만 그가 죽고 나자 무자비했던 귀족 억압 정책은 도리어 국가에 커다란 위험을 초래했다.

알라룻딘이 1316년 죽고 나자 말리크 카푸르의 도움을 받은 작은아들이 왕위를 계승했다. 말리크 카푸르는 원래 힌두교에서 회교도로 개종하여 알라룻딘 밑에서 봉사하고 있었다. 하지만 알라룻딘이 죽고 나자 그는 곧바로 알라룻딘의 작은아들을 도와 왕위에 앉힌 뒤 나머지 형제들을 모두 옥에 가두거나 장님으로 만들었다. 하지만 얼마 후 카푸르가 병사에게 살해당하자 작은아들마저 왕위에서 쫓겨나고 대신 쿠스라우가 왕위에 올랐다.

쿠스라우는 낮은 계급의 인도인으로 회교도로 개종한 사람이었다. 터키의 귀족들은 그의 이러한 약점을 들어 반란을 일으켰다. 그리하여 물고 물리는 싸움 끝에 1320년 기야스웃딘 투글라크가 마침내 쿠스라우를 물리치고 새로운 투글라크 왕조를 건립했다.

한편 할지 왕조 시대는 그동안 델리를 중심으로 하던 이슬람 정권이 처음으로 빈디아 산맥과 나르마다 강을 건너 남쪽 데칸 고원으로까지 진출한 시기이다. 이후 남부로의 진출은 더욱 활발해져 투글라크 왕조의 2대왕 무하마드 빈 투글라크 시대에는 그 범위가 반도 남단을 제외한 전 지역으로 확대되었다.

투글라크 왕조

투글라크 왕조는 1320년에서 1412년까지 100년 가까이 지속되었다. 첫 번째 기야스웃딘(1320~1324년)과 두 번째 무하마드 빈 투글라크(1324~1351년)는 인도 대제국을 건설하려는 야망을 가지고 있었다. 그중에서도 무하마드 빈 투글라크는 본격적으로 남인도 지역을 정복하기 위하여 1337년 수도를 데오기르로 옮긴 뒤 다울라바트(부유한 수도)라고 고쳐 부르기까지 했다.

그는 수도만 옮긴 것이 아니라 델리의 모든 주민을 그곳으로 이주시키려는 무모한 계획을 추진했다. 그때 델리에 머물고 있던 모로코의 아라비아인 여행가 이븐 바투타는 델리의 거리가 완전히 황폐해져 개나 고양이 한 마리조차 남아 있지 않았다고 당시의 상황을 묘사했다. 하지만 그의 천도는 여러 가지 문제만 야기한 채 결국 1340년 다시 수도를 델리로 옮기지 않을 수 없게 만들었다. 무하마드는 앞에서 언급한 대로 남인도 대부분의 지역을 손에 넣은 다음 계속해서 페르시아와 중국으로의 원정을 기도했지만 실패로 끝나고 말았다.

비록 무하마드가 남인도의 일부를 제외한 전 지역을 정복했다고는 하지만 그에 따른 저항 역시 만만치 않았다. 하지만 대부분의 경우 그 지방의 총독들이 중앙 정부의 강력한 군대의 도움으로 반란을 성공적으로 진압할 수 있었다. 그럼에도 반란세력의 저항은 끈질기게 이어졌고, 시간이 지날수록 그 지역도 더욱 광범위해져만 갔다. 동쪽으로 벵갈 지역에서 남쪽으로 타밀나두 지역 그리고 서북쪽으로는 구자라트와 신드 지역에 이르기까지 반란은 곳곳에서 끊임없이 계속되었다. 다른 사람을 신뢰하지 못했던 무하마드는 직접 반란군을 진압하기 위해 이곳저곳으로 바쁘게 움직이다가 1351년 신드 지역에서 불행하게도 반란군에 의해서 자신의 목숨마저 빼앗기고 말았다. 그의 뒤를 이어 술탄의 지위에 오른 사람이 바로 그의 조카인 피루즈 샤 투글라크였다.

무하마드의 뒤를 이은 피루즈는 왕실의 안정을 위해서 무엇보다도 먼저 델리 귀족들의 분란을 막는 일에 온 힘을 쏟았다. 그는 안으로는 귀족들과 이슬람 신학자들 그리고 군인들의 불만을 달래는 한편 외부적으로는 남인도와 데칸 너머 자신의 영향력이 미치기 힘든 지역의 지배권을 사실상 포기했다. 그렇다고 해서 피루즈가 전쟁을 완전히 포기한 것은 아니었다. 그는 비록 실패로 끝났지만 벵갈 지역으로 두 번이나 출정하기도 하였고 오릿사 지방으로의 출정에서는 크게 성공을 거두었다. 그는 원정 도중 푸리에 있는 자간나타 사원을 포함해서 무수한 힌두 사원들을 철저하게 파괴하여 많은 재물을 약탈했다. 피루즈는 이 밖에도 반란군을 무찌르기 위해 펀자브와 구자라트 지역으로 출정했지만 전체적으로 그의 시대는 이전보다 평화롭고 발전된 시기라고 할 수 있었다.

기야스웃딘 투글라크 샤 1세의 무덤 1870년대의 모습.(위) 현재의 모습.(아래)

피루즈는 귀족에 대한 유화책으로 그들이 죽고 나서도 아들이 그 직위를 잇도록 했다. 만일 아들이 없는 경우라면 양아들이, 그도 없으면 노예가 이어가도록 조치를 취했다. 그는 이 같은 직위의 세습제도를 군인에게도 그대로 적용했다. 이 밖에도 이전까지 정책 결정에서 배제되었던 이슬람 신학자들을 고위직에 임명하여 교육과 사법을 관장하도록 했다. 또한 자신이 철저한 이슬람 교도라는 것을 입증하기 위하여 많은 이슬람 제도를 법률로 시행했다.

피루즈는 힌두 문화에도 많은 관심을 기울여 학자들로 하여

금 산스크리트 종교 문헌뿐 아니라 음악, 의학, 수학 등에 관한 다양한 서적들을 페르시아어로 번역시켰다. 피루즈는 공공 사업과 건축에도 많은 힘을 기울여 여러 개의 관개용 운하와 다리를 건설하고, 히사르와 피루자바드와 같은 신도시를 여러 곳에 세웠다.

어쨌든 피루즈 시대에는 이전보다 왕국의 범위가 많이 축소되었다. 그래도 예전 할지 왕조의 알라룻딘이 지배하던 영역 정도는 유지했다. 하지만 1388년 피루즈가 죽고 나자 델리의 터키계 귀족들 사이에서 분쟁이 재발하면서 그나마 유지되던 북인도 지역은 자연히 여러 개의 작은 국가들로 나뉘어졌다. 투글라크 왕조는 피루즈 사후에도 1412년까지 명맥을 유지하였지만 실제로 1398년 티무르가 델리를 침공했을 때 이미 끝난 것과 마찬가지였다.

1398년 4월 티무르는 몽골군을 이끌고 수도 사마르칸트를 출발하여 9월 펀자브 지역을 지난 뒤 곧바로 델리로 진격했다. 그해 12월 드디어 델리에 도착한 티무르의 군대는 불과 15일 만에 십만여 명 이상의 인명을 앗아간 대살육전을 벌인 뒤 다수의 인도인 기술자들을 포로로 잡아서 사마르칸트로 되돌아갔다. 비록 짧은 기간 동안이었지만 티무

티무르와 이집트 왕의 싸움 티무르는 몽골 티무르 제국의 건설자로 수차례의 원정으로 현재의 터키 지방에서 인도 서북부에 이르는 광대한 영토를 정복하였다.

르의 침입은 투글라크 왕조의 운명에 엄청난 영향을 미쳤다. 이후 귀족들 사이의 분쟁이 심해지면서 무하마드가 이루어 놓았던 거대한 영토는 더욱 축소되었다. 그 때문에 다음에 나타나는 사이드와 로디 두 왕조의 영향력은 나르마다 강 이남 지역으로는 전혀 미치지 못했다.

델리 술탄 시대의 정치 · 경제 및 사회상

12세기 말경 북인도 지역에 터키인들에 의해 세워진 왕조는 점차로 강력한 힘을 가진 중앙집권적인 국가 형태도 변모했다. 그 후 15세기경까지 노예 왕조, 할지 왕조, 투글라크 왕조로 이어져 내려온 델리 술탄 시대는 점차 붕괴되면서 몇 개의 독립국가 형태로 남게 되었다. 그러나 술탄 시대의 행정 조직은 여전히 강한 힘을 발휘하였으며 무굴 제국 시대까지 영향을 미쳤다.

비록 인도 내의 터키계 술탄들 대부분이 자신들을 바그다드에 있는 칼리프의 충성스런 대리인이라고 선언했지만, 이것이 바로 칼리프가 실제적인 통치자라는 의미는 결코 아니었다. 델리에 있는 술탄들의 그러한 선언은 그들이 이슬람 세계의 일부라는 사실을 확인한 것뿐이었다. 술탄들은 정치, 사법, 군사의 모든 권한을 누리며 자신이 다스리는 지역의 안전을 전적으로 책임졌다.

이슬람 제국의 술탄 계승이 어떻게 이루어졌는지에 대해서는 분명하지 않다. 대부분의 술탄들은 당연히 자신의 아들이 뒤를 잇기를 원했다. 그렇다고 해서 특별히 장자에게 그 지위가 이어진다는 법칙은 없었다. 따라서 모든 아들들이 똑같이 술탄의 계승권을 주장할 수 있었다. 실제로 몇몇 술탄들은 장자가 아닌 아들에게 자신의 지위를 계승시켰으며 일투트미쉬 같은 경우는 심지어 자신의 딸 라지아에게 계승시켰다.

그러나 술탄의 계승은 술탄 혼자 정할 수 없었으며 반드시 귀족들의 동의가 필요했다. 때문에 술탄의 지위를 성공적으로 계승하기 위해서는 군대의 힘이 절대적으로 필요했다. 뿐만 아니라 술탄의 권한을 안전하게 유지하기 위해서는 강력한 군대의 힘이 필수적이었다. 상황이 이렇다 보니 가끔 군인 가운데서 술탄의 자리를 무력으로 빼앗는 경우가 발생했다. 이 같은 상황 때문에 이슬람 제국에서는 술탄들의 암살이 다른 어느 나라보다 빈번했으며 많은 귀족들도 자신의 세력을 바탕으로 독립을 주장했다.

술탄은 자신이 임명한 재상의 도움을 받아 모든 정치를 펼쳐 나갔다. 하지만 재상의 수는 일정하지 않았으며 행정체계는 13세기 말경에 이르러야 비로소 확고하게 정착되었다. 행정 조직에 있어서 핵심은 와지르였다. 와지르는 초기에는 군대의 장수를 뜻했지만 14세기에 이르면 재정업무의 전문가로 그 의미가 변하여 세입을 담당하는 분야에서 주로 일했다. 실제로 무하마드 투글라크는 재정분야의 조직에 관심을 기울여 그가 반란군을 토벌하기 위하여 원정을 나갈 때도 당시에 널리 신망받는 와지르였던 크와자 자한을 반드시 수도에 그대로 남겨두었다.

와지르 다음으로 중요한 부서는 국방을 담당하는 디완 이 아르즈 였으며 이 부서의 장은 아리즈 이 마마릴크라고 불렸다. 그러나 군대의 총사령관은 아리즈가 아니라 술탄 자신이 맡았다. 왜냐하면 그가 군대를 총괄하지 않으면 자신의 지위를 온전하게 보존하기 힘든 상황이었기 때문이었다. 인도에서 국방부서를 처음으로 독립시킨 사람은 할지 왕조의 발반이다.

이 밖에도 델리 술탄 시대에 중요한 조직으로는 종교적인 문제를 다루는 디완 이 리살라트가 있었으며 그들의 장(콰지)은 또한 사법부의 수장이었다. 그들은 이슬람의 율법(샤리라)에 근거한 법을 만들어 모든 이슬람교도들이 실행하도록 했다. 이에 비해 힌두교도들은 촌락의 경우에는 판차야트(촌장), 도시의 경우에는 각 계급의 우두머리들에 의해 제정된 자신들의 법을 따랐다.

터키인들은 정복한 지역을 일단 터키계 귀족이 이끄는 이크타스라는 몇 개의 집단으로 나누었다. 후에 현이 된 이크타스는 무크티스 또는 왈리스라고 불리는 우두머리에 의해 독립적으로 다스려졌다. 무크티스는 독자적인 법을 제정하고 토지세를 받아 그것으로 관리들의 봉급을 지급하는 등 모든 업무를 독자적으로 시행했다. 그들의 결집력은 중앙 정부의 힘에 반비례했다.

델리 술탄 시대에 일상인들의 경제 상황이 어떠했는지에 대한 정확한 정보는 매우 미흡한 편이다. 당시의 역사가들은 일상인의 삶보다는 궁정에서 일어난 사건에 더 관심을 기울였다. 그러나 14세기에 인도를 방문하여 무하마드 투글라크의 궁정에서 8년간 머물며 인도 전역을 돌아다녔던 이븐 바투타는 당시의 상황에 대해 매우 귀중한 기록을 남겨 놓았다. 그는 당시의 산물들을 열거하면서 땅이 매우 비옥하여 평균적으로 일년에 두 번씩 작물을 수확했으며 쌀은 삼모작을 하는 경우도 있다고 전했다. 그는 또한 참깨, 사탕수수, 면화 등이 생산되어 촌락 산업의 근간이 되었다고 했다.

대부분의 사람들은 농업에 종사했지만 다른 한편으로는 상업의 발달로 도시생활도 크게 발전했다. 이븐 바투타의 기록에 의하

쿠와트 울 이슬람 모스크 쿠와투 울 이슬람 모스크는 인도 최초로 세워진 모스크다. 모스크의 동쪽 문에는 힌두교 사원을 파괴하고 그곳에서 얻은 재료로 지었다고 새겨져 있다.

면 당시 델리는 동부 이슬람 사회에서 가장 거대한 도시였으며 다울라바트 역시 델리 못지 않은 지역으로 인도 북부와 남부의 교역을 연결하는 중요한 역할을 담당했다. 이 밖에도 북서 지역에는 라호르와 물탄, 동부 지역에는 카라와 라크나우티, 서부 지역에서는 안힐와라 캄바이 등이 중요한 도시로 성장했다. 델리 술탄 시대는 이들 중요 도시를 거점으로 인도 전 지역에서 활발한 교역이 일어나 지방 경제가 크게 활성화되었다.

당시의 외국 무역의 주도권은 대부분 아랍인들이 잡고 있었지만 그렇다고 인도 무역상을 완전히 제압하지는 못했다. 인도에서 생산된 직물은 직조술의 발달로 페르시아와 홍해 지역으로 수출되어 중국의 비단보다 훨씬 훌륭한 상품으로 평가되었다. 그 가운데서도 타밀과 구자라트인들은 여전히 활발한 대외무역 활동을 했으며 북인도와의 연근해 무역은 자이나교도가 대부분이었던 구자라트인이 거의 독점하고 있었다.

델리 술탄 시대는 비록 이슬람 세력이 인도를 지배했을지라도 인도 사회의 중심 종교였던 힌두교를 완전히 변화시키지는 못했다. 일부에서는 이슬람으로 개종하였을지라도 전체 인도 사회는 여전히 브라흐만을 정점으로 한 카스트 제도를 유지하고 있었다. 뿐만 아니라 사회 내에서의 여성의 지위 역시 거의 변한 것이 없었다. 그 이유는 무엇보다도 이슬람 사회에서 여성의 지위가 힌두 사회와 별반 다를 것이 없었기 때문이다. 여성은 여전히 조혼을 하고 남편에게 헌신하는 것을 최상의 의무로 여겼으며 어려서는 아버지에게, 커서는 남편에게, 그리고 늙어서는 아들에게 귀속되었다. 파혼은 몸에 고칠 수 없는 질병이 있는 것과 같은 특별한 경우에만 허용되었으며 일반적으로 재가는 금지되었다. 남편이 사망한 경우 함께 화장하는 사티 제도 역시 여전히 부인의 미덕으로 존속했다.

한편 이슬람교의 영향으로 상위 계급의 여인들은 외출할 때 얼굴을 가리는 풍습이 널리 유행했다. 여성을 남성들로부터 격리시키는 이 같은 풍습은 고대 이란에서 널리 유행했으며 아랍인과 터키인은 이 풍습을 채택하여 북인도 지방에 널리 퍼트렸다. 이 같은 영향 때문인지는 몰라도 이후 인도의 여인들은 과거보다 더욱 남성에게 의존하는 위치로 전락하였다.

델리 술탄 시대의 이슬람 사회는 주로 종족과 인종을 중심으로 나뉘어져 있었다. 그렇기 때문에 터키인이나 이란인, 아프간인, 그리고 인도 이슬람인이 서로 결혼하는 경우는 극히 드물었다. 뿐만 아니라 힌두인과 이슬람의 상위 계급 간에는 한편으로는 이슬람 계급의 우월의식과 다른 한편으로는 이교도와의 결혼을 금지하는 종교적 관습 때문에 사회적인 교류도 극히 드물었다. 힌두 상위 계급에게 있어서 이슬람인은 그들의 카스트 제도상에서 가장 낮은 계급인 수드라와 동일하게 간주되었다.

인도 내의 터키인은 군국주의적이고 귀족주의적이었다. 그들은 국가 내의 상위 계급을 독식함으로써 타지크인, 아프간인 등을 포함한 비터키계 이민자들과 권력을 분점하기를 거부했다. 터키인이 이같이 권력을 독점하면서 군국주의에 힘썼던 주된 이유는 이미 앞에서도 언급했듯이 델리 술탄 시대에 빈발했던 권력투쟁 때문이라고 할 수 있다.

이슬람의 인도 침입은 다른 지역에서와 마찬가지로 성전(지하드)의 성격을 띠고 있었다. 그렇기 때문에 한 지역을 침공한 후 그들이 제일 먼저 했던 일 가운데 하나는 힌두 사원을 파괴하는 것이었다. 델리 술탄 시대에는 많은 힌두 사원들이 파괴되거나 이슬람 사원인 모스크로 전환되었다. 델리에 있는 쿠트브 미나르 근처의 쿠와트 울 이슬람 모스크는 원래 비슈누 신전이었던 것을 이슬람 사원으로 바꾼 것이다. 이슬람인들은 힌두 사원의 기둥들을 뽑아다가 궁전의 회랑을 만드는 데 사용했다. 그러다가 후에 터키인이 정착하면서 독자적으로 자신들의 모스크를 짓기 시작했다.

술탄 시대의 종교 정책은 힌두교든 자이나교든 관계 없이 철저하게 이슬람의 교리에 의해서 진행되었다. 그들은 이슬람에 반대되는 새로운 사원을 만드는 것은 금지했으나 오래된 사원들을 보수하는 일은 허용했다. 그러나 아직까지 인도 내에서 대다수가 힌두교도인 관계로 촌락이나 집 안에 개인 신전을 만드는 일까지 금할 수는 없었다. 하지만 이처럼 어느 정도 자유로운 종교 생활도 전쟁 기간 중에는 허용되지 않았다. 왜냐하면 그들에게 있어서 이슬람의 적은 그가 신이든 인간이든 반드시 파멸되어야 한다고 믿었기 때문이다.

하지만 평화시에는 터키인의 영토나 정복지에서 이슬람의 지배에 복종하던 힌두교의 지배자(라자)들이 공개적으로 자신들의 종교인 힌두교 의식을 거행했다. 이 같은 종교 정책은 비록 이슬람 종교학자의 강력한 반발을 받았을지라도 델리 술탄 시대에는 그대로 유지되는 편이었다. 한편 많은 인도인들이 이슬람교로 개종하기도 하였는데 그들 가운데는 특히 전쟁 포로들이나 죄인들이 많이 있었다. 그 이유는 만일 그들이 개종하면 죄를 사면받을 수 있었기 때문이다.

물론 힌두교도 가운데서도 자발적으로 이슬람으로 개종하는 경우도 나타났다. 예를 들면 위대한 비슈누 종교의 개혁가인 차이타냐는 자발적으로 이슬람교도가 되었다. 그러나 전반적으로 이슬람으로의 개종이 우리가 흔히 알고 있는 것처럼 칼과 같은 무력에 의한 것은 아니었다. 이슬람 지배자들은 힌두교도의 믿음이 너무나 강하기 때문에 무력으로 그들의 믿음을 없앨 수가 없다는 사실을 자각하고 있었다. 그렇기 때문에 일부 힌두교도들은 비록 이슬람교가 참다운 종교라는 사실을 알면서도 그것을 받아들이지는 못했다고 당시의 유명한 이슬람의 수피 니잠웃딘 아울리야는 기록했다.

당시의 인도인들이 이슬람교로 개종한 이유는 주로 정치적·경제적인 목적이나 사회적인 지위를 개선할 필요가 있을 때였다. 그 밖에도 만일 중요한 통치자나 족장이 이슬람교로 개종하는 경우에는 그 밑에 있던 모든 사람들도 자연히 함께 개종했다.

델리 술탄 시대의 남인도

13세기 말 할지 왕조는 인도 남부에 눈길을 돌려 빈디아 산맥과 나르마다 강을 건너 데칸 고원 지역으로 진출하기 시작했다. 그 후 14세기 중엽 투글라크 왕조의 무하마드 시대에 이르면 인도의 최남단을 제외한 대부분의 지역을 지배하게 되었다. 이때 나타난 지방 정권들은 모두 이슬람교도가 지배하는 나라였다. 이 같은 상황 속에서도 남부의 크리슈나 강 이남 지역은 여전히 힌두 왕이 지배하는 비자야나가라 왕국이 존속했다.

비자야나가라 왕국은 14세기 중엽 투글라크 왕조의 무하마드 왕에게 쫓긴 힌두교도들이 남쪽으로 후퇴하면서 그곳의 이슬람교도들을 축출하고 당시 쇠망의 길을 걷고 있던 촐라 왕조를 합병해 세운 나라였다. 원래 인도 남부 지역은 역사적으로 이민족의 침입에서 비교적 자유로웠던 곳으로 오랫동안 힌두이즘을 계승, 발전시키기 좋은 조건을 갖추고 있었다.

비자야나가라 왕국은 하리하라와 부카 형제에 의해 세워졌다. 그들은 원래 와랑갈의 카카티야 왕국의 영주였다가 후에 캄필리(카르나타카) 왕국의 재상이 되었다. 무하마드 투글라크가 와랑갈을 침공하며 캄필리 왕국을 쳐들어왔을 때 체포되어 델리로 끌려갔으며 그곳에서 이슬람교로 개종했다.

한편 당시 마두라이의 이슬람 정권은 델리 술탄으로부터 독립을 선언했다. 마이소르 지역의 호이샬라와 와랑갈 지역의 지배자들도 독립을 위한 투쟁을 벌이고 있었다. 이 과정에서 하리하라와 부카 형제는 이슬람교의 권위를 회복시키라는 명령을 받고 고향으로 되돌아왔다. 그러나 후에 이슬람교 세력으로부터 배척을 당하자 스승 비디야란야의 도움으로 다시 힌두교로 개종했다. 이들은 1336년 일곱 겹의 성벽으로 둘러싸인 견고한 도시 비자야나가라에 수도를 정하고 하리하라를 왕으로 독립된 힌두 왕국을 세웠다.

비자야나가라 왕국은 초기부터 마이소르 지역의 호이샬라 왕국이나 마두라이의 술탄과의 싸움을 피할 수 없었다. 마두라이의 술탄이 호이샬라 왕국을 무너뜨리자 그 틈을 타 1346년 비자야나가라 왕국의 하리하라 왕은 부카를 포함한 다섯 형제와 친지들의 도움으로 호이샬라 왕국의 전 영토를 차지했다. 이후 부카는 1356년 형의 뒤를 이어 왕위에 올라 1377년까지 왕국을 다스렸다.

비자야나가라 왕국은 자신의 세력을 뻗쳐 나가는 과정에서 남북 양쪽의 다양한 세력들과 끊임없는 싸움을 벌여야만 했다. 남쪽의 주된 상대는 마두라이의 술탄으로, 둘 사이에는 근 40년 동안 끊임없는 투쟁이 벌어졌다. 그러다가 1377년 비자야나가라 왕국은 드디어 술탄 세력을 몰아내고 타밀과 케랄라 지역을 포함한 남인도 전 지역을 차지했다. 하지만 남쪽의 상황과는 달리 북쪽에서는 강력한 바흐마니 왕국이 비자야나가라 왕국의 진출을 저지하고 있었다.

바흐마니 왕국은 1347년 아프간인 알라룻딘 하산이 세웠다. 그는 브라흐만 사제인 강구의 도움으로 나라를 세웠기 때문에 하산 강구라고도 알려져 있으며 왕이 된 후에는 알라룻딘 하산 바흐만 샤라는 칭호를 사용했다. 그는 바흐만 샤라는 칭호가 이란의 전설적인 영웅 이스판디야의 후손임을 뜻한다고 주장하였지만 다른 한편으로는 바흐만이라는 말이 브라흐만 사제의 도움을 받았다는 상징이라고 전해지기도 한다. 경위야 어찌되었든 바흐마니라는 왕국의 이름은 바로 이 바흐만이라는 단어에서 유래했다.

비자야나가라 왕국과 바흐마니 왕국은 퉁가바드라 강 유역, 크리슈나 강과 고다바리 강 사이의 델타 지역, 그리고 마라트와다 지역을 놓고 자주 충돌했다. 퉁가바드라 지역은 이미 초기의 촐라 왕조와 찰루키아 왕조뿐 아니라 후에 야다바와 호이샬라 왕국 등이 서로 이곳을 차지하기 위해 혈안이 되었을 정도로 부와 경제의 원천을 이루는 곳이었다. 크리슈나 강과 고다바리 강 사이의 델타 지역은 토지가 비옥하고, 외국 무역의 중심이 되는 항구가 많은 곳이었다. 그리고 마라타 지역은 남부의 거점 고아가 있는 비옥한 도시로 콘칸 지역을 지배할 수 있는 전략적 요충지였다. 고아는 이란과 이라크로부터 말을 수입할 뿐만 아니라 남부 지역의 특산물을 수출하는 남인도의 가장 중요한 항구였다.

그런 이유 때문에 이들 세 지역은 어느 누구도 양보할 수 없는 중요한 곳이었다. 당연히 양국 전쟁은 매우 치열했을 뿐만 아니라 상당히 잔인하고 포악한 형태로 진행되었다. 실제로 1367년 비자야나가라 왕국의 부카가 퉁가바드라 유역에 있는 무드칼 요새를 차지했을 때 그는 단 한 명만 살려둔 채 모두를 잔인하게 살해했다.

한편 이 끔찍한 소식이 바흐마니의 술탄에게 전해지자 그는 십만 명의 힌두인들을 살해하기 전까지는 절대로 칼을 칼집에 꽂지 않으리라고 맹세하면서 군대를 몰고 그곳으로 쳐들어갔다. 그러자 싸움에서 패한 비자야나가라의 왕은 정글로 숨어버렸고 복수심에 불타는 바흐마니의 술탄은 7개월 동안 그를 찾아다녔지만 결국은 찾지 못했으며, 수도조차 점령하는 데 실패했다. 그동안 그의 군대가 지나가는 곳에는 군인뿐만 아니라 여인과 어린아이까지 참혹하게 목숨을 잃었다.

결국 비자야나가라 왕국의 정복에 실패한 바흐마니의 술탄은 할 수 없이 길고도 참혹한 전쟁을 끝낸 채 퉁가바드라 지역을 양분하기로 합의했다. 이 전쟁이 남긴 상처는 너무도 컸기 때문에 후에 남인도 지역에서는 비록 전쟁이라 하더라도 무기를 지니지 않은 사람은 해치지 않는다는 묵계가 성립되었다.

그러나 퉁가바드라 지역에 대한 비자야나가라 왕국과 바흐마니 왕국의 싸움은 이것으로 끝나지 않았다. 비자야나가라의 데바라얄 1세와 바흐마니의 피루즈 샤 사이에 벌어진 전쟁에서 비자야나가라 왕국은 대패하고 데바라얄 1세는 수많은 금, 은, 보석뿐만 아니라 자신의 딸을 술탄에게 시집보내야만 했다. 이 같은 굴욕은 데바라얄 2세에 이르러 다시금 역전되었다.

바흐마니 왕국의 군대가 뛰어난 궁술병과 기병 때문에 막강하다는 사실을 알아차린 데바라얄 2세는 이슬람 군인들을 모집하여 모든 힌두 군인들에게 궁술을 가르치도록 했다. 물론 힌두교도인 비자야나가라 왕국에서 이슬람 군인을 받아들인 것이 그가 처음은 아니었다. 새로이 전열을 가다듬은 그는 1443년, 드디어 퉁가바드라 강을 건너 이전에 바흐마니 왕국에게 빼앗겼던 무드칼과 방카푸르 등을 되찾기 위한 전쟁을 시작했다. 그리하여 격렬한 전쟁 끝에 이번에는 현재 싸우는 장소를 경계선으로 정한 채 양측은 다시 휴전에 들어갔다.

이처럼 계속되는 전쟁 속에서도 비자야나가라 왕국은 15세기 중반까지 남인도에서 가장 강력하고 부유한 상태를 유지했다. 당시 남인도를 여행했던 많은 여행가들은 왕국의 수도 비자야나가라가 7개의 성곽으로 둘러싸여 있었으며 왕궁 둘레로 거대한 네 개의 시장을 볼 수 있었다고 전한다. 또 여러 개의 운하와 냇물이 흐르고 있었고 당시 로마보다도 컸다고 기록하고 있다. 뿐만 아니라 무역이 활발하여 왕과 귀족들의 생활은 극도로 호사스러웠다. 그렇지만 일반 백성들에게는 무거운 세금과 가혹한 형벌이 부과되어 부의 편중이 매우 심한 편이었다. 남편이 죽으면 아내가 따라 죽는 사티 제도가 성행하여 한때 왕이 죽자 사오백

퉁가바드라 강 남인도를 흐르는 큰 강 가운데 하나. 강 유역에 비자야나가라 왕국의 중심지였던 함피가 발달했다.

명 가량의 후궁들이 함께 화장을 당했다고 전한다.

　비자야나가라 왕국은 크리슈나데바 라야(1509~1530년)왕 때 절정에 달했다. 왕위에 오른 그는 퉁가바드라 지역의 지배권을 되찾기 위한 싸움을 재개했으며 그 과정에서 굴바가와 오릿사를 침공하여 수많은 요새를 빼앗았다. 뿐만 아니라 비자푸르 왕국의 영토를 차지했다. 그는 당시 막 인도로 진출하기 시작한 포르투갈인들과도 우호 관계를 유지하면서 해상 무역을 위하여 해군력에 관심을 기울였다. 크리슈나데바 라야는 이처럼 나라의 부강을 위하여 군대의 힘을 강화하는 한편 당시의 어지러운 법과 질서를 개편하여 국가의 안정을 꾀했다. 그는 수도인 비자야나가라 근처에 새로운 도시를 세운 후 물을 저장하기 위하여 많은 물탱크를 만들었다. 예술과 시와 학문에도 지대한 관심을 기울여 산스크리트어와 타밀어 문학을 지원하는 한편 텔구르어 학자도 보호하여 텔구르어 문학의 새 장을 열게 만들었다.

비루팍샤 사원 본래 호이살라 시대 말기에 지어졌으나 후에 비자야나가라 왕국의 크리슈나데바 라야가 개조하여 지금의 모습으로 만들었다.

　그러나 그가 죽고 나자 뒤를 계승한 아들이 나이가 어려 친족 간에 왕위 계승을 둘러싼 투쟁이 벌어졌고, 왕국의 힘은 점차 쇠퇴했다. 그러던 중 1565년 데칸 지역에 있던 술탄들이 서로 연합하여 탈리코타 근처에 있는 락샤사탕가디로 쳐들어왔다. 이 전쟁에서 비자야나가라 왕국은 결정적인 패배를 당하고 수도까지 함락하였다. 이후 그들은 잿더미가 되어 버린 비자야나가라를 떠나 페누콘다로 수도를 옮긴 뒤 이슬람 세력과의 투쟁을 계속했다.

비록 벤카타파티 라야(1585~1614년) 시대에 일시적으로 옛날의 영광을 되찾기도 했지만 그가 죽은 후 왕국은 다시 붕괴하여 더 이상 재기의 기회를 갖지 못했다. 결국 남인도의 힌두 왕국은 인도의 역사에서 자취를 감추고 말았다.

바흐마니 왕조

바흐마니는 1347년 아프간인 알라룻딘 하산 샤가 델리 술탄의 세력이 약화된 틈을 타 데칸 지역에 세운 왕국이다. 그는 굴바가를 아사나바드라는 이름으로 고친 뒤 그곳을 수도로 정하였다. 그리고 당시 데칸 지역에 있던 힌두 왕국들을 차례로 정복하면서 영토를 넓혀갔다. 1358년 그가 죽었을 때 바흐마니 왕국의 영토는 북쪽으로는 와인강가 강에서 남쪽으로는 크리슈나 강까지 그리고 서쪽으로는 다울라바트에서 동쪽으로는 봉기르*에 이르는 넓은 지역을 차지했다. 그는 왕국을 굴바가, 다울라바트, 베라르, 비다르의 네 지역으로 구분하여 각 지역에 총독을 두어 관할하도록 했다.

* 봉기르 : 오늘날의 니잠 지역

알라룻딘 하산 샤가 죽고 나자 그의 큰아들 무하마드 샤 1세가 뒤를 이어 왕이 되었다. 이때부터 본격적으로 벌어진 와랑갈과 비자야나가라 왕국과의 전쟁은 1565년 비자야나가라 왕국이 데칸 지역의 이슬람 연합군에 의해 멸망할 때까지 계속되었다.

바흐마니 왕국에서 가장 위대한 왕으로는 피루즈 샤 바흐마니(1392~1422년)를 들 수 있다. 피루즈는 코란의 율법이나 주석에 정통한 종교학자였으며 식물학, 기하학, 논리학 등에도 매우 관심이 많은 인물이었다. 그 밖에도 뛰어난 서예가이고 시인으로 자신이 직접 즉흥시를 지었다. 그는 어학에도 능통하여 페르시아어, 아랍어, 터키어, 텔구르어, 카나다어, 마라티어 등을 자유자재로 구사하여 다양한 국적의 자기 부인들과 아무런 어려움 없이 대화를 나눌 수 있었다고 전해진다.

피루즈 왕은 당시 그를 도와주던 델리 술탄의 힘이 약화되면서 많은 지식인들이 델리를 떠나 데칸 지역으로 몰려들자 그곳을 인도의 문화 중심지로 삼았다. 또한 현명한 왕은 모든 국가의 지식인과 덕 있는 사람들을 가까이해야 한다고 말하면서 이란과 이라크의 지식인까지 궁정으로 초청했다. 그는 이방의 지식인들을 통해 다른 지역의 정보를 얻었다. 피루즈는 이처럼 지식인들을 우대하는 한편 자신도 직접 그들과 어울려 밤늦게까지 토론을 벌였다. 스스로 구약과 신약성경을 읽었으며 모든 종교를 포용하는 태도를 보였다.

피루즈 왕은 이처럼 내부적으로는 학문의 발전에 힘쓰는 한편 외부적으로는 바흐마니 왕국의 영토를 넓히는 데 노력했다. 그는 케랄라 지역의 곤다 라자 나라싱 라이를 물리치고 베라르 지역을 점령한 다음 그의 딸과 결혼했다. 그는 결혼 후 케랄라 지역을 다시 나라싱에게 되돌려주어 다스리도록 했다. 이미 앞에서도 언급했듯이 비자야나가라 왕국의 데바라얄 1세를 물리친 후 그의 딸과 결혼했다. 하지만 이후에도 크리슈나와 고다바리 강 사이에 있는 지역을 차지하기 위한 두 나라의 싸움은 계속되었고 이 전쟁의 결과는 1419년 비자야나가라의 승리가 결정될 때까지 지루하게 이어졌다. 하지만 이 전쟁에서 패배한 피루즈 왕은 이로 인해 세력이 크게 약화되어 동생 아흐마드 샤 1세로부터 왕위를 물려줄 것을 강요받는 상황에 처하였다.

드디어 형을 몰아내고 왕위에 오른 아흐마드 샤 1세는 남인도의 동부 해안 지역을 차지하기 위하여 비자야나가라 왕국과 다시 전쟁을 벌이기로 결심했다. 비자야나가라로부터 받은 패전의 상처를 잊지 못한 그는 우선 와랑갈을 쳐들어가 잔인한 피의 복수전을 감행했다. 와랑갈 지역을 차지한 그는 수도를 굴바가에서 비다르로 옮긴 뒤 다시 말와, 곤다와나, 콘칸 지역으로 관심을 돌렸다. 이처럼 바흐마니 왕국이 와랑갈을 차지함으로써 남인도 지역에서 세력 균형은 급속하게 변하기 시작했다.

바흐마니 왕국이 크게 성장할 수 있었던 배경에는 명재상 마흐무드 가완의 공로가 절대적이었다. 가완의 어린 시절에 대해서는 정확히 알 수 없지만, 이란인으로 처음에는 무역상이었다고 한다. 그러다가 술탄의 총애를 받아 상인의 수장(말리크 울 투자르)으로 임명되었다. 그 후 재상이 되어 근 20년 가까이 국가의 일을 도맡아 처리했다.

재상으로서 가완은 왕국의 영토를 동쪽으로 더욱 넓히는 데 힘써 칸치까지 진출했다. 하지만 그의 업적 가운데 무엇보다도 중요한 일은 다브홀과 고아를 포함한 서부 해안 지역을 점령한 것이었다. 원래 바흐마니 왕국의 영토였던 이 지역은 이란, 이라크를 비롯한 해외 지역뿐만 아니라 국내 무역에서도 없어서는 안 될 중요한 항구였다. 그런 이유로 이 지역의 차지는 바로 왕국의 경제력과 직결되었다. 가완의 영토에 대한 관심은 북쪽이라고 해서 예외가 아니었다.

아흐마드 샤 1세 때부터 할지의 통치자들이 지배하고 있던

케랄라 지역 인도 남부의 해안 평야 지역으로 아라비아 해와 맞닿아 있다. 비옥한 토지와 무역에 적합한 위치 덕분에 오래전부터 도시가 발달했다.

말와 왕국은 곤다와나, 베라르 그리고 콘칸 등의 지배권을 주장했다. 양측의 싸움 결과, 바흐마니 왕국은 구자라트 지배자들의 도움을 받아 베라르 지역을 차지했다. 이후 말와 왕국은 집요하게 그 지역을 되찾으려고 노력했으나 가완에게 패배하고 말았다.

가완은 밖으로 영토 확장에 힘쓰는 한편 안으로 내부 개혁을 단행했다. 그는 왕국 전체를 8개의 지방(타라프)으로 나누고 각 지방에 총독을 두어 다스리도록 했다. 또한 각 지방에서 일정 지역을 정해 그곳에서 걷어들이는 세금을 술탄에게 바치도록 했다. 귀족들의 봉급과 그들이 지켜야 할 의무를 확정하여 국가의 기강을 확립했다. 이외에도 가완은 학문의 함양에도 힘써 수도 비다르에 벽면을 채색 타일로 덮은 3층 높이의 만다라사 대학을 건립했다. 1천 명의 선생과 학생들에게 무료로 음식과 옷을 지급하여 학문 연구에 몰두하도록 했다. 가완은 이 대학에 이란과 이라크에 있던 유명한 학자들을 직접 초빙하여 학생들을 가르치도록 했다.

바흐마니 왕국은 명재상 가완의 노력으로 크게 발전했지만 한 가지 문제점만은 아무리 뛰어난 머리를 지닌 그라도 쉽게 해결하기 힘들었다. 그것은 다름 아닌 귀족들의 세력 다툼이었다. 당시 바흐마니 왕국의 귀족들은 크게 데칸인 중심의 구세력과 가리브인 계통의 신세력으로 나뉘어 서로 세력 확보를 위해 끊임없이 암투를 벌였다. 가완은 비록 자신이 신세력의 일원이었지만 양자의 중재를 통해 이 문제를 공평하게 해결하려고 갖은 애를 다썼다. 하지만 그의 노력에도 이 일만큼은 결국 실패하고 말았다.

마침내 이들 귀족의 세력 다툼은 왕국의 분열을 초래하여 골콘다, 비자푸르, 아만드나가르, 베라르, 비다르의 다섯 국가로 뿔뿔이 흩어졌다. 이후 데칸 지역은 17세기 무굴 제국이 그들을 흡수하기 전까지 주로 아만드나가르, 비자푸르, 골콘다의 세 왕국이 교대로 지배권을 확보하는 과정을 되풀이했다.

데칸 지역을 지배하던 바흐마니 왕국은 인도의 북부와 남부 지역의 문화를 이어주는 가교 역할을 했다. 그러나 다른 한편으로는 그들 나름대로의 독자적인 특성을 지닌 문화를 창출하여 이후 무굴 제국의 문화에 지대한 영향을 미쳤다.

포르투갈인의 인도 도래

유럽인이 대양으로 진출하여 인도 땅에 처음 발을 딛기 시작한 것은 1498년 바스코 다 가마가 두 척의 배를 이끌고 캘리컷에 도착한 무렵이다. 이때 아프리카 해안에서 캘리컷까지 뱃길을 인도한 사람은 구자라트인 선원 압둘 마지드였다. 이 사건은 유럽인들의 해상진출과 그로 인한 식민지 건설로 유럽, 특히 서유럽의 세력이 세계의 패권을 차지하게 된다는 일종의 신호탄과 같았다. 이후 해상 무역의 중심은 인도와 아랍을 거쳐 유럽인에게로 넘어가고 인도와 부근 아시아 지역에 유럽인의 식민지가 건설되기 시작했다.

1418년 포르투갈의 헨리 왕자는 동양과의 무역권이 베니스와 제네바를 중심으로 터키인들에 의해 주도되고 있다는 사실에 불만을 품고 인도의 향료와 후추 등을 직접 수입할 수 있는 해상로를 찾기로 결심했다. 이를 위해 그는 매년 두세 척의 배를 파견하여 아프리카의 서해안 지역을 탐험하는 한편 인도로의 항로를 찾도록 명령했다. 그의 해상 탐험에는 당시 아프리카와 아시아 지역을 장악하고 있던 이슬람 세력에 적절하게 대항할 수 있도록 기독교를 전파하는 것도 중요한 목적 가운데 하나였다.

이러한 의도를 앞세워 포르투갈인들은 아프리카 희망봉을 거쳐 인도에 이르는 과정에서 새로운 땅을 발견하고, 그곳의 주민을 기독교도로 개종시킨다면 모두 포르투갈의 영토로 인정한다는 교황의 승인을 받았다. 1487년 바르톨로뮤 디아스가 아프리카의 희망봉을 일주함으로써 이곳에 서유럽과 인도 사이의 직접 무역을 위한 전초기지가 마련되었다. 드디어 1498년 바스코 다 가마가 인도 캘리컷까지의 항해를 성공리에 마침으로써 마침내 유럽과 인도 사이에 직접 무역의 길이 활짝 열렸다.

바스코 다 가마의 방문 캘리컷의 왕 자모린에게 자신을 소개하는 바스코 다 가마

바스코 다 가마 이후 포르투갈인이 점차 인도로 진출하여 자신들의 세력을 키워나가면서 무역

을 독점하자 이집트의 술탄은 함대를 파견하여 그들을 물리치려 했다. 그러나 1509년 포르투갈인은 월등한 함대의 힘으로 이슬람의 세력을 손쉽게 물리쳤다. 이로 인해 포르투갈은 페르시아 만과 홍해를 잇는 해상 무역권을 독점했다.

그 후 일년이 지난 1510년 포르투갈은 뛰어난 영웅 알부케르케가 비자푸르 왕국으로부터 고아를 빼앗아 동방 제국의 정치·경제적 중심지로 삼았다. 고아에 거점을 마련한 포르투갈은 계속해서 인도 내륙으로의 진출을 시도하는 한편 스리랑카와 수마트라에도 거점을 마련함으로써 동서양을 잇는 해상 무역을 독점하기 시작했다. 포르투갈은 이후 1580년 스페인에게 패해 물러나기 전까지 인도를 비롯한 아시아 전역에서 강력한 세력을 떨쳤다.

그 후 인도에는 스페인 세력이 포르투갈을 대치하지만 이 역시 유럽의 상황에 따라 변해갔다. 네덜란드, 영국, 프랑스가 연이어 인도에 진출해 각기 동인도 회사를 세워 인도를 경제적으로 침탈했다. 하지만 유럽 국가 간의 세력 다툼 끝에 영국은 프랑스와의 7년 전쟁을 승리로 이끌어 해상 무역을 석권하는 한편 1757년 유명한 인도의 플라시 전투에서마저 프랑스를 물리침으로써 인도 지배의 본격적인 기틀을 마련했다.

사이드 왕조와 로디 왕조

델리 술탄 시대는 1398년 티무르의 몽골군이 델리를 침입함으로써 결정적인 타격을 입었다. 투글라크 왕조의 술탄 마흐무드가 죽자 델리의 귀족들은 다울라트 칸 로디를 후계자로 임명했다. 하지만 그가 즉위한 지 불과 몇 개월 뒤인 1414년 티무르의 도움을 얻어 독립을 선언했던 물탄의 지배자 키즈르 칸이 델리를 점령함으로써 사이드 왕조가 시작되었다. 비록 사이드 왕조가 델리의 새로운 왕국으로 탄생하였지만 그들의 지배 영역은 이전만 못했다. 델리 주변만을 겨우 다스릴 수 있었을 뿐이다.

그러자 이 틈을 노려 수많은 지역들이 각기 독립을 주장하였다. 동부의 벵갈, 서부의 신드와 물탄을 시작으로 구자라트, 말와, 자운푸르의 지배자들이 연이어 델리 술탄의 지배로부터 벗어났다. 이러한 상황은 펀자브 지역이라고 해서 예외는 아니었다. 당시 펀자브 지역에는 아프가니스탄의 로디족들이 세력을 장악하기 위해 애쓰고 있었다. 치열한 다툼 속에서 삼촌의 뒤를 이어 라호르와 시르힌드의 통치자가 된 바훌 로디가 펀자브 전 지역을 장악했다. 세력을 장악한 그는 말와의 공격으로부터 도움을 요청하는 사이드 왕조의 요구를 받아들여 군대를 이끌고 델리로 입성했다.

한편 1445년 술탄이 된 사이드 왕조의 알라룻딘 알람 샤는 자신의 힘만으로 도저히 왕국을 이끌어갈 수 없다는 사실을 깨닫고 고심 끝에 1451년 술탄의 지위를 바훌 로디에게 넘겨주고 말았다. 사이드 왕조는 막을 내리고 델리에는 로디 왕조가 시작되었다.

로디 왕조의 시작은 이제까지 델리 정권의 중심이었던 터키계가 쇠퇴하고 대신 아프가니스탄인이 그 자리를 차지하게 되었음을 의미한다. 하지만 아프가니스탄 귀족들은 술탄에 대한 복종심보다는 자신들의 독자적인 세력 확장에 더욱 신경을 썼다. 때문에 로디 왕조의 초기 술탄들은 자신들의 정권에 디딤돌이 되었던 아프가니스탄인을 달래기 위해 다양한 유화정책을 실시했다.

시칸다르의 무덤 로디 왕조의 2대 군주였던 시칸다르는 영토를 확장하고 왕권을 굳건히 했다. (위)

로디 왕조의 무덤 로디 정원은 사이드와 로디 왕조의 무덤이 세워진 곳이다. 위의 무덤은 사이드 왕조의 무하마드 샤의 것으로 추정된다. (아래)

하지만 1489년에 바훌의 뒤를 이어 술탄의 지위에 오른 시칸다르는 아프가니스탄 귀족들의 세력을 약화시키면서 왕권의 강화에 열성적인 힘을 기울였다. 그는 모든 귀족들이 자신 앞에서 반드시 서 있도록 함으로써 지배자로서 자신의 권위를 강조했다. 이외에도 법과 질서를 강조하여 왕국 안에 있는 모든 도로를 다니는 사람들이 강도와 도둑으로부터 안전할 수 있도록 치안을 강화했다. 뿐만 아니라 농업에도 많은 관심을 기울여 곡물에 대해서는 물품입시세를 폐지하고 새로운 측량법을 제정했다.

시칸다르는 철저한 이슬람교도로 이슬람 교리에 위배되는 일을 엄하게 금지시켰을 뿐 아니라 힌두교에 대해서도 이전과는 달리 강력하게 탄압했다. 그는 힌두교와 이슬람의 경전이 다같이 신성하다고 주장하는 브라흐만을 사형에 처하고 나가르코트와 같은 힌두 사원들을 파괴했다. 한편 그는 학자와 철학자 그리고 문인들을 보호하였기 때문에 당시 이란과 이라크에 있던 수많은 지식인들이 그의 왕궁으로 몰려들었다. 학자들로 하여금 일련의 산스크리트 작품들을 페르시아어로 번역하도록 하였으며 시와 음악에도 관심을 가져 자신이 직접 페르시아어로 시를 썼다. 또한 페르시아어를 배운 많은 힌두인들을 관리로 임명하여 부족한 행정 인원을 보충했다.

시칸다르가 죽고 나자 그의 장남 이브라힘이 아그라에서 후계자로 선출되었다. 당시 아그라는 말와와 구자라트로 가는 요충지로서 로디 왕조 기간 중 제2의 수도가 될 정도로 중요한 곳이었다. 한편 이브라힘이 술탄의 지위에 오르자 그를 반대하는 귀족들이 당시 자운푸르에 있던 그의 동생 자랄 칸을 데려와 술탄으로 추대하려는 음모를 꾸몄다. 그러자 이 사실을 알아차린 이브라힘은 자신을 반대한 귀족들의 세력을 제거하는 한편 자운푸르로 도망치던 친동생 자랄마저 자객을 보내 암살했다.

그는 이 사건을 계기로 무력을 동원해서라도 아프가니스탄 귀족들의 세력을 약화시키려고 애썼다. 하지만 그들의 저항만 초래하다 결국은 자신이 파멸당하는 비참한 결과를 맞았다. 여러 곳에서 독립을 선언하는 귀족들과 이를 무력으로 억누르려던 이브라힘의 치열한 싸움은 결국 카불의 지배자였던 바부르의 개입을 초래하였다. 마침내 델리 술탄 시대는 종말을 고한다. 아울러 사이드와 로디 왕조로 이어지는 아프가니스탄 계열의 정치는 끝나고 다시 새로운 터키계의 지배가 시작되어 인도는 이제 무굴 제국의 시대로 돌입한다.

동북 인도의 상황

티무르가 이끄는 몽골군이 델리를 침입함으로써 델리 술탄 시대는 결정적인 쇠퇴를 맞고 북부 인도 각지에 수많은 독립 왕국들이 탄생하였다. 서부 지역에서는 구자라트, 말와, 메와르의 세 왕국이 서로를 감시하면서 힘의 균형을 유지하였고, 동부의 벵갈은 오릿사의 가자파티 왕조와 자운푸르가 서로 대치하고 있었다. 하지만 이러한 힘의 균형은 15세기 중반 세력이 커진 델리의 로디 왕조가 강가와 야무나 강 계곡의 지배권을 놓고 자운푸르 왕국과 치열한 다툼을 벌이면서 깨지기 시작했다.

15세기 말경 로디 왕조는 몇 차례의 전쟁 끝에 자운푸르를 정복했다. 승리를 거둔 로디 왕조는 여세를 몰아 동부 라자스탄과 말와 지역까지 침략의 손길을 뻗쳤다. 당시 말와는 내부적인 문제로 막 분열이 시작되었고, 이로 인해 구자라트와 메와르 그리고 로디 왕조는 서로 날카롭게 대립했다. 당시의 상황은 누구든 이 전쟁에서 승리하는 자가 바로 북인도 전체를 지배할 수 있을 것처럼 보였다. 그 때문에 말와를 손에 넣기 위한 그들의 암투는 치열할 수밖에 없었다.

동부의 벵갈 지역은 일찍부터 델리 술탄의 지배에서 벗어나기 위해 자주 독립을 선언했다. 델리 지역과 기후도 다르고 거리도 멀었으며, 무엇보다도 대부분의 교통로가 터키인들에게 익숙하지 않은 수로였기 때문이었다. 1345년 벵갈의 귀족들 가운데 일야스는 델리 술탄의 지배에서 벗어나 스스로 통치자임을 선언한 뒤 계속해서 힘을 모아 티르후트, 참파란, 고라크푸르를 거쳐 베나레스(바라나시) 지역까지 영토를 넓혔다. 이 사건은 당시 델리 투글라크 왕조의 술탄이었던 피루즈의 입장에서 볼 때 커다란 위협이 아닐 수 없었다. 그는 위험을 없애기 위해 군대를 이끌고 참파란과 고라크푸르를 거쳐 벵갈의 수도였던 판두아를 점령했다. 수도를 빼앗긴 일야스는 에크달라로 피신하여 강력히 저항했다. 피루즈는 그를 쳐부수기 위하여 갖은 노력을 기울였지만 실패하고, 결국은 비하르에 있는 코시 강을 경계로 평화조약을 체결, 사태를 일단락지었다.

하지만 피루즈의 입장에서는 이 전쟁의 결과에 결코 만족할 수 없었다. 기회를 엿보던 그는 일야스가 죽고 그의 아들 시칸다르가 술탄의 지위를 계승하자 다시 벵갈 지역을 침범했다. 시칸다르는 아버지가 활용했던 전략을 그대로 이어받아 병력을 에크달라로 옮긴 뒤 그곳을 거점으로 삼아 피루즈의 군대에게 강력히 저항했다. 피루즈는 이번에도 난공불락의 성을 점령하지 못한 채 군대를 철수시킬 수밖에 없었다. 이 사건을 끝으로 벵갈은 1538년 무굴 제국이 델리에서 일어나기 전까지 근 2백년 동안 전혀 외세의 침입을 받지 않은 채 몇 개의 왕조가 교체되면서 그런대로 안정을 유지할 수 있었다.

벵갈의 일야스 왕조에서 가장 유명한 술탄은 기야스웃딘 아잠 샤(1389~1409년)였다. 정의의 수호자로 알려지기도 했던 그는 한때 실수로 과부의 아들을 죽인 적이 있었다. 자신의 잘못을 깨달은 그는 자진해서 법정에 나가 벌금을 지불한 뒤 만일 앞으로 자신의 의무를 다하지 못할 때는 언제든지 스스로 목을 베어버리겠다고 선언했다.

또한 페르시아의 시인인 하피즈를 포함하여 당시의 유명한 학자들과도 친분을 맺었고, 외교적으로도 중국에 사절을 보내 우호 관계를 유지하려고 노력했는데, 그 일환으로 불교 승려를 파견했다. 이로써 당시까지 벵갈 지역에는 불교가 완전히 사라지지 않았음을 알 수 있다. 중국과의 우호 관계는 해상 무역의 발전을 가져왔는데 당시 벵갈의 치타공 항구는 중국을 비롯하여 해외 각국에서 들어오고 나가는 물품들과 사람들로 언제나 북적거렸다.

벵갈의 술탄들은 자신들의 수도인 판두아와 가우르에 돌과 벽돌을 사용하여 델리와는 다른 독자적인 형태의 아름다운 건물들을 세웠다. 언어는 벵갈어를 사용했는데, 술탄들은 《스리 크리슈나 비자야》를 편찬했던 말라다르 바스티와 같은 시인을 후원하여 그에게 구나라자 칸이라는 호칭을 수여하고 그의 아들에게도 사트야라자 칸이라는 호칭을 부여하면서 극진히 우대했다. 그들의 언어인 벵갈어는 무엇보다도 알라룻딘 후세인(1439~1519년) 시대에 가장 많이 발전하여 유명한 벵갈어 시인들이 이 시기에 활발한 활동을 했다.

이러한 점에서 볼 때 벵갈은 비록 이슬람의 세력하에 있었을지라도 델리 지역과는 달리 힌두 문화가 여전히 성행했음을 알 수 있다. 벵갈의 황금기였던 알라룻딘 후세인 시기에는 힌두인들도 재상이나 주치의 등과 같은 높은 직위를 얻어 술탄에게 봉사했다. 일례로 비슈누교도였던 루파와 사나탄 형제 가운데 한 명은 술탄의 개인비서로 발탁되었다. 또한 술탄 역시 비슈누교의 성자였던 저명한 차이타냐에게 진심 어린 경의를 표했다. 당시 벵갈과 아삼 지역에는 서로 적대적인 두 왕국이 있었다. 서쪽 지역은 카마타 왕국이 그리고 동쪽 지역에는 아홉 왕국이 있었는데 아홉 왕국은 버마 북부 지역에서 이주한 몽골인들이 13세기경에 세운 나라였다. 오늘날 아삼이라는 지역 이름은 바로 이들이 세운 왕국의 이름인 아홈에서 파생한 것이다.

일찍이 일야스는 카마타 왕국을 침입하여 가우하티 지역까지 진출한 적이 있었지만 이 지역을 완전히 장악하는 데는 실패하였다. 이에 카라토야 강을 벵갈 왕국의 동북쪽 국경으로 삼은 것으로 만족해야 했다. 후에 일야스의 뒤를 이어 많은 술탄들이 끊임없이 이곳을 차지하려고 애썼지만 어느 누구도 만족할 만한 성과를 거두지 못했다. 오히려 그들의 소원과는 정반대로 카마타 왕국이 세력을 확장하여 카라토야 강의 동쪽 지역을 다시 차지하고 말았다.

카마타 왕국은 한편으로는 벵갈 왕국과 맞서면서 다른 한편으로는 적대적인 이웃 아홈 왕국과도 끊임없이 전쟁을 치렀다. 이로 인해 카마타 왕국의 세력이 거의 소진되자 아홈 왕국의 도움을 받은 벵갈의 알라룻딘 후세인이 카마타푸르의 도시를 파괴하고 왕국을 합병함으로써 카마타 왕국은 멸망하고 말았다.

한편 카마타 왕국을 정복하고 자신의 아들을 총독으로 임명한 뒤 아프가니스탄인을 이주시킨 벵갈 왕국은 계속해서 후세인의 아들인 누스라트 샤 때 아홈 왕국을 쳐들어갔지만 오히려 커다란 손실만 입은 채 패퇴하고 만다. 아홈 왕국의 왕 수훙뭉은 자신의 몽골 이름을 스와르가 나라야나로 바꿀 정도로 왕국을 힌두적으로 만들었다. 아홈 왕국이 이처럼 힌두교를 믿음으로써 이 지역에 비슈누 종교가 전파되는 데 커다란 역할을 했다. 스와르가 나라야나는 한편으로 이슬람의 공격을 물리치면서 한편으로 영토 확장에 힘썼다.

당시 오릿사 지역에는 가자파티 왕국이 카마타 왕국과 세력 다툼을 벌이고 있었다. 하지만 그들은 주로 남쪽의 비자야나가라 왕국 그리고 바흐마니 왕국의 술탄들과 자주 충돌했다. 뛰어난 무사 출신들이었던 가자파티 왕국의 왕들은 벵갈의 침략에 맞서서 목숨을 돌보지 않고 용감히 싸웠다. 때문에 당시의 벵갈 왕국은 오릿사 지역에 대한 충분한 지배권을 확보할 수 없었다. 오히려 벵갈 왕국이 때때로 그들의 강력한 힘 앞에 굴복하여 사라스와티 강 너머의 지역을 잃어버렸다.

서북 인도의 상황

뛰어난 수공예품과 언제나 분주한 항구를 가진 구자라트는 델리 술탄 시대에 가장 부유한 지역 가운데 하나였다. 투글라크 왕조의 피루즈 시대에 구자라트를 지배하던 총독은 우상 숭배의 일종으로 간주되던 힌두교를 배척하지 않았다. 오히려 노골적으로 힌두교를 장려하면서 은연중에 델리 술탄에 반기를 들었다. 그러다가 몽골의 티무르가 델리를 침입한 틈을 타 구자라트는 본격적인 독립을 추구했다. 1391년 델리 투글라크 왕조의 무하마드 샤는 자파르 칸을 구자라트 지방의 총독으로 임명했다.

원래 구자라트인으로 아버지 때 이슬람교로 개종했던 자파르 칸은 자신의 고향에 총독으로 임명된 뒤 기회를 엿보다가 1401년 비록 형식적이기는 하지만 델리 술탄으로부터 독립을 선언했다. 하지만 그는 구자라트의 통치자가 된 뒤 불과 2년 만에 불행하게도 아들에게 술탄의 지위를 강탈당했다.

구자라트의 저수 시설
구자라트처럼 건조한 지역에서는 저수 시설이 매우 중요했다. 위 사진은 14세기경에 인도 구자라트 지방에서 이용되던 스텝 웰(stepwell)의 모형이다. 스텝웰이란 땅을 파면 스며나오는 물을 수집할 수 있도록 고안된 거대한 시설이다.

1403년 그의 아들 타타르 칸은 아버지를 반대하던 귀족들의 세력을 모아 아버지를 옥에 가두고 나시룻딘 무하마드 샤라는 이름으로 스스로 술탄이 되었다. 그는 자신의 권위를 자랑하기 위하여 델리 지역으로 출병하였지만 결국은 삼촌인 샴스 칸에게 살해당하는 비참한 최후를 맞았다. 샴스 칸에 의해 다시 왕위에 오른 자파르 칸은 스스로를 무자파르 샤라 칭하면서 술탄의 자리에 올랐다. 하지만 구자라트 왕국은 무자파르 샤의 손자인 아마드 샤(1411~42년) 시대가 되어서야 델리 술탄의 지배에서 벗어나 완전히 독립적인 왕국이 되었다.

아마드 샤는 30년이 넘는 긴 치세 기간 동안 수도를 파트나에서 아흐메다바드로 옮긴 뒤 국가의 행정을 정착시키는 한편 영토 확장에도 많은 힘을 기울였다. 아름다운 궁전과 시장 그리고 이슬람 사원이 세워진 많은 도시들을 건설했고, 구자라트에 있던 자이나교의 풍부한 건축술을 받아들여 델리와는 다른 형태의 독특한 건물들을 지었다. 오늘날 아흐메다바드에 있는 자미 마스지드와 틴다르와자는 이러한 형태의 대표적인 건물들이다. 그는 사우라슈트라와 시드푸르 등을 공격하면서 힌두교 사원들을 파괴하였지만 자신의 정부에 힌두인을 고용하는 데는 아무런 거리낌이 없었다. 또한 법률에 매우 엄격하여 살인을 저지른 자신의 양아들을 저잣거리에서 사형시켰다.

구자라트 왕국은 마흐무드 베가르하(1459~1511년) 시대 때 절정에 달했다. 그가 베가르하라는 이름으로 불린 이유는 당시 누구도 넘볼 수 없는 2대 난공불락의 성으로 간주되었던 사우라슈트라에 있는 기나르 성*과 구자라트 남부에 있는 참파네르 성을 정복했기 때문이었다. 베가르하는 말년에 바스코 다 가마의 인도

* 기나르 성 : 오늘날의 유나가르흐.

방문 이후 인도양으로 세력을 뻗쳐 오던 포르투갈을 이집트 함대의 지원을 받아 견제하였지만 패하고 말았다. 이후 세력이 약화되기 시작한 구자라트 왕국은 1572년 무굴 제국의 악바르에게 굴복하면서 역사 속으로 사라졌다.

한편 구자라트 왕국은 델리 술탄의 지배에서 벗어나 처음 독립을 선언했을 때부터 말와 왕국과는 서로 적대적인 관계에 있었다. 둘 사이의 분쟁이 끊이지 않는 가운데 무자파르 샤는 한때 말와의 지배자 후세인 샤를 사로잡았다가 풀어주었다. 이후 말와에서는 구자라트 왕국의 세력을 약화시키기 위하여 구자라트의 귀족들을 매수하여 반역을 꾀하게 하거나 힌두 귀족들을 충동질하여 구자라트를 공격하게 하는 등 온갖 노력을 기울였다.

이와 마찬가지로 구자라트 왕국에서도 갖은 계략을 총동원하여 말와 지역에 자신들이 임명한 지배자를 내세우려고 발버둥쳤다. 둘 사이의 물고 물리는 분쟁은 마침내 말와가 구자라트에 굴복하는 것으로 끝을 맺었다. 결과적으로 두 왕국은 서로의 분쟁에 열중하다가 북인도 지역에서 커다란 정치적 역할을 담당할 수 있었던 기회마저 놓치고 말았다.

1305년 델리 할지 왕조의 알라룻딘에게 합병당한 말와는 이후 델리 술탄이 임명한 총독의 지배를 받았다. 그러다가 투글라크 왕조 때 피루즈가 말와의 총독으로 임명한 디알와르 칸 구흐리가 말와의 세력을 모아 독립을 추구했다. 그 후 1406년 후세인 샤가 말와의 술탄이 되면서 크게 세력을 떨쳤다.

말와 왕국은 나르마다와 타프티 강 사이에 있는 고원에 자리 잡고서 구자라트와 북인도, 남인도와 북인도 사이의 교통로를 장악하였다. 따라서 말와의 세력이 강하면 강할수록 구자라트와 메

힌돌라 마할 힌돌라 마할은 기야스 웃딘의 할렘이었던 자하즈 마할의 북쪽에 있는 건물이다. 일반적인 인도 건축물과는 달리 특이한 구조를 가지고 있는 점이 특징이다.

와르 그리고 델리의 로디 왕조에게는 커다란 장애물이 되었다. 이 같은 지역의 특성상 주변의 왕국들은 힘이 강해질 때마다 말와 지역을 차지하기 위하여 갖은 노력을 다 기울였다. 말와 왕국은 15세기경에 가장 발전하여 수도를 다르에서 만두로 옮기고 자미 마스지드, 힌돌라 마할, 자하즈 마할 등과 같은 뛰어난 건축물을 건립했다. 하지만 말와 왕국은 초기부터 내부적인 분열로 심한 혼란을 겪었다. 결정적 원인은 주로 왕위 계승을 둘러싼 문제가 발단이 되어 귀족들의 싸움이 끊이지 않았기 때문이었다. 말와의 내분이 심화될수록 그로부터 이득을 보는 것은 이웃의 구자라트나 메와르 왕국뿐이었다.

말와 왕국의 초기 술탄이었던 후세인 샤는 힌두교에 상당히 관용적인 태도를 취하여 이 시대에 많은 힌두교 사원이 건립되었다. 뿐만 아니라 당시 경제에 상당한 영향을 미치고 있던 자이나교를 후원했다. 하지만 그 후 말와의 술탄들이 모두 후세인 샤처럼 힌두교에 관용적인 태도를 취한 것은 아니었다. 예를 들어 마흐무드 할지(1436~69년)의 경우 메와르 왕국의 라나 쿰바 또는 이웃의 힌두 지배자들과 싸우는 동안 수많은 힌두교 사원을 파괴했다. 마흐무드 할지는 구자라트의 지배자들뿐만 아니라 곤다와 나와 오릿사 지역의 라자들, 바흐마니 왕국의 술탄들, 심지어 델리의 술탄과도 끊임없이 전쟁을 벌이면서 영토를 넓혀나갔다. 이 일로 인해 그의 명성은 인도뿐만 아니라 널리 이집트의 할리파*에게까지 알려졌다.

* 할리파 : 이슬람의 후계자라는 뜻

마흐무드 할지가 1469년 80세의 나이로 만두에서 사망하자 그의 뒤를 이어 장남 기야스웃딘이 술탄의 지위를 계승했다. 그는 평화를 사랑하는 독실한 이슬람교도였지만 말년에 두 아들 사이에 벌어진 왕권 투쟁으로 극심한 고통을 겪어야만 했다. 두 아들의 싸움은 일단 큰아들의 승리로 결말이 났다. 하지만 간신히 술탄의 지위를 차지했던 그는 겨우 10년간의 재위 끝에 둘째 아들 마흐무드 2세에게 자리를 물려준 채 1510년 사망하였다.

마흐무드 2세는 뒤에서 왕권 다툼을 조장하던 이슬람 귀족들을 배제하기 위하여 찬데리의 강력한 라지푸트 족장 메디니 라이를 재상으로 임명했다. 메디니 라이는 힌두인들을 국가 관리로 임명하였고 이 일로 말와의 이슬람 귀족들은 분노했다. 그들은 메디니 라이를 제거하기 위하여 구자라트의 술탄 무자파르 샤 2세에게 도움을 청했다. 그러자 이 기회를 틈타 메디니 라이는 치토르의 라나 상가의 도움을 받아 오히려 마흐무드 2세를 공격했다. 이로 인해 국력이 쇠약해지기 시작한 말와 왕국은 1531년 구자라트 왕국의 술탄 바하두르 샤의 침입으로 독립을 상실한 뒤 1561년 무굴 왕국에 의해 완전히 정복당했다.

메와르 왕국의 기원은 불분명하다. 라지푸트족의 일족이 세웠던 이 왕국은 대략 8세기경에 시작된 것으로 추정된다. 역사상 결정적으로 중요한 인물은 라나 쿰바(1433~68년)이다. 내부의 반대자들을 물리치고 왕위에 오른 그는 구자라트 변경 지역의 분디, 코타흐, 둥가푸르 등을 정복하여 영토를 넓혀나갔다. 또한 학자들을 보호하고 승리의 탑 등 많은 건축물들을 건립했다. 하지만 불행하게도 왕위를 탐낸 자신의 아들에게 살해당했다. 그 후 그의 아들 역시 곧바로 쫓겨나고 형제들 간의 오랜 분쟁을 거친 뒤 1508년 라나 쿰바의 손자 라나 상가가 왕위를 계승했다.

라나 상가는 왕이 되자 카불의 왕 바부르와 동맹을 맺고 델리의 로디 왕조를 공격하기로 했지만 약속을 지키지 못했다. 이에 바부르는 단독으로 델리의 술탄을 공격하여 파니파트에서 승리를 거둠으로써 훗날 인도에 무굴 제국이 성립할 수 있는 결정적인 토대를 마련했다. 한편 이를 기회로 인도에서 자신의 세력을 굳히려는 바부르와 라나 상가 사이에 불화가 발생하면서 1527년 둘 사이에 전쟁이 벌어졌다. 이 전투에서 라나 상가는 전사하고 메와르 왕국도 힘을 상실한 채 이름만 겨우 유지되는 소국으로 전락하였다.

쉐이비즘의 중심지로 알려져 있던 북인도의 카슈미르 지역은 14세기 중엽까지만 해도 외부인이 쉽사리 접근하기 힘든 곳이었다. 그러나 1320년 몽골인의 침입 이후 본격적으로 진출하기 시작한 이슬람인들에 의해 카슈미르 지역은 커다란 변화를 겪었다. 그들 대부분은 중앙아시아 지역에서 피난 온 사람들이거나 이슬람교의 성자들이었다. 이슬람 성자들 가운데는 힌두교와 이슬람교의 특성을 결합시킨 이슬람 신비주의 계통의 수피들이 대부분을 차지했다. 카슈미르 지역은 이들 성자들의 설교와 이슬람의 강력한 힘을 바탕으로 하층 계급부터 점차로 이슬람화되어 가기 시작했다.

카슈미르 지역이 어느 정도 이슬람화되자 술탄 시칸다르 샤(1398~1413년)는 브라흐만들에게 결정적인 박해를 가하기 시작했다. 그는 모든 브라흐만 사제들과 힌두 지식인들에게 이슬람교로 개종을 하든지 아니면 카슈미르 지역을 떠나라고 명령했다. 자연 힌두교의 사원들은 파괴되고 금과 은으로 만든 신상들도 화폐를 주조하는 데 사용되었다. 이 같은 만행은 힌두교에서 이슬람교로 개종한 뒤 왕의 재상으로 임명된 수하 바트에 의해 저질러졌다. 그러나 자이눌 아비딘(1420~1470년)이 술탄에 즉위하자 이 같은 힌두교 말살 정책은 취소되었고 카슈미르 지역을 강제로 떠나야만 했던 많은 비이슬람교인들도 되돌아왔다. 뿐만 아니라

카슈미르산 실크 카펫
카슈미르의 양모 공업은 오늘날까지도 활발하게 이어지고 있다. 실크 카펫은 이 지방의 특산물이다.

목숨을 부지하기 위하여 어쩔 수 없이 이슬람교로 개종했던 많은 사람들도 자유롭게 힌두교로 되돌아갈 수 있었다.

그 결과 자이눌 아비딘 시대에는 이전에 파괴된 사원들보다 더 많은 힌두교 사원들이 건립되었다. 힌두인의 신앙을 존중하는 뜻으로 소의 도축을 금하였으며, 미망인이 남편을 따라 불속에 뛰어드는 사티 제도를 금지했다. 그는 또한 힌두인을 관리로 등용하고 잠무 지역 지배자의 딸 두 명을 자신의 왕비로 맞이했다.

자이눌 아비딘은 페르시아어, 카슈미르어, 산스크리트어, 티베트어 등에 능통하고 스스로 시를 짓기도 하였으며 많은 산스크리트 학자들과 페르시아 학자들을 보호하면서 그들로 하여금《마하바라타》와 카슈미르의 역사서인《라자타랑기니》등을 페르시아어로 번역하게 했다.

그는 또한 경제적 발전에도 관심을 기울여 사마르칸트에 사람을 보내 제지법과 제본술 등을 배워 오도록 했다. 내부적으로는 직물업이나 금과 은, 보석의 세공법 등을 장려하여 카슈미르 지역의 경제적 발전에 크게 공헌했다. 또한 많은 댐과 운하, 다리들을 세워 농업의 발전에도 기여했으며 울우르 호수에 자이나 랑카라는 인공섬을 만들어 그곳에 자신의 왕궁과 모스크를 만들었다. 인공섬은 오늘날 많은 사람들로 하여금 당시의 건축기술이 얼마나 뛰어났는지를 알려주는 좋은 증거가 되고 있다.

자이눌 아비딘이 안팎으로 카슈미르를 위해 노력을 아끼지 않았기에 사람들은 그를 위대한 술탄(부드 샤)이라고 불렀다. 그는 비록 뛰어난 무사는 아니었지만 몽골인의 라닥 침입을 슬기롭게 물리치는 한편 발루치스탄을 정복하고 잠무 지역을 지배함으로써 카슈미르 지역을 하나의 왕국으로 통일하는 데 크게 기여했다. 카슈미르 지역은 16세기 무굴 제국의 지배하에 들어가기 전까지 델리의 술탄이나 그 밖의 다른 지역에 지배를 받지 않은 채 독립을 유지함으로써 지역 특유의 고유 문화를 나름대로 간직할 수 있었다.

힌두와 이슬람 문화의 융합

13세기에 델리 술탄 시대가 시작되면서 인도 문화는 새로운 전기를 맞이한다. 이전까지 북인도 지역을 침입했던 많은 이방인들은 자신들의 문화를 인도에 전파하기보다는 오히려 인도에 동화되는 결과를 낳았다. 이방인은 주로 불교에 귀의하면서 당시의 중앙아시아 지역의 불교 전파에 상당한 영향을 미쳤다. 하지만 이슬람 세력은 종래의 이방인과는 전혀 달랐다. 그들은 인도에 진출하면서 힌두교와 불교의 신상과 사원들을 파괴하는 한편 이슬람이라는 종교로 치장된 아랍과 페르시아 문화를 인도에 심는 역할을 담당했다.

　인도 지역에 진출한 터키인들은 9~10세기경 중앙아시아의 본거지를 떠나 서아시아 지역으로 진출하면서 이슬람의 종교를 받아들였고 재빠르게 그 문화에 동화되어 갔다. 당시 아프리카의 모로코와 유럽의 스페인에서 이란까지 위세를 떨쳤던 아랍—페르시아 문화는 과학, 항해술, 문학 등이 고도로 발달했다. 이에 비하면 당시의 유럽 문화는 그것과 비교될 수조차 없을 정도로 열등했다. 이러한 이슬람 문화에 동화되었던 터키인들은 인도에 들어올 당시 이미 종교뿐만 아니라 정치, 예술, 건축 등 여러 분야에서도 상당한 지식을 갖추고 있었다. 그 결과 힌두와 이슬람에서 동화가 일어나기 시작했다.

하지만 양자의 동화 과정이 급속도로 이루어진 것은 아니었다. 이미 앞에서도 살펴본 것처럼 초기 이슬람 세력의 인도 침입은 인도 자체의 정복보다는 중앙아시아를 차지하기 위한 것이 주된 목적이었다. 그들은 이 과정에서 필요한 물자와 인력을 조달하기 위해 인도를 택했을 뿐이었다. 그 후 중앙아시아에서 세력을 상실한 터키인들이 인도에 본격적으로 정착했다. 그 과정에서 그들은 비록 사원과 신상은 파괴하였을지라도 힌두교에 대한 인위적인 말살 정책은 취하지 않았다. 그렇기 때문에 이미 예술, 건축, 문학 방면에서 뛰어난 발전을 이루고 있었던 힌두 문화와 터키계의 이슬람 문화가 시간의 흐름에 따라 점차 서로 동화하여 인도에서는 독특하고 새로운 문화가 탄생했다.

건축술

인도에 정착한 이슬람 지배자들은 제일 먼저 자신이 거주할 왕궁과 기도 장소인 모스크를 필요로 했다. 준비가 완전히 갖추어지지 않은 상태에서 그들은 우선적으로 기존의 힌두 사원을 개조하여 이슬람교의 성전인 모스크로 사용했다. 델리 근처의 쿠트브 미나르 가까이 있는 쿠와트 울 이슬람 모스크와 아지메르에 있는 아르하이 딘 카 존프라 건물이 바로 힌두교 사원을 개조한 것들이다. 전자는 원래 자이나교의 사원이었고, 후자는 비슈누신을 모신 사원이었다. 터키인들이 자신들의 독자적인 건물을 세우기 시작한

자마 마스지드 술탄 아흐마드 샤는 1423년, 아흐메다바드에 당시로서는 가장 큰 모스크인 자마 마스지드를 건립했다.

것은 얼마의 시간이 지나서였다. 이를 위해 그들은 서아시아에서 많은 건축가들을 불러왔다.

이슬람의 건축양식은 커다란 아치와 돔형 지붕을 주된 특징으로 삼고 있다. 이 같은 양식은 아랍인이 로마의 양식을 비잔틴 제국을 통해 받아들여 나름대로 발전시킨 것이었다. 벽면의 장식은 힌두의 건물이 주로 인간과 동물의 형상을 새긴 데 비하여 이슬람은 주로 기하학적 도형과 꽃무늬를 코란의 구절과 함께 새겨 넣어 조화를 이루도록 했다. 아라베스크라고 부르는 이러한 양식 때문에 아랍의 비문은 그 자체가 훌륭한 예술작품으로 평가받는다. 터키인들은 이 같은 아랍의 양식에 힌두교와 불교의 상징인 스와스티카(卍)나 연꽃 등의 무늬를 함께 새겨넣었다.

13세기경 델리 근처에 세워진 쿠트브 미나르는 이 양식에 속하는 대표적인 건축물이다. 일투트미쉬가 세운 건물은 이슬람의 위대한 수피 쿠트브웃딘 바크티야르를 기념하기 위한 것으로 71.4미터의 높은 탑이다. 이 밖에도 할지 왕조의 알라룻딘이나 투글라크 왕조의 무하마드 그리고 피루즈 등과 같은 술탄들은 수많은 아름다운 탑들을 인도 각지에 건립했다. 탑의 건립과 더불어 빼놓을 수 없는 건축물이 바로 이슬람의 성전인 모스크이다. 주로 투글라크 왕조 때 델리에서 발전된 이 같은 이슬람의 건축 양식은 14~15세기경에 이르러 인도 각지로 퍼져나가 지역에 맞는 다양한 양식으로 발전했다.

인도의 종교 운동

인도에 있어서 이슬람교는 분명 이방의 종교임이 틀림없다. 그렇다고 해서 터키인들이 인도에 제국을 건립할 당시 인도인들에게 이슬람 종교가 아주 생소했다는 뜻은 아니다. 신드 지방의 경우는 8세기경에, 그리고 펀자브 지방의 경우는 10세기경에 이미 이슬람 종교가 들어와 있었기 때문이다. 뿐만 아니라 남인도의 케랄라 지방의 경우에도 8~10세기경에 이미 수많은 아랍 여행자들이 왕래하고 있었다.

알비루니의 《키탑 울 힌드》를 비롯한 다른 여러 문헌에서는 당시 서아시아 지역에 힌두 사상과 종교가 널리 성행했음을 알려주고 있다. 불교의 가르침과 힌두의 우화와 신화뿐만 아니라 천문학과 의학서 등도 이미 아랍어로 번역되어 있을 정도였다. 그중에서도 불교의 영향은 상당했다. 오늘날 아프가니스탄과 중앙아시아의 대상로를 따라 널리 발견되고 있는 불교의 승단과 탑 그리고 불상 등은 그 지역에서 불교가 얼마나 성행했는지를 알려주는 증거이다. 하지만 이 지역의 불교는 이슬람 세력이 성함에 따라 점차 쇠퇴했다. 한편 힌두교와 연관을 맺는 이슬람 사상으로는 신비주의 사상인 수피즘을 들 수 있다.

수피즘은 원래 10세기경 페르시아에서 성행한 이슬람 신비주의로 주로 신에 대한 사랑과 헌신을 통하여 신과 합일할 수 있음을 주장했다. 신비주의라 불리는 수피즘은 이슬람 초기부터 등장한다. 그들 대부분은 재물뿐 아니라 이슬람 제국에 의해 성립된 도덕률에 대해서도 반감을 가진 사람들로 오직 신에 대한 헌신만이 구원에 이르는 유일한 길이라고 주장했다. 수피즘은 이슬람교의 전통을 이루게 된 법칙들 가운데 불합리하다고 생각되는 부분들을 과감하게 벗어던질 것을 요구했다.

초기의 수피들 가운데 라비아(8세기경의 여성수피)와 만수르 빈 할라지(10세기) 같은 성자들은 신과 합일을 이루기 위해서는 오직 끊임없는 사랑만이 필요할 뿐이라고 강조했다. 하지만 그들의 범신론적 사상은 이슬람교 정통 사제들의 반감을 불러일으켰다. 만수르 같은 성자는 이로 인해 처형당하기까지 했다. 수피즘은 이러한 박해를 피하기 위하여 점차 비밀적이고 은둔적인 생활을 영위했다. 하지만 이 같은 억압에도 수피즘은 이슬람 세력의 확장과 더불어 국외로 널리 퍼져나갔다.

수피즘이 인도에 들어온 것은 터키인의 인도 진출을 통해서였다. 인도에 들어온 수피즘은 당시 인도에서 유행하던 불교나 요가의 수행 방법 가운데 일부를 받아들였다. 실제로 수피즘의 조직이나 고행, 단식, 호흡법과 같은 몇몇 수행법은 불교나 힌두교의 요가에서 어느 정도 영향을 받은 것처럼 보인다. 불교는 이슬람이 진출하기 전 중앙아시아 지역에 널리 성행했다. 따라서 이 지역에 이슬람 세력이 진출하면서 불교의 불보살들에 대한 전생담이 자연스럽게 이슬람교의 전설 속으로 흘러들어갔다. 한편 요가의 사상은 이슬람의 인도 진출 이후에도 서아시아 지방으로 계속해서 퍼져나갔다. 그 과정에서 요가 경전의 하나인 《아므리트 쿤트》 같은 경우는 페르시아어로 번역되었다.

이처럼 인도에 들어오기 이전부터 불교나 힌두교와 어느 정도 친숙해 있던 수피즘은 정통 이슬람교와는 친밀한 관계를 맺지 못하는 대신 인도에 들어오면서 힌두교와 더욱 가깝게 밀착해 버린다. 수피즘은 크게 이슬람의 율법을 따르는 바 샤라와 율법에 얽매이지 않는 베샤라의 두 파로 나뉜다. 바 샤라파 가운데서도 13~14세기 북인도에서 커다란 영향력을 미친 것은 치쉬티파와 수하르와르디파이다.

수피 신자들 춤을 추면서 종교적 황홀경에 빠진 수피 신자들을 묘사하고 있다. 17세기의 그림.

치쉬티파는 1192년 인도에 온 크와자 무이눗딘에 의해 인도에 처음으로 성립되었다. 그는 처음에는 라호르와 델리에 머물면서 활동하다가 얼마 후 당시 정치의 중심이던 아지메르로 옮겨갔다. 비록 그가 인도 내에서 어떠한 활동을 했는지에 대한 구체적인 기록은 없지만 그의 명성은 제자들에 의해 높아만 갔다. 특히 델리 지역에서는 그의 가르침이 널리 성행했다. 치쉬티파의 성자들 가운데는 니잠웃딘 아울리야와 나시룻딘 치라기 델리가 특히나 유명했다. 이들 수피들은 계급의 차별을 인정하지 않았고 스스로 낮은 계급의 사람들과 아무 거리낌 없이 어울려 지내면서 금욕과 단순한 삶을 영위했다. 또한 인도인들과 자유롭게 힌두어로 대화를 나눌 수 있었기 때문에 보다 많은 대중들의 호응을 얻었다. 그들은 신과의 합일에 이르는 길을 가르치면서 힌두교의 교리도 자유롭게 활용했다. 특히나 니잠웃딘 아울리야 같은 성자는 요가의 호흡법을 직접 실천했다.

한편 수하르와르디파 역시 치쉬티파와 동일한 시기에 인도에 들어와서 주로 펀자브와 물탄 지역에서 활동했다. 수하르와르디파는 치쉬티파와는 달리 청빈의 삶을 따르지 않았으며 국가에 대한 봉사를 인정했다. 그렇기 때문에 이 파의 수피들 가운데 몇몇은 국가에서 임명한 성직에 관한 업무에 종사했다. 이와는 달리 치쉬티파는 정치로부터 멀리 떨어져 있기를 원했기 때문에 주로 혼자서 은둔 생활을 하거나 이곳저곳으로 돌아다니며 유랑하는 사람들이 많았다.

인도인들은 신과의 합일을 위하여 사랑을 강조하고 은둔과 고행의 생활을 실천하는 수피들에게 매우 친근한 눈길을 보낼 수밖에 없었다. 그들은 이미 힌두이즘의 요가 수행자들을 통해 그와 같은 수행방식을 익숙하게 보아왔기 때문이었다. 그렇기 때문에 대중과 떨어져 은둔적인 삶을 영위하는 수피들에게 힌두교의 구루(스승)나 고행주의자와 마찬가지로 진심 어린 존경을 나타냈다.

한편 수피의 사상은 힌두교에서 신에 대한 헌신을 강조하는 박티 운동과 매우 밀접한 연관을 맺었다. 원래 박티란 신에 대한 헌신을 통하여 신과 인간의 신비적 합일을 추구하는 일종의 대중적 신앙 운동이었다. 인도에서 박티에 대한 관념이 발생한 시기는 멀리 베다 시대까지 거슬러 올라간다. 하지만 초기에 그다지 강조되지 않았던 이 사상은 불교의 대중화로 브라흐마니즘이 위축되자 이를 극복하기 위해 인격신 숭배가 대두되는 과정에서 자연스럽게 다시 등장하여 점차 발전하기 시작했다.

힌두교의 이 같은 운동은 불교에도 영향을 미쳤다. 기원초에 대승으로 발전한 불교에서도 붓다를 인격신화하는 경향이 나타난다. 또한 이 시기에 비슈누 신에 대한 신앙도 발전을 거듭했다. 굽타 왕조가 들어서면서 불교가 쇠퇴하는 대신 힌두이즘이 흥기하고 이를 토대로《라마야나》와《마하바라타》와 같은 서사시가 다시 쓰여졌다. 또 박티 신앙이 지식(즈냐나), 행위(카르마)와 함께 해탈의 중요한 수단 가운데 하나로 인정되기 시작했다.

박티 신앙 운동은 7~12세기 동안 남인도 지방에서 먼저 발전하여 점차 북부 지방으로 퍼져나갔다. 7세기경 남인도의 타밀 지역에서는 비슈누와 시바 신에 대한 사랑과 헌신을 강조하는 시들이 크게 유행했다. 그들은 자신들이 믿고 있는 신이 비인격적이고 절대적이며 추상적이라고 생각했다. 또 그와의 합일도 너무 딱딱한 이성적 방법에 치우쳐 있다고 느꼈다. 그러한 사실에 불만을 느낀 사람들은 자신들이 실제로 믿고 의지할 수 있는 구체적인 인격신을 원했고, 실제적인 사랑을 통하여 합일과 해탈을 추구하려고 노력했다.

그 결과 신과의 구체적인 사랑의 교감을 강조한 시들을 노래하기 시작했다. 이러한 사람들을 시바파에서는 나야나르 그리고 비슈누파에서는 알바르라고 불렀다. 이들 박티 종교인들은 사람

박티교 성자 미니어처
라이다스, 라비다스, 마쯔엔드라, 고라크를 그린 무굴 시대의 미니어처.

들에게 불교와 자이나교에서 주장하는 고행과 명상이라는 방법 대신 인격신에 대한 헌신적인 사랑을 통하여 해탈을 얻을 수 있다고 가르쳤다. 그들은 스스로를 사랑의 전령으로 자처하면서 모든 사람은 신 앞에서 누구나 다 평등하다고 주장했다. 그들은 또한 힌두이즘의 카스트 제도를 부정하고 자신의 모든 것을 다 바쳐 신에게 헌신하는 사람은 누구든 해탈할 수 있다고 외쳤다. 박티 종교인들은 특히 산스크리트어가 아니라 타밀어와 같은 지방어를 사용하여 모든 사람들에게 쉽게 다가갈 수 있는 길을 마련했다. 그러한 노력 때문에 박티 신앙은 대중들의 열렬한 호응을 받으면서 남부 인도 지방에 급속히 퍼져나갔다.

박티 종교라는 대중 신앙 운동은 남부를 거쳐 북인도쪽으로 퍼져나갔고 이 과정에서 이슬람 수피 사상의 이론과 실천면에서 여러 가지로 일치한다는 사실이 알려지자 더욱 크게 발전했다.

이 시기에 유명한 박티 신앙가로는 14세기 초반 마하라쉬트라 지역에서 활동했던 성자 나마데바와 14세기 말에서 15세기 초까지 살면서 주로 프라야그와 베나레스에서 활동했던 라마난다를 꼽을 수 있다. 한때 산적 생활을 하기도 했던 나마데바는 박티 종교에 귀의한 뒤 마라티어로 쓴 자신의 시 속에서 신에 대한 강렬한 사랑과 헌신을 노래했다. 그는 수피의 성자들과 델리에서 만나 서로 토론에 열중했다.

한편 라마누자의 제자로서 박티 운동의 실천가였던 라마난다는 프라야그에서 태어나 주로 그곳과 베나레스에서 활동했다. 라마누자는 샹카라 마드와와 더불어 베단타 철학자로서 샹카라의 불이론적(아드바이타) 철학에 반대하여 제한적 혹은 한정적 불이론을 주장했다. 그는 개인 영혼의 궁극적 실재성을 부정하고 모든 존재의 절대적 동일성을 강조하는 샹카라의 불이론적 사상에 반대했으며, 개인 영혼의 존재와 절대자와의 동일성과 차별성을 동시에 주장했다.

그는 이 같은 사상을 배경으로 자신이 믿고 있던 비슈누 신앙에 대한 이론적 토대를 마련했다. 이 과정에서 라마누자는 개별적 자아가 절대자인 신과 합일하기 위한 방법으로 신을 향한 무한한 헌신을 인정했다. 또한 신은 우리의 헌신적인 사랑을 받을 수 있기 위해서 반드시 인격적 존재여야만 하며, 그러한 신이 바로 비슈누라고 주장했다. 이를 통해 박티 신앙에 이론적 근거를 제시했다. 한편 그의 제자인 라마난다는 라마누자가 박티 신앙의 이론적 토대를 마련하는 데 힘쓴 반면 스승의 이론을 직접 실행에 옮긴 사람이었다.

라마난다는 비슈누 신을 여러 화신 가운데 하나인 라마로 대치시켜 그에 대한 헌신을 강조했다. 그는 또한 사랑 앞에서는 모든 사람이 평등하다고 주장하면서 모든 계급의 사람들을 차별없이 받아들였다. 실제로 그의 제자들 가운데 라비다스는 구두수선공, 카비르는 직조공, 세나는 이발사, 사다나는 백정 등 하층 계급이었다. 그렇기 때문에 박티 신앙 운동은 일부 브라흐만 계급의 동조가 있었지만 수공업자와 가난한 농민 등 대부분 낮은 계급의 사람들로부터 더욱 열렬한 환영을 받았다. 박티 종교는 이처럼 카스트 제도에 대한 배격뿐만 아니라 제도화되고 관념적인 종교의 형식을 벗어나 여성을 포함한 누구나 사랑 또는 헌신을 통해 신과 하나될 수 있다고 주장함으로써 종교 대중화에 크게 기여했다.

박티 종교의 사상은 이슬람 가운데서도 특히 수피의 사상이 인도에 들어오면서 대중화에 더욱 불을 당겼다. 기존의 낡고 형식적인 종교에 불만이 있던 당시의 사람들은 자신들의 이성과 열정 모두를 만족시킬 수 있는 새로운 종교를 원했다. 그러던 중 15~16세기경에 북인도에 박티 종교가 퍼지고 수피즘의 만민 평등 및 형제애 관념과 만나면서 대중들은 박티 종교야말로 자신들의 욕구에 가장 적절하게 부응하는 종교라고 믿었다.

역사적 관점에서 볼 때 박티 신앙 운동에 결정적인 공헌을 한 사람은 카비르와 나낙이라고 할 수 있다. 카비르(1440~1518년)

나낙 나낙의 가르침을 듣고 있는 구루의 모습을 그렸다.

의 어린 시절에 대해서는 별로 알려진 것이 없지만 전설에 의하면 그는 브라흐만 계급에 속했던 과부의 사생아로 낳자마자 버려져 이슬람 직조공의 집에서 데려다 키웠다고 한다. 결과적으로 낮은 계급에 속하게 된 그는 아버지의 직업을 이어받아 직조공 생활을 하던 중 어느 날 비슈누파의 개혁가인 라마난다가 카스트 제도 등 힌두교 전통에 소리 높여 반대하는 것을 들었다. 내심으로 자신의 신분에 불만을 갖고 있던 카비르는 라마난다의 가르침에 영향을 받아 그의 제자가 되었다.

이후 그는 나름대로 힌두교와 이슬람교의 성자들과 접촉하면서 자신의 사상을 키워나갔다. 드디어 때가 무르익었다고 생각한 카비르는 대중 앞에 나서서 독자적으로 자신의 사상을 설파했다. 카비르는 신과의 합일을 강조하는 대신 우상 숭배나 형식적인 예배 등을 단호하게 거부했다. 그는 성스러운 생활을 위하여 일상적인 가정 생활까지 포기할 필요는 없다고 가르쳤다. 그 대신 누구든 신에 대한 끝없는 사랑과 헌신만 있다면 충분히 해탈을 얻을 수 있다고 강조했다.

카비르는 계급, 종교, 인종, 빈부 등 차별을 떠나 모든 인간의 하나됨을 강조하였으며 스스로를 비슈누 신의 화신인 라마와 이슬람교의 유일신 알라의 자식이라고 선언했다. 그는 힌두교와 이슬람교의 독단적이고 배타적인 형식을 거부하였고 그중에서도 특히 힌두교의 계급 제도를 강하게 부정했다. 비록 정식의 사회개혁가는 아니었지만 각 개인의 변화를 통하여 사회 전체가 변할 수 있기를 기대했다. 이런 점에서 내심으로 어느 정도 사회개혁을 목표로 하고 있었음을 알 수 있다.

시크교의 창시자라고 할 수 있는 나낙은 1469년 라비 강변에 있는 탈완디(현재의 난카나)의 한 마을에서 회계사의 아들로 태어났다. 어려서 결혼한 그는 페르시아인 이슬람교도로부터 학문을 배워 아프가니스탄 귀족이 경영하는 가게에 취직했다. 하지만 그는 가게일보다는 명상을 실행하거나 종교의 성자 또는 사두와 만나는 것을 더 즐겨했다. 얼마 후 스스로의 노력으로 깨달음을 얻어 아내와 자식을 버리고 수피가 되었다. 그러나 나중에 수피 종교를 떠나 인도 전역을 순례하고 나서 다시 가족과 만나 펀자브에 있는 한 마을에 정착하여 살다가 1538년 세상을 떠났다.

    카비르와 마찬가지로 나낙도 신은 오직 한 분뿐이라고 주장했다. 그는 모든 사람이 사랑과 헌신의 마음을 지닌 채 신 속에서 살아가야 하며 신의 이름을 끊임없이 부르는 사람은 누구든 해탈과 구원을 얻을 수 있다고 가르쳤다. 나낙은 또한 신에게 가까이 가기 위해서는 몸과 마음이 순수해야만 하고 또한 스승의 도움을 받아야만 한다고 주장했다. 나낙은 자신이 스스로 새로운 종교를 창시할 의도는 전혀 없었다. 다만 자신의 사상이 힌두교나 이슬람교와 다르다는 사실을 강조했을 뿐이었다. 하지만 결과적으로 보면 카비르가 카비르 판트라는 새로운 종교 집단을 만든 것처럼 나낙의 사상도 시크교라고 하는 독특한 종교가 탄생하는 계기가 되었다.

    양 종교는 출가와 같은 극단적인 삶을 배격하는 대신 건전한 일상생활을 강조하고 계급의 타파를 주장함으로써 후에 무굴 제국의 악바르와 같은 왕들의 정책에 그 이론이 반영되었다. 시간이 지나면서 카비르 판트는 힌두교의 한 분파로 흡수되어 버린 데 반해 시크교는 강한 공동체 의식과 적극적인 사회 생활 덕분에 오늘날에도 어엿하게 독립된 종교로 활동하고 있다.

카비르와 나낙이 박티에 근거한 탈종파적 종교 운동을 벌이는 사이 북인도에서는 비슈누 신의 화신으로 라마와 크리슈나에 대한 예배를 강조하는 또 다른 형태의 종교 운동이 발전했다. 정해진 운명대로 출생하자마자 부모 곁을 떠나 목동들 사이에서 성장한 크리슈나와 그의 연인 라다 사이에 얽힌 아름다운 사랑 이야기는 15~16세기경 수많은 성자와 시인들이 가장 빈번하게 노래했던 주제였다. 둘 사이의 사랑을 신과 인간 사이의 사랑에 비유하면서 박티 사상의 핵심으로 각색해서 대중들에게 널리 유포시켰다.

이 운동의 대표적인 인물로는 차이타냐를 들 수 있다. 그는 당시 베단타 사상의 중심지였던 나디아에서 태어나 학업을 마쳤다. 하지만 22살 때 가야 지방을 방문하여 크리슈나 종단에 입문함으로써 그의 생애는 일대 변혁을 겪게 되었다. 이후 끊임없이 크리슈나의 이름을 부르며 신의 헌신자가 된 차이타냐는 여생의 대부분을 가야 지방에서 보냈다. 차이타냐의 사상은 벵갈, 오릿사를 거치면서 대중들의 열렬한 호응을 얻어 인도 전역으로 확산되었다. 그리하여 하층 계급의 일반 대중뿐만 아니라 이슬람교도까지 광범위하게 그의 사상을 받아들였다. 하지만 그의 사상은 주로 동부 지방에 커다란 영향을 미쳤다.

차이타냐는 신비하고 초월적인 경험을 통하여 외부 세계를 잊어버린 채 언제나 자신이 하리라고 불렀던 신 속에 거주하면서 그것을 춤과 음악으로 표현했다. 차이타냐에 의하면 신에 대한 예배는 사랑, 헌신, 노래, 춤으로 구성되며 그것들을 통하여 신과 하나될 수 있다. 또한 이러한 예배형식은 계급이나 직업에 관계 없이 누구에게나 가능했다. 그렇지만 카비르나 나낙처럼 경전의 권위나 신상 숭배를 거부하지는 않았다. 이처럼 신과 인간의 하나 됨을 주장하는 사상은 원래 인도의 정통 철학인 베단타 사상 속에도 들어 있다. 하지만 이 시기의 성자들은 이 같은 사상을 주로 추상적이고 관념적인 형태보다 인간적인 형태로 이해하려고 노력했다. 그렇기 때문에 주로 남녀 간의 사랑을 비유로 들어 신과의 합일을 은유적으로 설명함으로써 대중들이 이해하기 쉽게 만들었다.

당시의 수피 성자나 시인들은 자신들 이론의 타당성을 입증하기 위하여 비슈누 종파의 이 같은 기본 개념을 상당 부분 차용했다. 예를 들어 15세기 인도에는 아랍의 유명한 철학자인 이븐 이 아라비의 일원론적 관념이 많은 종파들 사이에서 널리 유행했다. 모든 존재는 궁극적으로 하나이며 사물의 다양성은 단지 신성한 존재의 구체화일 뿐이라고 주장했다. 아라비의 견해에 따르면 모든 종파는 궁극적으로 동일하다. 이 이론은 존재의 단일성(타우히드 이 와주디)의 이론이라고 불렸다.

그의 이론은 알라만이 유일하며 다른 모든 존재들은 그림자에 불과하다는 이슬람 정통주의자들에 의해 극단적인 박해를 받았지만 비슈누 종파의 박티 사상이나 베단타 사상에 이미 친숙해 있던 인도 사람들에게는 호응을 얻었다. 인도에서는 존재의 단일성에 관한 이론이 무굴 제국의 악바르 시대 전까지 수피즘의 기본 사상으로 간주되었다.

한편 당시 인도의 수피들은 산스크리트어와 힌두어에도 많은 관심을 보이기 시작했다. 그렇기 때문에 수피들은 페르시아어로 쓰여진 작품보다 비슈누 종파 성자들이 힌두어나 그 밖의 다른 지방어로 썼던 박티 찬가들에 더욱 마음이 끌렸다. 수피들의 이러한 태도로 말미암아 15세기부터 16세기 초까지 수피의 성자들은 인도의 전통적인 신에 대한 헌신 운동과 긴밀하게 협조하면서 대중들과 쉽게 호흡할 수 있는 박티 사상을 더욱 널리 확산시켰다.

박티 사상이 대중화하는 데 결정적인 요인은 수피들이 일반인에게 친숙한 여러 가지 지방어들을 사용했다는 사실이다. 아울러 신과 개인의 합일 또는 동일성이라는 박티 사상과 수피의 사상의 일치는 무굴 제국의 악바르가 내건 모든 종교의 통합이라는 이상에 핵심적인 토대를 이루었다.

문학과 예술

이 시기는 이슬람 세력이 인도를 지배하고 있었음에도 오히려 산스크리트 문헌은 이전보다 양과 질에 있어서 훨씬 풍부해졌다. 산스크리트어는 여전히 북인도의 문학과 사상에 필수적인 언어였기 때문이었다. 아드바이타라는 불이론적 철학을 완성시켰던 위대한 베단타 철학자 샹카라의 뒤를 이어 라마누자, 마드바, 발라바 등이 계속해서 산스크리트어로 베단타의 작품을 저술했다. 그리고 그들의 사상이 인도의 여러 지역에서 거듭 토론되면서 산스크리트어는 여전히 중요한 역할을 담당할 수 있었다. 철학서 외에도 카브야(시적 이야기), 드라마, 소설, 의학, 천문학, 음악 등에 관련된 서적들도 계속해서 쓰여졌다. 이에 비해 이슬람의 작품이나 페르시아 문헌을 산스크리트어로 옮기려는 시도는 유명한 페르시아의 시인 자미가 쓴 유수프와 줄라이카의 사랑이야기 외에는 별로 뚜렷하게 드러난 것이 없었다.

한편 인도에 들어온 터키인들은 아랍어보다 10세기경 중앙아시아 지역에서 행정과 문학의 용어로 정착되어 있던 페르시아어에 더욱 큰 영향을 받았다. 원래 이슬람 사상은 아랍에서 발생한 관계로 초기에는 당연히 아랍어가 중심이었다. 하지만 이슬람의 세력이 점차 이란과 이라크의 옛 페르시아 지역으로 확장되고 또한 수도가 바그다드로 옮겨가면서 자연히 언어 또한 페르시아어를 중요하게 생각했다. 터키인들은 바로 이 페르시아어에 영향을 받은 민족이었기에 그들이 인도에 들어와 정권을 잡자 자연히 페르시아어가 새로운 언어로 소개되었다. 터키인에 의해 처음부터 문학과 행정의 공용어로 채택되었던 페르시아어는 라호르를 중심으로 발전했지만 인도에서 페르시아어로 쓰여진 초기 작품은 별로 많지 않다.

이 시기에 가장 유명한 페르시아어 작가로는 1252년 파티알리에서 태어난 아미르 쿠스라우를 들 수 있다. 터키계 혈통을 지닌 그는 자신이 인도에서 태어난 것을 매우 자랑스럽게 여겼으며 델리 근교에서 수피즘의 성자 니잠웃딘의 문하에서 수학을 했다. 그 후 그는 역사적 로맨스를 근거로 많은 시를 남기는 한편 새로운 시의 형태를 창안했다.

인도에 들어온 페르시아어는 델리의 술탄 왕국이 인도 전역으로 확장됨에 따라 점차 행정과 외교의 언어라는 영역을 넘어서서 상류층의 언어로 자리를 잡았다. 그 결과 산스크리트어와 더불어 페르시아어는 정치, 문학, 종교, 철학의 모든 분야에서 일종의 공용어로 사용되었다. 이 밖에도 이 시기에 많은 인도 문헌들이 페르시아어로 번역되어 훗날 유럽 지역에 소개되었다.

델리 술탄 시대는 수준 높은 문
학작품들이 다양한 지방어로 등장
한 시기이기도 하다. 힌두어, 벵갈
어, 마라타어 등과 같은 많은 지방
어들의 기원은 대략 8세기까지 거슬
러 올라간다. 물론 남부의 타밀어와
같은 경우는 그 근원이 훨씬 더 오
래되었다. 이처럼 많은 지방어들이
문학작품을 위한 언어로 사용되면
서 제각기 발전한 것이 이 시기의
또 다른 특징 가운데 하나라고 할
수 있다.

지방어가 활성화된 배경에는
브라흐만 사제들의 권위가 떨어지
면서 자연 산스크리트어의 위세도
한풀 꺾인 것이 주된 원인이라고 할 수 있다. 다음으로 박티 운동
이 활발해져 수많은 박티 계열의 성자들이 권위적인 산스크리트
어가 아니라 일상적 지방어를 사용했다는 사실 역시 간과해서는
안 된다. 물론 델리 술탄 시대에도 남부의 타밀 지역 같은 경우에
는 여전히 그들의 지방어인 타밀어가 문학뿐 아니라 행정의 공용
어로 사용되었다. 그리고 델리 술탄 시대의 후기로 갈수록 다양한
지역 왕국들이 생겨나면서 그들의 고유어가 페르시아어와 함께
공용어로 사용되었다.

한편 이 시기에 가장 중요한 지방어로는 힌두어에서 파생한
우르두어를 들 수 있다. 터키어로 '군대의 병영'을 의미하는 우르

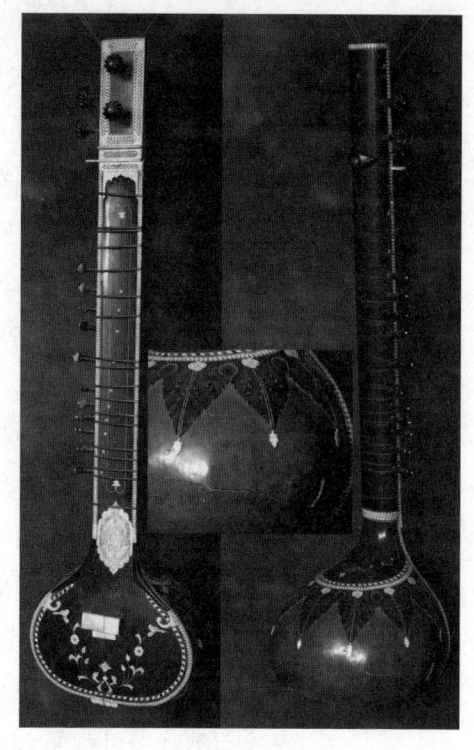

시타르 인도의 전통 악기 시타르의 앞, 뒷면.

두는 터키인들이 인도 용병을 고용하면서 그들을 효과적으로 지휘하기 위하여 만들어진 언어였다. 우르두어는 힌두어의 문법 바탕에 페르시아어, 아랍어, 터키어, 산스크리트어 등에서 필요한 어휘를 빌어다 만들었다. 하지만 우르두어는 그 후 무굴 제국 시대에 일상의 언어로 사용되었으며 오늘날에도 북인도 일대와 데칸의 일부 지역 그리고 아프가니스탄의 모국어로 쓰이고 있다.

힌두와 이슬람의 상호 이해는 종교, 건축, 문학뿐 아니라 예술 방면에 있어서도 서로 간에 커다란 영향을 미쳤다. 터키인이 처음 인도에 들어왔을 때 그들은 이란과 중앙아시아 지역에서 발전한 아랍의 음악전통을 간직하고 있었다. 그들은 아랍풍의 새로운 악기와 새로운 음악 형태를 인도로 가지고 들어왔다. 바그다드의 칼리프 궁전에 있던 인도 음악과 음악가들 역시 아랍풍의 음악에 영향을 받을 수밖에 없었다. 하지만 두 음악 사이의 체계적인 접촉은 델리 술탄 시대에 인도에서 처음으로 시작되었다. 앞에서도 언급했던 아미르 쿠스라우는 음악의 이론과 실천 부분에서 모두 달인을 뜻하는 나약이라는 호칭을 얻었다. 그는 많은 페르시아-아랍풍의 음악을 인도에 소개했다. 확실하지는 않지만 오늘날 인도의 고유 악기로 취급받고 있는 시타르와 타블라를 만드는 데 일조한 것으로 알려져 있다.

음악 분야에서 양자의 통합은 피루즈 시대에도 계속 이어졌다. 인도의 고전 음악서인 《라가다르판》이 페르시아어로 번역된 것도 바로 이 시기였다. 음악은 특히 수피들의 영향으로 인도에서 더욱 발전하면서 널리 퍼져나갔다. 그리고 이러한 전통은 무굴 시대에도 변함없이 계속되었다.

9
무굴 제국 시대

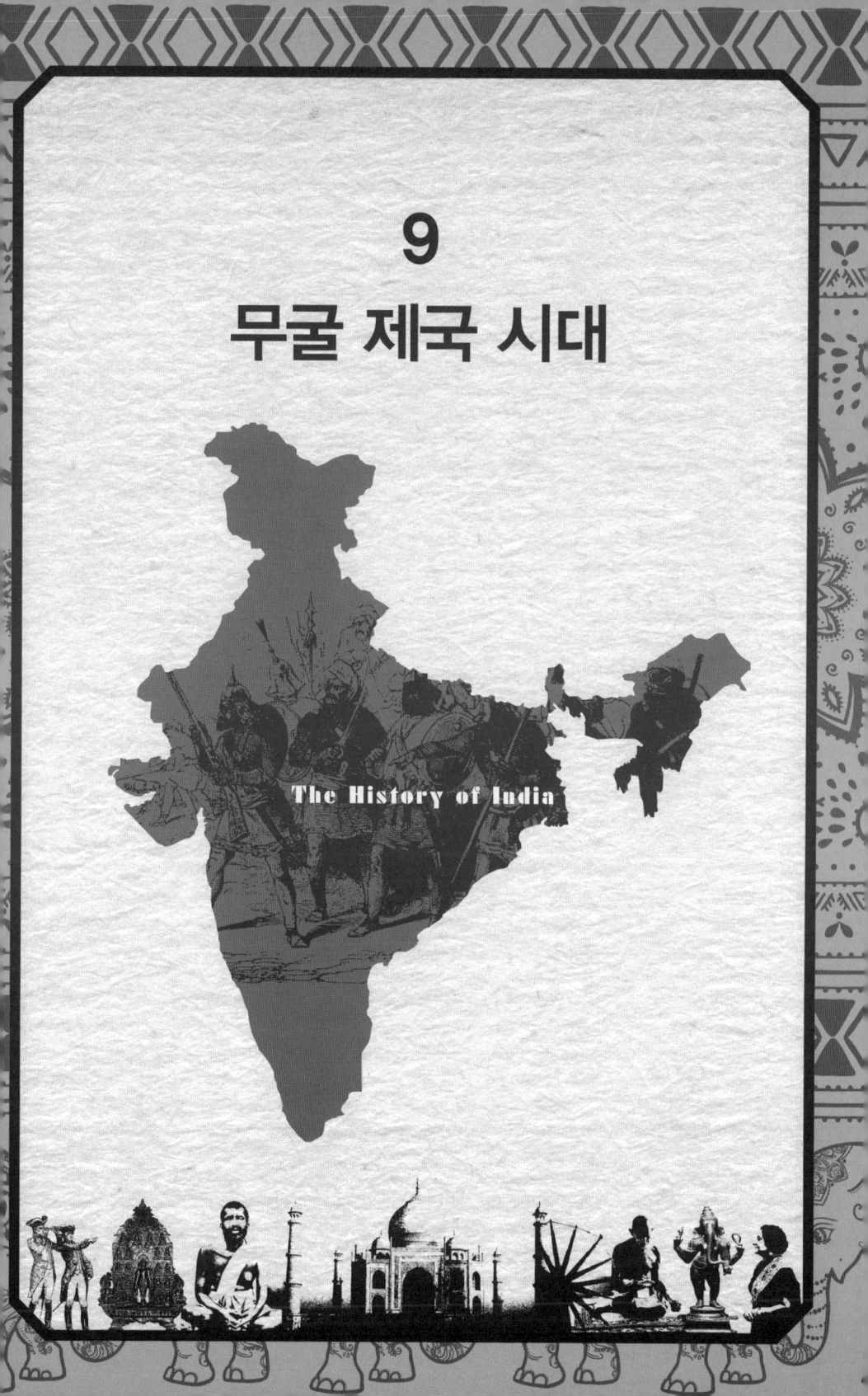

무굴 제국 시대

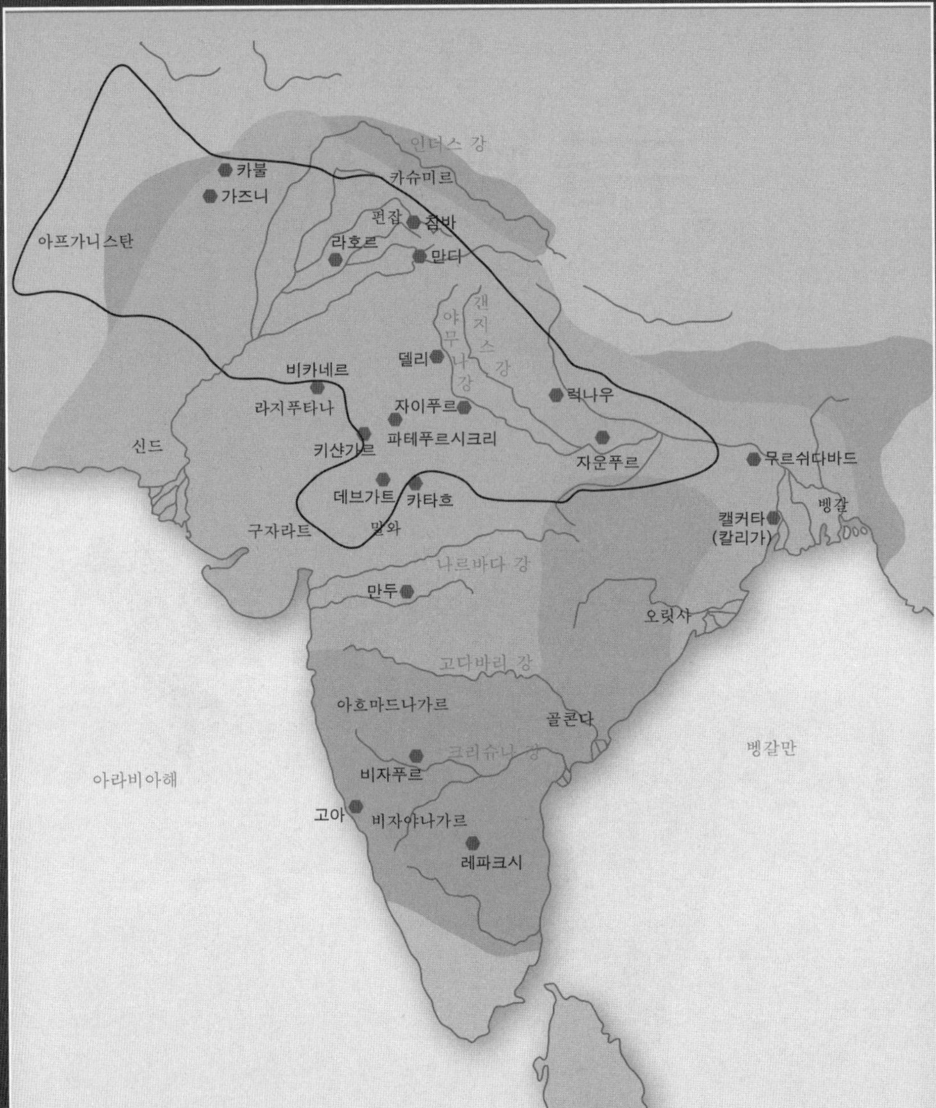

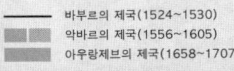

인더스 강
카불
가즈니
카슈미르
펀잡
참바
아프가니스탄
라호르
만디
갠지스 강
야무나 강
델리
비카네르
럭나우
라지푸타나
자이푸르
신드
키샨가르
파테푸르시크리
자운푸르
무르쉬다바드
데브가트
카타흐
벵갈
구자라트
말와
캘커타
(칼리가)
나르바다 강
만두
오릿사
고다바리 강
아흐마드나가르
골콘다
벵갈만
크리슈나 강
비자푸르
아라비아해
고아
비자야나가르
레파크시
바부르의 제국(1524~1530)
악바르의 제국(1556~1605)
아우랑제브의 제국(1658~1707)

무굴 제국 시대

무굴 제국은 몽골의 후손들이 세운 우즈베크 공화국에서 태어난 바부르로부터 시작되었다. 바부르는 원래 인도보다 사마르칸트 지역을 차지함으로써 티무르의 옛 영광을 되찾고 싶어했다. 하지만 두 번에 걸친 시도에서 오히려 고향까지 잃어버린 그는 차선책으로 파니파트 전쟁을 통해 당시 쇠락의 델리의 로디 왕조를 물리치고 무굴 제국을 세웠다.

그의 뒤를 이은 후마윤은 강력한 저항 세력인 아프가니스탄계를 물리치고 영토 확장을 꾀하지만 오히려 그들에게 쫓겨 아프가니스탄을 거쳐 이란으로 도망갔다. 그 사이 델리에는 후마윤을 물리친 쉐르 샤가 수르 왕조를 세웠다. 하지만 수르 왕조는 겨우 15년 만에 유지한 뒤 이란의 도움을 받은 후마윤에 의해 멸망당했다.

후마윤의 뒤를 이은 악바르는 북인도 전역을 차지한 뒤 남부의 데칸 지역까지 차지하면서 마우리아 왕조 이후 가장 넓은 지역을 차지하는 국가를 이루었다. 그는 영토 확장뿐만 아니라 정치, 경제, 사회의 전 분야에서도 무굴 제국의 확고한 토대를 마련했고 종교적으로도 이슬람 이외의 종교를 포용하는 융화책을 취했다. 종교적 융화책은 자항기르와 타지마할로 유명한 샤 자한으로 이어지지만 아우랑제브가 다시 종교적 억압책을 실시하면서 제국의 분열이 심화되었다.

한편 이 시기에 포르투갈을 비롯한 유럽 열강의 본격적인 인도 침입이 시작되면서 네덜란드를 거쳐 영국이 인도를 차지하였다.

무굴 제국의 문화는 굽타 시대 이래 북인도 문화의 제2의 정통 시대라고 할 수 있다. 이 시대에 형성된 건축, 문학, 음악 등은 힌두 문화와 터키-페르시아계 문화의 융합으로 오늘날까지도 상당한 영향을 미치고 있다.

무굴 제국의 등장

15세기 무렵 중앙 및 서아시아 지역에는 역사적으로 중대한 변화가 발생하기 시작했다. 14세기에 티무르는 몽골의 대군을 이끌고 이곳을 침입하여 이란과 투란 지역을 하나로 통합시켰다. 티무르의 몽골 제국은 소아시아, 이란, 트랜스옥시아나, 아프가니스탄, 펀자브의 일부 지역을 포함하여 볼가 강 하류에서 인더스 지역까지 널리 퍼져 있었다. 1404년 티무르가 죽자 그의 손자 사흐루크 미르자가 그 뒤를 계승하여 광대한 제국을 다스렸다. 그는 예술과 문학을 후원하였는데 이 시기 사마르칸트와 헤라트는 서아시아의 문화중심지였다. 당시 사마르칸트의 지배자는 전체 이슬람 세계에서도 강력한 위치를 차지하고 있었다.

몽골 제국은 15세기 후반 무렵부터 티무르의 후손들 간에 벌어진 내분으로 급속하게 분열하면서 세력이 약화되었다. 바로 이 시기를 틈타 두 개의 이슬람 중심의 새로운 세력이 역사의 전면에 등장했다. 그 가운데 북부에서 나타난 세력이 몽골인 계통이 세운 우즈베크 공화국으로 그들은 트랜스옥시아나를 차지한 후 이슬람으로 개종했다. 반면 서부에서는 사파위 왕조가 나타나 이란을 지배하기 시작했다. 사파위 왕조는 이슬람의 시아파를 국교로 공인했다. 이에 비해 우즈베크 공화국은 수니파 계통이었다.

인도 무굴 제국은 우즈베크 공화국에서 태어난 바부르로부터 시작했다. 자신이 직접 저술한 전기에 의하면 바부르는 1483년 2월 우즈베크의 시르 강 상류 지역에 위치한 페르가나에서 태어났다. 그는 티무르의 5대 손이며 어머니는 칭기즈칸의 15대 손이었다. 1494년 아버지가 죽자 11살의 어린 나이로 트랜스옥시아나에 위치한 자그만 도시 페르가나의 지배권을 물려받았다. 비록 나이는 어렸지만 티무르의 후손들 사이에 벌어진 권력 투쟁의 틈바구니 속에서 살아 남기 위해 싸움과 유랑을 반복할 수밖에 없었다. 그의 꿈은 원래 인도 침입보다 사마르칸트를 차지하여 그 옛날 티무르가 이룩했던 영광을 재현하는 것이었다.

하지만 사마르칸트에 대한 그의 야망은 우즈베크의 족장 샤이바니 칸과 두 번에 걸친 전쟁에서 무참하게 패하면서 산산조각 났다. 그는 전쟁에서의 패배로 고향인 페르가나까지 잃어버렸다. 뿐만 아니라 자신을 물리치고 사마르칸트를 차지했던 숙적 샤이바니 칸이 아무 강 이북 지역까지 차지하면서 막강한 힘을 지닌 지배자가 되었을 때는 목숨을 건지기 위해 남쪽의 카불로 달아나야 했다.

1504년 카불을 점령한 바부르는 잃어버린 고향과 사마르칸트를 되찾으려는 꿈을 결코 지워버릴 수 없었다. 그러던 중 1510년 샤이바니 칸이 이란의 샤 이스마일과의 전쟁에서 전사하자 기회를 노리던 바부르는 이란의 도움을 받아 군대를 이끌고 사마르칸트로 진격했다. 하지만 샤이바니 칸이 죽고 나서 일시적으로 쇠약해졌던 힘을 곧바로 회복한 우즈베크인들에 의해 그의 마지막 시도 역시 실패로 끝났다. 이후 바부르는 사마르칸트에 대한 미련을 버린 채 카불에 있을 때 한 노인으로부터 들었던 티무르의 인도 침입에 대한 무용담을 좇아 인도로 발길을 향했다.

바부르는 아프가니스탄의 중심지인 카불에 정착한 뒤 다른 중앙아시아의 침입자들이 그랬던 것처럼 금과 은, 보석을 약탈하기 위하여 인도의 펀자브 지방으로 자주 쳐들어갔다. 하지만 아직까지 인도의 중심부까지 진출하는 데는 망설였다. 1518년 바부르는 비라의 성을 정복한 뒤 다울라트 칸과 이브라힘에게 사절을 보내 터키계에 속한 지역의 양도를 요구했다. 이에 다울라트 칸은 바부르의 사절을 라호르에 붙잡아 둔 채 그의 전갈이 이브라힘에게 전해지지 못하게 막았다. 그 후 바부르가 카불로 되돌아가자 다울라트 칸은 그제서야 그의 사절을 풀어주었다. 한편 카불로 되돌아간 바부르는 1520~1521년 다시 인더스 강을 넘어 힌두스탄의 관문인 비라와 시알코트와 라호르를 점령했다. 인도 중앙부를 차지하기 위하여 계속해서 남쪽으로 진군하려 했지만 때마침 콴다르에서 반란이 일어났다는 소식을 접하고 즉시 군사를 되돌려야만 했다.

몇 차례의 인도 침례를 통하여 바부르는 당시 아프가니스탄계가 세운 델리의 로디 왕조가 그 힘이 약화되었다는 사실을 알아차렸다. 당시 로디 왕조의 마지막 술탄이었던 이브라힘은 자신의 왕권을 강화하는 과정에서 수많은 귀족들과 마찰을 빚어 반감을 사고 있었다. 그러던 중 그에게 반감을 품고 있던 펀자브의 아프가니스탄계 지배자 다울라트 칸이 로디 왕조로부터 독립하기 위하여 바부르에게 군사적 도움을 요청했다. 바부르는 지금이야말로 서북 인도 지역에 본격적으로 진출할 수 있는 절호의 기회라고 생각했다.

하지만 1525년 바부르가 인도 진출에 대비하기 위해 페샤와르에 머무르고 있는 동안 다울라트 칸의 마음이 변해버렸다. 펀자브의 독립을 위하여 먼저 바부르를 쳐부수는 것이 낫다고 생각한 다울라트 칸은 군대를 이끌고 시알코트를 점령한 뒤 곧장 라호르로 쳐들어갔다. 하지만 그는 강력한 바부르의 군대를 당하지 못한 채 패배하였다. 이로 인해 도리어 바부르가 펀자브의 실제적인 주인이 되었다.

펀자브를 차지한 바부르는 다음 단계로 허약해진 델리의 로디 왕조를 쳐부수기 위한 준비에 착수했다. 바부르가 곧 진격할 것이라는 소식을 들은 델리의 모든 백성들은 순식간에 공포감에 휩싸여 어쩔 줄을 몰라했다. 로디 왕조의 이브라힘은 급히 군대를 모아 바부르의 침략에 대비했다. 1526년 양측의 군대는 드디어 델리 근처 파니파트에서 인도의 중세 역사를 바꾸게 될 전쟁에 돌입했다.

바부르의 군대는 비록 펀자브에서 인도의 귀족들과 군인들을 보충하기는 했을지라도 수적으로 이브라힘의 군대보다 열세임이 분명했다. 하지만 그의 군대에는 대포를 장비한 포병대와 기민하게 움직이는 기병대가 있었다. 바부르는 그러한 장점을 최대한으로 활용하여 불과 1만 2천 명의 군대로 그 10배가 넘은 이브라힘의 군대를 단 3시간여 만에 초토화시키고 말았다. 파니파트 전투는 인도 역사상 매우 중요한 전쟁 가운데 하나이다. 이제 바부르는 델리와 아그라 지역을 차지함으로써 아그라에 쌓아두었던 이브라힘의 재물을 얻어 자신의 재정난을 피할 수 있었을 뿐만 아니라 본격적으로 인도에 진출할 수 있는 교두보를 마련한 셈이었다.

파니파트 전투 악바르 시대에 쓰여진 바부르 왕의 전기에 실린 삽화의 일부이다.

그럼에도 바부르가 인도를 차지하기 위해서는 여전히 넘어야 할 몇 가지 난관들이 있었다. 우선은 메와르의 라나 상가와 동부 아프가니스탄의 저항을 물리쳐야만 했다. 또한 고향을 떠난 자신의 군대가 인도의 무더운 날씨에 적응하지 못해 심한 고생을 겪고 있었다. 그의 병사들은 더위와 먼지를 피해 시원한 물과 풍부한 과일들이 널려 있는 고향 아프가니스탄으로 어서 빨리 되돌아가기를 원했다. 하지만 사마르칸트에 대한 꿈을 접을 수밖에 없었던 바부르의 입장에선 인도만이 자신이 원하던 강력한 제국을 세울 수 있는 유일한 터전이었다. '카불에서의 가난은 이제 더 이상 없다.'고 생각한 바부르는 델리와 아그라를 점령한 지 채 일주일도 되지 않아 스스로 인도의 황제(파드샤)임을 선포하여 자신의 뜻을 확고하게 다졌다. 그러는 한편 병사들의 충성심에 호소함으로써 자칫 내란으로 번질 수도 있었던 병사들의 동요를 겨우 잠재울 수 있었다.

내부의 위기를 극적으로 넘긴 바부르에게 이제 남은 마지막 난관은 메와르의 라나 상가가 이끄는 라지푸트군과 아프가니스탄의 저항을 물리치는 일이었다. 당시 메와르의 라나 상가는 말와의 마흐무드 할지를 물리친 뒤 자신의 세력을 아그라 근처에 있는 필리야카르 강까지 뻗치고 있었다. 인도 전역에 자신의 야망을 펼치려는 라나 상가의 입장에서 볼 때 바부르는 반드시 제거해야만 할 적이었고 그러한 상황은 바부르의 입장에서도 마찬가지였다.

서로의 입장이 너무도 분명했던 양측은 결국 1527년 칸와 전투를 통해 자신들의 운명을 결정할 수밖에 없었다. 라나 상가는 바부르를 펀자브로 쫓아버리기 위해 10만 명의 강력한 라지푸트군을 이끌고 아그라로 쳐들어갔다. 라나 상가의 편에는 로디 왕조의 재기를 꿈꾸는 이브라힘의 동생 마흐무드도 포함되어 있었다. 라나 상가의 군대는 수적인 면에서 이전의 이브라힘의 군대를 훨씬 능가했다. 그들이 아그라를 향해 쳐들어온다는 소식을 전해들은 바부르의 군대는 두려움에 벌벌 떨지 않을 수 없었다.

병사들의 동요를 목격한 바부르는 이슬람의 정신을 소리 높여 외치며 병사들에게 성전(지하드)을 위한 용기를 호소했다. 그는 또한 전쟁 전날 모든 술통을 비워 버리고 휴대용 술병도 깨뜨려 버림으로써 병사들에게 자신이 독실한 이슬람교도임을 드러내 보였다. 바부르의 절실한 호소와 단호한 행동에 용기를 얻은 병사들은 드디어 라나 상가의 군대와 일전을 벌일 준비를 했다. 1527년 5월 16일 드디어 양측의 군대는 아그라에서 40킬로미터 정도 떨어진 칸와에서 운명을 건 전투를 벌였다. 하지만 이 전투에서 라나 상가의 라지푸트군은 수적으로만 우세했을 뿐 바부르의 날랜 기병대와 포병 앞에서 전혀 힘을 쓰지 못했다.

결국 라지푸트군은 무수한 사상자만 남긴 채 크게 패하고 라나 상가는 간신히 목숨을 부지한 채 겨우 전장을 빠져 나올 수 있었다. 전쟁에서 패배한 라나 상가는 힘을 기르며 복수의 기회를 노렸지만 불행하게도 측근에 의해 독살당하여 비참한 최후를 맞이했다. 칸와 전투의 패배와 라나 상가의 죽음은 인도 지배를 꿈꾸던 라지푸트인들의 열망을 여지없이 깨뜨려 놓았다. 반면에 칸와의 전투를 통해 델리와 아그라 지역을 확실하게 손에 넣은 바부르에게 이제 남은 일은 동부 웃타르 프라데쉬 지역에 터전을 확보하고 있던 아프가니스탄의 세력을 물리치는 것뿐이었다.

이를 위해 바부르는 군대를 이끌고 1529년 아그라를 떠나 동쪽으로 진군했다. 가그라 강변에서 벵갈의 누스라트 샤와 연합한 아프가니스탄군과 맞닥친 바부르의 군대는 용감하게 그들을 물리치고 비하르 지역을 차지했다. 하지만 당시 불안정하던 중앙아시아의 상황을 염려한 바부르는 아프가니스탄인들을 달래기 위하여 비하르와 벵갈을 되돌려주며 그들이 계속해서 통치하는 대신 자신에 대한 충성만 맹세케 했다.

이제 북인도 전역의 지배권을 확보한 바부르는 실질적인 인도의 통치자로 군림할 수 있게 되었다. 그러나 운명의 신은 그에게 인도를 무력으로 차지하는 것은 용납하였지만 통치하는 일만큼은 결코 허용하지 않았다. 바부르는 인도의 지배를 머릿속에 꿈꾸며 부푼 가슴을 안고 카불로 되돌아오던 도중 뜻하지 않게 라호르 근처에서 죽음을 맞이했다.

바부르의 죽음은 상당히 극적인 요소를 품고 있다. 그의 죽음에는 당시 악성 고열병으로 신음하던 사랑하는 맏아들 후마윤이 관련된 것으로 전해진다. 바부르는 후마윤의 병간호를 위해 온갖 노력을 다했지만 아들의 병세는 더욱 악화되기만 했다. 아픔으로 신음하던 아들을 곁에서 안타깝게 지켜볼 수밖에 없었던 바부르의 가슴은 찢어지는 듯했다. 바부르는 사랑하는 아들을 위해 자신이 할 수 있는 모든 일을 다했다.

하지만 후마윤의 병세는 나아질 기미를 보이기는커녕 더욱 악화되기만 했다. 그는 아들 곁에 무릎을 꿇은 채 눈물을 흘리며 신에게 아들 대신 자신이 고통을 받게 해달라고 간절하게 기원했다.

"신이시여, 인간에게 가장 큰 슬픔은 재물을 잃어버리는 것도, 그동안 쌓아온 명예를 송두리째 빼앗기는 것도, 숭앙받던 지위에서 쫓겨나는 것도 아닙니다. 그보다 더 큰 슬픔은 바로 사랑하는 자식을 잃어버리는 일입니다. 자식을 잃은 부모에게 더 이상의 삶이란 존재하지 않습니다. 사랑하는 아들이 병들어 신음하는 소리를 귀로 들을 수 있는 부모는 없습니다. 지금 이 순간 아들의 고통소리를 들어야 하는 저의 귀를 차라리 막아주십시오. 아니 그보다도 아들의 괴로움을 제가 대신하도록 해주십시오. 저의 목숨이 필요하시다면 그렇게 하시고 제발 저로 하여금 평생 가슴에 못이 박힌 아버지로 만들지 말아주십시오."

바부르의 묘 바부르는 아그라에서 죽었으나 그의 시신은 오늘날 아프가니스탄의 수도인 카불 근처에 묻혀 있다.

그러자 아버지의 애절한 호소가 정말로 신의 마음을 흔들리게 했는지 후마윤은 얼마 후 기적적으로 자리에서 일어나 건강을 되찾았다. 하지만 기쁨도 잠시 이번에는 바부르 자신이 중병에 걸리고 말았다. 결국 그는 다시 일어나지 못한 채 47세의 나이로 파란 많은 일생을 마치고 말았다. 한편 그의 시체는 자신에게 인도 진출이라는 새로운 희망을 심어 주었던 카불로 옮겨져 지금까지도 그곳에서 영원히 깨지 않을 깊은 잠을 자고 있다.

바부르의 인도 진출은 인도 역사상 여러 가지 중요한 의미를 갖는다. 훌륭한 군인이며 정치인이고 동시에 예술애호가로서 시인이기도 했던 바부르는 세계 역사에서 가장 매력적인 인물 가운데 하나인 동시에 인도 역사에서 무굴 제국이라는 새 장을 탄생시킨 장본인이다.

무굴 제국은 쿠샨 왕조 이후 분리되었던 카불과 콴다르를 다시 북인도 지역과 통합시켰다. 이들 지역은 중앙아시아에서 북인도로 들어오는 첫 관문이다. 따라서 이 지역을 차지하는 것은 곧

인도 진출의 교두보를 마련하는 동시에 인도에 진출한 이후에는 외부의 침략을 막을 수 있는 안전판을 확보하는 것이었다. 그렇기 때문에 이들 지역을 확실하게 차지했던 무굴 제국은 근 2백 년 남짓 외부의 침입 없이 안전하게 인도를 다스릴 수 있었다. 뿐만 아니라 이 지역은 동쪽으로는 중국에서 서쪽으로는 지중해를 거쳐 유럽에 이르는 무역로(실크로드)의 요충지였다. 그렇기 때문에 무굴 제국으로서는 이를 통해 동서 무역에 커다란 역할을 담당할 수 있었다.

한편 바부르는 로디 왕조와 라나 상가의 라지푸트군을 물리침으로써 지금까지 힘의 균형을 이루어왔던 북인도 지역의 상황을 여지없이 바꾸어 놓았다. 다시 말해서 이들 양대 세력이 무너짐으로써 북인도 지역에서는 몇 개의 자그마한 저항 이외에 무굴 제국에 반대하는 커다란 반란이 더 이상 조직적으로 일어날 수 없게 되었다. 이것은 바부르의 후손들이 인도의 중앙을 거쳐 남쪽으로 세력을 확장하여 강력한 무굴 제국을 건설하는 데 매우 중요한 영향을 미쳤다고 할 수 있다.

한편 바부르는 인도에 새로운 전쟁 기법을 소개했다. 인도에서는 이미 대포와 같은 화기를 알고 있었다. 하지만 바부르는 그것의 전술적인 효과를 확연하게 입증시킨 장본인이었다. 또한 기병을 이용한 신속한 이동과 침략은 코끼리를 주로 이용했던 인도군에게는 커다란 충격이 아닐 수 없었다.

바부르의 또 다른 능력으로는 이미 파니파트와 칸와의 전투를 앞두고 병사들의 사기를 진작시킨 일에서도 드러나듯이 뛰어난 설득력을 포함한 인간적인 매력을 들 수 있다. 그는 언제나 병사들과 힘든 일을 함께함으로써 스스로 모범을 보이려고 노력했

바부르의 연회 바부르는 뛰어난 정치가, 군사가이기도 했지만 감수성 풍부한 시인으로서 《바부르나메》라는 산문 회고록을 썼다. 그는 곳곳에 아름다운 정원을 만들고 그곳에서 연회를 즐겼다고 한다.

다. 한번은 바부르가 카불로 되돌아오던 중 폭설이 내려 말들이 눈 속에 빠져버릴 지경에 이른 적이 있었다. 병사들이 달려가 눈을 다지는 모습을 본 바부르는 자신도 즉시 말에서 뛰어내려 그들과 같이 눈을 다지는 일에 참여했다. 뿐만 아니라 무굴 제국의 황제에 오른 뒤에는 이전의 델리 술탄들과는 달리 아프카니스탄인이나 인도인들을 아무런 차별 없이 골고루 관리로 등용했다. 이 같은 그의 정책은 무굴 제국의 전통으로 확립되기에 이르렀다.

마지막으로 바부르는 페르시아어와 아랍어에 능통했다. 뿐만 아니라 자신의 모국어인 터키어 작가 가운데 가장 유명한 한 사람이었을 정도로 뛰어난 예술가였다. 그가 직접 저술한 자신의 회고록은 오늘날 세계 고전문학 가운데서도 매우 뛰어난 작품으로 인정되고 있다. 그는 또한 손수 아름다운 정원을 설계하였으며 그것은 이후 무굴 제국의 건축에 한 전통을 이루었다.

후마윤

아버지 바부르의 급작스런 죽음으로 3일 만에 후마윤이 왕위에 오른 것은 1530년 그의 나이 23세 때였다. 무굴 제국 최초의 황제로 등극한 바부르는 통치 기간 동안 거듭된 전쟁을 통하여 북인도 대부분의 영토를 차지하는 데 힘썼기 때문에 중앙집권적인 행정 조직을 갖출 여력이 없었다. 그렇기 때문에 후마윤이 지위를 계승했을 때 국가의 행정 조직은 미비하기 짝이 없었고 재정 문제 또한 매우 불안정했다. 뿐만 아니라 아프가니스탄인들은 아직도 완전히 제국의 권위에 복종하지 않은 채 여기저기서 무굴인들을 인도에서 내쫓기 위해 골몰하고 있었다. 또한 티무르의 후손들 역시 분할된 제국에서 제각기 합법성을 주장하는 등 국내외 정세는 여전히 혼미스런 상태였다. 바부르는 죽기 전 후마윤에게 절대로 형제들과 다투지 말고 그렇다고 이제 막 태동한 무굴 제국을 그들에게 함부로 나누어 주는 우를 범하지 않도록 충고했다.

후마윤이 아그라에서 황제의 지위에 오를 때 카불과 콴다르는 그의 동생 캄란이 차지하고 있었다. 가난한 이 땅을 다스리는 것만으로 만족하지 못했던 캄란은 자신의 야망을 위해 군대를 이끌고 라호르와 물탄을 점령했다. 하지만 아직 전쟁을 일으킬 정도로 충분한 준비가 안 되었던 후마윤은 어쩔 수 없이 동생 캄란에게 화친을 요청했다. 캄란은 후마윤의 제안을 받아들여 그의 권위를 인정하면서 언제든 필요할 때면 그를 돕기로 약속했다. 하지만 캄란의 이 같은 행동은 곧 다른 형제들의 욕심을 자극했다. 그럼에도 후마윤은 캄란에게 펀자브와 물탄 지역을 양도함으로써 마음놓고 관심 지역인 동부로 향할 수 있었다.

후마윤은 동부에서 여전히 세력을 장악하고 있던 아프가니스탄계와 구자라트의 지배자 바하두르 샤의 힘을 물리쳐야만 했다. 그는 두 세력 가운데 아프가니스탄계의 위협이 더 크다고 생각했다. 그리하여 1532년 다우라흐에서 아프가니스탄인을 물리친 뒤 비하르와 동부 웃타르 프라데쉬 주에 있는 자운푸르를 차지했다. 그는 승리의 여세를 몰아 아그라와 동부 인도 사이의 관문인 추나르 성마저 빼앗았다. 당시 추나르 성은 아프가니스탄계의 족장인 쉐르 칸이 차지하고 있었다. 후마윤의 공세에 추나르 성을 빼앗긴 쉐르 칸은 무굴 제국에 충성한다는 표시로 자신의 아들을 후마윤에게 인질로 보낸 뒤 성을 되돌려줄 것을 간청했다. 후마윤으로서는 그의 제안을 받아들이지 않을 수 없었다. 왜냐하면 그로서는 추나르 성을 차지하여 쓸데없이 쉐르 칸의 저항을 불러일으키는 것보다 당시 구자라트의 바하두르 샤 세력이 점차 확대되는 것을 저지하는 일이 더 급했기 때문이었다.

후마윤과 거의 동년배인 바하두르 샤는 매우 유능하고 야망 있는 지도자였다. 1526년 그는 말와를 점령한 뒤 무굴 제국의 강력한 대항 세력으로 급속하게 성장했다. 그의 지배를 달가워하지 않았던 구자라트인은 바하두르 샤의 세력을 물리치기 위해 후마윤에게 도움을 요청했다. 그러나 구자라트인의 내분에 끼어들기를 원하지 않았던 후마윤은 그들의 요청을 물리친 채 델리로 되돌아가 새로운 도시를 건설하는 데 열중했다. 하지만 후마윤의 철수는 돌이킬 수 없는 일생일대의 실수를 초래했다. 후에 악바르가 라지푸트 세력을 완전히 소멸시킬 때까지 구자라트인은 끊임없이 무굴 제국을 위협하는 위험한 세력으로 존재했다.

한편 군대를 이끌고 델리로 돌아간 후마윤은 그 후 일년 반 동안 델리에 새 도시를 건설하고 수많은 축제를 열면서 귀중한 시간을 낭비했다. 그러자 여기저기서 그를 비난하는 소리가 높아갔다. 이 틈을 타 그의 권위에 일시적으로 굴복했던 아프가니스탄계의 쉐르 칸은 남몰래 자신의 세력을 키워나가면서 복수의 기회를 엿보고 있었다.

후마윤이 개입하기를 꺼려했던 바하두르 샤의 세력은 날로 확장되어 더 이상 방치할 수 없는 지경에 이르렀다. 결국 그를 물리치기로 결정한 후마윤은 군대를 이끌고 치토르를 공격했다. 바하두르 샤의 군대가 아무리 강해도 뛰어난 전략가인 후마윤을 당하기는 역부족이었다. 할 수 없이 바하두르 샤는 자신의 막대한 재산을 남겨둔 채 만두로 피신했다. 후마윤의 계속된 공격에 바하두르 샤는 만두에서 참파네르와 아흐메다바드를 거쳐 카티아와르로 도망치고 말았다. 이 전쟁의 승리로 후마윤은 구자라트와 말와의 비옥한 영토뿐만 아니라 그들의 풍부한 재산까지 모두 차지하

후마윤의 무덤 무굴 제국의 왕비 하지 베굼이 남편인 후마윤을 기리기 위해 축조했다. 초기 무굴 건축 양식을 잘 보여주는 이 묘는 델리의 아무나 강 근처에 위치해 있다. 1993년에 유네스코에 의해 세계문화유산으로 지정되었다.

였다. 그 후 그는 구자라트 지역을 동생인 아스카리에게 맡겼으나 그 지역을 다시 구자라트인에게 잃었다.

    1535~1537년 후마윤이 아그라를 비운 사이 기회를 엿보던 쉐르 칸은 자신의 세력을 더욱 확장시켜 명실상부한 비하르의 주인이 되었다. 그는 여전히 겉으로는 무굴 제국에 충성을 표하고 있었지만 마음속으로는 호시탐탐 그들을 인도에서 몰아낼 기회만 엿보고 있었다. 그는 한편으로는 후마윤에 대항하는 바하두르 샤와 밀접한 관계를 유지하면서 다른 한편으로는 자신의 강력한 군대를 이끌고 벵갈 지역을 침입하기 시작했다. 당시 벵갈은 수공업이 발달하고 금이 풍부한, 말 그대로 풍요가 약속된 땅이었다. 그렇기 때문에 후마윤의 입장에서 볼 때 쉐르 칸에게 그 땅을 양도

한다는 것은 바로 그러한 부를 포기하는 일이었다.

이리하여 후마윤은 군대를 이끌고 벵갈로 진격하기 시작했다. 하지만 복수의 기회를 노리며 만반의 준비를 갖추고 있던 쉐르 칸의 힘 앞에 후마윤의 군대는 여지없이 무너지고 말았다. 결과적으로 1539년과 1540년 두 차례에 걸친 전쟁에서 패한 후마윤은 겨우 목숨을 부지한 채 아프가니스탄으로 달아났다. 엎친 데 덮친 격으로 이번에는 카불과 콴다르 지역을 다스리고 있던 그의 동생 캄란이 오히려 형의 불행을 자신의 기회로 생각하고 공격해 왔다. 자신의 왕국을 잃어버린 후마윤은 그 후 2년 반 동안 신드와 주변 지역을 떠돌아다닐 수밖에 없는 비참한 신세로 전락하였다. 그러는 과정에서도 끊임없이 자신의 왕국을 되찾을 수 있는 길을 모색했지만 어느 누구 하나 도움의 손길을 뻗치는 사람이 없었다. 더욱이 그의 형제들은 이 기회를 틈타 도리어 그를 해치려고 갖은 수단을 다썼다.

하지만 후마윤은 이 모든 난관을 뚫고 이란의 이스마일 샤에게로 달아나 그곳에 피난처를 구했다. 그 후 이스마일의 도움을 받아 힘을 회복한 후마윤은 1545년 캄란으로부터 카불과 콴다르를 재탈환할 수 있었다. 그리고 계속해서 1555년 쉐르 칸이 세운 수르 왕조가 쇠약해진 틈을 타 그들을 물리치고 델리와 아그라를 탈환했다. 후마윤의 생애는 초기에 자신의 병과 아버지 바부르와의 관계에서도 이미 암시되고 있듯이 극적인 요소를 많이 지니고 있다.

후마윤이 이처럼 쉐르 칸에게 쓰라린 패배를 당했던 주된 이유는 아프가니스탄계의 세력을 간과했기 때문이었다. 그는 맨 처음에는 구자라트인의 세력보다 아프가니스탄계의 힘을 더 걱정하여 추나르 성을 공격했지만, 패배한 쉐르 칸이 자신의 아들을 인질로 보내면서 충성을 맹세하자 너무 쉽게 방심해버렸다. 당시 북인도 전역에는 아프카니스탄인들이 여기저기 흩어져 있었으며 그들은 유능한 지도자만 있으면 언제든지 하나로 뭉칠 수 있었다.

그랜드 트렁크 로드
약 100년 전에 찍은 사진이다. 그랜드 트렁크 로드는 인도 대륙에 건설된 가장 크고 오래된 도로이다. 16세기에 완공된 이 도로는 오늘날까지 그 역할을 다하고 있다.

그에 반해 후마윤을 중심으로 한 무굴인은 비록 영토는 바부르에 의해 크게 확장되었지만 수적으로는 여전히 열세를 면치 못하고 있었다. 게다가 동생들마저 호시탐탐 형의 지위를 노리는 불안정한 상황이 계속되었다. 여기에다 결정적인 순간에 이해할 수 없는 나태함을 보였던 후마윤의 성격을 생각하면 그의 패배는 어쩌면 당연한 것이었는지도 모른다.

쉐르 샤와 수르 왕조

1540년 카나우즈 전투에서 후마윤의 무굴 제국을 물리친 쉐르 칸은 곧바로 스스로를 쉐르 샤라고 부르면서 델리에 수르 왕조를 건립했다. '샤'는 아프가니스탄계의 지배자를 뜻하는 것으로 이 호칭을 사용한 것은 그들이 아프가니스탄계의 이슬람 제국을 다시 재건했다는 사실을 의미한다. 쉐르 칸의 원래 이름은 파리드였으나 호랑이(쉐르)를 죽인 후 쉐르 칸이라고 불려졌다. 그는 로디 왕조의 이브라힘이 죽고 나서 아프가니스탄계 사이에 혼란이 일어난 틈을 타 중요한 인물로 등장하기 시작했다.

그 후 그는 투글라크 왕조의 무하마드 때부터 북인도에서 가장 강력한 힘을 가진 왕국의 지배자가 되어 카슈미르를 포함하여 벵갈에서 인더스 지역까지 광활한 영토를 다스렸다. 그는 또한 서쪽으로 진출하여 말와를 정복하고 라자스탄의 대부분 지역을 차지했다. 당시 말와의 힘은 더 이상 저항할 수 없을 정도로 약화되었으나 라자스탄의 사정은 그렇지 않았다. 라자스탄에서는 1532년 말데오가 자신의 군사를 일으켜 서부와 북부 라자스탄 지역을 차지했다. 그는 계속해서 후마윤과 쉐르 샤가 싸우는 틈을 타 자신의 영토를 넓히는 데 주력했다. 말데오는 자이살메르의 지배자 브하티스의 도움을 받아 아지메르를 정복했다. 이 과정에서 그는 그 지역의 지배자들과 갈등을 일으켜 아들들이 쉐르 샤에게로 피신하는 일까지 벌어졌다.

라자스탄을 하나로 묶어 세력을 확장시키려던 말데오의 시도는 델리와 아그라의 지배자에게 커다란 위협이 아닐 수 없었다. 그렇기 때문에 라지푸트계의 말데오와 아프가니스탄계의 쉐르 샤 사이의 충돌은 피할 수 없는 운명이었다. 드디어 1544년 양측은 아지메르와 조드푸르 사이에 위치한 사멜에서 사활을 건 일전을 벌이게 되었다. 이 전투에서 쉐르 샤의 계략에 속은 말데오는 돌연 군사를 조드푸르로 철수시켰다. 이후 자신이 쉐르 샤의 모함에 빠진 사실을 알아차렸을 때는 자신을 포함한 라자스탄의 운명이 이미 결정된 뒤였다.

사멜 전투에서 대승을 거둔 쉐르 샤는 불과 10개월이라는 짧은 기간에 라자스탄의 거의 모든 지역을 점령했다. 하지만 쉐르 샤는 1545년 칼린자 성을 공격하다 폭발사고로 중상을 입은 뒤 그대로 목숨을 잃고 말았다.

쉐르 샤의 죽음 이후 수르 왕조의 계승권은 그의 둘째 아들 이슬람 샤에게 물려졌다. 이슬람 샤는 비록 유능한 지도자이며 장군이었지만 자신의 지배 기간 동안 끝없이 준동하는 형제들의 반란과 아프가니스탄인들 사이의 종족 분쟁을 해결하는 데 급급할 수밖에 없는 형편이었다. 설상가상으로 그는 재위 8년 만인 1553년 자신의 뜻을 채 펴보기도 전에 젊은 나이로 안타깝게 죽고 말았다. 그가 죽고 나자 수르 왕조는 다시 왕위계승권을 둘러싸고 끝없는 내분에 시달리면서 급속도로 약화되었다. 이 틈을 타 이란 왕조의 도움을 받은 후마윤이 인도에 다시 등장하여 아프가니스탄계의 수르 왕조를 멸망시키고 델리와 아그라를 재탈환했다.

수르 왕조는 비록 15년이라는 짧은 기간 동안이었지만 이후 이어지는 무굴 제국의 전반적인 국가 조직에 중요한 토대를 제공했다. 쉐르 샤는 라지푸트족과 전쟁을 계속하면서도 안으로 관료 조직을 새롭게 정비하고 화폐 개혁을 통하여 물가 안정을 이루는 데 주력했다. 그는 또한 토지를 다시 측량하여 토지세 징수를 효율적으로 개선함으로써 국가 경제에 안정을 기했다. 이 밖에도 백성들의 복지에 힘쓰고 군대의 조직을 개편하였으며 토목 공사도 추진했다. 그는 북인도의 중요한 도로로 서쪽으로 인더스 강에서 벵갈의 소나르가온에 이르는 그랜드 트렁크 로드를 비롯한 많은 도로들을 정비하고 건설했다. 그는 또한 여행자들의 편의를 위하여 도로 중간 8킬로미터 지점마다 숙소를 세웠다. 쉐르 샤의 이 같은 노력은 후에 무굴 제국의 악바르에게 계승되어 제국의 기초를 다지는 데 커다란 도움을 주었다.

악바르

1555년 수르 왕조를 멸망시키고 다시 북인도를 차지한 후마윤은 불행하게도 1556년 델리에 있던 도서관 계단에서 발을 헛디뎌 그대로 한많은 생을 마감했다. 후마윤이 이처럼 어이없게 목숨을 잃고 나서 그의 뒤를 계승한 것은 13살의 어린 아들 악바르였다. 악바르는 1542년 후마윤이 이란으로 피난가는 도중 신드의 우마르코트에서 태어났다. 그러나 그는 삼촌인 캄란에게 잡혀 양육되다 1545년 후마윤이 이란 왕조의 도움으로 카불과 칸다르를 되찾았을 때 비로소 부모의 품에 안길 수 있었다. 악바르는 부친 후마윤이 실족사했을 당시 자신의 후견인인 바이람 칸과 함께 펀자브에 있었다.

  13살의 어린 나이로 왕위를 계승한 악바르에게는 해결해야 할 수많은 어려움이 널려 있었다. 후마윤이 다시 델리와 아그라를 차지한 지 일년도 채 안 되서 목숨을 잃어버렸기 때문이었다. 멸망한 수르 왕조의 잔여 세력들은 여전히 북인도의 여러 지역을 차지하고 있었다. 그들은 비록 지금은 패배하여 몸을 숙이고 있었지만 유능한 지도자만 나타나면 언제라도 다시 하나로 뭉칠 수 있는 힘을 지니고 있었다. 뿐만 아니라 수르 왕조의 이슬람 샤 밑에 있던 뛰어난 힌두의 장수 헤무는 춘나에서 벵갈 국경에 이르는 지역을 차지하고 있던 아딜 샤의 적극적인 도움 아래 아그라를 점령한 뒤 여세를 몰아 델리로 진군하고 있었다. 헤무의 군대는 무굴인들을 연달아 무찌르며 델리 근처까지 진격했다.

  이 같은 절대절명의 위기를 구한 것이 바로 바이람 칸이었다.

그는 헤무보다 먼저 군대를 델리에 진주시킨 뒤 성의 수비를 강화하고 나서 1556년 파니파트에서 헤무의 군대와 일전을 벌였다. 쌍방 간에 치열한 전쟁의 와중에서 헤무는 불행하게도 적이 쏜 화살을 눈에 맞고 땅에 쓰러져 기절했고 적에게 사로잡히고 말았다. 그러자 장수를 잃은 아프가니스탄인들의 전열은 순식간에 혼란에 휩싸이면서 뿔뿔이 흩어지기 시작했다. 결국 바이람 칸의 적절한 구원으로 악바르는 전쟁에서 대승을 거둘 수 있었다. 이 전쟁을 통하여 악바르는 다시 일어선 무굴 제국의 위기를 무사히 넘겼을 뿐만 아니라 제국의 영토 확장을 기할 수 있는 결정적인 계기를 마련했다.

악바르의 초기 통치가 성공할 수 있었던 것은 바이람 칸이 있었기 때문이었다. 그는 무굴인은 아니었지만 노련한 정치인이자 유능한 장군으로 어린 악바르를 도와 제국의 영토를 동으로는 카불에서 자운푸르까지, 서쪽으로는 아지메르까지 확장시켰다. 이렇게 4년여 동안 바이람 칸이 악바르에게 온갖 충성을 다하는 동안 어느덧 악바르는 18세가 되어 스스로 나라를 다스릴 수 있는 능력을 갖게 되었다.

그러자 바이람 칸 때문에 자신들의 권한이 위축될 수밖에 없었던 귀족들이 악바르에게 노골적인 불평을 드러내기 시작했다. 그들은 바이람 칸이 시아파 회교도일 뿐만 아니라 자신들의 의견을 무시한 채 시아파 교도들을 측근으로 임명하고 있다고 주장했다. 바이람 칸에게 있어서 이 같은 문제는 현재 자신의 무소불위의 권력으로 볼 때 별로 심각한 일이 아니었지만 악바르에게는 그렇지 않았다. 악바르는 자신이 진정한 무굴의 황제로 홀로 서기 위해서는 바이람 칸을 제거해야 한다는 사실을 깨달았다.

악바르는 이를 효과적으로 실행하기 위하여 사냥을 핑계로 아그라를 떠나 델리로 갔다. 그곳에서 그는 바이람 칸의 직위를 박탈하는 한편 모든 귀족들은 개별적으로 자기에게 와서 충성을 맹세하라고 선언했다. 이미 악바르가 자신의 손길을 벗어나 있다는 사실을 깨달은 바이람 칸은 대세에 따라 그에게 충성을 맹세하려 하였지만 반대자들이 결코 허락하지 않았다. 그러자 이에 분노한 바이람 칸이 무리를 이끌고 저항했지만 행운의 여신은 더 이상 그의 편이 아니었다. 지난 날의 영화가 모두 사라진 채 초라한 모습으로 끌려온 바이람 칸에게 악바르는 궁정이나 그 밖의 장소에서 하인으로 봉사하든지 아니면 메카로 은퇴하든지 둘 중 하나를 선택하도록 했다. 잠시 하늘을 들어 자신의 운명을 더듬어 보던 바이람 칸은 모든 것을 다 버린 채 메카로 은퇴할 것을 선택했다. 하지만 그가 메카를 향해 길을 떠나 아흐메다바드 근처 파탐을 지날 무렵 그에게 원한을 품고 있던 한 아프가니스탄인에게 암살당함으로써 파란만장한 일생을 마치고 말았다.

한편 바이람 칸의 부인은 남편이 죽자 어린 아들을 데리고 아그라에 있는 악바르에게 되돌아오지 않을 수 없었다. 이에 악바르는 자신의 사촌이기도 한 그녀와 결혼하고 바이람 칸의 아들을 자신의 아들처럼 키웠다. 그 아이가 후에 자라 제국의 중요한 관리이자 장군이 된 압둘 라힘이다.

악바르는 바이람 칸의 손길에서 벗어났지만 그에게는 여전히 장애가 남아 있었다. 그것은 다름 아닌 자신의 양어머니 마함 아나가와 그의 아들 아담 칸, 그를 따르는 친지들, 그리고 바이람 칸을 따르던 무리들이었다. 바이람 칸을 따르던 귀족들은 그가 죽자 마함 아나가와 결탁했다. 그러던 중 아담 칸이 말와 원정의 장군으로 출병한 후 그곳에서 독립할 움직임을 보여 악바르는 그를 해임시켰다. 하지만 젊고 야심만만한 아담 칸이 거세게 반항하자 화가 난 악바르는 그를 성의 난간 밖으로 떠밀어 죽였다.

이후 악바르는 1561~1567년 사이에 헤무와의 전쟁 이후 가장 심각한 위기를 초래했던 우즈베크인의 반란을 무사히 제압함으로써 제국의 안정을 확보하는 동시에 영토 확장을 위한 힘찬 진군을 시작했다.

무굴 제국의 영토 확장은 초기 바이람 칸의 섭정 시대부터 시작되었다. 이 기간 중 가장 중요한 정복사업으로는 말와와 가르흐-카탕가를 차지한 일이라 할 수 있다. 당시 말와는 나이 어린 바즈 바하두르가 다스리고 있었다. 바즈 바하두르는 아름다운 루프마티와의 사랑으로 유명하며 그에 관한 이야기는 시와 음악으로 표현되어 오늘날까지도 전해진다.

말와를 공격한 것은 아담 칸이었다. 전쟁보다는 음악과 시를 사랑했던 바즈 바하두르는 패배하고, 루프마티는 아담 칸의 하렘에 들어가기를 거부한 채 스스로 목숨을 끊었다. 아담 칸을 비롯한 무굴인들의 잔인한 행동은 바즈 바하두르를 다시 왕으로 앉히기 위한 말와 주민들의 투쟁을 불러일으켰다. 이후 악바르는 바이람 칸의 반란을 제압한 뒤 말와에 다시 원정군을 파견하여 거대한 말와의 영토를 무굴 제국의 지배하에 두었다. 무굴의 군대는 계속해서 나르마다 계곡과 현재 웃타르 프라데쉬의 북부 지역을 지배하고 있던 가르흐-카탕가 왕국을 점령함으로써 강대한 제국의 힘을 드러내기 시작했다.

이후 악바르의 영토 확장은 1576년까지 계속된다. 1568~1569년에는 우선 라지푸트의 가장 중요한 요새인 치토르와 란탐보르를 차례로 점령했다. 치토르는 아그라에서 구자라트로 가는 최단거리에 위치했을 뿐만 아니라 무엇보다도 라지푸트인들의 끈질긴 저항정신의 상징이었다. 그렇기 때문에 악바르는 치토르의 점령 없이 라지푸트인들을 자신에게 굴복시키기는 도저히 불가능하다고 생각했다. 하지만 치토르의 성은 견고했으며 라지푸트인들 또한 용감한 장수 자이말과 파타의 지휘 아래 죽음을 두려워하지 않고 끈질기게 저항했다. 하지만 그들의 죽음을 무릅쓴 용맹도 물밀듯이 밀려오는 무굴

치토르 요새 당시 인도에는 재난이나 재해가 닥쳤을 때 사람을 불태워 희생제를 올리는 관습이 있었다. 악바르의 공격이 심해지자 성 안의 사람들은 여자들을 희생제의 제물로 삼았다.

인들 앞에서는 중과부적이었다. 결국 6개월의 투쟁 끝에 성 안의 대부분이 목숨을 잃었고 전쟁은 막을 내렸다.

　악바르의 입장에서도 이 같은 대학살의 처참한 광경은 난생 처음이자 마지막이었을 정도로 치토르 성의 함락은 힘들었다. 힘들게 승리를 거둔 악바르는 비록 적이었지만 그들의 저항 정신을 높이 사 아그라 성의 성문 앞에 장렬하게 전사한 자이말과 파타의 동상을 세우도록 조치했다. 치토르 성이 함락된 후 다음으로 라자스탄에서 가장 난공불락의 성으로 알려진 란탐보르 성마저 1569년에 함락되자 대부분의 라지푸트인들은 저항을 포기한 채 속속 악바르에게 투항해왔다. 오직 메와르만이 사막과 암석으로 둘러싸인 거친 황야에서 독립을 유지한 채 외롭게 저항을 계속했지만 이미 대세는 완전히 기울어진 뒤였다.

다음으로 악바르가 관심을 기울인 곳은 구자라트였다. 비옥한 토지와 고도로 발달된 수공업뿐 아니라 국내외 무역의 중심지인 구자라트는 악바르뿐만 아니라 역대의 인도 지배자들이 언제나 손에 넣기 위해 심혈을 기울였던 지역이었다. 이 지역을 수중에 넣는다는 것은 곧바로 왕국의 경제를 풍부하게 만드는 일과 직결되었기 때문이었다. 구자라트를 손에 넣을 수 있는 기회만 노리고 있던 악바르에게 마침내 행운의 여신이 환한 미소를 지었다. 당시 델리 근처에서 무굴 제국에 반란을 일으켰다 실패한 무리들이 구자라트로 피신하자 악바르는 이를 구실로 구자라트를 침공했다.

1572년 악바르의 군대는 아지메르를 거쳐 아흐메다바드를 점령한 뒤 1573년 아라비아와 페르시아만 그리고 이집트를 연결하는 무역항 수라트를 침공했다. 악바르는 이때 난생 처음으로 바다를 보았다. 그는 이곳에서 당시 해상 무역을 장악하고 있던 포르투갈 상인들을 만났다. 당시 포르투갈인들은 인도에 자신들의 식민지 제국을 건설하려는 야망을 갖고 있었으나 악바르가 구자라트를 점령하는 바람에 그들의 계획은 일단 좌절되었다.

구자라트를 무굴 제국의 지배 아래 둔 뒤 악바르가 수도인 파테푸르시크리로 되돌아가자 곧바로 구자라트 전역에서 반란이 일어났다. 악바르는 이 소식을 듣자마자 3천 명의 병사를 이끌고 9일 만에 라자스탄을 가로질러 11일째 되는 날 아흐메다바드에 도착하여 반란 세력을 무찔렀다. 악바르의 군대가 통상 6주가 걸리는 거리를 불과 11일 만에 도착했다는 사실은 그의 군사적 책략과 통솔력이 얼마나 뛰어났으며 또한 그의 군대의 기동력이 얼마나 재빨랐는지를 알게 해주는 좋은 일화이다.

악바르에게 복종하는 라지푸트인 라지푸트인들은 악바르에게 항복하고 그의 앞에서 복종을 약속했다.

구자라트를 손에 넣은 뒤 악바르는 계속해서 벵갈 지역으로 눈길을 돌렸다. 당시 벵갈과 비하르 지역은 여전히 아프가니스탄인들이 지배하고 있었다. 뿐만 아니라 그들은 오릿사까지 세력을 뻗치고 있었다. 하지만 그들은 겉으로는 무굴 제국을 자극하지 않기 위해 스스로를 왕이라고 선언하지 않았다. 이 같은 행동은 악바르에게 침공의 구실을 주지 않으려는 것이었다. 실제로 악바르로서도 이 때문에 비록 벵갈 지역이 탐나기는 하였지만 그곳을 쳐들어갈 만한 마땅한 구실을 찾지 못하고 있었다.

그러던 중 벵갈의 새로운 지도자 다우드 칸이 마침내 독립을 선언하고 아프가니스탄인들 사이에 내분이 발생하자 악바르는 이 기회를 틈타 1574년 본격적으로 비하르와 벵갈 지역을 침입했다. 그는 자신이 직접 군대를 이끌고 파트나와 하지푸르를 점령한 뒤 나머지 임무를 무나임 칸에게 맡기고 자신은 파테푸르시크리로 되돌아갔다.

무나임 칸이 이끄는 군대는 벵갈을 거쳐 오릿사까지 쳐들어가 다우드 칸을 물리쳤다. 패배한 다우드 칸은 무굴의 군대가 철수하자마자 곧바로 다시 반란을 일으켰다. 하지만 벵갈과 비하르 지역에서 무굴 제국의 위세는 아직 미약했을지라도 그들의 군대는 더없이 강했다. 그리하여 1576년 다우드 칸은 비하르에서 패한 뒤 그 자리에서 처형되었다. 무굴 제국의 벵갈 지역 점령은 북인도 지역에 있던 마지막 아프가니스탄계 왕국의 멸망을 의미하는 중요한 사건이었다. 이후 악바르는 1586년에는 카슈미르를, 1592년에는 오릿사를 그리고 1595년에는 신드를 차례로 정복하였다. 그리하여 아프가니스탄의 여러 지역과 북인도 대부분을 차지한 거대한 제국을 이룩하는 성과를 거두었다.

더욱이 악바르는 말년에 이르러 남부로 눈길을 돌려 데칸 지역까지 정복하기에 이른다. 당시 데칸 지역은 바흐마니 왕국이 붕괴된 후 아흐마드나가르, 비자푸르, 골콘다 등 세 개의 강력한 세력으로 나뉜 뒤 1565년 그들이 연합하여 비자야나가라 왕국을 물리친 뒤였다. 이후 세 나라는 제각기 영토 분쟁을 일으켰지만 데칸 지역의 세력 균형이 파괴되는 것을 원치 않았던 구자라트에 의해 그럭저럭 현상태가 유지되고 있었다.

하지만 1572년 구자라트가 무굴 제국에 점령되자 상황은 급변하기 시작했다. 그들은 구자라트의 점령이 곧바로 데칸 점령의 서곡이 되리라고 생각했다. 하지만 당시 악바르는 벵갈이나 비하르를 차지하는 데 더 관심을 쏟았기 때문에 데칸 지역에는 신경을 쓸 여유가 없었다. 상황이 이처럼 전개되고 힘의 균형을 받쳐주던 구자라트의 간섭이 사라지자 세 왕국 사이의 영토 분쟁이 시작되면서 데칸 지역은 금세 혼란에 휩싸이고 말았다.

그러는 가운데 북인도 지역을 평정한 무굴 제국이 다음으로 눈길을 돌린 곳은 당연히 데칸 지역이 될 수밖에 없었다. 이 같은 영토 확장의 과정은 고대의 마우리아 왕조와 굽타 왕조뿐 아니라 델리 술탄 시대의 할지 왕조와 투글라크 왕조에 이르기까지 전통적으로 진행된 방법이었다.

당시 악바르는 두 가지 이유 때문에 반드시 데칸을 차지해야 할 필요가 있다고 생각했다. 첫째는 그의 인도 대제국 건설의 이상을 실현하기 위한 것이며, 둘째는 당시 급성장한 포르투갈의 세력을 저지할 필요성을 절감했기 때문이었다. 그는 비록 포르투갈인들과 우호 관계를 맺고 있기는 하였지만 수라트 항구를 수중에 넣어 경제적 이익뿐만 아니라 인도 내에서 자신들의 정치적 위치를 확보하려는 포르투갈인들의 음모를 경계할 필요를 느꼈다.

악바르는 본격적으로 데칸 지역을 침공하기 전에 먼저 사신을 보내 무굴 제국의 권위에 복종할 것을 요구했다. 그러나 그의 평화적 해결책이 거부당하자 군대를 파견해 차례로 데칸의 세 왕국을 정복했다. 이리하여 악바르는 1595~1601년 사이에 아흐마드나가르, 베라르, 칸데쉬 등을 정복한 후 때마침 왕위를 차지하기 위해 반란을 일으킨 아들 살림의 문제를 처리하기 위하여 일단 아그라로 되돌아왔다. 악바르의 데칸 원정은 그 후 데칸인들의 계속되는 반란이 있었지만 결과적으로 무굴 제국의 영토를 남으로 나르마다 강에서 크리슈나 강 상류 지역까지 확장시키는 성과를 거두었다. 하지만 악바르로서는 이것이 그의 마지막 영토 확장이 되었다.

악바르는 거대한 무굴 제국을 굳건하게 만든 훌륭한 정치인인 동시에 뛰어난 전략가였음에도 그의 말년은 상당히 불행했다. 무엇보다도 그의 아들 살림이 왕위를 차지하기 위하여 아버지에게 반란을 일으킨 사건은 악바르로서는 결코 지울 수 없는 커다란 충격이었다. 결국 이 사건은 몇 차례 우여곡절을 겪은 끝에 1604년 아들의 사과로 해결되었다. 하지만 악바르는 그로부터 1년이 지난 1605년 10월 이질에 걸려 극심한 고통을 겪다 세상을 떠나고 말았다. 이리하여 악바르는 50년에 걸친 재위 기간 동안 무굴 제국을 실질적으로 건설한 인도 역사상 가장 위대한 왕 가운데 한 명이라는 명예를 남긴 채 역사 속으로 사라졌다.

악바르의 업적

악바르의 위대함은 광대한 영토를 차지했던 군사적 측면에만 있는 것이 아니었다. 그는 정치, 경제, 사회 등 제반 분야에서도 이후 무굴 제국을 이끌어 나갈 확고한 토대를 마련했다. 악바르 치세 초기에는 여러 가지 면에서 제국의 지배권이 아직까지 확립되지 않은 상태였다. 하지만 강력한 세력을 형성하고 있던 라지푸트인과 구자라트가 성공적으로 평정됨으로써 무굴 제국의 정치적 상황은 어느 정도 안정을 기할 수 있게 되었다. 악바르는 우선적으로 거대한 제국의 영토를 소수의 무굴인만으로 통치하는 것이 불가능하다는 사실을 깨달았다. 이 문제를 해결하기 위해서는 무엇보다도 먼저 힌두인에게 관용 정책을 베풀어 그들을 제국에 봉사하는 집단으로 만들 필요가 있었다.

그는 정치 고문이자 절친한 친구인 아블 파즐의 조언을 받아들여 무굴 제국이 이슬람 왕조임에도 힌두교도에게 부여되던 인두세를 폐지하고 관직을 개방하는 동시에 출신과 가문에 상관 없이 재능 있는 인물들을 골고루 기용했다. 물론 악바르 이전에도 힌두인들이 행정관료나 군인으로 등용되기는 하였지만 그렇다고 그들에게 완전한 정치적 발언권이 보장된 것은 아니었다. 악바르의 이 같은 개방 정책은 이전의 이슬람 국가와는 전혀 다른 정책으로, 무굴 제국에 와서 힌두인들은 능력에 따라 자유롭게 정치적 지위를 보장받게 되었다.

악바르는 힌두인들 가운데 특히 라지푸트인들을 행정관료로 많이 등용했다. 그가 이처럼 라지푸트인들에게 신경을 쓴 이유는 그들의 잠재적인 힘을 결코 무시할 수 없었기 때문이었다. 가장 저항적인 그들을 굴복시키기 위해서 악바르는 외형적으로는 치토르와 란탐보르 같은 성을 공격하여 그들의 외적인 힘을 꺾어버리는 한편 내적으로는 높은 관직을 제공하거나 라

악바르 시대의 금화
그의 선조들처럼 악바르도 화폐에 자신의 이름을 새겼다. 앞면에는 곡선의 꽃잎이 장식되어 있고 뒷면에는 무굴 제국 황제 악바르라고 쓰여 있다.

지푸트 족장의 공주와 결혼함으로써 그들을 유화시키는 데 주력했다. 뿐만 아니라 라지푸트 족장들에게 자치권을 부여하여 이슬람 귀족과 동등한 특권을 행사하도록 조치했다. 악바르의 내외적인 강온 정책은 크게 성공을 거두어 이후 라지푸트인들은 무굴 제국의 충실한 파트너 역할을 수행했다.

다른 한편 악바르는 수르 왕조의 쉐르 샤가 마련해 놓았던 행정 조직을 가지고 제국 내의 제도를 개선하기 시작했다. 당시 악바르가 직면했던 여러 가지 문제들 가운데 시급하게 손봐야 할 부분은 바로 토지세에 관한 부분이었다. 그는 모든 농민을 위하여 공평하고 효과적인 토지 개혁을 단행하기로 결심했다. 이를 위해 그는 쉐르 샤가 이미 정비해 놓았던 토지세 징수 제도의 단점을 보완하여 토양의 질을 분석한 뒤 이를 토대로 최선의 토지 이용방법을 찾도록 했다. 그리고 나서 가장 합리적인 토지 활용법에 따라 농사를 짓고 그 실제 수확량을 계산하여 세금을 징수하도록 했다. 뿐만 아니라 악바르는 경작지의 확장과 방법의 개선에도 관심을 기울여 농민들이 농사를 마음놓고 지을 수 있도록 대출 제도를 마련했다.

악바르가 제국의 영토를 크게 확장시킬 수 있었던 가장 큰 이유 가운데 하나는 강력한 군대의 힘이었다. 그는 이 같은 군사 제도를 정치 분야에서도 그대로 적용했다. 만사브다리라고 불리는

코끼리 갑옷 17세기의 무굴 시대의 전쟁에서는 코끼리가 중요한 이동 수단이었다. 전장의 코끼리를 보호하기 위해 코끼리에게 갑옷을 입혔다.

이 제도는 먼저 모든 귀족들을 신분 고하에 따라 33등급으로 나누었다. 그런 다음 가장 낮은 등급은 10명, 가장 높은 등급은 5천~7천 명의 병사들을 배정하여 그들의 책임하에 행정 및 군사업무를 담당하도록 하는 일종의 군정일치 제도였다. 또한 그 지위는 세습되는 것이 아니라 각자의 공과에 따라 결정되었다. 악바르는 종족주의와 분파주의를 혁파하기 위하여 무굴인뿐 아니라 힌두인에게도 동등한 기회를 부여했다. 이 같은 만사브다리 제도의 개방성 때문에 많은 젊은이들이 자신의 재능을 국가를 위해 열성적으로 쏟아부을 수 있었다.

만사브다리 제도의 기원은 부족 중심의 성격이 강했던 몽골제국을 하나로 묶어 세계사에 지울 수 없는 큰 자취를 남겼던 칭기즈칸에서 유래한 것이라 할 수 있다. 칭기즈칸은 10명을 단위로 군대를 조직하여 가장 낮은 계열의 장수는 10명 그리고 칸이라고 불리는 가장 높은 장수는 1만 명을 휘하에 거느리도록 했다. 이 같은 몽골군의 편제는 델리 술탄 시대의 군제에도 영향을 미쳤다. 그러나 아무리 그렇다고 해도 이 제도가 곧바로 바부르와 후마윤의 군제에 같은 영향을 미친 것인지는 정확하게 알 수 없다. 여하튼 무굴 제국의 만사브다리 제도가 인도 이외의 지역에서는 쉽게 찾아볼 수 없는 독특한 제도임에는 틀림없다.

악바르는 또한 델리 술탄 시대의 문제가 왕권의 약화에 있었다는 사실을 깨달았다. 그는 이러한 약점을 극복하기 위하여 왕권의 신성함을 강조할 필요가 있었다. 왕권의 신성화 작업은 이미 굽타 시대의 힌두왕들도 실행했던 적이 있었다. 그들은 이를 위해 브라흐마니즘을 개혁한 힌두이즘을 활용했다. 무굴 제국의 왕들도 굽타 왕조 때와 마찬가지로 자신들의 신성화를 위하여 이슬람교를 활용했다. 이를 통해 자신들이 절대자인 신의 사명을 부여받아 지상에서 활동하는 신의 대행자임을 강조했다.

 그는 종교적인 방법 외에도 제국을 12개의 주로 나누어 각각의 주에는 군사령관을 겸한 지사 수바다르와 토지세를 징수하는 디완을 임명했다. 그리하여 전자는 군을 통솔하되 경제적 기반이 없고 후자는 경제적 기반은 있지만 군통솔권이 없도록 만들었다. 이처럼 그들의 힘을 반분시켜 놓음으로써 그들이 델리 술탄 시대처럼 쉽게 제국의 권위에 반기를 들 수 없도록 조치했다. 이 밖에도 관리들의 직책을 3~4년마다 교체하고 토지와 같은 재산은 생존시에만 소유권을 인정하고 사후에는 회수하도록 하여 귀족들이 쉽게 세력을 형성하지 못하도록 했다. 이러한 조치는 무굴 제국 시대의 귀족들로 하여금 현실에 치중하면서 사치와 방종에 물들게 하는 병폐를 낳았다.

악바르의 종교 및 사회 정책

악바르는 이슬람교도이면서도 비이슬람교도를 포용하는 정책을 실행했다. 물론 악바르 이전 15세기 무렵부터 이슬람과 힌두교 상호간의 이해를 증진시키기 위한 노력이 행해지고 있었다. 다시 말해서 차이타냐, 카비르, 나낙 등과 같은 성자를 통해 수피즘과 박티 신앙 사이에 상호소통의 길이 열리기 시작했다. 하지만 악바르는 이보다 더 구체적이고 적극적으로 양자의 통합을 추진했다.

 그는 우선 비이슬람교도에게 부여되는 인두세와 바라나시와

악바르의 종교 정책
이탈리아인 예수회 추기경 아쿠아비바와 예수회 신부들이 악바르가 세운 이바다트 카나(Ibadat Khana, 예배의 집)에서 종교에 관해 자유롭게 토론을 하고 있다.

프라야그와 같은 힌두교의 성지들을 방문할 때 내야만 했던 세금을 과감하게 폐지했다. 뿐만 아니라 전쟁포로들에게 강요했던 이슬람교도로의 개종 역시 폐지했다. 그는 이슬람뿐 아니라 모든 종교인들을 동등하게 대했으며 그들의 종교적 믿음을 존중했다. 그의 종교적 관용 정책은 힌두교도의 자유로운 관리등용 정책과 함께 무굴 제국의 발전에 크게 기여했다.

악바르가 이처럼 종교에 관대할 수 있었던 원인 가운데 하나는 그 자신이 종교와 철학에 상당한 관심을 가지고 있었기 때문이었다. 또 다른 원인으로는 정통적인 이슬람교도였던 악바르가 1575년 직접 체험했던 종교적 신비 경험을 들 수 있다. 어느 날 아그라의 궁전에 있을 때 그는 별안간 온몸이 신비로운 기운으로 감싸이면서 말로 표현할 수 없는 황홀경으로 빠져들었다. 그날 밤을 온통 신과의 합일 속에서 지낸 그는 깨어난 이후에도 며칠 동안 그가 겪은 신비한 체험만을 되새기며 지냈다. 이 사건이 있은 후 그는 자신의 종교만이 유일하다는 편협한 생각을 버렸다.

그는 자신의 신비적 체험을 기리는 뜻에서 수도인 파테푸르 시크리에 이바다트 카나라는 기도자를 위한 성소를 세웠다. 그리고 나서 힌두교의 브라흐만 승려와 자이나교 승려, 조로아스터교의 승려 심지어 고아 지방에서 포르투갈 신부 등 종교인뿐 아니라 무신론자, 유명한 학자, 성자들까지 초빙하여 자유롭게 종교적·사상적 토론을 벌였다. 그들과 대화 도중 악바르는 자주 "나의 유일한 목적은 진리를 얻는 일이며 참된 종교의 원리를 찾는 일입니다."라고 말함으로써 자신의 진심을 드러냈다.

1582년까지 계속된 종교적 토론을 통하여 악바르는 이름과 형태는 다양하지만 그 뒤에는 오직 한 분의 신만이 계시다는 사실을 깨달았다. 당시의 기록에 의하면 악바르는 이 같은 깨달음을 통해 이슬람이라는 한 종교에서 벗어나 힌두교, 기독교, 조로아스터교 등과 같은 다양한 종교들을 하나로 통합한 새로운 형태의 종교를 만들려 했다고 한다. 하지만 이에 대한 결정적 증거는 없으며 이 기록이 다소 과장된 것이라고 보는 견해가 일반적이다.

그는 또한 번역전문 기관을 설치하여 산스크리트어뿐 아니라 그리스어와 아랍어의 작품들까지 페르시아어로 옮기는 작업에 착수했다. 이곳을 통해 《싱한 밧티시》, 《아타르바베다》, 《성경》, 《코란》 등과 같은 작품이 제일 먼저 번역되었고 차례로 《마하바라타》, 《바가바드기타》, 《라마야나》, 《판차탄트라》 등이 번역되었다.

이 밖에도 악바르는 사회와 교육분야에도 개혁의 손길을 뻗었다. 우선 남편이 죽으면 아내도 뒤따라 목숨을 버리는 인도인의 전통적 관습인 사티 제도를 금지시켰다. 뿐만 아니라 과부의 재혼도 합법화했다. 그는 또한 첫 번째 부인이 아이를 출산하지 못하는 경우를 제외하고 그 밖에 어떤 경우에도 한 명 이상의 부인을 얻는 것을 반대했다. 그리고 인도인의 조혼 풍습을 개선하여 여자는 14세, 남자는 16세 이상이 되어야 결혼할 수 있도록 조치했다.

악바르는 또한 자신이 경건한 이슬람교도였던 만큼 술의 판매를 금지했다. 이 모든 법이 성공한 것은 아니었지만 어느 정도 성과가 있었다는 사실은 부인할 수 없다.

교육 분야에서는 도덕교육과 수학을 강조했으며 그밖에 농업, 기하학, 천문학, 법학, 논리학, 역사 등을 중요시했다. 또한 시인, 작가, 음악가, 미술가 등을 보호하여 예술 방면에도 많은 관심을 쏟았다. 이 때문에 그의 궁전은 유명인사들의 화려한 모임의 장소로 널리 알려지게 되었다.

결론적으로 말해서 악바르는 문화적, 정치적 통합을 통해 인도인의 마음속에 결코 지울 수 없는 인상을 심어주었다. 그는 뛰어난 인격의 소유자였고 힘과 용기를 지닌 훌륭한 장군이었다. 신하들만이 아니라 심지어 적들에게서조차 충성심과 경외심을 불러일으키기에 충분할 만큼 매력적인 인물이었다.

악바르 이후의 무굴 제국

악바르 사후 왕위를 계승한 것은 살림이라고 불렸던 아들 자항기르(1605~27년)이다. 이전부터 아버지의 왕위를 공개적으로 노릴 만큼 야심만만했던 그는 다른 형제들이 모두 아버지 생전에 이미 술로 인해 죽었기 때문에 자연스럽게 왕위를 계승할 수 있었다. 36세 때(1605년) 아그라에서 왕위를 계승한 살림은 누르웃딘 무하마드 자항기르 파드샤 가지라고 불리게 되었다. 그는 왕위에 오르자마자 백성들의 환심을 사기 위하여 노력했지만 문제는 뜻밖

자항기르의 초상 자항기르 말년에 그려진 초상이다. 자항기르는 오스만투르크의 술탄보다도, 영국의 제임스 1세보다도, 수피교 성자를 더 환대하고 있다는 뜻의 그림으로 자항기르의 정신적 고아함을 나타내려 했다.

에도 자신의 큰아들로부터 발생했다.

　자항기르의 큰아들 쿠스라우는 할아버지 악바르의 사랑을 받았을 뿐 아니라 명랑하고 친절한 성격 때문에 많은 사람들이 그를 좋아했다. 그런 쿠스라우가 아버지 자항기르가 왕위에 오르자 아그라를 떠나 펀자브로 가서 반란을 일으켰다. 자항기르 입장에서는 지난날 자신이 아버지에게 저질렀던 불효와 똑같은 일을 이제는 아들로부터 되받은 셈이었다. 화가 머리끝까지 치민 자항기르는 지체없이 군대를 몰아 아들이 있는 곳으로 쳐들어가서 그를 사로잡아 감옥에 가두어버렸다.

　이후 자항기르는 악바르의 영토 확장 정책 속에서도 살아남아 계속적으로 저항해 오던 라지푸트족의 메와르 왕국을 기어이 정복하고야 말았다. 원래 자항기르의 어머니가 라지푸트족의 공주였기에 그 역시 라지푸트인의 피가 흐른다고 할 수 있다. 그럼에도 1605년 자항기르는 왕위에 오르자마자 그 전까지 성과가 별로 없었던 메와르에 대해 대대적인 공격을 가하기 시작했다. 그러나 세 번에 걸친 공격에도 메와르의 지배자 라나의 저항은 쉽게 수그러들지 않았다.

　1613년 드디어 자항기르 자신이 직접 군대를 이끌고 아지메르로 향했다. 때를 맞추어 그의 아들 쿠르람(샤 자한)은 군대를 이끌고 메와르의 산악 지역을 침입했다. 무굴 군대의 거센 침입으로 사람들은 도시를 떠나 피난길에 나섰으며 농경지는 황폐화되었다. 더 이상의 저항이 힘들다는 사실을 알아차린 많은 신하들은 라나에게 항복할 것을 요구했다. 라나는 자신에게 주어진 운명을 받아들여 무굴 제국의 권위를 인정하지 않을 수 없었다. 라나가 자신의 아들과 함께 항복하자 자항기르는 라나의 권위를 계속 인정해 주는 한편 그의 아들을 무굴 제국 내의 중요한 직책에 임명했다. 이리하여 악바르 시대부터 문젯거리의 하나였던 라지푸트족은 이제 무굴 제국의 믿음직한 동반자가 되었다.

다음으로 자항기르는 벵갈 지역에서 일어난 반란을 제압해야만 했다. 이 지역은 악바르가 이미 한 번 침입하여 아프가니스탄의 세력을 격파한 적이 있었지만 벵갈 동부에서는 여전히 아프가니스탄 세력이 강력한 힘을 발휘하고 있었다. 뿐만 아니라 그들은 이 지역에 있던 많은 힌두 라자들의 지원을 받고 있었다. 자항기르는 반란을 진압하기 위하여 1608년 군대를 파견했다. 힌두 라자와 아프가니스탄인들을 진압한 뒤 그들을 효율적으로 지배하기 위하여 지방의 수도를 라지마할에서 다카로 옮겼다.

다른 한편으로 자항기르는 무굴 제국의 지배가 지속되기 위해서는 외적인 힘보다 그들을 감쌀 수 있는 넓은 포용력이 필요하다는 사실을 깨달았다. 이를 위해 그는 사로잡힌 벵갈의 지배자와 신하들을 풀어주어 다시 벵갈로 되돌아갈 수 있도록 조치하는 한편 그들이 원한다면 무굴 제국의 각료로 받아들였다.

자항기르는 부친 악바르의 유업을 계승하여 무굴 제국의 기반을 어느 정도 효과적으로 계승했다. 그러나 이러한 업적보다도 자항기르를 유명하게 한 것은 1611년 자신의 나머지 생애에 막대한 영향을 미친 누르 자한과의 결혼이었다. 뛰어난 미모와 담력을 지닌 누르 자한은 악바르 시대에 인도로 온 페르시아 귀족 이티마드우다울라의 딸로 콴다르에서 태어났다. 그녀는 17살에 페르시아인 쉐르 아프가니스탄과 결혼했으나 그녀의 남편이 반역을 꾀한다는 소문을 들은 자항기르가 1607년 군대를 보내 그를 죽여 버렸다.

누르 자한 네덜란드인 판화가가 1680년대에 묘사한 누르 자한의 모습이다.

이때 누르 자한은 어린 딸과 함께 왕궁으로 끌려 왔다. 그러자 그녀의 미모에 반한 자항기르는 4년 후 그녀와 결혼했다. 누르 자한의 미모에 반한 자항기르는 그녀의 원래 이름인 미르 운 니사 대신 누르 마할(왕궁의 빛)이라고 부르다 나중에 다시 누르 자한(세상의 빛)이라고 고쳐 불렀다. 누르 자한은 자신의 아버지를 포함한 친척들을 제국의 관료로 임명하였을 뿐 아니라 자항기르의 말년에는 스스로 국정에 참여했다.

그녀의 정치적 야망은 1622년 자항기르의 아들인 샤 자한이 부친에게 반란을 일으키는 한 원인이 되었다. 또한 그녀가 페르시아인이었던 관계로 무굴 제국 내에는 페르시아풍의 예술과 문화가 성행하게 되었다. 페르시아 문화는 자항기르 시대 후반 간다라가 페르시아에 귀속되는 등 직접적인 영향을 받게 됨으로써 이후 인도 문화에 상당한 변화를 초래했다.

이상의 사실에서도 짐작할 수 있듯이 자항기르의 성격은 매우 복합적이었다. 기록에 의하면 그는 어떤 때는 매우 잔인무도했으며 또 다른 때는 점잖고 친절한 모습을 보이는 등 측근조차도 쉽게 파악하기 힘든 성격을 지니고 있었다. 그러면서도 그는 예술과 문학을 보호했으며 자연을 사랑했다. 종교적인 면에서는 부친인 악바르만큼 합리적인 것은 아니었지만 힌두교를 포함한 타종교에 관용적인 태도를 보였다.

샤 자한

자항기르가 죽고 나자 형제 간의 분쟁을 통해 승리한 샤 자한이 무굴 제국의 왕위를 계승했다. 샤 자한은 아버지 자항기르가 살아 있는 동안 아버지가 이미 할아버지에게 했던 것과 마찬가지로 반란을 일으킨 적이 있었다. 인도뿐 아니라 이슬람 세계 전반에서 왕위를 놓고 잦은 세력 다툼이 발생했던 이유는 제도적으로 왕위 계승에 관해 정해진 법이 없었기 때문이었다. 그렇기 때문에 다른 어떤 국가보다도 이슬람 세계에서는 왕이 정적에 의해 피살되는 일이 자주 발생했다. 인도에 들어온 이슬람에게도 예외는 아니었다. 따지고 보면 델리 술탄 시대에 각지에서 발생한 반란이나 터키계와 아프가니스탄계의 다툼 역시 이 같은 원인에서 비롯되었다고 볼 수 있다.

샤 자한의 반란사건이 발생한 직접적인 원인은 자항기르 치세 기간 중 이전부터 무굴 제국과 페르시아 사이의 분쟁의 씨앗이던 콴다르를 빼앗긴 데서 비롯되었다. 당시 아시아의 위대한 지도자 가운데 한 명이었던 페르시아의 샤 아바스는 무굴 제국 관리들의 환심을 산 뒤 그들을 충동질하여 혼란을 야기시켰다. 그리고 나서 혼란을 틈타 1621년 콴다르를 공격하여 1622년 그곳을

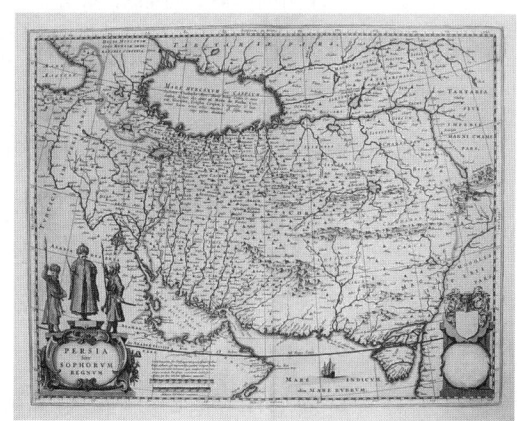

페르시아 제국의 영토
1650년 네덜란드에서 발행된 지도로 당시의 페르시아 제국의 영토를 보여주고 있다.

차지했다.

이 소식을 들은 자항기르는 즉시 아들 샤 자한에게 콴다르를 되찾도록 명령했다. 아버지의 명령을 받은 샤 자한은 당시 한창 정치적인 힘을 발휘하던 누르 자한과 그녀의 아들 샤흐르야르가 자신이 없는 사이 어떠한 음모를 꾸밀지도 모른다고 생각했다. 여러 가지 궁리 끝에 그는 아버지의 명령을 거부하고 이 기회에 왕권을 차지할 속셈으로 반란을 일으켰다.

한편 자항기르의 입장에선 북서쪽으로 쳐들어온 페르시아를 먼저 물리쳐야 할지 아니면 아들 샤 자한의 반란을 진압해야 할지 진퇴양난에 빠졌다. 고민 끝에 자항기르는 먼저 아들의 반란을 진압하기로 결정했다. 그리하여 1623년 또 다른 아들 파르웨즈와 마하바트 칸 장군이 이끄는 제국의 군대를 보내 델리 남쪽에 위치한 발로치푸르에서 샤 자한의 반란군을 물리쳤다. 패배한 샤 자한은 그 후 2년 동안 추격을 피해 주로 벵갈과 데칸 지역을 중심으로 이리저리 도망다니다 1625년 화가 풀린 아버지와 화해하여 겨우 목숨을 부지할 수 있었다.

이때 그는 자신의 아들 다라 슈코흐와 아우랑제브를 아버지에게 일종의 인질로 보낸 뒤 자신은 부인 뭄타즈 마할 그리고 또 다른 어린 아들 무라드와 함께 나식으로 은퇴했다. 이리하여 샤 자한의 반란은 아무런 성과 없이 도리어 무굴 제국에 심각한 상처만 남긴 채 막을 내리고 말았다.

샤 자한의 반란이 무굴 제국에 남긴 상처는 의외로 컸다. 우선 콴다르를 페르시아에게 완전히 빼앗겼을 뿐만 아니라 악바르의 노력으로 겨우 차지했던 데칸 지역의 여러 나라들이 다시 일어나 독립을 주장하기 시작했기 때문이다. 때마침 자항기르는 건강

이 쇠약해지면서 모든 권력이 자연 누르 자한에게로 옮겨졌다. 자항기르는 쇠약해진 몸에도 자신의 허락 없이 어떠한 결정도 내릴 수 없도록 노력했지만 이 틈을 타 많은 귀족들은 최대한 권력을 손아귀에 쥐기 위해서 혈안이 되었다.

이때 또다시 반란을 일으킨 사람이 마하바트 칸이었다. 샤 자한의 반란을 성공적으로 진압했던 그는 이로 인해 도리어 누르 자한의 시기를 받아 신변의 위협을 느낀 나머지 이번에는 자신이 직접 반란을 일으켜 무굴 제국의 군대가 제룸 강을 건너는 틈을 타 자항기르를 사로잡고 말았다. 왕비인 누르 자한은 곧바로 군대를 보내 왕을 구출하려 하였지만 실패하자 남편 곁에 있기 위하여 자진해서 마하바트 칸에게 항복했다. 그 후 포로로 6개월 동안 있으면서 그녀는 마하바트 칸이 훌륭한 군인일지는 몰라도 유능한 행정관이나 외교관은 되지 못한다는 사실을 알아차렸다. 이 사실을 안 누르 자한은 계략을 써서 마하바트 칸과 그 밑에 있는 대부분의 귀족들의 사이를 갈라놓는 데 성공했다. 그러자 마하바트 칸은 자항기르를 놓아둔 채 왕궁을 도망쳐 이전에 자기가 물리쳤던 샤 자한과 결탁했다.

마하바트 칸을 물리친 것은 전적으로 누르 자한의 덕분이었다. 그녀는 이로 인해 더욱 강력한 정치력을 발휘하게 되었다. 하지만 그녀의 이 같은 행운은 채 1년을 넘기지 못했다. 왜냐하면 남편인 자항기르가 1627년 라호르 근처에서 숨을 거두었기 때문이었다. 자항기르의 죽음은 데칸에 있던 샤 자한에게는 왕위에 오를 수 있는 절호의 기회였다. 아내 뭄타즈 마할의 아버지 아사프 칸의 도움을 받은 샤 자한은 즉시 아그라로 달려와 누르 자한의 총애를 받고 있던 샤흐르야르와 자신에게 위협이 될 수 있다고 판단한 사촌형제들을 죽이거나 국외로 추방시킨 뒤 1628년 스스로 무굴 제국의 왕위를 차지했다.

샤 자한은 즉위하자마자 무굴 제국의 지배를 벗어나 있던 데칸 지역의 여러 나라를 다시 정복하는 일에 착수했다. 그 결과 아마드 나가르뿐 아니라 비자푸르와 골콘다까지 차지함으로써 악바르 시대보다 더 넓은 영토를 확보했다. 이외에도 샤 자한은 페르시아에게 빼앗겼던 칸다르를 되찾기 위해 노력했다. 무굴 제국에게 있어서 서북 국경은 비교적 약한 상태였다. 그렇기 때문에 서북 지역에 위치한 칸다르 지역은 전략적으로 결코 포기할 수 없는 곳이었다. 뿐만 아니라 칸다르는 카불과 함께 인도가 중앙아시아와 무역하기 위해 절대로 필요한 관문이었다. 이에 샤 자한은 외교적 수단을 동원하여 페르시아의 샤 아바스 왕이 죽은 뒤 내분을 틈타 당시 칸다르의 총독을 설득하여 무굴 제국에 투항하도록 만들었다.

무굴 제국의 시조였던 바부르는 원래 티무르의 영토였던 중앙아시아 지역을 차지하기를 원했지만 실패하고 인도로 진출했다. 이에 바부르 이후 왕들은 선조의 뜻을 따라 모두 중앙아시아로 진출하려는 꿈을 쉽사리 포기하지 않았다. 칸다르를 차지한 샤 자한은 당시 발루치와 아프가니스탄계와 손잡고 카불을 공격하려는 우즈베크의 위협을 크게 걱정하고 있었다. 당시 보카라와 발크는 나즈르 무하마드가 지배하고 있었다. 이들 지역은 사마르칸트를 얻기 위해서는 필수적으로 먼저 차지해야만 하는 전략상 매우 중요한 곳이었다. 그러던 중 나즈르 무하마드의 아들이 아버지에게 반기를 들어 힘으로 보카라를 차지했다. 위험을 느낀 나즈르 무하마드는 샤 자한에게 도움을 청했다. 이 기회를 틈타 샤 자한은 즉각 라호르에서 카불로 이동한 뒤 아들 무라드에게 군대를 주어 나즈르 무하마드를 돕도록 했다.

샤 자한은 아들에게 가능하면 나즈르 무하마드의 의견을 충분히 존중하도록 당부했다. 그는 될 수 있으면 이 지역에 무굴 제국에 도움을 줄 수 있는 지배자가 있기를 원했기 때문이었다. 그러나 무라드는 아버지의 말을 무시한 채 발크 성으로 쳐들어갔고 이에 깜짝 놀란 나즈르 무하마드는 도망쳐버렸다. 이리하여 무굴인들이 발크를 차지하였지만 백성들 가운데 어느 누구도 그들을 지지하지 않고 오히려 적개심만 드러냈다. 그러자 나즈르 무하마드의 아들 압둘 아지즈가 트랜스옥시아나에서 우즈베크인들을 선동하여 무굴 제국에 대한 반란을 일으켰다. 무라드 대신 군대를 이끈 아우랑제브는 우즈베크인들이 옥서스 강을 건너는 순간을 노려 그들을 물리쳤다.

이 전쟁은 무굴 제국과 우즈베크 사이에 협상의 길을 마련하는 계기가 되었다. 자신을 지지했던 우즈베크인들이 모두 흩어져버리자 압둘 아지즈는 어쩔 수 없이 무굴 제국과 협상하지 않을 수 없었다. 때마침 페르시아로 피신해 있던 나즈르 무하마드 역시 자신의 잃어버린 왕국을 되찾기 위하여 무굴 제국에 화해를 요청했다.

샤 자한은 신중히 생각한 끝에 나즈르 무하마드의 제안을 받아들이기로 결정했다. 하지만 아우랑제브는 전제 조건으로 먼저 자신에게 사과하고 복종하도록 요구했다. 이것은 아우랑제브의 결정적인 실수였다. 자존심 강한 우즈베크 지도자에게 그러한 일은 죽음보다 더한 굴욕이었기 때문이다. 무굴의 군대가 곧 다가올 겨울의 혹독한 추위를 견딜 수 없을 것이라는 사실을 알고 있던 나즈르 무하마드는 굴욕을 참으며 기다렸고 드디어 1647년 10월 추위와 물자 보급 때문에 그들이 물러간 뒤 다시 발크를 차지할 수 있었다. 결과야 어찌되었든 샤 자한의 이 같은 대외 정책으로 무굴 제국은 이전보다 더 강력한 힘을 발휘하여 말 그대로 황금 시대를 누리게 되었다.

　샤 자한은 정통적인 이슬람교도로서 건축과 미술을 포함한 모든 예술 분야에서 페르시아풍을 강조했다. 낭만적이었던 그는 특히나 건축에 관심을 많이 쏟아 타지 마할, 델리 성, 자미 마스지드를 건설했을 뿐만 아니라 아그라 성을 재건축했다. 이 건축물들은 모두 후세에 무굴 시대의 대표적인 작품들로 평가받고 있다. 그 가운데서도 타지 마할은 특히나 그의 아내에 대한 사랑과 결부되어 오늘날까지도 수많은 관광객들의 가슴을 설레게 한다.

　샤 자한은 1612년 아름다운 뭄타즈 마할과 결혼했다. 그녀는 누르 자한의 오빠 아사프 칸의 딸로서 아사프 칸은 이미 앞에서도 말했듯이 자항기르가 죽은 뒤 샤 자한이 왕위를 차지하는 데 결정적인 도움을 주었던 인물이었다. 샤 자한은 뭄타즈 마할을 극진히 사랑했으며 그녀 역시 남편의 둘도 없는 친구요 조언자였다. 어디를 가든지 항상 남편과 동행하던 그녀는 불행히도 결혼 19년 만에 아이를 낳다가 세상을 떠나고 말았다. 39살의 한창 나이에 안타깝게 세상을 등진 뭄타즈 마할을 못잊어 하던 샤 자한은 그녀를 위하여 흰 대리석으로 묘지를 만들었다. 이렇게 하여 오랜 기간에 걸쳐 야무나 강변에 만들어진 뭄타즈 마할의 묘소, 즉 타지 마할은 이후 샤 자한의 비참한 말년이 더해지면서 오늘날까지 그곳을 찾는 많은 사람들에게 더욱 애절한 마음을 갖도록 만든다.

　샤 자한은 비록 무굴 제국의 황금기를 만들었지만 자신의 말

타지 마할 무굴 제국 최고의 건축물로 꼽히는 타지마할은 1632년에 착공하여 완공되기까지 22년이라는 시간과 4천만 루피의 비용이 들었다고 한다.

년은 비참하기 그지없었다. 이미 샤 자한 자신이 아버지에게 저질렀던 반역에 대한 업보였는지는 몰라도 자식들의 왕위 다툼이 끊이지 않았다. 1657년 샤 자한은 중병에 걸려 더 이상 국정을 보살필 수 없게 되었다. 당시 그에게는 국정을 대신할 만큼 장성한 아들이 네 명이나 있었다. 형제 간의 치열한 다툼 속에서 승리를 거둔 사람이 바로 셋째 아들 아우랑제브였다. 그는 1658년 세 형제와 누이를 포함해 그들을 지지했던 무리들을 차례로 물리친 다음 아버지인 샤 자한마저 큰아들 다라 슈코흐를 지지했다는 이유로 아그라 성에 유폐시킨 뒤 왕위에 올랐다.

아들에 의해 강제로 폐위당한 샤 자한은 야무나 강 건너에 있는 타지 마할만을 바라보며 자신의 처지를 한탄할 수밖에 없었다. 설상가상으로 아우랑제브가 아그라 성으로 공급되는 야무나 강

줄기를 막아 버리자 샤 자한은 성안에 있는 샘의 염분기 많은 물로 한여름의 갈증을 달랠 수밖에 없었다. 견디다 못한 그는 아들에게 편지를 썼다. 하지만 잔인한 성격의 아우랑제브는 아버지의 간절한 청마저 냉혹하게 물리쳤다. 뿐만 아니라 보다 못한 신하들과 누이 자하나라의 간곡한 애원조차 들으려 하지 않았다. 결국 가련한 샤 자한은 울다 지쳐 잠이 들어버린 어린아이처럼 자신에게 내려진 업의 결과에 순응하지 않을 수 없었다. 이후 샤 자한은 종교에 더욱 열중하여 1666년 74살로 목숨이 다할 때까지 사랑스런 딸 자하나라의 보살핌을 받으며 기도와 명상으로 남은 여생을 마쳤다.

아그라 성에서 바라본 타지 마할 아그라 성에 갇혀 타지 마할을 바라봤을 샤 자한의 쓸쓸한 심정을 말해주는 듯하다.

아우랑제브

형제들 간의 피비린내 나는 투쟁 끝에, 심지어 아버지마저 유폐시킨 뒤 왕위에 오른 아우랑제브는 처음부터 무굴 제국을 철저하게 이슬람 세계로 만들기로 결심했다. 그에게 있어서 악바르가 행했던 종교적 통합과 유화정책은 이슬람의 관점에서 볼 때 전혀 용납될 수 없는 일이었다. 정통 이슬람을 위하여 아우랑제브는 궁정 내에서 힌두교적 요소를 없애고 아흐메다바드에 있는 친타마니 사원, 바라나시의 비슈와나트 사원, 마투라의 케샤와 라이 사원 등을 파괴하면서 힌두교에 대해 공개적인 적대감을 드러냈다.

그는 여기서 그치지 않고 한 걸음 더 나아가 1669년 힌두교를 포함한 모든 이교도의 사원 및 학교를 없애버리도록 명령하였고 1679년에는 악바르가 폐지했던 힌두교도에 대해 인두세(지즈야)를 다시 부활하여 이전보다 더 많은 세금을 거두었다. 이외에도 타종교를 믿는 사람들에게 차별 과세를 실시했다. 이처럼 편협한 종교 정책은 결국 많은 힌두교도의 반항과 반란을 야기시키고 결과적으로 무굴 제국 쇠퇴의 한 원인이 되었다.

악바르 이래 무굴 제국의 관리들 가운데 대다수는 힌두인들이었으며 제국 내의 일반 행정은 대부분 그들의 손에 의지했다. 아우랑제브는 이들마저 모두 이슬람교도로 대체시키도록 명령했다. 하지만 그와 같은 관리 계급에 해당하는 이슬람인이 없었던 관계로 아우랑제브는 특정 분야에서는 힌두인을 반까지 고용하도록 조치했다. 그 밖의 분야에서는 힌두교도들에게 이슬람교로 개종하도록 강요했다.

힌두교도에 대한 공개적인 차별 정책은 이후 제국 내의 각지에서 반란을 야기시켰고 이로 인해 무굴 제국과 라지푸트인 사이의 동맹은 깨져버렸다. 마르와르와 메와르를 비롯한 다른 라지푸트 부족장들은 서로 동맹을 맺고 함께 무굴 제국에 반항하기 시작했다. 아우랑제브는 무굴 제국의 역대 왕들이 라지푸트인과 맺어 온 화친정책을 팽개치고 직접 그곳을 장악하려 들었다. 1679년에 시작된 전쟁은 라지푸트인들의 끈질긴 게릴라전을 통해 30년이라는 긴 세월에 걸쳐 계속되었다. 이 전쟁은 아우랑제브가 죽은 이후 1709년 바하두르 샤가 그들과 평화조약을 맺음으로써 겨우 끝을 맺을 수 있었다.

라지푸트인과 아우랑제브 사이에 벌어진 이 전쟁은 무굴 제국에 커다란 재앙을 가져왔다. 다시 말해서 아우랑제브의 현명하지 못한 정책 때문에 그동안 제국의 용감한 군인과 현명한 행정가로 헌신하던 동반자 관계의 라지푸트인들은 그에게 등을 돌리고 말았다. 이로 인해 무굴 제국은 수천 명의 병사들이 목숨을 잃었으며 정복하지도 못할 사막의 땅에 막대한 재정만 쏟아부은 꼴이 되고 말았다.

한편 남부 지방에서는 강력한 마라타족이 반기를 들면서 무굴 제국은 남북 양면에서 곤경에 처하게 되었다. 아우랑제브는 그의 치세 전반기에는 주로 북쪽 지역에 관심을 기울였다. 그동안 남부 데칸 지역의 업무는 대부분 총독에게 맡겨 두었다. 그러는 사이 마하라슈트라 지역의 마라타인들이 시바지를 중심으로 세력을 확장하면서 데칸 지역의 정치적 상황이 복잡해지기 시작했다.

아우랑제브는 처음에 그들의 세력을 그렇게 심각하게 취급하지 않았다. 하지만 시바지가 점차 세력을 확대해 나가자 보다 못해 군대를 보내 제압하려 하였지만 도리어 패하고 말았다. 그러는 사이 시바지는 계속 세력을 확장하여 1663년에는 푸나 지역 근처를, 1664년에는 무굴 제국의 중요한 무역항이었던 수라트를 차지했다. 또한 시바지는 직접 아우랑제브를 만나 서로 평화를 모색하였지만 실패했다.

마하라슈트라 지역은 지형적인 특성상 강과 언덕으로 둘러싸여 외부의 침입이 쉽지 않은 곳이었다. 게다가 토양이 거칠고 강우량마저 부족하여 농작물의 생산이 부족했다. 이곳에 살던 마라타족은 비록 몸집은 작고 검은 피부였지만 강인한 성격을 갖고 있었다. 이외에도 마하라슈트라 지역은 사타바하나 왕조 때부터 야다바 왕조 때까지 힌두 문화의 중심지 가운데 하나였기 때문에 힌두이즘의 전통이 매우 강하게 유지되고 있었다. 그러한 종교적 풍토 때문에 에카나트, 투카람, 람다스, 바만 판디트 등과 같은 종교 개혁가들이 연이어 나타나 신에 대한 헌신과 신 앞에 모든 인간이 평등하다는 관념 등을 주장함으로써 계급 차별을 철폐하고 의무적 행위의 중요성을 강조했다. 이 가운데 람다스는 시바지의 스승으로 사회개혁 사상을 일깨웠으며 투카람 역시 적지 않은 영향을 미쳤다. 그리고 마지막으로 이들 부족의 언어와 16~17세기에 나타난 종교적 문학작품도 부족 간의 일체감을 일깨우는 데 적지 않은 영향을 미쳤다.

마라타족의 투쟁은 시바지라는 훌륭한 지도자의 영향도 있었지만 무굴 제국의 힘이 데칸 고원에 집중되지 못했던 이유도 무시할 수 없다. 당시 무굴 제국이 데칸 고원에 병력을 집중할 수 없었던 이유는 북쪽에서 계속된 라지푸트족의 저항 때문이었다. 이처럼 무굴 제국의 힘이 반으로 나뉜 유리한 상황에서 마라타족의 저항과 영토 확장은 예상 밖의 성과를 거둘 수 있었다. 마라타족의 저항은 1680년 그들의 위대한 지도자 시바지가 죽은 이후에도 그의 계승자 샴부를 중심으로 계속 이어졌다. 아우랑제브는 1706년 6년여에 걸친 마라타족과의 마지막 전쟁에서도 패배하자 실의에 빠져 괴로워하다가 1년 뒤 아흐마드나가르에서 숨을 거두었다.

한편 무굴 제국은 오랫동안 남북 양측의 저항에 대항하며 엄청난 병력의 손실을 입고, 국가의 재정이 거의 파산상태에 이르렀다. 아우랑제브의 말년에는 벵갈 지역의 세금만이 정기적으로 상납되어 그것으로 겨우 국가재정을 꾸려나갈 정도였다. 결국 라지푸트에서 마라타로 이어지는 일련의 끈질긴 저항은 아우랑제브뿐만 아니라 무굴 제국의 파멸을 가져오는 원인이 되었다.

무굴 제국에 저항한 세력은 이들만이 아니라 시크교도 포함된다. 힌두교의 박티 운동이 이슬람의 수피즘과 상호 연관을 맺으며 발전을 거듭하던 시기에 구루 나낙을 개조로 발전한 시크교는 악바르의 종교적 절충주의 속에서 성장하다가 아우랑제브의 정통 이슬람교의 구축 정책과 정면으로 충돌하게 되었다.

구루 나낙은 힌두교와 이슬람교의 결합을 통해 일신론과 형제애를 강조하며 평화를 추구했다. 구루 나낙이 사망한 후 시크교도는 북인도 펀자브 지역을 중심으로 활발한 활동을 전개하여 상당한 성과를 거두어 무굴 제국의 황제들로부터도 존경을 받았다. 하지만 그들은 자항기르가 왕위에 오르자마자 반란을 일으켰던 큰아들 쿠스라우를 지지했고 이로 인해 시크교와 무굴 제국의 친밀한 관계는 금이 가기 시작했다.

그러다 아우랑제브가 1675년 시크교의 구루 테지 바하두르를 처형하면서 완전히 적대적인 관계로 돌변했다. 아우랑제브의 무굴 제국에 대항하기 위하여 테지 바하두르의 후계자이며 아들었던 구루 고빈드 싱은 시크교를 군사적 성격을 지닌 종교 집단으로 바꿔 무굴 제국에 강력하게 저항하기 시작했다. 고빈드 싱은 바하두르 샤에게 굴복했지만 시크교는 이후에도 군사적 성격을 계속 유지하면서 주로 펀자브 지역을 정복하여 지배했다.

아우랑제브가 무굴 제국에 끼친 공과를 정확하게 판단하기는 정말로 힘들다. 그는 유능한 행정가이고 뛰어난 전략가였으며 동시에 무자비할 정도로 냉혹한 성격의 소유자였다. 또한 너무도 독실한 이슬람교도였다. 초기에 그는 형제를 물리치고 아버지마저 폐위시킬 정도로 잔혹했지만 한때는 악바르 시대 때보다 더 넓은 영토를 차지하여 인도 전역에 그의 위세를 크게 떨쳤다. 또한 힌두교에 대한 화해정책을 포기함으로써 남북에 걸친 반란을 야기했지만, 스스로는 경건한 이슬람교도로서 교리에 맞게 단순하면서도 엄격한 생활을 했다.

결론적으로 말해서 아우랑제브는 자신이 왕으로 있는 동안 전반부는 무굴 제국의 찬란한 영광을 누렸던 반면 후반부에는 기울어가는 무굴 제국의 황혼을 온몸으로 절감해야만 했다. 다시 말해서 그는 영토 확장을 통해 무굴 제국의 영광을 드높인 동시에 비이슬람에 대한 차별 정책을 통하여 각지의 반란을 야기하고 그로 인해 제국이 쇠락의 길을 걷게 한 장본인이라고 할 수 있다.

아우랑제브의 죽음은 무굴 제국의 몰락을 알리는 신호였다. 비록 그의 아들 바하두르 샤가 제국을 물려받은 뒤 마라타와 라지푸트의 저항을 잠재우고 시크교의 공격을 물리치는 등 무굴 제국의 영광을 위해 많은 공헌을 했지만 안타깝게도 재위 5년 만에 목숨을 잃었다. 그의 나이를 고려한다면 짧은 재위 기간을 이해할 수 있지만 그래도 그의 치세가 오래 유지되었다면 제국의 영광이 보다 오래 지속되었을지도 모른다.

바하두르 샤 역시 부친 아우랑제브가 죽은 후 세 형제 간의 다툼을 거쳐 겨우 왕위를 차지할 수 있었다. 왕위를 물려받았을 때의 나이가 이미 63세였던 그는 부친과는 달리 힌두 귀족과 라자들에게 친화적인 정책을 취했다. 당연히 더 이상의 힌두 사원에 대한 파괴도 없었다. 바하두르 샤가 죽고 나서 왕위를 둘러싼 암투는 더욱 치열하게 전개되고 제국의 쇠락은 급속도로 진행되었다.

끝없는 분쟁 속에서 황제들이 잇따라 교체되면서 궁정 귀족들의 세력이 날로 커져 갔다. 앞에서도 밝힌 바 있듯이 무굴 제국을 비롯한 이슬람 국가들은 왕권계승에 대한 뚜렷한 법조문이 없었기에 이 같은 현상이 자주 나타날 수밖에 없었다. 그러나 무굴 제국 내에서는 이런 현상이 특히나 심했다. 무굴 제국의 초기부터 아들의 아버지에 대한 반란을 야기한 왕권 투쟁은 결국 후기에 들어오면 궁정 귀족들의 파벌 싸움으로 더욱 극성을 부렸다. 이로 인해 제국 전체의 존망이 위협받게 되었음은 말할 필요도 없다.

무굴 제국 내의 혼란은 왕실의 분열과 힌두의 독립 운동뿐 아니라 당시 동방으로 진출을 꾀하던 유럽세력을 효율적으로 저지하기 힘든 상황으로 몰고 갔다. 비록 왕실 내부의 분열은 1719년 등극한 무하마드 샤에 의해 얼마 동안 안정을 유지하기는 하였지만 이미 제국의 권위에 등을 돌린 힌두인들의 마음까지 규합하기는 힘들었다. 그러던 중 데칸 지방의 총독 아사프 샤가 하이데라바드를 거점으로 독립을 선언하여 니잠 정권을 탄생시켰다. 이를 계기로 무굴 제국은 두 개의 국가로 분열되었다. 뿐만 아니라 벵갈 지역 역시 조공은 그대로 바치고 있었지만 실질적으로는 독립한 상태와 마찬가지였다.

　이처럼 내부의 분열이 진행되는 동안 남부에서 세력을 뻗쳐 나가던 마라타족이 1738년 델리를 공격하여 무굴 제국으로부터 말와 지역을 양도받았고 승승장구하면서 북쪽으로 진출을 활발히 했다. 1739년에는 페르시아 제국의 사파비드 왕조의 나디르 샤가 수많은 인명을 잔혹하게 학살하면서 델리를 점령했다. 그는 델리 성에 있던 유명한 공작왕좌를 비롯해 수많은 재화를 약탈해 페르시아로 돌아갔다. 그 뒤 페르시아의 사파비드 왕조의 분열을 틈타 세력을 회복한 아프가니스탄 부족들이 아마드 샤를 국왕으로 선출했다. 그들은 펀자브를 정복하고 델리를 침략한 후 되돌아갔다. 이 두 사건을 통해 무굴 제국은 실질적으로 전 인도를 통괄하는 기능을 상실한 채 겨우 델리 인근 지역만을 관할하는 초라한 신세로 전락하고 말았다.

　한편 북쪽으로 진출을 계속하던 마라타군은 1760년 드디어 델리에 진입했다. 힌두교도인의 세력에 위협을 느낀 이슬람인은 아프가니스탄의 아마드 샤에게 도움을 청했다. 이리하여 아프가니스탄과 마라타 사이에 파니파트에서 인도 역사상 유명한 전쟁이 벌어졌다. 이슬람과 힌두의 대결이기도 했던 이 전쟁의 결과는 마라타의 대패로 끝나고 말았다. 이로 인해 마라타는 더 이상 북으로의 진출이 불가능해졌지만 그렇다고 아프가니스탄의 세력이 인도 내에 다시 자리를 잡은 것도 아니었다. 왜냐하면 급료를 받지 못한 군인들이 폭동을 일으켜 아마드 샤가 아프가니스탄으로 철수해 버렸기 때문이었다. 이리하여 북인도는 커다란 힘의 공백이 생겨나고 이로 인해 정치적 상황은 더욱 복잡해져만 갔다. 이 틈을 타 1750년 무렵부터는 시크교가 펀자브 지역에서 세력을 다

고아 인도 남서부에 위치한 고아는 16세기 초에는 포르투갈의 식민도시로 재건되었다. 이후 무역 도시로 번창했다.

시 규합하여 델리 근처까지 위협하면서 완전한 독자 세력을 형성했다.

파니파트의 전쟁 이후 무굴 제국의 분열과 혼란이 극심해지자 유럽의 열강 역시 인도에 본격적으로 발을 들여놓기 시작했다. 유럽은 이미 기원전부터 시작되었던 인도와의 무역을 통하여 인도의 부에 대한 환상을 품고 있었다. 그 후 중세 시대에 들어와 오토만이 소아시아와 콘스탄티노플을 점령한 이후 인도와 유럽의 무역로는 자연 터키계 이슬람의 수중으로 들어갔다. 특히나 제노아와 베니스의 상인들이 아시아와 유럽의 무역을 독점했다. 이때부터 서서히 힘을 기른 포르투갈과 스페인이 새로운 독자 항로를 개척하면서 신흥부국으로 떠오르기 시작했다.

콜럼버스의 아메리카 대륙 발견과 바스코 다 가마의 희망봉을 통한 인도까지의 신항로 발견은 포르투갈과 스페인의 융성에 결정적인 계기를 마련했다. 인도에 제일 먼저 들어온 국가는 포르투갈이었다. 그들은 남인도의 고아 지역을 탈취하여 동방 제국의 전초기지로 삼았다. 그 후 1세기가 지나 1580년 포르투갈이 스페인에 패하면서 자연히 인도에도 스페인인이 들어오기 시작했다. 그 후 유럽 내의 정세 변화에 따라 네덜란드, 프랑스를 거쳐 마지막으로 영국이 인도를 식민지로 삼았다. 영국은 인도에서 유명한 플라시 전투를 통해 프랑스를 물리치고 19세기 중엽에는 세포이 저항 운동을 진압하면서 인도를 본격적으로 지배하였다. 이로 인해 그때까지 명목만을 유지하던 무굴 제국의 황제는 강제로 폐위되고 무굴이라는 이름마저 역사 속으로 영원히 사라졌다.

무굴 제국 시대의 사회상

무굴 제국의 영토는 17세기 말 정점에 달했다. 이 시기 아직까지도 어느 정도 이질적인 문화를 간직하고 있던 남과 북이 다시 하나의 지배권에 들어가면서 정치적, 행정적으로도 많은 문제에 직면하게 되었다. 이 시대의 상황은 당시 인도를 왕래했던 유럽의 상인들과 여행객들의 기록을 통해서도 널리 알려졌다. 그들은 인도의 부와 번영, 지배 계급의 호사스런 생활, 반대로 일반 대중의 찌든 가난 등을 특히 강조했다.

　　무굴 제국은 경작 기술을 발전시키고 수입을 증대하기 위하여 농민들에게 장려금과 융자금을 제공했다. 그럼에도 사회적 부의 기본 산업인 농업은 인도의 이슬람 제국으로의 변화에도 전통적인 방식이 그대로 답습되면서 거의 변화를 보이지 않았다. 따라서 촌락의 자급자족 체계는 커다란 변화 없이 지속되었다. 무굴 제국의 페르시아 성향에 힘입어 농지에 물을 퍼올리는 페르시아식 물방아가 도입되었다는 사실 외에 특별히 발전된 모습은 찾아보기 힘들다. 주요 산물로는 밀, 쌀, 보리, 콩, 면화, 인디고, 사탕수수 등이 있었고 17세기에 담배와 옥수수가 그리고 18세기에는 감자와 붉은 고추가 전래되었다. 벵갈 지방에서는 실크 생산이 풍부해 중국으로부터 수입할 필요가 없을 정도였다. 한편 도시가 성장하고 인구가 증가함에 따라 쌀과 설탕 같은 부족한 물품을 이웃 나라에서 수입했다. 농민들은 토지세를 지불하면 땅을 소유하거나 팔 수도 있었고 자식에게 상속도 가능했다. 하지만 아우랑제브 시대 이후 특히나 심해진 세금으로 농민들의 생활은 극도로 빈궁했다.

무굴 제국 궁정 무굴 제국 궁정의 내부. 테라스와 여성의 거주 공간 등이 보인다.

　　무굴 제국의 영토 확장 정책에 따라 농토는 자주 짓밟히고 게다가 화물운반을 위해 시도 때도 없이 징발됐다. 농민들은 무거운 세금을 감당하지 못해 가축뿐 아니라 처자식까지 팔아야 하는 상황에 처했다. 견디다 못한 농민들이 마을을 떠나 도시로 향했지만 그들이 얻을 수 있는 직업도 한정되었고 무엇보다도 임금이 정상적인 생활이 불가능할 정도로 턱없이 낮았다. 이에 따라 농민들의 반란도 간혹 일어났지만 무굴 제국은 강력한 군대의 힘으로 그것을 짓밟았다. 하지만 아우랑제브 시대부터 더욱 가혹해진 농민들에 대한 수탈은 결국 민심을 무굴 제국에서 멀어지게 만들었다.

무굴 제국의 지배 계급은 귀족, 지주, 그리고 자민다르라 불리는 지방의 힌두 호족들로 구성되었다. 델리 술탄 시대와 달리 무굴 제국에서는 사회·경제적으로 많은 특권을 소유하는 귀족이 될 수 있는 길이 누구에게나 열려 있었다. 무굴 제국이 무굴인을 중심으로 이루어진 제국이라고는 하지만 실제로는 무굴인뿐만 아니라 투란, 타지키스탄, 코라산, 이란인 등이 모두 섞여 있는 상황이었다. 그렇기 때문에 무굴 제국은 초기부터 편협한 인종주의 정책을 실행하지 않았다. 악바르는 만사브다리 제도를 통하여 무굴 제국을 끝없이 괴롭혔던 라지푸트인들을 대거 귀족으로 편입시켰다. 또한 아프가니스탄인들조차도 악바르 시대까지는 비하르와 벵갈 지역에서 무굴 제국과 다툼을 벌였지만 자항기르 시대에는 제국 내의 귀족으로 편입되었다. 힌두인들 역시 앞에서 말한대로 악바르의 종교적 관용정책과 정치적 통합주의 속에서 라지푸트인들을 중심으로 귀족에 등용되었다.

무굴 제국 시대의 귀족들은 만사브다리 제도를 통하여 매우 높은 급료를 지급받았기 때문에 생활도 대단히 사치스러웠다. 귀족들은 과일나무가 우거지고 물이 흐르는 정원이 갖추어진 훌륭한 집에 살면서 최고급 의상과 장신구를 걸친 채 수많은 하인들의 봉사를 받으며 그야말로 남부러울 것 없는 생활을 영위했다. 무굴 제국에서 귀족 계급들의 급성장은 한편으로는 왕권의 안전한 유지를 위해 필수불가결한 일이었지만 다른 한편으로는 일반 서민을 비롯한 다양한 계층의 갈등을 촉발하는 요인이 되었다.

무굴 제국 시대에는 이 밖에도 많은 산업들이 발전했다. 그중에서도 특기할 만한 일은 유럽 상인들의 인도 진출이라고 할 수 있다. 당시 인도에는 외국과 무역이 활발했던 무역항과 도시들이 여러 곳 있었다. 이곳을 통해 동남아시아나 서아시아 지역에 곡물을 비롯한 여러 가지 물건들을 수출했으며 그중에서도 직물류는 매우 큰 비중을 차지했다. 실제로 당시의 기록에 의하면 아덴에서 (말라야에 있는) 아친까지의 모든 사람들은 머리끝에서 발끝까지 인도산 직물로 만든 옷을 입고 있었다고 한다. 인도는 이러한 물건들을 수출하는 대신 금과 은을 수입하여 17세기경에는 금, 은의 수입량이 크게 증가했다.

이 같은 인도의 부에 처음으로 눈독을 들인 유럽인은 15세기 말의 포르투갈인이었다. 그러나 16세기 초 포르투갈의 세력이 약해진 틈을 타 네덜란드가 인도에 진출하면서 먼저 향료 무역을 독점한 뒤 차츰 면직물에까지 범위를 넓혀나갔다. 이후 17세기에 들어서면 인도에는 포르투갈과 네덜란드뿐 아니라 프랑스, 영국의 상인들이 치열한 세력 다툼을 벌이다 결국 영국의 승리로 결말을 맺었다.

무굴 제국 시대의 문화적 특징

무굴 제국 시대에 인도의 문화는 다양한 방면으로 발전했다. 이 시대에 형성된 건축, 미술, 문학, 음악 등은 오늘날까지도 상당한 영향을 미치고 있다. 이런 면에서 볼 때 무굴 제국 시대는 고대의 굽타 시대 이후 북인도 문화의 제2의 정통 시대라고 할 수 있다. 이 시대의 문화적 특성은 전통의 힌두 문화와 터키-이란계 문화의 융합이라고 할 수 있다. 사마르칸트에 있던 티무르 후손들의 궁전은 서아시아와 중앙아시아의 문화 중심지로 발전했다. 이 같은 문화적 배경 속에서 성장했던 바부르는 인도에 정착한 후 당시 다양한 인종과 신앙 속에서 제각기 발전해 온 인도 문화를 하나의 기준을 가지고 새롭게 정립하려고 했다.

라호르의 샬리마르 정원 샤 자한은 왕족들의 휴식을 목적으로 시 교외의 넓은 부지에 수로, 분수, 조각 등을 조성했다.

무굴인은 특히나 건축에 상당한 관심을 기울였다. 그들은 수많은 성과 왕궁, 문, 공공빌딩, 모스크, 물저장 탱크 등을 세웠다. 바부르는 특히나 정원을 좋아하여 아그라와 라호르 지역에 물이 흐르는 아름다운 정원을 만들었다. 무굴 시대의 정원 가운데 카슈미르의 니샤트 바그, 라호르의 샬리마르, 펀자브의 핀조레 정원 등은 오늘날에도 여전히 그 아름다운 모습을 간직하고 있다. 무굴 시대의 성과 같은 거대한 건축물은 악바르에 의해 시작되었다고 할 수 있다. 악바르 때 붉은 사암으로 만들어진 유명한 아그라 성과 파테푸르시크리의 성, 그리고 샤 자한이 건립한 델리의 붉은 성(레드 포트)은 오늘날까지 많은 사람들의 경탄을 자아내고 있는 대표적 건축물들이다.

악바르는 자신의 라지푸트족 출신의 부인들을 위하여 구자라트 양식을 도입하기도 하였지만 대부분은 페르시아의 양식을 본받았다. 이 페르시아 양식은 후에 무굴 제국의 중요한 건축 양식으로 자리를 잡았다. 한편 자항기르 치세 말기부터 대리석으로 건축물을 만들고 내부에 보석을 박은 꽃무늬 치장이 등장하면서 이 양식은 샤 자한의 타지 마할에서 절정을 이룬다. 샤 자한 시대에는 이

슬람의 예배 장소인 모스크의 건립 역시 절정에 달한다. 아그라의 모티 마스지드와 델리에 있는 붉은 사암으로 만든 자미 마스지드가 대표적인 건축물로 꼽힌다. 힌두와 터키-페르시아 양식의 융합 형태인 무굴의 건축 양식은 19세기 초반까지 이어졌다.

무굴인은 미술 분야에서도 괄목할 만한 공헌을 했다. 그들은 궁전과 전쟁, 사냥과 같은 새로운 주제를 미술의 소재로 삼았을 뿐 아니라 색깔과 형식에 있어서도 새로운 양식을 도입했다. 주로 페르시아 양식을 종래의 힌두 양식과 접목하는 가운데 무굴 제국의 미술은 자항기르 시대에 절정에 달했다.

또한 악바르 시대에는 유럽의 미술이 포르투갈인을 통해 처음으로 인도에 소개되어 원근법이 미술 속에 등장했다. 미술의 전통은 샤 자한까지 이어지지만 미술에 별로 관심이 없었던 아우랑제브는 미술가들을 여러 지역으로 분산시켜버렸다. 하지만 이 같은 조치는 도리

아그라 성의 축조 악바르 왕이 아그라 성의 공사 현장을 감독하고 있다.
아그라 성의 내부
아그라 성의 개인 별실의 내부 모습. 1820년대에 그려진 수채화이다.

꽃무늬 아라베스크 문양 앨범 겉표지에 환상적인 꽃과 새, 동물로 꾸며진 아라베스크가 섬세하게 장식되었다. 중앙의 원에는 "왕이며 믿음의 승리자인 시하부딘 무하마드 샤 자한 폐하, 그의 왕국과 지배를 영속하게 하소서." 라고 썼다.

어 라자스탄과 펀자브 지역의 미술발전에 도움을 주는 결과를 낳았다. 라자스탄의 미술 양식은 초기 서부인도 지역 또는 자이나교의 미술 양식과 무굴의 양식을 결합시킨 형태로 발전했다. 그들은 또한 주제에 있어서도 신화적 주제를 새로이 채용하여 크리슈나와 라다의 사랑 이야기 같은 내용을 표현했다.

　무굴 제국의 음악 역시 힌두와 이슬람 양식의 결합이 주를 이루었다. 음악을 사랑하였던 악바르는 새로운 멜로디를 많이 만든 그왈리오르의 탄센을 적극 보호하였고 자항기르와 샤 자한 역시 음악가를 후원했다. 그러나 아우랑제브는 자신의 궁정에서 악기를 연주하거나 노래를 부르지 못하도록 조치했다. 그럼에도 아우랑제브 자신이 뛰어난 비나 연주가였다는 사실은 아이러니가 아닐 수 없다. 비록 아우랑제브 자신은 음악을 금했지만 그녀의 부인은 하렘에서 모든 형태의 음악에 대해 아낌없는 후원을 했다. 아우랑제브 시대에 많은 인도 음악 서적들이 페르시아어로 번역될 수 있었던 것은 전적으로 그녀 때문이었다.

10
영국의 진출과 식민통치 시대

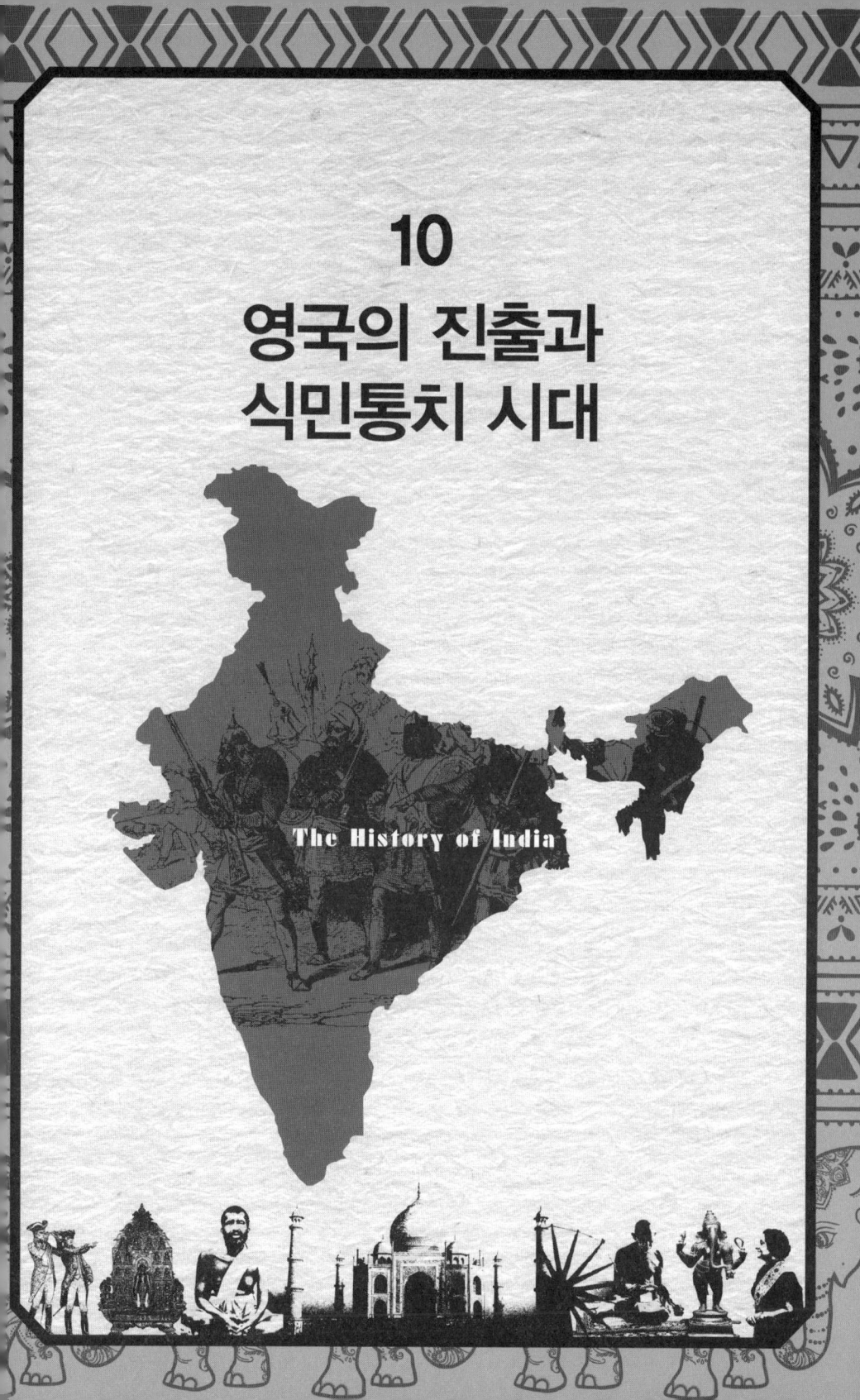

The History of India

영국의 진출과 식민통치 시대

1600년 동인도 회사를 건립한 이래 본격적으로 인도로 진출하기 시작한 영국은 1757년 유명한 플라시 전투를 통해 프랑스 세력을 몰아내고 인도 전역을 차지했다. 원래 상업을 목적으로 설립된 동인도 회사는 실질적인 인도 통치를 겸하면서 많은 경제적 수탈을 일삼았고, 이로 인해 남북 전역에서 반영 항쟁이 일어났다. 하지만 인도는 당시 유럽뿐 아니라 전 세계의 초강국임을 자부하던 영국의 힘을 당해낼 수 없었다.

1857년 화약포에 발라진 소와 돼지기름 때문에 발발한 세포이 저항 운동은 순식간에 퍼져나가 거국적인 반영 항쟁으로 발전했다. 그러나 반영 항쟁의 3대 거점인 델리, 칸푸르, 럭나우가 차례로 함락되면서 실패로 끝났고 이로 인해 동인도 회사의 인도 지배 역시 영국 본국의 직접 통치로 바뀌었다.

이후 영국 정부는 인도인들의 응집을 막기 위해 지배 계급과 피지배 계급, 힌두교와 이슬람교의 상호 대립을 통한 균형 정책을 취했다. 이에 인도인은 브라흐모 사마지나 아리아 사마지 등 종교개혁을 통해 서구 문명을 받아들이면서 인도의 종교 및 사회개혁을 위해 노력했고, 민족의 독립 의식을 고취시키기 위한 민족주의 운동을 전개했다. 그 결과 1885년 최초로 인도 국민회의가 개최되었고 민족의 단합을 통한 독립에 힘쓰지만 영국은 벵갈을 분할하고 로울라트법을 제정하는 등 인도인들의 독립 의식을 꺾으려 발버둥쳤다.

그러던 중 암리차르의 잘리안왈라 공원의 학살 사건을 계기로 전 인도인의 분노는 폭발하고 여기에 간디의 비폭력 무저항 운동이 기세를 더했다. 인도의 끈질긴 저항은 제2차 세계대전이 끝난 이후에도 끊이지 않았고 그 결과 1947년 8월 15일 드디어 독립을 이루었다. 하지만 이 과정에서 결코 종교적으로 융화할 수 없었던 힌두교와 이슬람은 간디의 호소에도 불구하고 끝내 인도와 파키스탄으로 갈라지는 비극을 맞았다.

그 후 인도는 네루와 인디라 간디 그리고 라지브 간디를 거쳐 오늘날에는 바라티야 자나타당을 중심으로 연립 정부가 구성되었다.

영국의 인도 진출

근대 유럽의 서막인 르네상스기에 서유럽인들의 모험정신은 크게 촉발되었다. 15세기에 들어 선박 건조술과 항해술이 급속하게 발전하면서 베니스와 제노아의 무역 독점권은 붕괴되었다. 한편 포르투갈과 스페인은 새로운 항로를 찾아내 아시아 지역에 대한 해상 무역권을 확보하고 동방의 식민지 건설에 박차를 가했다.

이미 앞에서도 설명했듯이 1498년 바스코 다 가마가 아프리카의 희망봉을 돌아 인도의 말라바르 해안에 있는 캘리컷에 도착한 이후 인도를 비롯한 동방무역의 주도권을 잡은 최초의 유럽 세력은 포르투갈이었다. 포르투갈은 코친, 고아, 디우, 다만 등에 중계기지를 건설했다. 뛰어난 성능의 무기들을 앞세운 포르투갈은 무굴 제국의 황제를 위협하여 많은 이득을 갈취했다. 그들은 1510년 고아를 점령한 뒤 페르시아 걸프 만의 호르무즈 항구에서 말라야 반도의 말라카 해협과 인도네시아의 스파이스 섬(자바와 수마트라 섬)에 이르는 전체 아시아 지역을 지배하기에 이르렀다. 그 후 약 1세기 동안 포르투갈은 동방무역을 독점하면서 어느 누구도 감히 넘볼 수 없는 전성 시대를 구가했다.

동인도회사 엘리자베스 여왕의 사절을 맞는 무굴 제국의 황제. 1903년 〈런던 뉴스〉(London news)에 실린 삽화

네덜란드가 동방무역에 뛰어든 것은 1602년 동인도 회사를 설립하면서부터였다. 그들의 주된 목적은 인도보다 당시 향

료의 섬들로 알려져 있던 인도네시아의 자바와 수마트라 섬을 차지하는 것이었다. 네덜란드는 1623년 말레이 해협과 인도네시아 섬들에서 포르투갈 세력을 몰아낸 뒤 그곳에 기지를 세웠다. 그 후 인도의 면직물 산업에도 눈독을 들인 네덜란드는 인도 해안 지역을 중심으로 자신들의 무역 중계기지를 만든 뒤 1658년에 포르투갈을 물리치고 스리랑카를 차지했다.

　17~18세기경 세계 무역이 급속히 증가한 가운데 영국이 인도에 처음 진출한 것은 1600년 12월, 엘리자베스 여왕의 허가를 얻어 설립된 동인도 회사를 통해서였다. 1608년 인도 서부 해안에 위치한 수라트에 처음 상업기지를 건설한 영국은 무굴 제국의 황제 자항기르로부터 정식 허가를 얻기 위해 호킨스 선장을 파견했다. 영국은 황족의 도움을 받아 서부 해안의 몇 곳을 이용할 수 있는 허가를 받았다. 하지만 이에 만족하지 못한 영국은 보다 넓은 지역으로 세력을 확대하기 위해 1615년 토머스 로 경을 인도로 파견하여 무굴 황제와 교섭을 벌였다. 그 결과 구체적인 협정을 맺은 것은 아니었지만 수라트를 비롯한 아그라, 아흐메다바드, 바로치 등 인도 전역에 공관을 개설할 수 있는 허가를 받았다.

　한편 1668년에는 포르투갈이 영국의 찰스 2세에게 공주의 결혼지참금으로 양도한 봄베이 지역을 영국의 동인도 회사가 인수함으로써 이후 이곳이 수라트를 대신하여 영국의 인도 무역 중심지가 되었다. 영국은 포르투갈을 대신해 인도 진출을 확대하는 한편 네덜란드가 독점하던 인도네시아 섬들의 향료 무역에도 눈독을 들이기 시작했다. 그리하여 1654년부터 1667년까지 벌어진 양국과의 간헐적인 싸움에서 패배한 영국은 인도를 독점하는 대신 인도네시아의 섬들은 네덜란드가 차지하도록 합의했다.

동인도 회사의 무역공관 동인도 회사는 1668년 봄베이에 무역공관을 지었다. 빅토리아 시대의 우아함을 잘 보여주는 이 건물은 현재 터미널로 쓰이고 있다.

　영국의 동인도 회사는 자신들의 무역기지가 있던 인도 지역을 지배하기 위해서 외교적 노력을 기울이는 한편 여의치 않을 때는 군대의 힘까지 동원했다. 동인도 회사의 상업 활동은 마드라스, 봄베이, 벵갈의 세 지역을 축으로 이루어졌다. 당시 남인도는 영국을 비롯한 외국세력들이 진출하기에 아주 좋은 조건을 갖추고 있었다. 비록 무굴 제국이 거대한 영토를 차지하고 강력한 군대의 힘으로 인도를 지배했다고는 하지만 아직까지 남인도는 그들의 권한 밖이었다.

　뿐만 아니라 한때 남인도를 지배했던 비자야나가라 왕국 역시 이미 1565년에 붕괴되어 힘없는 소국으로 전락해버린 뒤였다.

이에 강한 군대를 앞세운 영국은 힘 들이지 않고 쉽게 남인도 지역에 진출할 수 있었다. 1611년 남인도의 마술리파탐에 무역기지를 세운 영국은 원주민의 저항과 네덜란드의 방해로 어려움에 봉착했다. 영국은 난관을 극복하기 위해 1639년 마드라스 지방 토후의 허락을 얻어 그곳에 무역공관을 세우고 주위에 성 조지 요새를 만들어 남인도 무역의 본거지로 삼았다. 이후 영국은 포르투갈로부터 양도받은 봄베이 지역에도 견고한 성을 쌓고 수라트를 대신하여 인도 서부 해안 무역의 중심지로 정했다.

한편 영국의 동인도 회사가 동부 인도 지역에 처음 무역공관을 설립한 곳은 1633년 오릿사였다. 그 후 1651년 벵갈의 후글리 지역에 무역공관을 세웠고 계속해서 파트나, 발라소르, 다카 지역 등으로 확대해 나갔다. 이 과정에서 힘을 과신한 영국은 1686년 무력으로 후글리를 점령하고 무굴 제국에 전쟁을 선포해 양국 간에 충돌이 발생했다. 무굴 제국의 힘을 간과했던 영국은 아우랑제브가 이끄는 강력한 군대에 대패하여 벵갈에서 쫓겨났다. 아우랑제브는 계속해서 수라트, 마술리파탐, 비샤카파탐에 있던 동인도 회사의 공관을 점령하고 봄베이에 있던 성마저 포위해버렸다. 아직까지 무굴 제국의 힘이 여전히 강력하다는 사실을 알아차린 영국은 사절을 보내 사과했다. 1690년 다시 무역 허가를 얻어 캘커타로 알려지게 된 지역에 윌리엄 성을 쌓고 무역공관을 설치했다. 이후 캘커타는 동부 지역을 중심으로 한 인도 진출의 중심지가 되었다.

봄베이, 마드라스, 캘커타에 인도 진출의 터전을 마련한 영국은 18세기부터 페르시아와 아프가니스탄의 잇단 침공으로 무굴 제국이 쇠락해진 틈을 타 적극적으로 영토 확장 정책을 추구하면서 인도의 식민지화 정책을 점차 노골화시켰다. 이를 위하여 영국은 1708년 동인도 회사를 개편하여 인도 무역의 독점뿐 아니라 정치적 지배까지 넘보는 계획을 차근차근 실행시켰다. 이미 17세기말 포르투갈과 네덜란드 등의 경쟁자를 물리친 영국은 인도의 지배에 더 이상 아무런 장애가 없을 것으로 생각하였다. 하지만 영국의 계획은 뜻밖에도 가장 늦게 인도에 진출한 프랑스에 의해 강력한 저지를 받았다.

카르나티크 태수의 죽음 영국과 프랑스는 남인도를 두고 영토 전쟁을 벌였다.

프랑스는 유럽 열강들 가운데 가장 늦은 1664년 동인도 회사를 설립하여 인도 진출을 시작했다. 그들은 캘커타 인근의 찬데르나고르와 마드라스 가까이에 있던 폰디체리에 각각 무역공관을 설치했다. 이 같은 지리적 상황 때문에 영국과 프랑스의 충돌은 피할 수 없었지만 당시 프랑스의 국내 사정으로 그 가능성은 잠재적인 형태로만 남아 있었다. 1742년 오스트리아 왕위 계승을 놓고 영국과 프랑스가 유럽 본토에서 전쟁을 벌이자 당연히 인도에 있던 양국의 동인도 회사 간에도 충돌이 발생했다. 당시 인도의 프랑스 총독으로 폰디체리에 부임했던 뒤플레는 지방의 토후들과 결탁해서 영국에 커다란 타격을 가했다. 이후 양국이 남인도에서 벌인 세 차례의 전쟁은 카르나티크 전쟁이라고도 불린다.

이 전쟁은 유럽의 힘에 의지해 자신들의 정권을 유지하려던 인도의 세력들이 개입함으로써 3파전적인 성격을 띠었다. 그러나 1차 전쟁에서 승리를 거둔 프랑스는 당시 전쟁의 확대보다 상업적 이익을 더 생각하는 편이었다. 그리고 무엇보다도 인도보다 아메리카 식민지를 유지하는 편이 더 낫다고 판단한 프랑스 정부는 화근의 원인이던 뒤플레를 본국으로 소환했다. 이리하여 프랑스와 영국의 1차 전쟁은 일단 끝을 맺었다. 하지만 양국 사이의 평화는 1756년 유럽에서 영국과 프랑스의 7년 전쟁이 발발하면서 다시 깨져버렸다. 이 전쟁에서 승리한 영국은 1763년 드디어 인도에서 프랑스 세력을 완전히 몰아내고 확고한 기반을 구축했다.

영국이 인도를 정치적으로 지배할 수 있는 결정적인 기회를 얻은 것은 바로 1757년에 벌어진 플라시 전투를 통해서였다. 당시 벵갈의 태수 시라지 웃드 다울라흐는 자신이 즉위할 때 반대파를 지원했던 영국에 대해 반감을 가지고 있었다. 그래서 영국이 캘커타의 요새를 보강하려 하자 당장 중지하도록 명령했다. 영국이 그의 요구를 거절하자 태수 시라지 웃드 다울라흐는 이를 빌미

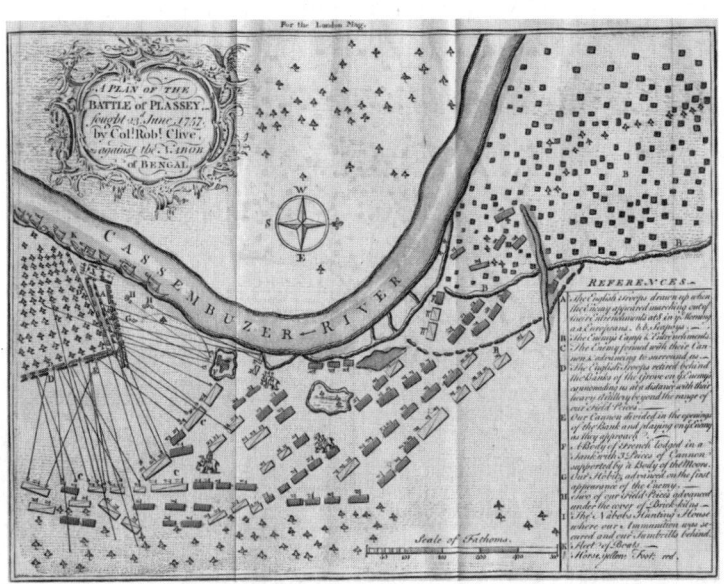

플라시 전투 지도 약 1760년경에 그려진 플라시 전투 지도. 군대의 움직임과 그에 대한 설명이 적혀 있다.

로 1756년 캘커타를 점령한 뒤 영국인을 추방해버렸다. 한편 풀타로 피신한 영국인들은 태수가 일부의 군대만 남겨놓고 캘커타에서 철수하자 곧바로 태수의 궁정에 있던 관리들을 매수했다. 그리고 마드라스에서 지원군이 오기를 기다렸다.

한편 캘커타의 소식을 전해들은 마드라스의 영국인들은 클라이브와 와트슨이 지휘하는 영국군을 급파하여 이미 매수된 관리들의 도움을 받아 캘커타를 쉽게 재탈환했다. 캘커타를 다시 차지한 영국은 이에 만족하지 않고 아예 프랑스와 친한 태수를 몰아내고 대신 영국에 우호적인 인물인 참모장 미르 자파르로 대체할 음모를 진행시켰다. 매수와 향응을 통해 계획한 대로 일이 추진되자 영국은 태수에게 불가능한 요구를 강요하기 시작했다. 이것이 음모인 줄 꿈에도 눈치채지 못했던 태수는 이미 영국측과 손잡은 미르 자파르를 사령관으로 임명하여 영국군과 전투를 벌이도록 했다.

이리하여 양측은 1757년 6월 23일 무르쉬다바드에서 30여 킬로미터 떨어진 플라시 평원에서 인도의 운명을 뒤바꾼 전투를 벌이게 되었다. 클라이브가 이끄는 영국군은 영국인 50여 명을 포함해 고작 3천 명이었던 데 비하여 태수측의 군대는 프랑스군 50명을 포함하여 보병과 기병이 약 7만 명 가까이 되는 대병력이었다. 병력상으로 본다면 싸움의 결과는 불보듯 뻔한 일이었다. 하지만 이미 사령관이 매수된 상황이라면 병력이 많고 적음은 상관이 없었다. 사령관 자신은 주력 부대를 이끌며 직접 전투를 벌이지 않았을 뿐 아니라 전투를 벌이고 있는 다른 군단에도 곧바로 퇴각 명령을 내렸다. 이 상황에서 인도의 승리를 기대하는 것은 도저히 불가능했다.

태수는 뒤늦게 사태의 내막을 알아차렸지만 군대의 대오는 이미 뿔뿔이 흩어진 뒤였다. 신변의 위험을 느낀 태수는 가족들을 데리고 피신하려 하였지만 불행하게도 미르 자파르의 아들에게 잡혀 목숨을 잃었다. 이처럼 인도의 운명을 뒤바꾼 역사적 전쟁은 영국측의 계략으로 너무나 싱겁게 끝나버렸다. 대신 미르 자파르가 영국측 의도대로 태수의 자리에 올랐다.

플라시 전투는 영국이 인도에서 토지가 비옥하고 산업이 발달한 벵갈 지역을 차지했다는 사실 외에도 라이벌이었던 프랑스 세력이 이로 인해 완전히 소멸되었다는 점에서 아주 중요한 의미를 갖는다. 다시 말해서 영국의 벵갈 정복은 곧바로 인도 전체를 차지할 수 있는 길을 확보한 것과 마찬가지였다.

한편 영국의 음모에 가담한 대가로 태수의 자리를 차지한 미르 자파르는 클라이브와 약조한 대로 상당한 액수의 보상금을 지급했다. 그러나 영국측의 완전한 꼭두각시로 전락한 미르 자파르는 탐욕스런 영국인들의 과도한 요구를 끝내 견디지 못하고 1760년 태수의 지위에서 물러났다. 미르 자파르가 물러나자 영국측은 대신 그의 양아들 미르 콰심을 새로운 태수로 임명했다. 그러나 미르 콰심은 자유 통관권에 관한 문제로 영국측과 충돌한다. 그는 동인도 회사의 영국인들이 자유 통관권을 악용하여 막대한 이득을 취한다는 사실을 알아차리고 이를 감시하면서 제지하려 했다.

당시 영국인들은 무굴 제국에게 수출용이든 내수용이든 모든 물품의 관세를 없앨 것을 요구했다. 그러자 관세를 지불하면서 무역을 하던 토착 상인들은 도저히 그들과 경쟁할 수 없게 되었다. 이를 기회로 동인도 회사측에서는 불법적으로 인도 상인들에게 자유 통관권을 팔기 시작했다. 사태가 이 지경에 이르자 벵갈 경

로버트 클라이브 적의 전선을 살펴보고 있는 클라이브

제는 급속히 혼란에 빠졌고, 자연히 태수의 관세 수입에도 막대한 영향을 미치기 시작했다. 그럼에도 동인도 회사와 영국인의 횡포는 더욱 심해져만 갔다. 그들은 관리와 지주들에게 뇌물을 강요했고 수공업자, 농민, 상인들에게 물건을 싼값에 팔도록 윽박지르기 일쑤였다. 만일 자신들의 말을 듣지 않는 사람이 있다면 매질을 하거나 심지어 감옥에 가두었다.

견디다 못한 미르 콰심은 1763년 그들과 전쟁을 벌였지만 패배하여 아와드로 피신했다. 미르 콰심은 다음해인 1764년 아와드의 태수를 비롯해 무굴 제국의 황제와 동맹을 맺고 벵갈을 탈환하기 위하여 부크사르에서 동인도 회사의 군대와 전투를 벌였다. 하지만 그는 이 싸움에서도 패배하고 영국은 이로 인해 벵갈, 비하르, 오릿사 지역의 실질적인 지배자가 되었다.

1765년 벵갈의 동인도 회사의 총독으로 다시 인도에 파견된 클라이브는 벵갈의 식민지화를 더욱 분명히 했다. 그는 먼저 자신들이 임명한 벵갈의 태수와 조약을 맺어 태수의 군대를 해산시키고, 행정을 담당하는 직책인 수바다르를 임명할 때에는 반드시 영국의 동의를 얻도록 만들었다. 이렇게 하여 벵갈의 행정권을 실질적으로 장악한 뒤 계속해서 무굴 제국의 명목상 황제인 샤 알람 2세를 위협하여 비하르, 벵갈, 오릿사 지역의 조세 징수권마저 빼앗았다. 1765년 드디어 벵갈의 실질적인 지배자가 된 동인도 회사는 명목상의 태수는 여전히 존속시킨 채 실질적인 권한은 모두 영국이 갖는 이른바 이중 통치를 실시했다. 이러한 통치 제도는 영국의 입장에서 볼 때 실질적인 이득을 취하는 대신 그에 대한 책임은 지지 않는 아주 편리한 방식이었다. 동인도 회사의 교묘한 위장술책인 이중 정책으로 인해 회사의 부는 극에 달하고 그와는 정반대로 벵갈의 부는 점차 황폐해져만 갔다.

1830년대 동인도 회사의 군인 제복

이제 동인도 회사는 인도의 상품을 사기 위해 영국 본토로부터 재정 지원을 받을 필요가 없어졌다. 벵갈의 풍부한 조세 수입만으로도 재원이 남아 돌았기 때문이었다. 이 같은 사정 때문에 동인도 회사의 주가는 폭등을 거듭했고 영국 정부 역시 동인도 회사에 대해 매년 납입금을 증액하도록 했다.

동인도 회사의 부가 급속도로 증가함에 따라 직원들의 부정부패도 엄청나게 늘었다. 그들은 권력을 등에 업고 사업을 벌이는 한편 인도의 상인 및 귀족으로부터 뇌물을 받는 등 온갖 수단을 발휘하여 사욕을 채우기에 급급했다. 직원들의 부정부패는 동인도 회사를 겉모습만 화려하고 속은 텅 빈 강정으로 만들었다. 이에 재정적 압박을 느낀 회사는 영국 정부에 원조를 요청할 수밖에 없는 상황에 처했다.

한편 상업을 목적으로 설립된 동인도 회사가 실질적 통치를 행하는 정치기관이 되기에는 부적절하다고 판단한 영국 정부는 1773년 회사의 주주가 갖고 있던 무제한의 권한을 규제하는 노스 규제법을 제정했다. 이를 통해 인도에는 행정상 최고 책임을 맡는 총독부와 최고 법원이 설치되었다. 그리고 워렌 헤이스팅스가 초대 벵갈 총독으로 임명되고 캘커타는 영국령 인도의 수도가 되었다. 영국의 본국 정부는 계속해서 1784년 피트 인도법을 제정하여 정부 직속의 감독국을 설치하고 동인도 회사의 이사회 등을 감독하도록 했다. 이상의 두 가지 법을 제정함으로써 영국의 인도 지배는 이중 정책의 가면을 벗어버리고 본격적인 식민통치 체제를 갖추어 나갔다.

남인도의 반영 항쟁

날로 증가하는 영국의 세력에 대해 가장 강력한 저항을 시도한 것은 남인도 마이소르 왕국의 주민들이었다. 당시 남인도는 카르나티크 전쟁이 끝난 뒤 하이데라바드와 마이소르 그리고 영국이라는 세 개의 세력이 서로 미묘한 힘의 균형을 유지하고 있었다. 이 가운데 마이소르는 애당초 비자야나가라 왕국이 붕괴된 후 무굴 제국이 쇠퇴한 틈을 타 힌두 지배자가 재건한 왕국이었다. 하지만 마라타군과 이슬람군이 파니파트에서 대결하고 있을 무렵 이슬람교도의 장군 하이다르 알리가 왕위를 차지하면서 이슬람 왕국이 되었다.

하이다르 알리는 농업을 장려하고 선정을 베풀어 나라의 힘을 강화시키는 동시에 세력확장을 꾀하는 영국에 끈질기게 대항했다. 마이소르는 1767년부터 1799년까지 모두 네 차례에 걸쳐 영국과 대규모의 전쟁을 치렀다. 그동안 마이소르는 영국의 지배로부터 인도를 구하기 위하여 대내적으로는 마라타와 하이데라바드 등에 동맹을 호소했다. 대외적으로는 1775년 미국 독립 전쟁에서 영국과 프랑스가 대립하고 있다는 사실을 알고 프랑스와 동맹을 맺었다.

하이다르 알리는 제2차 전쟁이 벌어지던 1782년 병으로 사망하고 그의 아들 티푸 술탄이 아버지의 뒤를 이어 영국과의 전쟁을 계속했다. 이 전쟁에서 마이소르가 카르나티크 대부분을 점령하면서 영국을 위협하자 당시 영국의 총독이던 워렌 헤이스팅스는 군대와 외교적인 힘을 동시에 발휘하여 겨우 위기에서 벗어날 수 있었다. 그는 하이데라바드의 니잠 정권을 매수하는 한편 1781~1782년에는 마라타와 평화조약을 체결하였다. 이는 영국군의 퇴로를 확보한 한편 그들이 마이소르와 연합할 수 있는 가능성을 차단시켰다.

영국군은 1781년 포르토 노보에서 하이다르 알리의 군대를 물리치고 마드라스를 구하기도 했지만, 그가 죽고 그의 아들 티푸 술탄에 의해 계속된 전쟁에서 일진일퇴를 거듭했다. 그러다 1784년 양측은 평화조약을 체결해 잠시 동안 휴전에 들어가 소강 상태를 맞았다. 그럼에도 영국의 입장에서 볼 때 마이소르는 남인도를 차지하기 위해서 반드시 제거해야 할 눈엣가시였다. 이와는 달리 티푸의 입장에서는 마이소르 왕국과 인도 전체의 독립을 위해서 영국은 반드시 인도 밖으로 물러나야만 할 적이었다. 양측의 입장에서 어느 한편이 사라지지 않는 한 평화와 안전이 보장될 수 없는 절박한 상황이었다. 결국 1789년부터 1792년까지 3차 전쟁이 일어났다. 하지만 이 전쟁의 결과는 아쉽게도 마이소르의 패배로 끝나면서 세링가파탐 조약을 통해 티푸는 영토의 절반과 엄청난 배상금을 영국에 지불해야만 했다.

티푸 술탄 1799년 5월. 세링가파탐. 티푸 술탄은 마이소르 전투에서 전사했다.

하지만 티푸 술탄의 영국에 대한 저항은 끝나지 않았다. 그의 전 생애의 목적은 오직 이웃들과 결속하여 자국을 보호하는 한편 영국 세력을 남인도에서 완전히 추방하는 것이었다. 그는 영국을 몰아내기 위해서 국내뿐 아니라 프랑스, 아프가니스탄, 아라비아, 터키 등 주변의 이웃 나라에까지 사절을 보내 도움을 요청했다. 이 사실을 알아차린 영국은 프랑스의 원군이 도착하기 전에 티푸를 물리치기로 결정했다.

"갇혀진 비참한 삶을 사는 것보다 차라리 군인으로 죽는 길을 택하겠다."고 선언한 티푸는 1799년 영국의 군대와 용감히 맞섰지만 이미 인도의 앞날은 영국의 손길을 벗어날 수 없도록 정해진 뒤였다.

결국 티푸는 마이소르의 수도 세링가파탐까지 쳐들어온 영국군과 용감히 싸우다 전사했다. 뿐만 아니라 그의 군대도 마지막 순간까지 술탄의 곁에 남아 장렬한 죽음을 맞이했다. 32년이란 기나긴 세월 동안 죽음을 무릅쓰고 용감하게 영국에 저항했던 마이소르 왕국의 투쟁은 막을 내렸다. 이로 인해 남인도는 완전히 영국의 수중에 떨어졌다.

반영 항쟁에서 실패한 마이소르 왕국의 영토는 영국과 그를 도운 마라타 그리고 하이데라바드의 니잠 정권에게 분할되면서 예전의 1/4로 줄어들었다. 영국측은 이곳에 하이다르 알리 이전의 지배자였던 힌두교도의 왕을 내세운 뒤 영국인을 정치 고문으로 파견하여 친영 괴뢰 정권을 만들었다. 뿐만 아니라 니잠 정권은 이미 1798년 영국과 군사보호 조약을 체결하여 실질적으로 영국의 지배를 받고 있었다. 그리고 카르나티크 역시 4차 전쟁 때 마이소르의 티푸와 내통했다는 이유로 1801년 태수를 내쫓고 영국의 직할령으로 합병했다. 이로써 영국은 벵갈에 이어 가장 저항적이었던 남인도를 평정함으로써 이제 마음놓고 중인도와 북인도를 향해 침략의 손길을 뻗칠 수 있게 되었다.

마라타의 항쟁

마이소르를 제압함으로써 남인도의 지배권을 확보한 영국은 계속해서 중인도와 북인도 지역으로 진출했다. 이 과정에서 데칸 서부 지역을 장악하고 있던 강력한 마라타족과 부딪히지 않을 수 없었다. 마라타족과의 전투는 1775년에서 1782년까지 계속되었다. 당시 마라타인 사이에서는 페슈와 마다브 라오 2세와 라구나스 라오가 치열한 권력 투쟁을 벌이고 있었다. 봄베이에 있던 영국 관리들은 이 틈을 노려 라구나스 라오의 편을 들면서 자신들의 이익을 취하려 했다. 하지만 결과는 영국인들 뜻대로 되지 않고 오히려 마라타와 영국 사이에 전쟁이 일어나게 되었다. 1775년부터 1782년까지 벌어진 전쟁에서 마라타인은 페슈와 아래 하나로 일치단결했다.

한편 영국측 입장에서는 당시 마이소르와의 2차 전쟁도 힘겨운 상태라 살아남기 위해서는 가능하면 마라타측과의 전쟁은 피하는 것이 상책이었다. 이리하여 당시의 총독 워렌 헤이스팅스는 마라타측과 평화조약을 체결했다.

1802년 마라타족 연합군은 페샤와르, 가에크와드, 신디아, 홀카르, 본슬레 등 다섯 세력으로 나뉘어져 서로 간에 치열한 세력 다툼을 벌이고 있었다. 이에 영국은 페샤와르 및 신디아와 군사동맹을 맺어 마라타 연합 세력을 분열시키려고 시도했지만 실패했다. 그러던 중 1802년 10월 디왈리 축제 기간 중에 홀카르가 페샤와르와 신디아의 연합군과 전쟁을 벌여 승리를 거두었다. 이에 깜짝 놀란 페샤와르의 바지 라오 2세는 영국군과 군사 조약을 체결하여 그들의 보호 아래 들어갔다. 이로 인해 마라타의 연합 세력이 분열되었지만 무굴 제국 시대부터 이어져 내려온 마라타의 끈질긴 저항 정신은 영국에 대해서도 사그러들지 않았다.

워렌 헤이스팅스 당시의 인도 총독 워렌 헤이스팅스의 초상

마라타족의 영국과의 전투는 권력 다툼의 앙금이 채 사라지지 않은 상황에서 진행되어 이전처럼 완벽하게 일치단결되지 않았

다. 그렇기 때문에 신디아와 본슬레가 영국과 싸우는 동안 홀카르는 팔장을 낀 채 수수방관했다. 심지어 가에크와드는 영국측을 돕기조차 했다. 홀카르가 영국과 싸울 때는 거꾸로 본슬레와 신디아가 자신들이 겪은 전쟁의 상처를 어루만지고 있을 뿐이었다. 상황이 이렇다 보니 승리의 여신이 누구의 편을 들지는 이미 정해진 것과 마찬가지였다. 뒤늦게 자신들의 잘못을 깨달은 마라타족이 페샤와르를 중심으로 다시 세력을 규합하여 1817년 영국을 공격하였지만 이미 강해질 대로 강해진 영국을 물리치기에는 역부족이었다. 이리하여 1818년 마라타의 저항은 완전히 물거품이 된 채 각각의 세력은 영국의 식민지 또는 보호국으로 전락하고 말았다.

신드 지방의 합병

마라타의 패배로 당시 신디아와 홀카르가 지배하고 있던 라지푸타나는 자연스럽게 영국의 식민지가 되었다. 이제 인도아 대륙은 편자브와 신드 지역을 제외하고는 모두 영국의 직·간접적인 지배하에 놓이는 비참한 신세가 되었다. 하지만 당시 편자브의 시크 왕국 외에 뚜렷한 지배 세력이 없었던 이들 지역이 탐욕스런 영국의 손아귀로 넘어가는 것은 구실만 없었을 뿐 시간은 문제될 것이 없었다.

온갖 계략을 짜내 이 지역을 차지할 구실을 찾던 영국에게 마침내 기회가 왔다. 당시 러시아가 자신들의 세력을 확장할 목적으로 아프가니스탄을 거쳐 서북 인도로 진출하려는 야심을 드러낸 것이었다. 유럽과 아시아, 전 세계에 걸쳐 양측은 대립했다. 영국은 러시아의 진출을 저지하기 위해 먼저 아프가니스탄에 대한 영향력을 강화하기로 결정했다. 하지만 1839년부터 1842년까지 벌어진 제1차 아프가니스탄 전쟁에서 영국은 도리어 뼈아픈 패배를 당하고 물러났다.

신드의 제후들은 1832년에 이미 영국의 상인들을 위하여 길을 터주고 1839년에는 군사보호 조약을 체결하여 아프가니스탄으로 향하는 영국군을 물심양면으로 도와주었다. 하지만 이에 만족할 수 없었던 당시의 주재관 찰스 네이퍼스는 온갖 구실을 만들어 그들을 괴롭혔다. 네이퍼스는 신드에 대한 욕심을 일기장에 다음과 같은 글로 남겼다.

"우리에게는 신드를 빼앗을 권리가 없다. 하지만 우리는 그렇게 해야만 한다. 그것은 인간적인 악행 중에서도 유용하고 유익한 면이 될 것이다."

아프가니스탄, 헤라트 성벽 영국군의 대포가 성벽 앞에 늘어서 있다. 아프가니스탄을 자국의 영향 아래 두려는 영국과 러시아는 일촉즉발의 상태였다.

영토 내에서 자신들의 권한을 보존하려 영국에 협조하던 제후들로서도 더 이상 견딜 수 없는 상황에 이르자 군대를 일으켜 영국에 대항하기로 결심했다. 이리하여 1843년 미아니에서 벌어진 양측의 전투에서 제후의 군대는 패배하고 마침내 신드 지방은 영국에 합병되었다.

펀자브와 시크 전쟁

신드가 영국에 합병되자 유일하게 남은 펀자브의 시크 왕국은 고민이 이만저만이 아니었다. 신드와 달리 펀자브의 란지트 싱은 아프가니스탄 전쟁에 대한 영국의 영내통과를 강하게 거부했다. 그러나 란지트 싱이 1839년 죽자 펀자브의 정치 상황은 순식간에 혼란 속으로 빠져들었다. 후계 다툼이 이어져 모든 힘이 군대로 몰리기 시작했다.

한편 영국은 신드를 합병하자마자 펀자브로 눈길을 돌렸다. 영국의 심상치 않은 움직임을 미리 알아차린 펀자브의 군대가 선수를 쳐서 먼저 영국군을 공격함으로써 제1차 시크 전쟁이 발발했다. 1845년 시크를 중심으로 한 펀자브의 군대는 사틀루지를 넘어 용감하게 영국을 공격했다. 하지만 장수 가운데 이미 영국과 내통하고 있던 자가 많았던 펀자브의 군대는 소브라온 전투에서 심각한 타격을 입은 뒤 1846년 굴욕적인 라호르 조약을 맺었다. 영국측은 이 조약을 통하여 카슈미르를 얻고 수도 라호르에 영국 주재관을 파견하는 대신 나머지 지역은 펀자브의 제후들에게 넘겨주어 명목상이나마 독립국을 유지할 수 있도록 조치했다.

하지만 실질적인 권한을 가진 영국이 각종 개혁을 단행하면서 펀자브인을 압박했다. 사태가 펀자브인 전체의 위기로 전개되자 1848년 각지에서 반란이 일어나고 시크교단 전체가 하나로 단결하여 영국에 대항했다. 이렇게 시작된 제2차 시크 전쟁에서도 처음에는 영국군이 고전했지만 시크 내부가 분열되면서 시크군은 괴멸되고 말았다.

시크교 병사들 시크 전쟁에서 영국인과 시크교도는 맞서 싸웠지만 제1차 세계대전 중 시크인은 영국군에 속해 싸웠다.

1846년 달하우지는 인도 총독으로 부임해 인도의 모든 지역에 대한 영국의 직접적인 지배 정책을 공표했다. 그는 먼저 토착 제후들의 모든 권리와 영토에 대한 상속권을 박탈하고 영국 정부의 특별한 허락이 없는 한 그 모두를 영국에 합병시켰다. 이 같은 정책의 결과로 사타라, 나그푸르, 잔시 등이 영국에 합병되었으며 카르나티크와 수라트의 제후와 탄조르의 라자들이 자신들의 권위를 박탈당했다. 펀자브 또한 예외일 수가 없었다.

달하우지의 합병 정책은 계속되었다. 1856년에는 갠지스 강 상류와 네팔 사이에 있던 아와드 왕국을 왕의 폭정을 구실삼아 강제로 합병하였다. 영국의 아와드 합병은 같은 처지의 보호조약을 맺고 있던 다른 토후국들을 불안하게 했다. 벵갈에 있던 인도인 용병 세포이들에게는 말할 수 없는 충격이었다. 당시 벵갈에 있던 세포이들은 주로 아와드를 비롯한 북인도 지방 출신들로 구성되어 있었다. 그렇기 때문에 영국에 대한 반감은 극도에 달했으며 그들의 분노는 결국 영국의 동인도 회사가 인도를 지배하기 시작한 지 1백 년이 되는 1857년, 유명한 세포이 저항 운동으로 이어졌다.

세포이 저항 운동

영국은 인도 주변의 국가와도 전쟁을 벌여 연거푸 승리를 거두었다. 당시 아삼 지방을 정복하고 동방으로의 진출을 꾀하던 버마와 1824~1826년과 1852~1853년 두 차례에 걸쳐 전쟁을 벌여 승리를 거두었고, 1814~1816년에는 구르카 전쟁을 통하여 네팔을 물리쳤다. 이리하여 19세기 중반 무렵 인도의 영토 전체를 실질적으로 지배하게 된 영국은 달하우지의 합병 정책으로 인도를 완전한 식민지로 만들기 위한 작업에 착수했다. 하지만 영국의 지배가 노골화될수록 인도인들의 반영 항쟁도 빈번해졌고, 결국은 세포이 저항 운동을 통해 대규모 반영 운동으로 폭발하고 말았다.

    1857년에 일어난 세포이 저항 운동은 좁은 의미에서는 벵갈에 있던 인도인 용병(세포이)들의 영국에 대한 무장 투쟁을 의미하지만 넓게 보면 그렇게 단순하지만은 않다. 세포이 저항 운동은 비록 시작은 벵갈에 있는 세포이들에 의해서 야기되었지만 곧바로 대다수 인도 민중의 동참을 끌어내는 기폭제 역할을 했다. 그런 의미에서 본다면 세포이 저항 운동은 그보다 더 넓은 의미를 함축하고 있다. 이 사건을 지칭하는 용어에 대해서도 일반적으로 우리는 세포이 반란이라고 알고 있다. 그러나 엄밀한 의미에서 본다면 세포이 반란이란 용어 자체도 지배자였던 영국의 입장에서 그렇다는 것이지 인도인의 입장에서 보면 엄연히 영국의 식민지 정책에 대한 저항 운동이었다.

세포이 저항 운동이 민중들의 대규모 반영 투쟁으로 발전한 이면에는 몇 가지 원인들이 있었다. 첫 번째 이유는 영국의 무자비한 경제적 착취였다. 수단과 방법을 가리지 않았던 영국의 경제적 착취는 인도의 전통적 경제 구조를 파괴시켰고 수많은 농부와 수공업자, 그 밖의 기술자들을 극심한 가난으로 내몰았다.

두 번째 이유는 영국에 의해 만들어진 과도한 토지세와 법 체계, 행정 제도였다. 이 가운데서도 과중한 토지세 때문에 자신들의 땅을 상인이나 고리대금업자에게 빼앗기는 농민이 허다했다. 이런 경우는 지주들도 마찬가지였다. 영국의 법 체계는 개개인의 인간 관계 및 주종 관계에 기초한 인도의 전통적인 촌락공동체 기능을 해체시켰다. 또한 행정부의 말단직원들의 극심한 부정부패는 많은 일반 국민들에게 괴로움을 안겨주었다. 경찰, 하급관리, 하급법원에 근무하는 사람들의 부정부패는 이루 말로 표현하기 힘들 정도였다. 물론 그렇게까지 된 데는 형편없는 급료가 커다란 원인이었다. 복잡한 사법 체계는 오히려 부자들로 하여금 가난한 사람들을 더욱 억압할 수 있는 기회만 제공했다. 그 결과 이자나 토지세, 빌린 돈을 갚지 못한 무수한 사람들이 구타, 고문, 투옥되는 경우가 비일비재했다.

세포이 전통 복장을 차려 입은 세포이 병사의 모습

세 번째 이유는 영국인들의 인종적 우월감이었다. 영국인들은 이전의 이방인들과는 달리 인도에 들

바후드르 샤의 생포
영국군의 허드슨 대위에게 생포당한 무굴 제국 최후의 황제 바후드르 샤

어온 이후 단연코 인도화되기를 거부했다. 인종적 우월감에서 비롯된 이런 태도는 그들이 인도를 지배하기 위해 만든 법과 행정 체계에도 그대로 반영되었다. 대다수 영국인의 목적은 경제적인 부를 얻는 것이었을 뿐 결코 인도를 그들의 제2의 고향으로 생각하지 않았다.

네 번째는 종교적인 문제였다. 당시 영국 정부는 선교사들을 파견하여 인도인들을 기독교로 개종시키기 위해 온갖 수단을 다 동원했다. 심지어 1850년에는 기독교로 개종한 자는 조상들의 재산을 상속받을 수 있다는 법령을 제정했다. 선교사들은 경찰의 보호하에 힌두교와 이슬람교를 공공연히 비방하거나 인도인의 전통적인 관습을 경멸했다. 게다가 영국 정부는 사원과 모스크에 속한 토지에 대해서도 세금을 부과함으로써 힌두교와 이슬람 사제들의 분노를 샀다. 분노한 사제들은 민중들을 향해 영국이 인도의 종교를 생매장시키려 한다고 설교하기 시작했다. 그렇지 않아도 군대, 관공서, 학교, 감옥 등 사람이 모이는 곳이라면 어디서든 기독교 교리를 전파하는 선교사들로 인해 불안감을 느끼던 인도인들은 힌두교와 이슬람 사제들의 분노에 찬 경고에 더욱 흔들리지 않을 수 없었다.

다섯 번째는 1846년 인도의 총독으로 부임한 달하우지가 인도의 직접 통치를 위해 시행한 합병 정책 때문이다. 합병 정책으로 많은 제후와 번왕국(토후국)의 왕족들이 종래의 지위를 상실하게 되었다. 게다가 토지 조사를 벌여 명확한 법적 권리를 증명할 수 없다는 구실로 제후와 왕족들의 토지를 몰수하거나 엉뚱한 사람에게 넘겨버렸다. 자연히 그들에게 의존하던 궁정 종사자나 군인, 상인, 수공업자 등도 덩달아 사회적, 경제적인 피해를 입게 되었다. 일반인뿐 아니라 많은 지배계층까지 영국에 반감을 품게 되었다.

이런 원인들 가운데 특히나 1856년에 시행된 아와드의 합병과 종교적인 문제는 벵갈군에 소속된 세포이들의 저항을 불러일으키는 중요한 이유가 되었다.

동인도 회사에 고용된 용병 세포이들은 영국이 인도를 정복하는 데 헌신적으로 봉사했다. 이로 인해 그들은 높은 특권과 경제적 안정을 누릴 수 있었다. 하지만 점차 가중되는 영국의 인도에 대한 압박에 그들 역시 다른 많은 인도인들과 마찬가지로 불편한 감정을 느꼈다. 그들의 불만은 1857년의 저항 운동이 있기 훨씬 전부터 가끔씩 밖으로 표출되었다. 하지만 그것은 소수의 반항일 뿐이었고 곧바로 진압되었다. 불만이 안으로 쌓여 갔다. 아와드의 합병은 그곳 출신의 많은 벵갈군 소속 세포이들의 마음을 더욱 절망스럽게 만들었다.

1857년 영국인들로서는 도저히 이해할 수 없는 사건이 북부 인도 지방에서 발생했다. 인도인들의 주식인 차파티가 북인도의 여러 마을로 순식간에 전달되는 해괴한 사건이 발생했다. 한 마을에서 이웃 마을로 차파티를 전달하면 그것을 받은 마을에서는 바로 5개의 차파티를 만들어 이웃의 다섯 마을에 각기 하나씩 전달하는 과정을 반복하면서 빠른 속도로 전파되었다. 이 해괴한 사건의 정확한 이유에 대해서는 당시의 영국인들뿐만 아니라 오늘날의 우리도 알 수 없다. 단지 많은 역사가들의 추측에 의하면 영국인들이 모든 인도인들을 기독교로 개종시키려 한다는 소문을 퍼트려 많은 국민들의 저항을 유도하려 했다는 견해가 가장 설득력 있는 것으로 받아들여지고 있다.

이 사건은 벵갈군 소속 세포이들이 저항 운동을 일으키게 된 직접적인 원인과도 연관된다. 당시 벵갈군은 벵갈에서 펀자브 지역까지를 담당하는 최대 병력의 부대로 군인 가운데 절반 이상이 세포이들로 구성되어 있었다. 이들 세포이 가운데는 높은 카스트 출신이 많아 언제나 자신의 카스트에 대해서뿐만 아니라 자신들이 믿고 있는 종교에 대해서도 강한 긍지를 가지고 있었다. 한편 영국은 당시 태평천국이 일어난 중국과 페르시아에도 출병했던 관계로 1856년 총독으로 부임한 캐닝은 벵갈군으로 하여금 국내 전뿐 아니라 해외 출병도 의무화하는 법령을 반포했다. 이 법령은 바다를 건너 해외로 나가면 자신의 카스트가 상실된다는 믿음을 가지고 있던 많은 세포이들의 불만을 야기시켰다. 결정적인 사건인 화약포 문제가 터져나오면서 세포이들의 저항은 드디어 폭발하였다.

1857년 영국군은 지금까지 사용하던 화약과 탄환을 따로 넣는 구식 소총 대신 양자를 하나로 만들어 넣는 신식 엔피일드 소총을 사용하기 시작했다. 그런데 종래와 마찬가지로 입으로 물어 깨트려야 하는 화약포에 총신의 마찰을 줄이기 위해 기름이 칠해져 있었는데 바로 이것이 결정적인 문제였다. 1857년 1월 중순의 어느 날 캘커타 북부 담당의 병기고에서 문제의 사건이 발생하고 말았다.

어느 날 낮은 계급 출신의 한 직공이 브라흐만 계급 출신의 세포이에게 자신이 가지고 있는 물병의 물을 마시지 않겠느냐고 물었다. 하층 계급의 사람과 음식을 나누어 먹으면 자신의 계급이 손상된다는 힌두교적 관습을 따르던 그 병사는 불같이 화를 내며 그 제안을 거절했다. 그러자 직공은 그 병사를 비웃듯이 쳐다보면서 이렇게 말했다.

"그러지 않아도 당신은 머지않아 당신의 카스트를 잃어버리고 말 것입니다. 왜냐하면 당신이 입으로 물어 깨트려야 하는 화약포에 소와 돼지 기름이 묻어 있으니까요."

뜻밖의 말에 깜짝 놀란 병사는 즉시 부대로 돌아가 세포이들에게 이 사실을 전했다. 그의 말은 곧바로 벵갈군 전 부대로 퍼져 나가 세포이들의 흥분을 불러일으켰다. 왜냐하면 힌두교도에게 있어서 소는 신성의 상징인 반면 이슬람교도에게 있어서는 돼지가 부정한 동물로 어떠한 경우에도 해치거나 먹는 것을 금하고 있기 때문이었다. 그런데 소와 돼지 기름이 발라진 화약포를 입으로 물어뜯어야 한다면 그것은 바로 신성을 해치거나 율법을 어기는 죄악이 되는 셈이었다.

흥분한 세포이들은 그러한 화약포의 사용은 영국이 자신들의 카스트와 신앙을 빼앗고 대신 기독교로 개종시키려는 음모라고 생각했다. 이렇게 하여 벵갈군에서 시작된 세포이의 저항 운동은 5월에 주모자를 처형하고 주동 연대를 해산해 일단락된 것처럼 보였다. 하지만 세포이들의 본격적인 저항 운동은 5월 10일 델리에서 40마일 정도 떨어진 미루트 병영에서 폭발하고 말았다. 병기고를 파괴하고 무기와 탄약을 탈취한 세포이들은 탄약포에 손대기를 거절하다 감옥에 갇힌 동료들을 구해냈다. 그리고 시내로 나가 그들에게 호응하는 경찰, 민중들과 함께 영국군과 관리를 사살하거나 그들의 집을 불태웠다. 그 후 세포이들은 해가 지자 곧바로 델리로 향했다. 왜냐하면 그곳은 무굴 제국의 수도이고 또한 황제가 머무르고 있는 인도 독립의 상징이었기 때문이었다.

다음날 새벽 그들이 델리에 나타나자 그곳에 있던 세포이 보병들과 시민들도 합류하여 영국인 상관들을 살해한 뒤 델리 시내를 완전히 장악했다. 기세가 오른 세포이들은 곧바로 델리 궁전으로 쳐들어가 정치 고문을 비롯한 모든 영국인들을 체포 또는 살해한 뒤 바하두르 샤를 인도의 황제로 선언했다. 그들은 인도 황제의 등극을 선포함으로써 옛 무굴 제국의 광활한 영토 내에 있던 모든 사람들의 단결과 영국에 대한 저항 정신을 일깨우려 했다.

이제 그들 사이에 힌두교도인가 이슬람교도인가는 아무런 문제가 아니었다. 오직 하나의 인도인이 있을 뿐이었다. 이제 세포이들은 단순한 반란군의 의미를 벗어나 진정한 독립 혁명 운동의 상징이 되었다. 바하두르 샤가 인도의 황제에 등극했다는 소식이 전해지자 각지에서 반영 투쟁에 동조하는 세포이들이 속속 델리로 모여들었다. 뿐만 아니라 농민을 포함한 일반 시민과 제후들도 기꺼이 혁명에 동참했다.

세포이들의 권유를 받은 황제는 전 인도의 족장과 제후들에게 인도의 독립을 위하여 영국과의 투쟁에 동참할 것을 권유하는 격문을 띄웠다. 드디어 독립 투쟁의 불길은 델리를 벗어나 아와드, 로힐칸드, 도아브, 분델칸드, 중앙 인도, 비하르, 동부 펀자브 지역 등으로 순식간에 번져 나갔다. 북쪽의 펀자브에서 남쪽의 나르마다 지역까지, 동쪽의 비하르에서 서쪽의 라지푸타나 지역까지 독립 투쟁에 호응하는 함성소리가 높이 울려퍼지자 영국인들은 당혹감을 감출 수 없었다.

세포이를 비롯하여 그동안 영국의 횡포에 속수무책 당하기만 하던 북부와 중앙 인도의 국민 대부분이 반영 항쟁에 참여했다. 불길이 거세질수록 영국의 반격 작전도 필사적이었다. 그들은 그때까지 반영 항쟁에 적극적으로 동참하지 않고 있던 남부 지역의 마드라스와 봄베이 주둔군과 영국에 여전히 우호적인 태도를 취하고 있던 펀자브의 시크병과 네팔의 구르카병들을 델리로 집결시켰다.

이리하여 니콜슨을 대장으로 하는 원병이 먼저 펀자브의 세포이들을 대량 학살하고 이 지역을 평정시켰다. 델리에 도착한 9월 14일부터 영국의 본격적인 반격이 개시되었다. 델리를 사수하려는 세포이와 시민군의 저항은 끈질겼지만 대포를 비롯하여 우세한 영국군의 화기 앞에서는 불가항력이었다.

4개월의 치열한 격전 끝에 수많은 인도인들이 희생되었지만 영국군으로서도 4명의 사령관이 바뀌는 등 적지않은 피해를 입었다. 힘겹게 델리를 탈환한 영국은 황제 바하두르 샤를 포로로 잡은 뒤 그의 아들들을 처형했다. 후에 바하두르 샤는 버마로 망명을 하고 이로써 무굴 제국은 역사에서 완전히 자취를 감추었다.

영국의 델리 함락은 바로 인도의 반영 투쟁의 상징과 구심점을 없앴다는 점에서 상당히 중요한 의미를 갖는다. 이 사건을 계기로 양측의 입장은 완전히 뒤바뀌어 영국은 적극적인 공세의 입장을 취한 반면에 인도 저항군은 수세적인 입장에 몰리게 되었다.

한편 캘커타에서 파견된 영국의 지원군은 알라하바드를 거쳐 칸푸르로 진격했다. 캘커타와 델리를 잇는 요충지 칸푸르의 저항군은 마지막 페슈와 왕조의 양아들 나나 사히브가 이끌었다. 그는 자신의 양아버지가 죽고 나자 직계 자손이 아니라는 이유로 영국에 의해 왕위 계승권을 박탈당했던 쓰라린 굴욕을 결코 잊지 못했다. 그러던 중 세포이 저항 운동이 일어나자 누구보다도 앞장서 반영 투쟁을 이끌어 칸푸르를 반영 투쟁의 중요한 거점으로 만들었다. 하지만 알라하바드를 무자비한 살육전으로 함락시킨 영국군은 기세를 몰아 1858년 7월 칸푸르마저 점령하고 말았다.

반영 투쟁의 3대 거점에 속했던 델리와 칸푸르가 함락되자 마지막으로 남은 거점은 럭나우밖에 없었다. 1586년 영국에 강제로 합병된 굴욕을 잊지 못하던 아와드 지방에서는 탁월한 전략가 아흐마드 샤의 지휘 아래 세포이뿐 아니라 도시민과 농민 모두가 반영 투쟁에 적극적으로 참가하였다. 이들은 옛 수도 럭나우로 몰려들어 1천여 명의 영국인들을 주재관사로 몰아넣은 채 포위해 버렸다. 양측이 일진일퇴를 거듭하며 치열한 전투를 벌이고 있는 사이 칸푸르를 함락시킨 캠벨 휘하의 영국군이 남하하는 네팔군과 합세하여 럭나우로 쳐들어왔다. 7만 명이라는 대군의 공격에 럭나우의 저항군은 필사적으로 대항했지만 1858년 3월 마침내 패배하고 말았다.

1858년의 럭나우 럭나우 인도 총독 관저의 1858년 모습. 전쟁으로 인해 폐허가 되었다.

이렇게 해서 반영 투쟁의 3대 거점이 모두 사라지자 남은 저항군은 뿔뿔이 흩어진 채 영국을 상대로 유격전을 벌이기 시작했다. 그들은 도시나 농촌 사람들의 도움을 받아 영국측의 보급망과 연락선을 끊어버리는 등의 게릴라 전법으로 끈질기게 영국을 괴롭혔다. 영국측은 군대를 동원해 저항 세력을 물리치는 한편 그들의 세력을 약화시키기 위하여 종래의 토지몰수 등 강압 정책을 폐지하고 인도인의 종교와 권익을 존중하는 유화책을 취하기 시작했다. 그리하여 데칸 지방에서 봉기를 꾀하던 탄티야 토피가 동료의 배신으로 1859년 4월 영국군에 잡혀 처형당함으로써 3년간에 걸친 인도의 반영 투쟁은 수많은 희생과 아픔을 남긴 채 막을 내렸다.

수많은 영웅들이 등장했지만 여자로서는 잔시의 라니 락쉬미바이가 가장 뛰어난 활약을 펼쳤다. 당시에 잔시는 자그마한 토후국이었고 락쉬미바이는 토후국 왕실의 양녀였다.

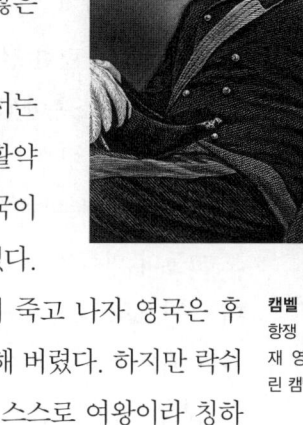

캠벨 사령관 세포이 항쟁 당시의 인도 주재 영국군 사령관 콜린 캠벨

그러다 1853년 그녀의 남편이 자식도 없이 죽고 나자 영국은 후계자가 없다는 이유로 잔시를 강제로 합병해 버렸다. 하지만 락쉬미바이는 영국의 부당한 조치를 거부하고 스스로 여왕이라 칭하여 주민들의 호응을 얻었다. 그러다 세포이 반영 항쟁이 벌어지자 락쉬미바이는 곧바로 저항군의 지도자가 되어 영국군과 전쟁을 벌였다.

그녀는 전투에 참가할 때마다 언제나 남장을 한 채 용감하게 앞장서서 영국군과 싸웠다. 그 후 영국이 1858년 4월 잔시를 점령하자 이에 굴하지 않고 각지로 돌아다니다 탄티야 토피가 거느리던 저항군과 연합하여 줌나 강 남쪽 지역에서 영국군을 상대로 눈부신 활약을 벌였다. 이로 인해 영국군 사이에서도 이름이 널리 알려졌다. 그러나 1858년 6월 17일 영국군과의 전투에서 20세 초반의 아까운 나이로 자신의 평생 친구이자 가장 믿었던 동료, 이슬람 여인과 함께 목숨을 잃었다.

세포이에서 비롯된 대규모 반영 투쟁이 실패로 끝난 데는 무엇보다도 저항군을 하나로 묶어 줄 지도자가 없었다는 점이다. 이처럼 일사분란한 조직 체계가 갖추어지지 못하다 보니 내분이 발생하는 경우도 있었다. 그들이 차지했던 북부와 중앙 인도의 지역은 일시에 무정부 상태가 되었다. 뿐만 아니라 영국군을 맞아 어떻게 싸워야 할지, 그리고 자신들끼리는 어떤 연락 방법을 취해야 할지에 대해 뚜렷한 전략이 전무한 상태였다. 게다가 저항군의 무기 역시 낡은 소총이 대부분이었다. 그나마 세포이를 제외한 일반 시민은 칼이나 창으로 무장하는 것이 고작이었다.

다음으로 농민과 도시민 대다수가 반영 투쟁에 참여했을지라도 그들의 의식은 제각각이었다. 그들 대부분은 자신들을 수탈하여 가난으로 내몰아버린 고리대금업자나 포악한 지주들에 대한 원한 때문에 참여한 것이지 영국으로부터의 독립이라는 민족 자주의식은 미약한 편이었다. 그렇기 때문에 실제로 항쟁이 시작된 후 일반 시민들은 제일 먼저 고리대금업자를 공격하여 그들이 소지했던 차용증을 찢어버리고 부유한 상인들을 공격하여 물건을 약탈하였다.

또 한 가지 중요한 점은 반영 투쟁의 열기가 지역적으로 북부와 중부 일부를 넘어 남부나 동부 전역까지 미치지 못했으며 일부 토착 세력과 상인들 그리고 심지어 현대식 교육을 받은 인도 지식층의 지지를 받지 못했다는 사실이다. 현대화 교육을 받은 일부 지식층은 영국의 지배가 인도의 현대화를 위해 도움이 될 수 있으며 오히려 무굴 제국의 황제를 등극시킨 세포이 반영 투쟁은 인도를 다시 예전의 불평등한 왕조 사회로 되돌리는 복고적 운동일 뿐이라고 비판했다.

하지만 지식인들은 반영 투쟁과 그에 대한 영국의 무자비한 진압 과정을 지켜보면서 외세의 지배가 반드시 자국의 현대화에 도움이 되는 것이 아니라 반대로 해가 될 수도 있다는 사실을 깨달았다. 그 결과 그들은 곧바로 영국의 식민통치에 반대하는 강력한 국민 운동을 적극적으로 전개하기 시작했다.

몇 가지 문제점을 내포한 반영 투쟁이 발달된 자본주의 경제와 새로운 무기로 정비된 당시 세계 제일의 영국 제국주의를 인도에서 몰아낸다는 것은 처음부터 불가능한 일이었는지도 모른다. 1859년 말 인도의 반영 투쟁을 무사히 잠재운 영국은 다시 인도에 대한 지배권을 확보했다. 그러나 인도인들의 반영 투쟁이 결과적으로는 처참한 실패로 끝났지만 결코 헛된 일만은 아니었다.

세포이의 저항 운동에 당황한 영국 본국에서는 동인도 회사를 중심으로 한 인도 지배에 대한 비판이 제기되기 시작했다. 무엇보다도 경제적 이익을 앞세운 동인도 회사의 비인격적 횡포에 대한 문제점이 제기되면서 영국 정부는 마침내 1858년 인도 통치 개선법을 제정하여 동인도 회사를 통한 인도 통치에 종지부를 찍었다.

1858년 11월 1일 빅토리아 여왕은 고대 인도의 전통과 제도를 존중하며 기독교로의 개종을 강요하지 않겠다고 선언했다. 아울러 인도에 대한 통치는 영국 정부가 직접 담당하며 인도 총독에게 부왕이라는 칭호를 부여하기로 결정했다. 이리하여 말썽 많던 동인도 회사의 1백 년간에 걸친 인도 약탈은 일단 막을 내렸다.

영국의 식민지 정책

행정 개편

1857년 영국 의회는 인도에 대한 통치를 동인도 회사에서 영국 정부로 바꾸도록 의결했다. 이전까지 동인도 회사의 관리들과 감독국이 휘두르던 인도에 대한 통치권은 인도 참사회의 보조를 받는 인도 담당 국무장관에게로 이양되었다. 영국 의회의 법에 따라 본국 내에 통치기구가 설립되고 이전과 마찬가지로 총독이 임명되었다.

총독에게는 특별히 영국왕을 대표한다는 의미에서 부왕이라는 칭호가 주어졌다. 하지만 시간이 흐름에 따라 정책을 실행하는 데 있어서 총독의 권한은 점차 축소되었다. 사소한 행정적 문제까지 일일이 영국 정부의 국무장관이 감독함으로써 인도에 관한 모든 업무의 최종 결정권은 런던에 있는 것과 마찬가지였다. 총독의 권한이 영국 정부에 종속적인 위치로 전락한 상황에서 인도인의 의견이 정부 정책에 반영되기를 기대하기는 실로 불가능한 일이었다.

한편 영국 정부의 직접적인 통치로 인도의 사업가, 상인, 은행가 등은 인도 정부에 이전보다 더 많은 영향력을 행사할 수 있게 되었다. 이는 동인도 회사의 인도 통치 때보다 더 많은 부작용을 불러일으켰다. 인도의 총독은 행정 각 부서의 장으로 구성된 집행위원회를 만들어 모든 중요한 안건을 다수결에 의한 투표로 결정했다. 하지만 총독은 위원회의 어떠한 결정도 거부할 수 있는 권한을 가지고 있었다.

1861년 인도 참사회법은 법률 제정 목적을 가진 총독의 행정 참사회(제국 입법 참사회)를 확대하여 6명에서 12명 사이의 참사 위원을 총독이 추가로 임명할 수 있는 권한을 부여했다. 다만 이 때 추가되는 인원들 가운데 적어도 절반은 인도인이든 영국인이든 상관 없이 관료가 아닌 사람들로 임명하도록 정했다. 그러나 실제로 제국 입법 참사회는 아무런 권한도 가지고 있지 못했으며 단지 자문위원회의 역할만 맡았다.

　다시 말해서 본국 정부의 사전 승인 없이는 어떠한 안건도 논의하거나 결정하지 못하고 이미 위에서 지시한 사항을 사후 승인하는 꼭두각시 역할밖에 하지 못했다. 위원들은 행정을 실행하거나 예산을 감독할 수도 없었을 뿐 아니라 심지어 그에 대한 의문조차 질의할 권한이 없었다. 총독은 겉으로는 관료가 아닌 인도인 위원을 위원회에 추가시켜 인도인의 견해를 반영한다고 하였지만 아무런 권한도 주어지지 않는 상황이라 실속 없는 겉치레일 뿐이었다. 게다가 참사회에 참석하는 인도인들의 수도 적었다. 그나마 인도인의 의견을 반영하여 선출한 것이 아니라 총독이 일방적으로 지명한 사람들이었다. 그 결과가 어떻게 될 것인지는 불보듯 뻔한 일이었다.

　영국 정부는 행정상의 편의를 위하여 인도를 몇 개의 지방 행정구역으로 나누어 관리했다. 그 가운데 벵갈, 마드라스, 봄베이는 삼대 관구로 불리었으며 이들 관구는 총독과 영국의 왕이 임명한 위원들로 구성된 행정 참사회에서 직접 통치했다. 삼대 관구는 총독에 의해 임명된 부총독과 행정 책임자들에 의해 관리되는 다른 지방 행정 지역보다 훨씬 더 많은 권한과 힘을 보유하고 있었다.

　1833년까지 지방 행정은 상당히 자율적인 상태였지만 그 후 강력한 중앙집권적 형태로 변했다. 하지만 영국 정부는 인도와 같은 거대한 나라를 통치하는 데는 중앙집권적 형태가 오히려 비효율적이라는 사실을 깨달았다. 중앙집권적 통치의 극단적인 폐단은 특히나 재정적인 분야에서 극명하게 드러났다. 동인도 회사 시절 인도의 각종 세금은 일단 모두 중앙으로 모인 다음 다시 지방으로 분배되었다. 중앙 정부는 지방 정부의 세세한 지출까지 철저하게 관리 감독했다. 하지만 이 제도는 실행상 많은 시간을 낭비하였을 뿐 아니라 실제로 지방 정부의 효율적인 세금 수입과 지출을 감독하기도 불가능한 상황이었다.

영국 정부는 할 수 없이 공공재정 부분을 지방 분권화하기로 결정했다. 1870년부터 1882년까지 몇 차례의 개정을 거쳐 지방 정부는 치안, 사법, 교육 등을 포함한 행정 전반의 예산을 자체 내의 특정한 세금을 가지고 자율적으로 실행할 수 있게 되었다. 그럼에도 중앙 정부의 감독권은 지방 정부에 여전히 커다란 영향력을 미쳤다. 실질적으로 중앙 정부나 지방 정부가 다같이 영국 정부와 인도 담당 국무장관에 종속되어 있는 상황하에서 이 같은 현상은 어쩔 수 없었다.

인도에 대한 지방 분권화 작업은 다음과 같은 이유 때문에라도 실행되지 않을 수 없는 형편이었다. 당시 유럽은 산업혁명 이후 경제, 공중위생, 교육 등 각 분야에서 급속한 발전을 거듭하였으며 이런 현상은 인도에도 그대로 전해졌다. 이 같은 분위기에 영향을 받은 인도 민족주의 운동 단체들은 중앙 정부에 시민 생활의 현대적 개선을 위해 대중 교육, 공중 보건 위생, 수도 공급, 도로 교통의 확충 등을 요구했다. 하지만 군대와 철도에 이미 많은 재정을 지출하고 있던 정부로서는 그들의 요구를 무시할 수도 그렇다고 그대로 실행할 수도 없는 난처한 입장에 처했다. 새로운 재정 조달을 위해 이미 무거운 세금 때문에 허덕이고 있던 일반 서민들에게 또다시 세금을 부과했다가는 어떠한 결과가 벌어질지 불보듯 뻔했다. 할 수 없이 중앙 정부는 교육, 보건, 위생, 수도 등 특정 공공사업을 지방 정부에 이양하는 대신 그에 대한 재정 문제 역시 그들이 거둬들이는 지방세로 충당하도록 조치했다.

비록 많은 영국인들이 그것을 반대했지만 효율적인 지방 분권화를 위해 인도에서 처음으로 지방 의회가 형성되었다. 하지만 지방 의회가 구성되었다고 해서 그것이 말 그대로의 지방자치가 될 수는 없었다. 비록 인도의 지식인들은 그렇게 생각하지 않으려 했지만 실제로 지방 의회는 시민들에게 추가로 세금을 거둬들이기 위한 도구에 지나지 않았다.

군조직의 변화

1858년의 세포이 반영 항쟁은 영국 정부로 하여금 인도인 군대를 다시 생각하도록 만들었다. 그들을 언제 불붙을지 모를 또 다른 혁명의 불씨로 간주했던 영국은 단계적으로 그들의 힘을 무력화시킬 수 있는 조치를 취해 나갔다. 우선적으로 벵갈, 마드라스, 봄베이에 주둔하고 있는 군인 가운데 유럽인의 비율을 늘리는 한편, 포병대는 전적으로 유럽인들이 독차지했다. 또한 이전과 마찬가지로 인도인들은 어떠한 경우에도 장교로 임명하지 않았다.

인도 군인들에 대해서는 인종, 종교, 카스트상의 상호 대립 감정을 조장함으로써 세력의 균형 정책을 취하여 그들이 또 다른 반영 항쟁을 위해 상호 협조하지 못하도록 가로막았다. 뿐만 아니

카이로의 인도 군인들
인도 군인들은 영국의 다른 식민지 국가에 파견되었다. 1885년 카이로에서 찍은 영국인 장교와 시크인 병사들로 이루어진 벵갈 창기병 6연대의 사진

라 처음에는 영국에 협조적이었다가 세포이 반영 항쟁에 적극적으로 동참했던 아와드, 비하르, 중앙인도, 남인도 출신의 군인들 수를 대폭 줄였다. 그 대신 반영 항쟁 기간 중 영국의 진압작전에 협조했던 펀자브인, 구르카인, 파탄인들을 대거 채용했다. 그 결과 1875년경에는 영국에 고용된 인도 군인들 가운데 절반이 펀자브인으로 구성되었다.

이 밖에도 영국은 가능한 모든 수단을 동원하여 신문이나 잡지 또는 민족주의자들의 출판물들이 인도 군인의 손에 들어가지 못하도록 가로막아 당시 막 일기 시작한 민족주의 운동에 휩쓸리지 않도록 애썼다. 그러나 영국의 온갖 노력은 결국 실패로 끝나고 말았다. 오히려 영국의 의도와는 정반대로 인도 군인들은 계속해서 벌어진 인도의 독립 투쟁에서 주도적인 역할을 담당했다.

인도 군인들은 순수하게 용병으로 근무했지만 오직 인도의 방위만을 위해 존재한 것은 아니었다. 그들은 영국의 다른 식민지 국가들을 보호하기 위해 아시아뿐 아니라 멀리 아프리카까지 파견되어 영국의 권위를 유지시키는 데 많은 기여를 했다. 하지만 그만큼 군대를 유지하기 위한 국방비 역시 엄청나게 소요되었으며 실제로 이것은 영국에게 적지않은 부담이 되었다.

인도 왕족 및 번왕들과의 관계

한편 동인도 회사를 대신해 인도를 직접 통치하기로 한 영국 정부는 이전까지 갖은 수단을 동원해 인도의 왕족 및 번왕들을 약탈하고 괴롭혔던 합병 정책을 포기하는 대신 그들의 명예와 권위를 인정하기로 약속했다. 실제로 대다수 인도의 왕족과 토후 등 지배 계급들은 세포이 무장 투쟁 당시 수수방관하거나 심지어 영국에 협조적이기조차 했다. 영국은 이들에게 상속권을 포함한 종래의 모든 권리를 인정한다고 선포했지만 실제로는 이전보다 더 교묘한 방법으로 간섭했다.

1876년 영국 여왕 빅토리아는 인도 여왕의 칭호를 더한 뒤 인도 전체에 대한 영국의 지배를 강조했다. 인도의 왕족과 토후들은 영국 왕실의 대리인이라는 위치를 수용함으로써 자신의 지배권을 유지하려 했다.

영국의 인도 합병 인도의 총독 리통 경이 델리에서 열린 영국의 인도 합병 기념식에서 여왕의 전문을 읽고 있다. 1877년 〈더 일러스트레이티드 런던 뉴스〉(the Illustrated London News)의 삽화

빅토리아 여왕 빅토리아 여왕은 1837년부터 1901년까지 영국의 왕으로 재위하며 세계 각지에 식민지를 거느린 대영제국을 통치했다.

상호 대립에 의한 균형 정책

1857년까지 동인도 회사가 지배하는 동안 영국은 그리 내켜하지 않았지만 자신들의 경제적 목적을 위해 인도를 어느 정도 현대화시켜야 했다. 하지만 세포이 반영 항쟁 이후 인도의 현대화 작업마저 자취를 감추어버렸다. 영국은 기회 있을 때마다 말로는 인도의 자치 정부를 실행하겠다고 약속하면서도 실제로는 정치, 경제, 사회적인 모든 부분에서 어떠한 권리도 쉽사리 포기하려 들지 않았다. 이를 위해 영국 정부는 군대에서뿐 아니라 인도 전역에서 다양한 민족의 상호 대립에 의한 균형 정책을 실행했다.

1858년 이후 영국의 상호 대립에 의한 균형 정책은 민족적, 지역적, 계급적, 종교적, 인종적 갈등을 야기시키면서 인도인 상호 간의 대립과 분열을 조장했다. 영국 정부는 인도인 사이에 인종, 계급, 종교의 갈등을 조장함으로써 그들이 반영 항쟁을 위해 다시 하나로 결합할 수 있는 가능성을 미리 제거하려고 했다. 영국은 그중에서도 이슬람과 힌두의 대립을 조장하는 데 남다른 심혈을 기울였다.

무굴 제국 후반기 힌두와 이슬람의 대립은 영국이라는 제3의 지배자 출현으로 안으로 잠복되었다. 양자 모두가 인도에서 영국의 지배를 몰아낸다는 동일한 목적을 가슴속에 품고 있었으며 그 결과 세포이 반영 항쟁 기간 동안 그들은 굳건하게 하나로 뭉쳤다. 영국의 입장에서 볼 때 양자의 결합은 당시 인도에서 막 불붙기 시작한 민족주의 운동과 더불어 커다란 위협이 아닐 수 없었다.

영국은 언제 다시 터질지 모르는 폭발물의 뇌관을 미리 제거하기 위하여 우선 이슬람인들을 압박하기 시작했다. 그들은 이슬람인들의 토지와 재산을 몰수하는 한편 힌두인들에게는 노골적으로 친근감을 드러내기 시작했다. 1870년 이후 이 정책은 상위 계급과 중간 계급, 이슬람인과 민족주의 운동을 분열시키는 획책으로까지 발전했다. 이 같은 분열 정책의 결과 인도는 독립 이후 파키스탄과 갈라지는 쓰라린 아픔을 겪어야만 했다.

영국은 1833년 이후 인도에 종래의 브라흐만과 귀족 중심의 개인주의적 전통 교육을 탈피하고 현대식 대중 교육을 장려했다. 초기 동인도 회사가 인도에 진출하여 세력을 확장하면서 그들은 인도 사회 내부의 문제에 대해서는 가능하면 간섭하지 않는 입장을 취했다. 그들은 자신들의 경제적 수탈이라는 지배 목적을 위해서는 오히려 그러한 정책이 효과적이라고 판단했다. 하지만 영국의 인도 지배가 심해질수록 불간섭 정책이 오히려 역효과를 낳게 되었다.

동인도 회사는 방침을 수정하여 기독교 선교단을 중심으로

인도의 대학 1870년대 봄베이에 세워진 서구식 대학. 1870년대부터 라호르, 캘커타, 봄베이, 마드라스 등지에서 서양식 교육 제도가 자리 잡혀 가기 시작했다.

인도인에 대한 영어 교육에 착수하면서 점차 인도 내부의 문제에 간섭했다. 당시 영어 교육은 유럽의 발전된 문명을 받아들여 인도의 산업화를 이루려는 지식층들의 요구에도 부응하는 조치였다. 이리하여 1820년대에는 캘커타, 마드라스, 봄베이, 아그라 등에 영어 교육 전문기관이 설치되기에 이르렀다. 영어 교육은 출판업의 발전과 더불어 인도인의 지적 활동과 민족주의 운동에 상당한 영향을 미쳤다.

그 후 영어 교육은 1857년 캘커타, 봄베이, 마드라스에 대학을 설치함으로써 일반 교육의 범위를 벗어나 고등 교육으로까지 확대되었다. 그러자 영국의 의도와는 달리 고등 교육을 받은 인도의 지식층들이 영국의 식민지 정책을 분석, 비판하면서 행정에 대한 인도인의 참여를 요구하는 민족 운동으로 나아가기 시작했다. 민족주의 운동이 점차 확대되면서 1885년 드디어 인도 국민의회가 성립되자 영국은 지식층에 대한 적대감을 조장하는 정책을 취하고, 지식인들을 노골적으로 멸시했다. 서구의 현대적 지식을 바탕으로 인도의 독립과 현대화를 추진하려는 인도 지식인들의 계획을 꺾으려고 발버둥쳤다. 하지만 역사의 흐름은 인도 독립의 새벽을 향해 거침없이 나아가고 있었다.

영국은 인도 지식인층에 대해서 적대감을 드러내는 한편 인도의 왕족, 제후, 지주 계급에 대해서는 친근감을 나타냄으로써 양계층의 갈등을 조장했다. 영국 정부로부터 전통적인 권리와 토지를 인정받은 지배 계급은 자신들의 특권을 놓치지 않기 위해서라도 민족 운동가나 현대화를 주도하는 지식인 계층과 대립하지 않을 수 없었다.

동인도 회사는 사티나 과부의 재가 금지와 같은 인도 전통의 관습을 비인간적이라는 이유로 폐지하면서 어느 정도 인도 사회를 개혁시켰다. 하지만 1857년의 세포이 반영 항쟁이 사회개혁 정책 때문에 나타난 것이라고 판단한 영국 정부는 이후 인도 고대의 제도와 관습을 전통의 존중이라는 이름하에 묵인했고 인도인의 개혁적 성향을 후퇴시키는 정책을 펴나갔다. 영국이 이처럼 방관자적 태도를 취한 것은 왕족이나 호족 또는 지주와 같은 인도의 전통 지배 계급의 반발과 민족주의자 및 사회개혁가들의 비판을 동시에 피하려는 의도였다.

영어 교육과 더불어 출판의 발전은 인도의 독립과 현대화에 커다란 영향을 미쳤다. 인도의 지식인들은 신문의 발행과 출판이 자신들의 주장을 대중에게 신속하게 전달할 수 있는 가장 효과적인 수단이라는 사실을 깨달았다. 이를 통해 대중들의 의견이 하나로 모이면서 신문과 출판은 민족주의 운동에 빼놓을 수 없는 중요한 무기가 되었다.

1835년 인도의 영국 지배가 합법적이라는 사실을 알린다는 이유로 출판 금지가 해제되자 인도의 민족주의자들은 도리어 이를 영국 지배를 비판하는 수단으로 활용하기 시작했다. 뜻하지 않은 사태에 크게 당황한 영국 정부는 1878년 지방신문법을 제정하여 인도어로 된 모든 신문의 발행을 금지시켰다. 인도인들은 당연히 이 부당한 조치에 맹렬하게 항의하였고 그 결과 1882년 이 법은 폐지되고 말았다. 그러나 1905년부터 국산품 애용과 영국산 불매 운동이 벌어지자 영국 정부는 1908년부터 1910년까지 다시 강압적인 출판법을 제정하여 신문의 발행을 가로막았다.

영국이 인도에 대해 취한 정책 가운데 빼놓을 수 없는 것이 바로 인종차별 정책이다. 서구의 백인 우월주의에 기초한 영국의 인종차별 정책은 열차, 대합실, 공원, 호텔, 수영장, 클럽 등에 유럽인 전용 구역을 따로 정해 인도인들의 출입을 철저히 금하는 형태로 나타났다. 남아프리카에서 간디가 당했던 이 비인격적인 정책에 인도인은 분노했으며 독립 운동의 과정에서 그 적개심을 드러내기 시작했다.

영국 통치하의 개혁 운동

민족주의와 민주주의적 의식의 발달, 새로운 경제 세력의 등장, 교육의 확대, 서구적 관념과 문화의 접촉, 세계에 대한 보다 넓은 지식을 통해 인도의 종교와 사회 분야에서 많은 개혁이 이루어졌다. 당시 종교는 인도인의 삶에서 기본적인 요소였기에 종교개혁이 선행되지 않는 한 진정한 사회개혁은 도저히 불가능했다. 인도인들은 인도 종교의 근본적인 진리는 남겨둔 채 인도인들의 새로운 현실적 요구에 부응할 수 있는 방법으로 종교를 개혁하려고 노력했다.

브라흐모 사마지

브라흐모 사마지 운동은 람모한 로이에 의해 시작되었고 데벤드라나스 타고르와 케샵 찬드라 센 등이 그 뒤를 이어받았다. 전통적인 악습의 제거, 베다와 우파니샤드의 가르침을 토대로 형성된 유일신에 대한 경배 등을 통해 힌두를 개혁하려고 노력했다. 또한 베다의 무오류성을 전제로 한 맹목적인 믿음을 거부, 힌두를 서양의 이성주의 사상과 결합시키려 했다. 그들이 생각하던 종교는 객관적 이성을 근거로 하는 까닭에 당연히 사제들의 권한이 부정될 수밖에 없었다. 대신 각 개인 스스로가 자신의 이성을 바탕으로 경전을 해석할 수 있는 권리를 주장했다. 따라서 브라흐모 사마지는 힌두교 속에 들어 있는 우상 숭배와 미신을 철저히 배격했다.

브라흐모 사마지 운동은 종교개혁 운동인 동시에 사회개혁 운동이었다. 힌두교의 전통적 관습 가운데 카스트 제도와 조혼 풍습을 반대하는 한편 과부의 재혼 허가를 비롯한 여성의 권리 신장과 남녀 모두에 대한 현대식 교육의 확장을 적극적으로 권장했다. 하지만 브라흐모 사마지 운동은 19세기 후반 내부의 의견충돌과 그 영향력이 주로 도시의 지식인 계층에 한정되었던 관계로 점차 세력이 약화되었다. 그럼에도 브라흐모 사마지 운동은 19세기와 20세기 초에 주로 벵갈 지역의 지적, 사회적, 정치적인 부분에 상당한 영향을 미쳤다.

마하라슈트라의 종교개혁

인도 서부의 마하라슈트라 주에 있는 봄베이 지역에서는 1840년 파라마한사 만달리에 의해 종교개혁이 시작되었다. 그는 주로 우상 숭배와 카스트 제도에 대해 적극적인 반대 입장을 취했다. 서부 인도에서 최초로 종교개혁을 시작한 사람은 아마도 고팔 하리 데쉬무크일 것이다. 그는 이성주의적 종교가로서 힌두교에 대해 많은 비판을 제기했다. 그는 다음과 같이 주장했다.

"만일 종교가 사회개혁을 인정할 수 없다면 차라리 종교가 변화해야만 한다. 왜냐하면 모든 종교는 인간에 의해 만들어진 것이기 때문이다."

이후 반다카르와 마하데브 고빈다 라나데가 이끌었던 프라르타나 사마지 역시 브라흐모 사마지의 영향을 받아 현대 지식의 관점으로 힌두교의 종교사상을 개혁하려 애썼다. 이들의 사상은 남인도 지역으로 전파되어 고팔 가네쉬 아그라카르와 같은 현대 인도의 위대한 이성주의적 사상가를 배출했다.

라마크리슈나와 비베카난다

라마크리슈나 파라마한사(1834~86년)는 포기, 명상, 신에 대한 헌신과 같은 인도 전통의 방법으로 종교적 해탈을 추구했던 위대한 성인이었다. 그는 종교적 진리 추구와 신에 대한 깨달음을 위해 이슬람교나 기독교의 신비주의자들과 함께 생활했다. 그는 모든 길은 신과의 합일 또는 해탈로 향하며 그렇기 때문에 인간에 대한 봉사는 그 자체로 신에 대한 봉사와 같다고 거듭 강조했다.

스와미 비베카난다(1863~1902년)는 라마크리슈나의 제자로서 인도 전통의 종교를 현대 인도 사회의 필요에 부응할 수 있는 형태로 개혁하려고 노력하면서 자신의 종교적 메시지를 대중화했다. 비베카난다는 무엇보다도 사회적인 행위를 중요시했다. 지식이 우리가 살고 있는 현실 속에서 구체적인 행위로 드러나지 않는다면 그러한 지식은 아무런 쓸모가 없는 것이라고 주장했다. 그는 스승과 마찬가지로 모든 종교의 본질은 오직 하나일 뿐이며 자신만의 종교가 위대하다고 주장하는 것은 편협한 태도라고 비난했다. 그는 비록 힌두교의 카스트 제도나 의식 등에 대해서는 강하게 비판했을지라도 베단타와 같은 인도의 철학적 전통에 대해서는 그 우월성을 인정했다. 그는 다음과 같이 말했다.

"우리의 종교는 부엌 안에 있다. 우리의 신은 요리용 그릇 속에 있으며 우리의 종교는 '나에게 손대지 마라. 나는 신성하다.'고 주장한다. 만일 이러한 종교가 앞으로도 계속된다면 우리 모두는 정신병원에 들어가 있을 것이다."

"생각과 행위의 자유는 생과 성장 그리고 행복에 있어서 유일한 조건이다. 만일 그것이 존재하지 않는다면 인류, 인종, 국가는 틀림없이 사라지고 말 것이다."

비베카난다는 1896년 라마크리슈나 미션을 세워 인도주의적 사회 봉사에 힘썼으며 이 단체는 오늘날 세계 각지에 지부를 두고 다양한 사회 봉사활동에 전력하고 있다.

아리아 사마지

아리아 사마지는 북인도 지역에서 힌두교의 개혁에 힘썼던 종교 사회 단체이다. 1875년 스와미 다야난다 사라스와티(1824~83년)가 세운 이 단체는 이기적이고 무지한 브라흐만 사제들에 의해 힌두 종교가 왜곡되었다고 주장하면서 인간 각자의 이성에 근거해서 베다를 다시 해석할 것을 강조했다. 그는 비록 이성주의적 입장을 강조했을지라도 기본적으로는 정통 힌두교를 옹호하는 입장을 취했다. 그럼에도 그는 종래의 사제들에 의한 해석이 아니라 철저하게 신으로부터 받았다고 하는 자신의 영감에 따라 베다를 해석하였으며 그에 기초해서 종교와 사회개혁을 실천하려고 노력했다. 또한 우상 숭배, 의식, 사제의 권위 등을 거부했으며 브라흐

라마크리슈나 라마크리슈나의 가르침은 타종교와의 조화와 협동을 꾀하고 힌두교의 전통을 현대에 되살렸다는 데 의의가 있다. 그가 사망한 후, 제자들에 의해 인도뿐 아니라 동남아시아와 구미 각지에 '라미크라슈나 미션'이 설립되었고, 그의 가르침을 계승하고 있다.

만 사제들에 의해 설해진 대중적 힌두교와 카스트 제도에 대해서는 극렬한 비판을 서슴지 않았다.

　아리아 사마지와 그의 일요모임의 이 같은 개혁적 성향은 브라흐모 사마지나 프라르타나 사마지의 실천 방법과 유사한 점을 지니고 있었다. 아리아 사마지의 특색은 서구식 학교 교육과 더불어 전통적인 교육의 이념 역시 강조했다는 점이다. 따라서 그들은 교육의 확대에 힘쓰면서 여성들의 사회 조건을 개선하는 데도 노력을 아끼지 않았다. 그들은 또한 카스트 제도상 불가촉천민들을 위해 싸우면서 사회적 평등을 이룩하려고 했고 모든 사람은 자신을 존경하고 스스로에게 의지해야 한다는 자립성을 강조함으로써 인도 민족주의 운동에 커다란 영향을 미쳤다. 하지만 다야난다는 라마크리슈나와는 달리 힌두교와 다른 종교의 차별성을 주장하여 고대의 순수한 교의와 사상으로 되돌아갈 것을 주장했다. 그의 타 종교에 대한 격렬한 반대는 20세기 인도의 공산주의의 태동에도 많은 영향을 미쳤다.

신지 협회

신지 협회는 블라바츠키 여사와 올코트 대령이 1875년 미국에서 설립한 단체로 1886년 마드라스 근처 아드야르에 협회의 본부가 있었다. 그 후 1893년 인도에 온 애니 베산트 여사에 의해 인도에서 신지학 운동이 활발해지기 시작했다. 그들은 힌두교, 조로아스터교, 불교와 같은 고대 인도 종교의 부활과 강화에 상당히 공헌했다. 그들은 영혼의 윤회를 믿었으며 그것을 바탕으로 모든 인간의 보편적 형제애를 강조했다. 비록 신지 학자들의 노력이 그리 성공적인 것은 아니었지만 그럼에도 외국인에 의해 인도의 종교와 철학적 전통의 우수성이 강조됨으로써 많은 인도인들의 가슴에 뿌듯한 자부심을 심어주었다. 그 가운데서도 애니 베산트 여사가 베나레스에 세운 중앙 힌두 학교는 오늘날 고전 연구의 중심이 되고 있는 베나레스 힌두 대학의 모태가 되었다.

이슬람의 종교개혁

이슬람의 종교개혁 운동은 힌두교보다는 늦게 나타났다. 처음 이슬람 상위 계급은 가능하면 서구 교육이나 문화와의 접촉을 피하려고 노력했다. 그러나 세포이 반영 항쟁 이후 그들의 의식에도 변화가 일어나면서 1863년 캘커타에서 무하메단 문학협회가 창설되었다. 이 협회는 종교, 사회, 정치 분야의 문제를 토론하면서 이슬람의 중간 및 상위 계급에게 서구식 교육을 받을 것을 촉구했다.

이슬람교의 개혁가 가운데 가장 중요한 사람은 사이드 아흐마드 칸(1817~98년)이다. 유럽의 과학적 사고에 커다란 감동을 받은 그는 자신의 전 생애를 과학과 이슬람교의 결합에 바쳤다. 그는 우선《코란》만이 이슬람교의 가장 권위 있는 경전이며 나머지는 모두 부수적인 작품에 지나지 않는다고 선언하면서《코란》을 현대 이성주의와 과학적 입장에서 해석했다. 그는 인간의 이성이나 과학과 위배되는《코란》의 어떠한 해석도 왜곡이라고 주장했다. 그는 이슬람교의 종교적이고 사회적인 삶은 서구의 과학적 지식과 결합해야만 개선될 수 있다고 판단했다. 그렇기 때문에 모든 이슬람인들은 무엇보다도 먼저 과학적 정신에 입각한 서양식 교육을 익혀야 한다고 생각했다. 따라서 그는 여러 도시에 학교를 세우고 서양의 서적을 우르두어로 번역하는 데 힘썼다.

사이드 아흐마드 칸은 1857년 알리가르흐에 무하메단 앵글로-오리엔탈 대학을 세워 이곳을 서양의 과학과 문화 보급의 중심지로 삼았으며 이 대학은 후에 알리가르흐 무슬림 대학으로 성장했다. 그는 모든 종교는 근본적으로 하나이기 때문에 자신이 믿는 종교 이외에 다른 종교를 비방하는 것은 잘못이라고 주장했다. 그는 자신이 세운 대학에 학생뿐 아니라 선생조차도 이슬람교도와 힌두교도가 함께 하도록 함으로써 자신의 입장을 분명히 했다. 하지만 말년에 이르러서는 자신의 제자들이 힌두교도가 주도하는 민족주의 운동에 참여하지 못하도록 명령했다.

사이드 아흐마드 칸은 이슬람교도들에게 가능하면 정치적인 개혁을 멀리하도록 요구했다. 그 이유는 모든 인도인들이 근대화된 영국인들처럼 생각하고 행위하지 못한다면 개혁은 성공할 수 없다고 판단했기 때문이다. 그의 이 같은 사상은 후에 국민회의에 대한 이슬람의 불참을 촉구하면서 인도, 파키스탄의 분리주의와 공산주의를 자극하는 불행을 초래했다.

시크교의 종교개혁

시크교의 종교개혁은 19세기 말 암리스타르에 있던 칼사 칼리지에서 시작되었지만 실제적인 효과는 1920년 펀자브에서 일어난 아칼리 운동을 통해 드러난다. 애초에 교단 내부의 정화를 위해 시작되었던 이 운동은 이후 반지성적인 종교적 도그마와 맹목적인 믿음에서 벗어나려는 진정한 종교개혁 운동으로 변했다. 그들은 인도 종교에서 제식주의적이고 미신적이며 불합리한 요소들에 반대하면서 논리적이고 이성적이며 과학적인 정신을 수용할 것을 촉구했다. 하지만 그들 중 몇몇은 전통에 입각해서 종교개혁은 단지 과거의 순수한 교리와 믿음 그리고 실천을 재현하는 것일 뿐이라고 주장했다.

사회개혁

19세기 민족주의적 자각은 사회개혁 부분에서 강하게 드러났다. 새롭게 교육받은 사람들은 점차 철 지난 관습과 사회적 보수주의 성향에 강하게 반대하기 시작했다. 그들은 이제 더 이상 불합리하고 비인격적인 사회적 관습을 그대로 보고 앉아 있을 수 없었다. 그들은 사회적 평등과 모든 개인의 동등한 가치를 위해 발벗고 나섰다. 이미 앞에서도 살펴보았듯이 대부분의 종교개혁 운동은 곧바로 사회개혁 운동과 직결되었다. 왜냐하면 인도 사회에 내재한 계급 제도, 성의 불평등과 같은 사회적 문제가 바로 종교적 교리에서 비롯되었기 때문이다.

1919년 이후 인도의 민족주의 운동은 사회개혁의 주된 선전장이 되었다. 많은 개혁가들은 인도어를 사용하여 대중들의 가슴 속을 파고들었다. 그들은 인도어로 된 소설, 드라마, 시, 단편소설, 신문, 잡지, 영화 등의 대중매체를 적극적으로 활용했다. 이렇게 하여 지식인과 상위 계급에서 비롯된 사회개혁 운동은 낮은 계급을 포함한 일반 대중의 의식에까지 영향을 미치기 시작했다. 사회개혁 운동은 여러 가지 산재한 문제들 가운데서도 특히 여성의 사회 참여와 권리 신장 그리고 불가촉천민을 포함한 계급의 철폐라는 두 가지 주된 목적에 전력했다.

여성 문제

무수한 세월 동안 인도의 여성들은 남성에 종속되었으며 사회적인 억압의 희생물이었다. 종교뿐 아니라 법률까지도 여성이 남성보다 열등한 존재라는 사실을 당연시했다. 심지어 문학작품 속에서도 현명한 어머니, 남편에게 복종하는 착한 아내, 부모님께 무조건 효도하는 며느리, 하인들에게 끝없이 자상한 안주인만을 대표적인 여성상으로 그리고 있었다. 여성은 일단 결혼을 하면 남편의 말에 절대적으로 복종해야 했으며 심지어 남편이 죽으면 화장터의 불길 속에 같이 뛰어들어야만 했다. 뿐만 아니라 아직 부모의 품냄새를 잊지 못하는 여덟아홉의 어린 나이에 결혼을 강요당했으며 재혼이란 꿈조차 꿀 수 없었다.

인도의 여인에게는 재산상속권이란 말조차 낯설었다. 부모의 한탄 속에서 태어나 어려서는 아버지에게, 결혼해서는 남편에게, 그리고 늙어서는 자식에게 전적으로 의존할 수밖에 없는, 그야말로 비인격적인 존재였다. 이슬람 여인의 경우에는 상속권이 인정되었지만 그나마도 남자의 절반에 불과했다.

더욱이 인도의 여인이 교육을 받는다는 것은 감히 상상조차 할 수 없는 일이었다. 이처럼 전반적으로 열악한 상황에서 몇몇 여인들의 뛰어난 인격과 행적을 말한다는 것은 아무런 의미도 없었다.

그렇기 때문에 19세기 인본주의에 입각한 사회개혁가들이 제일 먼저 착수한 일 가운데 하나가 바로 여성의 지위를 개선하는 것이었다. 그들은 여성에게도 균등한 교육 기회를 제공할 것, 유아결혼을 폐지할 것, 일부일처제를 확립할 것, 재혼을 허락할 것, 직업의 기회를 제공할 것 등을 요구했다.

여성의 교육 1887년 최초의 인도 여성 의사가 탄생했다. 그들은 여성 환자를 진료하기 위해 특별히 양성되었다.

20세기에 들어와 여성해방 운동의 불길은 민족주의 투쟁 운동을 통해 더욱 거세게 휘몰아쳤다. 여성들은 인도의 자유를 위한 독립 투쟁에서 남성들보다 더 열성적이고 중요한 역할을 담당했다. 그들은 벵갈의 분할 정책에 반대하는 투쟁에도 앞장섰으며 1918년 이후에는 외국 상품의 불매 운동을 위해 피켓을 들고 과감히 거리로 뛰쳐나갔다.

그 결과 유명한 여성 시인이었던 사로지니 나이두는 국민회의 의장이 되었다. 그 후 다수의 여성들이 자치 정부나 지방 정부의 장이나 의원으로 활동하면서 적극적인 정치 활동을 펴나갔다. 그 결과 1950년에는 남녀평등법이 제정되고 1956년에는 아들과 동등한 상속권이 주어지는 등 여성의 지위가 놀랄 정도로 개선되었다. 그럼에도 오늘날까지 다우리라는 결혼지참금 제도와 같은 몇 가지 악습이 여전히 여성들을 괴롭히고 있다.

카스트 제도

인도의 사회개혁가들이 생각한 인도 발전의 또 다른 장애 요소는 바로 카스트 제도였다. 당시 힌두인은 수많은 카스트(자티)로 나뉘어져 있었다. 이미 출생을 통해 숙명적으로 결정된 카스트는 업과 윤회의 이론에 의해 어느 누구도 벗어버릴 수 없는 삶의 굴레였다. 그렇게 본인의 의사와는 상관 없이 결정된 카스트는 결혼, 직업, 교육의 제한뿐 아니라 심지어 다른 카스트 간에는 음식물조차 나누어 먹을 수 없는 악법 중의 악법이었다. 그중에서도 불가촉천민이라 불리는, 가장 낮은 계급에도 속하지 못하는 사람들은 일반인들과 어울릴 수 없도록 주거지와 거리통행에서조차 제한을 받았다.

영국의 인도 지배는 이러한 계급적 불평등을 해소하는 데 많은 기여를 했다. 공장이 세워지고 철도가 부설되고 버스 등 교통 수단이 발전하고 우편 제도가 등장하면서 자연스럽게 많은 사람들이 접촉하지 않을 수 없었다. 산업의 발달로 많은 직종이 생겨나면서 낮은 계급의 사람들에게도 새로운 일자리를 얻을 수 있는 기회가 보다 풍부해졌다. 게다가 토지의 자유로운 매매가 시작되

불가촉천민 1950년 불가촉천민에 대한 법적 차별은 사라졌으나 사회, 문화적 차별은 아직도 여전하다. 불가촉천민에 대한 차별 철폐를 주장하며 시위하는 사람들

면서 카스트 간의 균형이 뒤바뀌는 경우도 발생했다. 뿐만 아니라 영국은 행정, 사법, 치안의 모든 분야에서 카스트의 제한을 철폐하는 동시에 동등한 교육의 기회도 부여했다.

종교 분야에서도 신 앞에 모든 인간이 평등하다는 사상을 통해 카스트의 철폐를 소리 높여 외치기 시작했다. 사회개혁가들은 카스트 가운데서도 특히나 불가촉천민에 대한 비인격적 처우를 개선하려고 노력했다. 실제로 간디는 그들을 '신의 아들'을 의미하는 하리잔이라고 부르면서 인간애와 이성에 근거한 처우 개선을 주장했다. 그는 진리란 책 속에 글자로만 들어 있는 것이 아니라고 주장함으로써 경전의 권위를 내세워 불가촉천민의 처우 개선을 거부하는 보수주의자들을 비난했다.

암베드카르를 비롯한 많은 사람들의 끈질긴 노력의 결과 1950년 불가촉천민에 대한 차별이 완전히 철폐되어 모든 분야에서 일반인과 똑같은 권한을 누리게 되었다. 하지만 법적으로는 그것이 완전히 없어졌다 할지라도 오늘날까지도 여전히 그러한 차별이 존재하며 이로 인한 분란도 끊이지 않고 있는 실정이다.

민족주의 운동의 대두

19세기 중후반 뜻있는 지식인들의 노력으로 영국의 인도 지배에 대한 진정한 이유가 드러나면서 민족주의 독립 운동은 한층 가속화되었다. 자국의 경제적 이익을 위해 인도를 영구히 지배하려는 영국의 의도와 선진화된 유럽 문명을 통해 인도의 산업화와 민주화를 이루려는 인도인의 희망이 전혀 융합할 수 없는 것이라는 사실은 이미 명확하게 드러났다. 오히려 인도인의 바람과는 달리 인도의 경제적 사정은 가난과 기근으로 바닥을 헤매고 있었다.

정부는 농민들이 피땀 흘려 생산한 농산물 가운데 대부분을 토지세 명목으로 수탈했으며 경찰은 그들이 지주와 고리대금업자의 부당한 처사에 대항할 때 오히려 법과 질서라는 허울 아래 그들의 요구를 짓밟아버렸다. 수공업자들은 외국 정부가 오히려 자국의 이익만을 위하여 자신들을 파멸로 몰아가고 있다는 사실을 알아차렸다. 이제 영국에 의존한 현대화, 산업화가 불가능하다는 사실을 알아차린 인도인들은 스스로 자립하지 않으면 안 되었다. 인도의 민족주의 운동은 이렇게 싹트기 시작했다.

서구식 교육과 사상은 인도인들의 가슴속에 종교적 전통과 관습에 대한 무조건적인 믿음 대신에 이성과 합리적인 비판 정신을 불어넣었다. 지성인들은 신문과 잡지 등 대중매체를 통해 자신들의 생각을 널리 전파하는 데 앞장섰다. 인도인의 정신을 하나로 뭉치는 데는 아이러니컬하게도 영어 교육이 커다란 역할을 차지했다. 현재도 수백 종류에 달하는 인도의 언어는 무엇보다도 인도인을 하나로 묶는 데 커다란 장애 요인이었다. 하지만 영어를 기본으로 한 대중 교육이 널리 전파되면서 인도인들은 서로 의사소통이 원활해졌다. 이 같은 사정 때문에 영어는 인도가 독립한 이후 오늘날까지도 그들의 공용어 가운데 하나로 자리 잡고 있다.

인도의 민족주의 의식이 대중 속에 쉽게 전파될 수 있었던 또 다른 요인으로 철도와 우편의 발달을 빼놓을 수 없다. 철도와 우편은 영국이 원래 경제적 수탈과 각 지역 사이의 긴밀한 의사소통을 위해 설립하였지만 그것이 오히려 북에서 남으로 동에서 서로

봄베이의 전신회사 전신과 우편의 발달은 도리어 인도를 한데 묶으며 민족 의식을 고취시켰다.

인도인들을 하나로 묶는 매개물이 되었다.

당시 영국 관리와 저술가들은 인도 통치를 합리화시키려고 인도인들은 과거부터 스스로를 다스리지 못했으며 힌두교와 이슬람교는 언제나 서로에 대한 투쟁에 골몰했다고 사실을 왜곡시켰다. 그렇기 때문에 인도인들은 숙명적으로 외세에 의해 지배받을 수밖에 없었으며 그들의 전통적인 종교와 사회 생활 역시 민주주의와 자치 정부에 전혀 어울리지 않는다고 주장했다. 인도의 지식인들은 과거 인도의 역사와 문화의 자랑스런 유산을 새로이 드러내며 영국인의 왜곡에 과감히 맞섰다.

인도의 정치, 사회, 종교의 개혁은 영국의 영향을 일찍부터 받아들인 벵갈 지방에서 제일 먼저 일어났으며 최초의 인물은 브라흐모 사마지를 창설했던 람모한 로이였다. 벵갈의 비슈누 종파의 브라흐만 가문에서 출생한 그는 자신의 종교뿐 아니라 이슬람과 기독교 사상에 대해서도 공부했다. 그 후 동인도 회사의 서기로 근무하면서 서양의 사상과 산업의 영향을 받아들여 교육과 출판을 통해 인도인의 의식을 개선시키려고 애썼다. 그는 특히나 기독교의 일신교적 사상의 영향을 받아 1828년 캘커타에서 브라흐모 사마지를 결성해 힌두교 사상을 개혁하였다. 아울러 거기서 파생된 불합리한 사회 제도와 관습을 고치려고 노력했다.

인도 국민회의 결성

자유에 대한 사랑을 토대로 한 람모한 로이의 정치 의식은 그로부터 약 반세기 뒤 인도 국민회의의 결성으로 이어졌다. 1883년 영국인 일버트가 인도인과 유럽인의 인종차별을 담을 형사소송법을 제정했다. 이 법안을 둘러싸고 격론이 벌어지면서 인도에서는 1857년 이래 영국에 대한 최대의 민족적 적개심이 노골적으로 드러났다. 이 논쟁을 계기로 인도인들의 정치적 의식이 고양되고 뜻있는 지도적 인사들이 캘커타에서 모여 인도 국민협의회 대회를 개최하기에 이르렀다. 인도 민족의 정치적 역량을 하나로 결집하여 민중의 권익 증진을 위한 노력을 목적으로 했던 이 대회는 영국으로 하여금 인도 국민회의 창설을 추진하도록 만들었다. 그리하여 1885년 72명의 대표가 참여한 가운데 봄베이에서 최초로 인도 국민회의가 개최되었다.

영국에 의해 주도된 인도 국민회의의 목적은 표면적으로는 각기 다른 분야에서 일하는 민족주의 정치가들의 우호를 증진하고 종교, 지역, 인종, 계급의 화합 등을 도모하는 것이었다. 하지만 실제로는 인도 지식인들 사이에 팽배한 민족 의식과 반영 감정을 해소하고 그들의 힘이 하나로 뭉치는 것을 방해하려는 의도였다.

상설적인 조직체로 결성된 인도 국민회의는 영국의 본래 의도와는 달리 매년 전국의 주요 도시를 번갈아 옮겨가며 개최되면서 점차 많은 정치 조직과 지도자들을 흡수해 인도 민족 운동의 핵심으로 자리 잡았다. 결국 영국이 자신의 안전판 역할을 기대하며 결성했던 인도 국민회의는 외세의 지배를 벗어나려는 인도인의 조직적인 투쟁의 장이 되었다.

간디의 독립 운동

1905년 영국은 수많은 지성인과 민족주의자들이 탄생한 벵갈 지역을 분할하기로 결정했다. 영국이 내건 표면적인 이유는 관할구역이 방대하고 인구가 너무 많아서 행정 능률이 오르지 않기 때문이라는 것이었다. 하지만 실제적인 이유는 정치 의식이 높고 민족적 자각이 다른 어느 곳보다 높은 반영 운동의 중심지였기 때문이었다. 벵갈의 분할은 즉각적으로 주민들의 반발을 불러일으켰다. 그들은 영국 상품의 불매 운동을 제창했으며 이듬해 캘커타에서 열린 인도 국민회의에서는 한 걸음 더 나아가 국산품 애용(스와데시), 자치 정부(스와라지)의 요구, 국민 교육의 진흥을 결의했다. 하지만 그들의 일치단결된 힘은 1907년의 수라트 대회를 기점으로 고칼레가 중심이 된 온건파와 틸락이 주도하는 강건파로 분열되었다.

한편 영국식 교육의 수용에 소극적이던 이슬람교도들은 1906년 인도 총독의 재가를 얻어 이슬람 연맹을 결성했다. 그러던 중 1914년 제1차 세계대전이 발발하자 영국은 인도의 협력을 요구하면서 군인들의 출병을 강요했다. 당시 영국, 미국, 프랑스, 이탈리아, 일본의 연합국은 전 세계 모든 국가의 민주주의와 민족 자결권을 약속했다. 하지만 전쟁이 그들의 승리로 끝났어도 종전의 식

인도 국민회의 수라트 대회 1907년 수라트 대회에서 인도 국민회의는 온건파와 강건파로 분열되었다. 강건파의 틸락이 연설을 하고 있다.

민지 정책이 종말을 기하는 기색은 조금도 나타나지 않았다. 오히려 한술 더 떠서 파리 평화회담을 통해 종전의 모든 약속을 무시한 채 패전국 독일과 터키, 아프리카, 서아시아, 동아시아 등 식민지들을 서로 나눠갖기에 급급했다.

참전의 대가로 자치권을 얻으리라 기대했던 인도의 경우도 사정은 마찬가지였다. 뿐만 아니라 영국은 1919년 로울라트법을 제정해 법원의 판결 없이 임의로 모든 인도인들을 체포·구금할 수 있도록 만들었다. 당연히 인도인의 분노는 극에 달했다. 그러던 중 그해 4월 암리차르의 잘리안왈라 공원에서 벌어진 민중 집회에서 관헌의 무차별한 발포로 수많은 인명이 살상당하자 드디어 인도인의 분노는 폭발했다. 이 시기에 민중 운동의 지도자로 유명한 간디가 등장했다.

'위대한 영혼'을 의미하는 마하트마 간디는 1869년 10월 2일

구자라트의 포르반다르에서 태어났다. 그는 잘 알려진 대로 변호사가 되고자 영국에 유학한 후 남아프리카에서 법률 업무를 시작했다. 하지만 그곳에서 인종차별과 비참한 대우를 받고 있는 인도인들의 삶을 목격하고 1893년부터 1914년까지 20년 가까이 인도의 독립과 단결을 위해 영국에 대한 비폭력 저항 운동을 전개했다. 진리와 평화에 근거한 간디의 사트야 그라하 정신은 영국에 대한 유명한 비폭력 · 무저항 · 불복종 운동으로 나타났다. 그는 비폭력 정신에 대한 자신의 견해를 1920년 주간지 《영 인디아》에서 다음과 같이 설명했다.

> "비폭력은 우리 모든 인류의 법이며 폭력은 야수들의 법이다. 그러나 비겁과 폭력 가운데 하나를 선택하라면 나는 차라리 폭력을 택하리라… 나는 내 조국 인도가 비굴한 방법으로 자신의 수치스러움을 견디느니보다는 차라리 조국의 명예를 위하여 무장하는 길을 택하겠다… 내가 주장하고 싶은 유일한 덕은 진리와 비폭력이다. 나는 초인간적인 힘을 주장하지 않는다. 나는 아무것도 원하지 않는다."

1915년 간디는 46세의 나이에 인도로 돌아와 일년 동안 전국 각지를 여행한 뒤 1916년 아흐메다바드에 사바르마티 아슈람을 세웠고 그를 따르는 추종자들과 함께 진리에 입각한 비폭력 정신을 가르치고 실천했다. 이제 간디의 등장으로 인도의 민족 운동과 독립 운동은 새로운 전기를 맞이한 셈이었다.

인도로 돌아온 간디는 1917년 비하르 근처의 참파란에서 당시 유럽인들의 착취에 신음하고 있던 인디고 농장 인부들과 더불어 처음으로 비폭력 운동을 펼쳤다. 그 후 1918년에는 아흐메다바드에서 똑같은 방법으로 공장노동자들의 파업을 이끌었으며 1919년 로울라트법에 항의하는 군중 행진을 주도했다. 노동자와 상가의 동맹 휴업으로 전례 없는 열기가 드러난 이 사건을 계기로 인도의 민족주의자들은 지금까지 구호만을 소리 높여 외치던 소극적인 방법에서 벗어나 본격적인 행위에 돌입하기 시작했다. 간디는 인도의 독립은 대중들이 잠에서 깨어나 정치적으로 활동할 때 비로소 가능하다고 주장했다.

실을 만드는 간디 간디는 손수 짠 옷감으로 소박하고 검소한 인도 전통 복장을 만들어 입었다.

이제 모든 인도인들은 간디의 부름에 언제든지 응할 수 있는 준비를 갖추었다. 그는 이미 앞에서도 언급했듯이 불가촉천민을 신의 아들이라는 이름으로 따뜻하게 감싸안았으며 이 마을에서 저 마을로 몸소 걸어다니며 신음하는 민중들에게 용기를 북돋아 주었다. 영국 정부에서 받은 훈장을 반납하는 한편 양복 대신 자신이 직접 물레를 돌려 만든 옷감으로 소박한 전래의 인도 복장을 만들어 입었다. 지팡이를 든 채 어깨를 약간 구부리고 빠르게 걷는 그의 뒤에는 언제나 많은 군중이 동행했다. 비록 일부 강경파 민족주의자들이 보다 전투적인 반영 항쟁을 주장하면서 그를 비난했지만 이슬람교도이든 힌두교도이든 귀족이든 서민이든 대다수는 그를 적극적으로 지지했다.

하지만 1919년 암리차르의 잘리안왈라 공원의 대학살 사건이 벌어진 후 간디는 자신이 전개했던 불매 운동과 대중 시위가 커다란 잘못이었다고 자책하면서 중지해버렸다. 그러던 중 이슬람 연맹을 중심으로 영국 정부의 모든 정책에 대한 비협력 운동이 전개되었다. 이슬람 연맹은 이미 1916년 럭나우에서 열린 인도 국민회의에서 국민회의파와 재결합하여 자치령 확보를 위해 공동 전선을 펼 것을 결의한 바 있었다. 한편 간디는 악에 대한 비협조는 선에 대한 협조만큼 커다란 의무라고 주장하면서 비협력 운동을 적극 지지했다.

1927년 세계의 정치적 상황은 마르크스주의와 사회주의적 이념들이 급속도로 퍼져나갔다. 인도의 사회주의자들은 자와할랄 네루와 수바스 찬드라 보세의 인도 아래 인도 의회의 한 축이 되었다. 그들은 영국 제국주의와의 투쟁뿐 아니라 인도 내의 자본가와 노동자의 문제도 동시에 제기했다. 1928년에는 네루의 주도하에 전 벵갈 학생연합이 결성된 것을 시작으로 수많은 학생연합이 등장했다. 젊고 패기에 찬 젊은 학생들은 사회주의적 이념에 쉽게 매료되어 정치적, 사회적, 경제적 부패에 대한 급진적인 해결을 촉구했다.

그러는 사이 영국 정부가 소금에 대한 전매를 실시하자 1930년 간디는 3월, 유명한 단디 행진을 통하여 시민 불복종 운동을 전개했다. 아슈람에서 출발하여 375킬로미터 떨어진 단디 해변까지 그가 벌인 항의 행진에는 수많은 여성들도 기꺼이 참여했다. 이 운동의 반향은 엄청났다. 거듭된 체포와 석방에도 결코 굽힐 줄 모르는 간디의 태도는 때때로 그의 우유부단함을 비난하는 사회주의자들의 공격 목표가 되기도 하였지만 언제나 변함없었다.

끝없는 억압과 그에 대한 저항이 계속되는 가운데 1939년 히틀러의 독일 나치스 군대가 폴란드를 침공하면서 마침내 제2차 세계대전이 발발했다. 영국과 프랑스는 힘을 합쳐 히틀러의 침공을 저지하려 하였지만 역부족이었다. 한편 영국 정부는 국민회의

파와 아무런 상의도 없이 즉각적인 참전을 결정했다. 국민회의파는 이에 대해 논란을 벌인 끝에 참전하기 전에 영국 정부가 먼저 인도의 독립을 보장해줄 것을 요구했다. 영국 정부는 그들의 요구를 거절하면서 도리어 종교적 소수파 및 왕족들과 국민회의파를 서로 대립시키려고 획책했다. 간디는 이에 대항해서 사트야 그라하 운동을 전개했다. 이 운동의 목적은 부왕에게 쓴 편지에 다음과 같이 나타나 있다.

"국민회의파는 영국만큼이나 나치즘의 승리에 반대합니다. 그럼에도 그들은 참전에 반대합니다. 비록 당신과 인도 담당 국무장관은 전 인도의 자발적인 전쟁 참여를 선언했지만 인도의 대다수 국민들은 그것에 관심이 없다는 사실이 명백해졌습니다. 왜냐하면 그들은 나치즘과 인도를 지배하는 이중 독재정치 사이에 아무런 차이도 없다고 생각하기 때문입니다."

1941년 독일이 소련을 침공하고 일본이 진주만을 공격하면서 세계의 정치적 상황은 더욱 복잡하게 전개되었다. 그러자 인도 국민회의파는 1942년 만일 영국이 즉각적으로 모든 권한을 인도에 이양하고 전쟁이 끝난 뒤 완전한 독립을 약속한다면 언제라도 협조하겠다고 다시 한 번 제안했다. 곤경에 처한 영국으로서는 인도의 협조가 어느 때보다도 절실했다. 그렇지만 영국은 즉각적인 권력의 이양을 거부하는 대신 빠른 시일 내에 인도의 자치 정부를 허락한다는 수정안을 제시했다. 국민회의파는 영국의 제안을 단호하게 거부했다.

한편 전쟁의 여파로 물가는 나날이 치솟기만 했다. 일본이 이

인도의 독립 1947년 8월 15일 인도의 초대 총리 네루가 인도 연방 정부의 독립을 선언하고 있다.

미 버마까지 침공한 상황에서 물가의 폭등까지 겹치자 국민회의파는 간디를 중심으로 영국 정부로부터 인도 독립의 요구를 위한 대규모 비폭력 투쟁을 전개하기로 결정했다. 그러나 본격적인 운동이 시작되기도 전에 간디와 국민회의 지도자 대부분이 체포, 투옥되고 국민회의는 불법이라 선포되었다. 하지만 그들의 체포 소식이 전해지자 전국 각지의 분노한 국민들이 불같이 일어나기 시작했다. 공장과 학교는 즉각 파업에 돌입했으며 체포와 사격에 분노한 군중들은 점차 폭력적으로 변해갔다. 그들은 영국 권위의 상징인 경찰서와 우체국, 철도 정거장 등을 습격하고 전신 전화선을 끊어버리는 한편 정부 건물에 불을 질렀다.

인도인들의 분노가 거세질수록 영국의 억압 정책도 그만큼 심해졌다. 모든 신문은 폐간되었으며 집회 군중을 향해서는 무차별 사격이 자행되었고 체포된 사람들에게는 무자비한 고문이 가해졌다. 경찰의 힘만으로는 부족하자 여러 도시로 군대가 파견되었다. 그 결과 1942년의 집회로 1만 명 이상의 인도인이 경찰과 군대의 총구 앞에 희생을 당했다. 뜻밖의 엄청난 피해를 당한 그 해의 반영 운동으로 인도의 정치적 운동은 위축되어 1945년 세계 대전이 끝날 때까지 소강 상태로 접어들었다. 게다가 엎친 데 덮친 격으로 1943년 벵갈 지역에 사상 최악의 기근이 들어 단 몇 개월 사이에 수백만 명의 아사자가 발생했다. 당연히 영국 정부에 대한 인도인의 증오는 굶주림에서 탈출하려는 필사적인 노력 때문에 안으로 수그러들 수밖에 없었다.

그러나 이 시기 민족 운동의 불길은 나라 밖에서 계속되었다. 수바스 찬드라 보세는 1941년 소련으로 탈출하여 도움을 요청하다 여의치 않자 독일로 건너갔다. 그 후 1943년 그는 다시 영국에 대한 무장 투쟁에 도움을 얻기 위해 일본으로 건너갔다. 그리고 나서 그는 싱가포르에서 인도 독립을 위한 군사적 행동을 위하여 아자드 힌드 파우지라는 인도 국민군을 조직했다. 하지만 일본이 패전한 이후 인도 국민군도 해산되고 그 역시 비행기 사고로 사망하였다.

한편 제2차 세계대전이 끝나자 인도인은 독립을 위한 마지막 대규모 민중 투쟁을 벌였다. 소련의 출현으로 세계의 힘의 판도가 바뀌었고 전쟁을 통해 경제적, 군사적 힘이 소진된 영국 정부는 더 이상 그들의 요구를 무시할 수 없는 상황에 이르렀다. 마침내 영국 정부는 1946년 각료를 인도로 보내 모든 권력 이양을 협의하였고, 1947년 8월 15일 인도는 그렇게 바라던 독립을 얻었다.

하지만 인도의 독립은 인도인이 전혀 예상하지 못했던 또 다른 슬픔을 안겨주었다. 영국 정부에 의해 조장되었던 상호 대립 정책의 여파로 힌두교와 이슬람교의 대립과 반목은 끝내 해결되지 못한 채 결국은 인도와 파키스탄으로 분리되는 비극적 상황이 연출되었다. 마지막까지 힌두인과 이슬람인의 융합을 외치던 간디의 노력조차 수포로 돌아간 채 이제 인도는 두 개의 나라로 갈라지고 말았다. 이 와중에 더욱더 슬픈 일은 위대한 인도 독립의 영웅 간디가 이슬람과의 하나됨을 반대하던 급진적 힌두교도의 총탄에 숨을 거둔 것이었다. 1948년 1월 30일 그의 나이 79세 때 평생을 진리에 따라 살면서 인간에 대한 신뢰를 기초로 한 비폭력 운동으로 인도의 독립을 위해 헌신했던 간디는 그렇게 비참한 최후를 마쳤다.

한편 이슬람교를 근간으로 파키스탄이 분리된 상태에서 힌두교 중심의 인도는 국민회의당이 대통령으로 선출한 네루를 중심으로 공업화 정책에 박차를 가하기 시작했다. 네루는 전근대적인 인도가 잘 살 수 있는 유일한 길은 오직 과학과 기술의 발전, 그로 인한 산업의 발달뿐이라고 주장하면서 다소 급진적이고 사회주의적인 경제 정책을 추진했다. 독립 이후 인도는 중국, 파키스탄과 몇 차례 국경 분쟁을 겪으면서도 비

인디라 간디 아버지 네루의 영향을 많이 받았고, 네루 이후 인도 정치를 이끌었다.

동맹 중립이란 정치 노선을 꾸준히 유지하여 소련이 붕괴되기 전까지는 제3세계 비동맹 회의의 주재국으로 위상을 드높였다. 그 후 네루의 딸 인디라 간디와 그의 아들 라지브 간디로 이어지는 정치 상황은 그들 모자가 다같이 테러에 의한 비극적 종말을 맞이하면서 네루 가문의 통치 시대는 막을 내렸다.

그 후 1991년 나라시마 라오 총리가 집권하면서 연립 정권을 태동시킨 인도는 자립경제 정책을 수정하여 국영 자본을 민영화하는 한편 외국 자본의 유입을 통하여 산업화를 추진하면서 세계 경제의 새로운 주역으로 부상하고 있다. 하지만 네루 가문의 쇠퇴 이후 군소 정당이 난립한 가운데 1998년 현재의 인도는 인도인민당(BJP)을 제1당으로 한 연립 정부가 구성되어 있는 상태이다. 이 가운데 특기할 만한 일은 인도 역사상 최초로 천민 출신의 대통령

이 선출되었다는 사실이다.

    앞으로의 인도는 불안정한 현정국만큼 지역 간의 빈부격차 그리고 여전히 전통 관습에 얽매인 계급차별적 성향과 다양한 인종과 언어의 문제 등은 여전히 풀어야 할 과제로 남아 있다.

찾아보기

가

가루트마트 84
가야 135, 365
가에크와드 451
가우다 왕국 255
가우자라 왕국 253
가우타미푸트라 샤타카르니 239
가정생활기(그리하스타) 221
가즈니 왕조 291
가토트카차 170
가하다발라 왕국 298
간다라 80, 136, 161
간다라 미술 양식 213
간다르바 204
강가 왕국 276
강가이콘다촐라푸람 278, 283
거석 문화 246
건달바 99
고빈드 싱 423
고아 324, 437
고칼레 474
고타마 싯다르타 122
고파 80
고팔 가네쉬 아그라카르 480
고팔 하리데쉬무크 479
곤도페르네스 160
골콘다 332, 397, 415
곱 68
구나드야 244
구나마티 259
구루 296
구르 왕조 296, 298

구르나파르 160
구르자라족 183
구르카 전쟁 456
구르카족 22
구자라트 48, 55, 183, 239
구자라트 왕국 343
국민회의당 502
굽타 왕조 170, 181
그라마 69, 186
그라마니 69
그라미카 186, 241
그라하 바르만 254
그라흐파티 69
그리스도교 160
기리브라자 142
기야스웃딘 311, 339
기야스웃딘 아잠 샤 339

나

나가 왕조 176
《나가난다오》 261
나가라 스레슈틴 186
나가세나 159
나나 사히브 463
나낙 360, 403
나두 280
나디르 샤 426
《나라다 스므리트》 207
나라시마 라오 502
나라싱하 바르만 267, 273
나라싱하굽타 180

나란다 132, 135, 261
나란다 불교 대학 213
나르마다 강 234, 311, 322
나마데바 358
《나바니타캄》 216
나시룻딘 마흐무드 303
나시룻딘 무하마드 샤 343
나시룻딘 치라기 델리 356
나식 213, 238
나야나르 357
나야니카 238
나야르족 236
나의행파 120
나즈르 무하마드 415
난다 왕조 139, 143
날라 왕국 204
남방불교 129, 154
노스 규제법 447
노예 왕조 300, 314
누르 자한 409
누스라트 샤 341, 377
《느야야수트라》 227, 271
니그리토인 44
니잠웃딘 아울리야 321, 356
니콜슨 463

다

다르마 83, 94, 218
《다르마샤스트라》 207, 220
다르마팔라 259
다리우스 1세 106, 144

다사스 66
다우드 칸 397
다우리 75, 488
다울라트 칸 335, 374
다크쉬나파타 234, 245
다트리 82
다히르 왕 289
단디 행진 498
달하우지 455
《대비바사론》 163
대승불교 161, 164, 205
데바굽타 175, 254
데바라얄 1세 325
데벤드라나스 타고르 478
데칸 6, 19, 156
델리 성 416, 425
돈황 161, 264
동인도 회사 334, 459, 474
동찰루키아 왕조 273
두르가 56, 204, 269
두타 70
드라비다족 22, 235
드라우파디 72
드루와데비 175
드야우스 83
디그나가 207, 271
디완 316, 403
디완 이 리살라트 317
디완 이 아르즈 317

라

《라가다르판》 368
라나 상가 347, 376
라나 쿰바 346
라니 락쉬미바이 465
라마 86, 272, 361
라마교 132
라마굽타 175
라마난다 358
라마누자 229, 359
《라마바트라마》 281
《라마야나》 20, 43, 86, 207
라마크리슈나 파라마한사 480
라비아 354
《라소리얀》 282
라쉬트라쿠타 왕조 272
라자 바르다나 254
라자기리 213
라자라자 왕 276
라자스리 254
라자싱하 예술 양식 271
《라자타랑기니》 349
라젠드라 1세 277, 283
라주카 155
라지기르 116, 154
라지브 간디 502
라지야 303
《라트나 발리》 261
라틴 70
라호르 294, 319
라호르 조약 454

락쉬만 86
란지트 싱 454
람다스 421
람모한 로이 478, 492
라슈트라 68
럭나우 464, 498
로디 왕조 334, 374
로마 26, 143, 162, 352
로울라트법 436, 495
루드라 35, 82
루드라세나 2세 176
루프마티 393
《리그베다》 34, 47, 68, 282
리차비 왕국 171
《리투상하라》 210

마

마가다 118, 140
마누 39, 272
《마니메칼라이》 252
마드바 229, 365
마루트 82
마말라 예술 양식 271
마야 122, 123
마우리아 왕조 143, 156
마우카리 왕국 253
마이소르 147, 323, 447
마이트라카 왕국 253
마츠야 141
마케도니아 143
마투라 195, 213

마투라 미술　213
마하 단다나야카　185
마하 만트리　185
마하 발라디크리타　185
마하 프라티하라　185
마하데브 고빈다 라나데　480
마하라자　170, 254
마하라자디라자　184
《마하바라타》　20, 85, 200
마하바트 칸　412
마하비라　116, 121
마하사바　280
마하트마 간디　495
마헨드라 바르만 1세　266
마헨드라 예술 양식　271
마호메트　288
마흐무드 2세　346
마흐무드 가완　330
마흐무드 베가르하　343
마흐무드 할지　346, 376
만다라사 대학　331
만달　280
만사브다리　401
만수르 빈 할라지　354
만유　82
말데오　388
말라　141
말라다르 바스티　340
《말라비카그니미트라》　210
말리크 카푸르　310
말와　170, 239, 338
말희생제　77, 90, 100
《메가두타》　210

메가스테네스　147, 237
메그하바르마　174
메난드로스　159
메디니 라이　347
메소포타미아　51, 235
메와르　338, 394
멜카나쿠　252
모스크　300, 349
모크샤　94, 221
모티 마스지드　432
모헨조다로　23, 49
몬순　23
몽골족　22
무나임 칸　397
무라드　413, 416
무르간　251
무자파르 샤 2세　348
무지리스　348
무크티스　317
무하마드　296
무하마드 빈 투글라크　311
무하마드 샤　328, 342
무하마드 샤 1세　328
무하메단 문학협회　484
문다족　22
뭄타즈 마할　413
미루트 병영　461
미르 자파르　443
미르 콰심　445
미맘사 철학　228
《미맘사수트라》　228
미투　136
미트라　63, 84

미히라쿨라 182
밀린다 159

바

바 샤라 355
바가 357
《바가바드기타》 200, 229, 405
바가바타 종교 199
바나바타 254
바누굽타 181
바다르야나 229
바드라바후 120
바라나시(베나레스) 98
바라바 언덕 136
바라타족 20, 67
바라하미히라 214
바로아치 243
바루나 63, 82, 99
바루트 135
바르나 78
바르나 제도 54
바르다나 왕국 254
바르다마나 117
바르톨로뮤 디아스 333
바만 판디트 421
바부르 337, 347, 372
바빌로니아 49, 214
바수데바 165, 243
바스반두 174, 205
바스카라 바르마 257
바스카라 차리아 214

바스코 다 가마 332, 426
바시슈타 67
바시슈티푸트라 풀루마이 239
바유 82
바이람 칸 390
바이샤 53, 79, 111
바이샬리 116
바이쉐쉬카 철학 227
《바이쉐쉬카수트라》 227
바이슈나바 종교 243
바이슈나비즘 223
바즈 바하두르 393
바즈얀티 243
바차 141
바차굴마 213
바츠야야나 193, 208, 271
바카타카 왕조 170, 176
바카타카라 왕국 240
바타카타 왕국 204
바하두르 샤 347, 383, 423
바훌 로디 335
바흐마니 왕국 324
박트리아 왕국 147, 158
박티 마르가 199
박티 운동 356, 367, 422
박티 종교 165, 217, 270, 358
반다카르 480
발라바 365
발반 303
발크 182, 415
백의파 119
법현 177, 205
베 샤라 355

베다 문명 58, 61, 84
베다 문화 33, 47, 64
《베단타수트라》 229
벤카타파티 라야 328
벤카트마다바 282
벨라이카라스 279
보드가야 154, 174
보르네오 205
본슬레 451, 452
부그라 칸 308
부다굽타 179
부다미트라 282
부카 323
부크티 185
부티야족 23
불가촉천민 113, 190, 286
불교 107, 122, 126, 192
불교 예술 136
불복종 운동 496
불이론(아드바이타) 229, 359
붓다 110, 122, 111, 122
《브라하스파티》 207
브라흐마 신 39, 53, 79
《브라흐마 싯단타》 215
브라흐마굽타 215
《브라흐마나스》 64, 70, 228
브라흐마니즘 187
《브라흐마수트라》 229
브라흐만 53, 70, 107
브라흐모 사마지 478
브리지 141
브리하드라타 156
《브리하드카타》 244

브리하스파티 82
브야사 74, 207
블라바츠키 483
비다트리 82
비데하 88
비디샤 156
비디야란야 323
비마 카드피세스 162
비사 69
비샤야 184
비샤야파티 186
비슈누 40, 82, 99
비슈와카르난 82
비스파티 69
비자야나가라 왕국 322
비자야라야 274, 283
비자푸르 327
비정통철학(나스티카) 224
비크라마디트야 1세 267, 273
비크라마실라 135
《비크라모르바시》 210
비폭력 운동 496, 501
비하르 111, 135, 205
비협력 운동 497
빈두사라 148, 156
빌족 22
빔비사라 118, 142

사

사라스와티 강 65
사로지니 나이두 488

509

사르나트 125, 213
사르바베르마 244
사마르칸트 261, 349
《사마베다》 64
사만 왕조 291
사멜 전투 388
사무드라굽타 172
사문유관 124
사미티 70, 89
사바 70
사바르마티 아슈람 496
사부크티긴 491
사비트리 82
사산 왕조 166, 179
사성제 126
사우라슈트라 194, 239
사이드 아흐마드 칸 484
사이드 왕조 334
사칼라 182
사타바하나 왕국 157, 240
사트야 그라하 운동 499
사티 제도 192, 258
사파비드 왕조 425
사파위 왕조 374
샤흐루크 미르자 372
산스크리트어 22, 99, 130
산치 135, 154
삼대 관구 469
삼법인 126
삼신일체(트리무르티) 223
삼장 135
《상감문학》 246, 251
상키야 철학 224

《상키야수트라》 224
《상키야카리카》 207
《상히타》 64
생식창조설 33
샤 아바스 411
샤 알람 2세 446
샤 이스마일 373
샤 자한 411
《샤나메》 293
샤샨카 254
샤이바니 칸 373
샤카족 160
샤카팔라바스 160
《샤쿤탈라》 208
샤타카르니 1세 238
《샤타파타 브라흐마나》 88
샴부 422
샴스 칸 343
샹카라 229, 359
샹카라 마드와 359
서사트라프 왕국 176
《서유기》 261
설일체유부 163
성기 숭배 57
세나 70
세링가파탐 조약 449
세포이 저항 운동 456
셀레우쿠스 147
셀주크 터키 왕조 294
셍구투밤 249
소마 77, 82
소팔 , 243
솜나트 292

송운 264
수다스 68
수드라 53, 79, 113
수라 77, 98
수라세나 141
수르 왕조 387
수르야 82, 99, 204
수마트라 205, 241
수메르 23, 51
수바다르 403, 446
수바스 찬드라 보세 498
《수타니파타》 134
수피 295
수피즘 354
수하 바트 348
수하르와르디파 355
순례기(산야사) 221
쉐르 샤 387
쉐르 칸 383
쉐이비즘 204, 223
시바지 420
쉴라바드라 259
슈도다나 122
슈라다 82
슈라마니즘 91, 130, 222
슈라만 101, 153
슈리비자야 왕국 277
슈리야즈나 샤타카르니 240
《슐라마니》 281
숭가 왕조 156
《스리 크리슈나 비자야》 340
스리굽타 170
스리랑카 19, 86, 129

스와데시 494
스와라지 494
스와르가 나라야나 341
스와미 다야난다 사라스와티 481
스와미 비베카난다 480
스와스티카 352
스키타이인 26, 158
스타라브라하 186
스타파티 140
스탈라바후 120
스투파 136
시라지 웃드 다울라흐 442
시리아 49, 205
시무카 238,
시바 56, 204, 226
시칸다르 336
시칸다르 샤 348
시크교 361, 455
시타 86
시타르 368
신드 지방 452
신디아 451
신지 협회 486
《실라파디카람》 252
실크로드 162, 292, 381
10명의 왕들과의 전쟁 67, 87
싱하 비슈누 266

아

아그니 63, 82
아그라 성 394, 417

아디카르마　186
아디트야 1세　269, 275
아디티　84
《아라냐카》　64, 101
아라베스크　352, 433
아라비아 숫자　215
《아라비안 나이트》　208
아르주나　72, 200
아르타　94
《아르타샤스트라》　148, 219
《아리아 바티얌》　214
아리아 사마지　164
아리아바타　214
아리아인　83
아리즈 이 마마릭크　316
아마드 샤　343, 425
아마트야스　241
아만드나가르　332
《아므리트 쿤트》　354
아미르 쿠스라우　366
아바라푸르　213
아바타라　188, 203
아반티　141
《아베스타》　63
아사프 샤　424
아삼　302, 340, 456
아상가　205
아쉬마카　141
아슈라마　93
아슈바고샤　163
《아슈바샤스트라》　216
아시리아　49
아시타　124

아와드 왕국　455
아요드야　177, 272
아우랑제브　395
아유크타　184
《아이타레야 브라흐마나》　89
아자타샤트루　142
아잔타 동굴　164, 211
아지비카 학파　110
아칼리 운동　485
《아타르바베다》　64, 405
아트만　33, 101, 229
아파라지타 예술 양식　271
아하라　241
아홈 왕국　340
아흐마드 샤　330
아흐마드 샤 1세　330
아흐메다바드　343, 392, 496
악바르　395
안드라 왕국　170, 239
알 바루니　294
알라룻딘　309
알라룻딘 알람 샤　335
알라룻딘 하산 샤　328
알라룻딘 후세인　340
알라하바드　171, 463
알렉산더　143, 188
알렉산드리아　176
알바르　357
알부케르케　334
알비루니　353
알프티긴　291
암바　56
암베드카르　490

암비 145
압둘 라힘 392
압둘 아지즈 416
압사라스 99
앙가 141
애니 베산트 483
야무나 계곡 80
야소바르만 182
《야주르베다》 64
야즈냐발캬 34
야차 99
야크샤 204
얄두즈 299
에카나트 421
에프탈족 179
엔피일드 소총 460
엘라 왕 247
엘로라 동굴 사원 164
연기설 126
영어 교육 476
오손족 161
오토만 426
올코트 대령 483
와지르 316
와트슨 443
왈리스 317
《왕오천축국전》 264
왕현책 174
요가 철학 212
《요가수트라》 207, 227
용문 264
용수 216
우라이유르 247

우르두어 367, 485
우마이야 압바스 왕조 291
우마이야 왕조 288
우샤스 82
우자인 213
우즈베크 공화국 372
《우파니샤드》 64, 101
우파리카 183
웃타르 프라데쉬 65, 111, 255
워렌 헤이스팅스 447
월지족 158
유디슈티라 73
유랑기 94
유럽 아리아인 62
유스틴 146
유프라테스 강 49
육파철학 217, 224
은둔기(바나프라스타) 93
의정 264
이브라힘 337
이븐 바투타 312, 317
이븐 이 아라비 364
이슈와라크리슈나 207
이슬람 샤 389
이슬람교 132, 288, 353
이원론(드바이타) 229
이집트 51, 235, 344
이크타스 317
인더스 강 16
인더스 문명 33, 48, 58
인도 국민군 501
인도 국민회의 399
인도 그리스인 159

인도 아리아인　26
인도 아리아족　22
인도 참사회법　469
인도인민당　502
인드라　74, 91
인드라프라스타　98
인디라 간디　502
인디아　20
인신희생제　57
인종차별 정책　477
일라　43
일버트　493
일야스　338
일처다부제　72
일투트미쉬　301

자항기르　406
잘라룻딘 할지　309
잘리안왈라 공원의 대학살 사건　497
전륜성왕　124, 140, 150
정통철학(아스티카)　224
제1차 시크 전쟁　454
제1차 아프가니스탄 전쟁　453
제2차 시크 전쟁　455
제국 입법 참사회　469
제식주의　55, 100
준나르　243
즈냐나 마르가　199
지나미트라　259
지방자치제　182, 337
《지와나친타마니》　281

자

자나　69
자나파다　241
자마 마스지드　352
자미　343, 365
자민다르　429
자바　205, 241
자야고다르　281
자와할랄 네루　298
자운푸르　335, 383
자이나교　157
자이말　394
자이미니　228
자이찬드라 왕　298
자파르 칸　342

차

차나캬　146
차르바카　224
차르바카 학파　108
차우한 왕국　295
차이타냐　321, 340, 363
차파티　459
찬달라　121, 190
찬드라굽타　285
찬드라굽타 2세　337
찰루키아 왕조　395
찰스 네이퍼스　453
천산남로　162
체디　141
체라 왕조　212

촐라 왕국　395
촐라만달람　247
치달드루그　236
치란드　116
치쉬티파　355

카

카나다　227
카나우즈　253, 261, 298
카니슈카 왕　162, 196
카다이시야르　251
카담바 왕국　204
《카담바리》　261
카라벨라 왕　237
카르나티크 전쟁　441, 447
카르마　53, 79, 121
카리칼라　247
카마　94, 218
《카마수트라》　193, 219
카마타 왕국　340
카베리 삼각주　249
카베리파타남　247
카브야　281, 365
카비르　359
카비르 판트　362
카쉬　88, 213
카슈미르　18, 65
카스트 제도　23, 289, 364
카시　141
카시족　23
카우샴비　116

카필라　224
카필라바스투　122, 141, 262
칸바 왕조　157, 238
칸치　213
칸치 대학　271
칼데아　214
《칼라다마》　282
칼리　56
칼리다사　177, 209
칼리프　301, 315, 368
칼링가　88
칼링가 왕국　151
칼링가 전투　150
《칼링가툽파니》　281
칼사 칼리지　483
칼얀　243
캄란　383
《캄바 라마야나》　282
캄바바　281
캄보쟈　141
캐닝　460
캘커타　475
캠벨　464
케랄라　147
케샵 찬드라 센　478
코살라　88, 141
코살라 왕국　122
코삼비　98
콜럼버스　426
콜족　17, 22
콰라즘 왕국　302
쿠니카　142
쿠람　280

515

쿠루　141
쿠루족　68, 88
쿠마라굽타 2세　180
쿠마라데비　171
쿠마라마트야　185
쿠마라지바　205
쿠베라나가　176
쿠샨족　161
쿠샨 왕조　161
쿠스라우　311
쿠시나가르　116, 125
쿠즐라 카드피세스　139, 162
쿠틉웃딘 아이바크　298
《쿤달라케샤》　282
쿨라파　69
쿨파티　69
크레타　51
크리슈나　200
크리슈나 3세　80
크리슈나 델타　136
크리슈나 신　80, 136
크리슈나데바 라야　327
크샤트리아　53, 79
크와자 무이눗딘　355
클라이브　443
《키탑 울 힌드》　353
킬카나쿠　252

타밀라캄　245
타밀어　22, 210
타블라　368
《타이티리야 상히타》　90
타지 마할　417
탄조르　274, 455
탄티야 토피　465
테라코타　55, 211
테지 바하두르　422
토라마나　181
《토마 행전》　160
토머스 로　438
토카라족　161
톤다이만달람　265
톨라목티　281
《톨카피얌》　252
투글라크 왕조　311
투카람　421
트리샬라　117
트리추족　67
티그리스 강　49
《티루쿠랄》　252
티루타카베다라　281
티르탕카라　117
티무르　314
티벳　18
티푸 술탄　448
틸락　494

타

타밀 지방　132
타밀나두　147

파

파니　81

파니파트 전투　375
파드마바티　213
파라마한사 만달리　479
파라메슈와르　184
파란타카 1세　275, 282
파란타카 2세　275
파르쉬와나타　117
파르티아인　160, 238
파미르 고원　163
파바푸리　119
파이탄　239
파타　394
파탄잘리　207
파탈리푸트라　121, 143
파티마 왕조　291
판드야 왕국　237
판차라족　68, 88
판차야트　317
《판차탄트라》　208
판찰라　141
팔라 왕조　240
팔라바 왕조　264, 269
팔리어　135, 210
펀자브　119, 87, 158, 296
펀자브 지방　145
페르가나　372
페르시아 아리아인　63
페르시아 제국　143
페샤와르　163, 258
페슈와 마다브 라오 2세　450
포루스　145
폰디체리　236
표음문자　57

푸로히타　70
푸루굽타　180
푸루샤　33
푸루샤푸라　163
푸루족　68, 87
푸샤미트라　156
풀라케쉰 2세　256, 266
프라르타나 사마지　480
프라바미트라　259
프라바카라 바르다나　254
프라야그　204, 258
프라자냐　82
프라자파티　82
프라크리트어　99, 210
프라크리티　225
프라타마 케야스타　187
프라타마 쿨리카　186
《프리야다르쉬카》　261
프리투　40
프리트비라자　297
프리티비　36, 40
프리티비 2세　275
플라시 전투　334, 427
피루즈 샤　312, 328
피루즈 샤 바흐마니　328
피루즈 샤 투글라크　312
피르다우시　293
피트 인도법　447

하

하라파　49

하르샤 바르다나 254
《하르샤챠리타》 261
하리잔 490
하리하라 323
《하스트야아유르베다》 216
하스티나푸라 20, 85
하이다르 알리 447
학습기(브라흐마차르야) 221
한정적 불이론(비쉬슈타아드바이타) 229
할지 왕조 308
핫자지 289
행정 참사회 469
헤라트 372, 453
헤무 390
헨리 왕자 333
헬레니즘 문화 159
현장 261
형사취수제 75
혜초 264
홀카르 451
후기 굽타 왕국 253
후나족 181
후마윤 382
후세인 샤 345
훈족 181
흉노 161, 181
히말라야 산맥 18, 24
히타이트 왕국 62
힌두 350
힌두이즘 196